シリーズ・中世関東武士の研究

第二一巻

北条氏綱

黒田基樹 編著

戎光祥出版

序にかえて

北条氏綱は、戦国大名小田原北条氏の二代目当主である。父は初代当主の伊勢宗瑞（いわゆる北条早雲）であり、子には三代当主の北条氏康がいる。氏綱は、彼らと比べると知名度は低いといわざるをえない。そもそも氏綱の発給文書数は一〇〇点弱にすぎず、父宗瑞と比べれば多いものの、子の氏康以下の歴代のそれと比べてはるかに少ない。そのため氏綱に関する研究は、氏康以下の歴代と比べると、極めて少ないのが実状である。

しかしながら氏綱は、北条名字への改称、従五位下・左京大夫への叙任、関東管領職への就任、古河公方足利家との婚姻関係など、その後の北条氏の政治的地位を確立した存在であった。それだけでなく、支城制や家臣団の衆編成、検地政策や家臣団統制の在り方、他国衆統制など、その後の戦国大名としての在り方の基本を構築した存在でもあった。実際にも、氏康以降において明確になる事柄の多くが、氏綱の時期に構築されているのである。その意味では、その後の戦国大名としての北条氏の在り方は、氏綱の時期に形成されたものであったといって過言でなく、北条氏の歴史を考えていくうえで、氏綱の果たした役割は、これまで思われていた以上に大きなものがあるといってもよい。

本書は、北条氏綱に関する研究のうち、すでに単著論文集や再録論集に収録されているものを除いて、一七編の論考を集成したものである。そしてそれらを、第1部「北条氏綱の生涯」、第2部「北条氏綱と文化・宗教」の二部に編成した。第1部には、氏綱の生涯や政治史関係について追究したもの、第2部には、氏綱と宗教・文化との関係について追究したものを配した。ちなみに収録した論文のなかには、必ずしも氏綱の時期が中心になっていないものもあるが、これは、他の収録論文と密接な関係にある問題が取り上げられているなど、あわせて参照できるようにしておくのが妥当と判断したことによる。そもそも北条氏全体にわたる問題についての研究には、どれかの代に特化するということはなく、そのためあえて関連問題についてあわせて収録するという方法をとった。

そして巻頭には、氏綱の生涯をたどりながら、これまでの研究の到達点をまとめるとともに、新たな論点の提示をこころみた、総論「北条氏綱論」を配した。ここでは、本書には未収録の関係論文をも対象にして、氏綱研究の概要をまとめるとともに、既存研究において見解が一致していない問題、あるいは既存研究の成果において疑問となる事柄について、私見を提示するなどして、今後における、さらなる氏綱研究の進展に寄与するように努めた。

本書の刊行によって、北条氏綱に関する研究の概要が容易に把握できるものとなるとともに、今後の研究進展のための新たな出発点を築くことができるものとなると思う。今後におけるさらなる研究の進展を期待したい。なお末筆ながら、論考の再録について快く御承諾いただいた執筆者各位に、深く感謝します。

二〇一六年四月

黒田基樹

目次

北条氏綱

総論　北条氏綱論

黒田基樹

はじめに

北条氏綱を主題とした研究は、北条氏初代の父宗瑞や、三代の子氏康以降と比較すると、決して多いとはいえない状況にある。父宗瑞については、出自問題への関心から多くの研究が蓄積され、子氏康以降については、領国支配や軍事・外交に関する発給文書が豊富に残されるようになるため、それに応じて多くの研究の蓄積がみられているのに対し、氏綱期については発給文書数が氏康期以降と比較すると少ないため、歴代のなかで最も研究への取り組みが遅れていたととらえられる。そうした状況のなか、最初の到達点となっているのが、一九八一年に『神奈川県史　通史編1』のなかで著された佐脇栄智「北条早雲・氏綱の相武経略」のうち「三　氏綱の相模経営と武蔵侵攻」[1]であろう。そこでは、虎朱印状の創出、北条名字改称と叙爵、扇谷上杉氏との抗争、鶴岡八幡宮修造の問題が取り上げられている。これらの問題が、当時において氏綱に関する主要な問題として認識されていたととらえられる。

このこと自体、現在においても基本的に異なることはないが、一九九〇年代に入るとその内容について大きく深化がみられるようになっている。その背景には、中央の幕府・公家史料のなかから関係史料の発掘がすすんだこと、古河公方・小弓公方研究や扇谷上杉氏など関東政治勢力に関する研究の進展によって、氏綱期の関東政治史の精緻化がすすみ、氏綱の動向の位置付けが可能になっていったこと、氏康期に展開する領国支配構造について氏綱期にさかのぼらせた検討の進展、といったことがあげられる。そうした成果の集約として、拙稿「小田原北条氏の成立」のうち「2北条氏綱の相模支配」(2)、下山治久『北条早雲と家臣団〈有隣新書57〉』のうち第三章～第五章(3)、などがみられるようになる。そして上記の研究動向は、二〇〇〇年代に入っても継続されており、現在にいたるまで研究の進展がみられ続けている。

本論では、そのような北条氏綱に関する研究成果について、概要を整理し、集約することにより、現段階における研究の到達点の把握に努めることとしたい。その際、現段階において未解決、あるいは見解が統一されていない問題については、若干の見解を提示することで、今後におけるさらなる研究進展のための条件整備をしておきたい。

一、氏綱の系譜と妻子

氏綱は、戦国大名北条氏初代となる伊勢盛時（早雲庵宗瑞）の長男で嫡子であった。それは氏綱が、元服後に父盛時が称した仮名新九郎を襲名していることからも、そのように理解される。生年について明確に記した史料はないが、天文十年（一五四一）七月十七日に、五十五歳で死去したことが、「快元僧都記」同日条（『小田原市史　史料編原始古代中世Ⅰ』四四〇号。以下、小Ⅰ～と略記）に明記されていることから、逆算により長享元年（一四八七）生まれであることが知られる。父盛時が三十二歳の時の生まれとなる。なお「北条家過去帳」（小Ⅰ四四一）では忌日を七月十九日としているが、二日の違いからすると供養日ともとらえられないから、単なる誤記とみられるであろう。

母については、当時の史料に記載はないが、江戸時代初期成立の軍記物「異本小田原記」巻一に、盛時の妻として「京都小笠原備前守」の娘があげられている（国史叢書本刊本三〇四頁）。氏綱は嫡子であったから、彼女の所生の可能性が高く、したがって母は彼女とみなしてよいと考えられる。ちなみに、彼女の父にあたる「小笠原備前守」とは、世代から考えて室町幕府奉公衆の小笠原政清と推測される。そして彼女は、「伝心庵過去帳」に「北条長氏公　後御前」と注記されている、永正三年（一五〇六）七月十八日死去の南陽院殿華渓宗智禅定尼にあたるとみられる（小I三二一）。菩提寺の伝心庵は小田原に建立されているが、南陽院殿死去時では、宗瑞の本拠は伊豆韮山城であったから、同寺が小田原に建立されたのは、佐脇氏（前掲論文）が想定しているように、その頃には氏綱は小田原城に在城しており、かつ母であったため、と考えることではじめて整合性が得られるからである。ちなみに、近時確認された「駿河大宅高橋家過去帳一切」（拙編『伊勢宗瑞〈シリーズ・中世関東武士の研究10〉』[4]所収）でも、小笠原備前守娘は南陽院殿にあてられている。

氏綱の妻については、二人の存在が確認されている。これについては立木望隆氏によって[5]、前妻は、法名を養珠院殿春花宗栄大禅定尼といい（「伝心庵過去帳」十七日条〈小I四四二〉）、天文九年（一五四〇）七月にその十三回忌法要が行われていることから（「以天和尚語録」補遺所収「養珠院殿十三回忌法語」[6]）、大永七年（一五二七）七月十七日に死去した人物であること、後妻として、「為和集」天文二年三月十一日条（小I五三四）などから、「北の藤」と呼ばれていた、近衛尚通の娘（稙家の姉）であったことが明らかにされた。氏綱は、前妻養珠院殿の一周忌供養のため、宗版仏典を某寺に奉納しているが（「金沢文庫所蔵」『戦国遺文後北条氏編』八七号。以下、戦北〜と略記）、立木氏はそこに

「先婦養珠院」とあることから、氏綱は養珠院殿死去すぐに、近衛氏を後妻に迎えたととらえている。しかし、「先婦」における「先」は、前後の「前」を指すのではなく、「先考」（先代）と同じように、すでに死去した存在を指すと理解されるので、その時点で後妻を迎えていたことにはならない。

養珠院殿については、その後、氏綱は一周忌供養にあたって、諸国の経筒奉納の霊場に法華経を奉納していたことが確認されている（「茂野千代吉氏所蔵」「大田南八幡宮所蔵」戦北四八三七〜八）[7]。その出自については、現在でも明らかではないが、「駿河大宅高橋家過去帳一切」に「横井北条相模守女」とあるのが、現在知られる唯一の所伝である。この横井氏は、鎌倉北条氏の末流と伝えられる尾張の武家とみられるもので（「寛政重修諸家譜」など）、「異本小田原記」巻一にも、氏綱期の重臣として横井越前守があり、それについて「本国尾州の住人なりしが、弓矢修行に東国に下りて、北条殿に所縁ありて、一方の大将を承る」とあって、氏綱と特別な関係にあったことが記されている（前掲刊本三二七頁）。室町時代における横井氏の存在が明確でないため、検証は難しいが、横井越前守が「一方の大将」を任せられたのは、姻戚関係の存在を想定すれば理解できることといえる。その場合、越前守は氏綱の義兄弟にあたる関係にあった可能性が想定される。いまだ確証は得られない段階にあるが、「横井相模守女」とする所伝は魅力的である。

これにともなって、「異本小田原記」巻一にみえる、堀越公方足利政知の被官に、宗瑞には「母方の伯父」にあたる「北条殿」があり、後継者がなく死去したため、政知の要請によって宗瑞がその後家を妻にし、さらにその娘を氏綱の妻にした、という所伝（前掲刊本三〇四頁）も、無視しえないものとなってくる。仮に氏綱の妻養珠院殿が「横井相模守」の娘であったとした場合、「横井相模守」はここにみえる「北条殿」にあたることになり、しかも彼は宗瑞の「母方の伯父」というから、伊勢貞国の子で、貞親・貞藤らの弟にあたる存在であったことになる。これに関連しては、江戸時代の軍記物「北条盛衰記」に、宗瑞の母を尾張横井掃部助の娘とする記述があり、これをうけてのものとみられるが、静嘉堂文庫所蔵「百家系図」（鈴木真年編纂）一三所収「横井系図」には、「横井掃部助時永」の娘として「伊勢備中守貞藤室」があげられている。これは、江戸時代には「異本小田原記」巻一（前掲刊本三〇〇頁）にみられるように、宗瑞の父は伊勢貞藤とみられていたから、その関係を表現したものと思われる。しかし、ここで宗瑞の親族に横井氏との姻戚関係が伝えられていることは興味深い。ここでは、横井氏の娘が伊勢貞藤妻であったことを前提に考えてみることにしたい。

伊勢貞藤は、宗瑞にとってまさに「母方の伯父」にあたる人物となるが、貞藤が「北条殿」を称したというのは想定できないから、彼がそのまま「母方の伯父」にあたるとは考えがたい。しかし、横井氏の娘が外伯父の伊勢貞藤の妻であったとすると、「北条殿」は外伯父貞藤の姻戚関係者であり、例えばその義兄弟、すなわち妻の兄弟にあたる可能性を見出せることになる。その場合、「横井相模守」はまさにそれに該当しよう。なお、「横井系図」では横井時永の没年について、宗瑞と同じ永正十六年と伝えているから、彼は宗瑞と同世代とみられ、したがってその娘が伊勢貞藤妻というのは世代的に無理があり、世代の混乱がうかがえる。横井時永の没年が正しいとするならば、彼は伊勢貞藤妻の甥にあたる存在とみられる。ちなみに「横井系図」は、時永の父を時利、祖父を時任と伝えており、それに合わせれば伊勢貞藤妻の父は時任にあたるとも考えられるが、横井氏の系図には世代的に省略があるとみざるをえないので、これ以上の推測は意味がないであろう。それはともかく、横井時永が伊勢貞藤妻の甥であれば、その父が氏綱岳父とされる「横井相模守」「北条殿」にあたるとも考えられる。ただし、「異本小田原記」の記述を踏まえると、

「横井相模守」「北条殿」は堀越公方足利政知の奉公衆として伊豆に在国していたととらえられるので、むしろ時永の父の兄弟とみるのが妥当であろう。

ここまでのところを整理しておくと、氏綱の岳父とされる「横井相模守」「北条殿」は、宗瑞の母方の伯父伊勢貞藤と姻戚関係にあった存在で、貞藤妻の兄弟にあたった可能性が想定される。その場合、貞藤妻の兄弟に、尾張横井氏を継承した人物と、堀越公方足利政知の奉公衆になった「横井相模守」「北条殿」があったことになる。そしてその死後に、宗瑞がその後家を娶り、また氏綱がその娘を妻に迎えた、という経緯が復元できるかもしれない。なおその場合、氏綱重臣になった横井越前守は、「異本小田原記」では氏綱岳父「北条殿」には後継者がいなかったとしていることからすると、氏綱の義兄弟ではなく氏綱妻の従兄弟など近親にあたったことになる。もっとも、以上のことについては、他の良質な史料によって検証されうるものではなく、あくまでも江戸時代に残された伝承に基づいた想定にすぎない。しかしながら、養珠院殿が宗瑞の実家にあたる伊勢氏関係者の出身であったとすれば、氏綱との婚姻も理解しやすいものとなることは確かといえる。今後、伊勢氏の姻戚関係や尾張横井氏の存在に関わる史料が見出されていけば、その妥当性の検証も

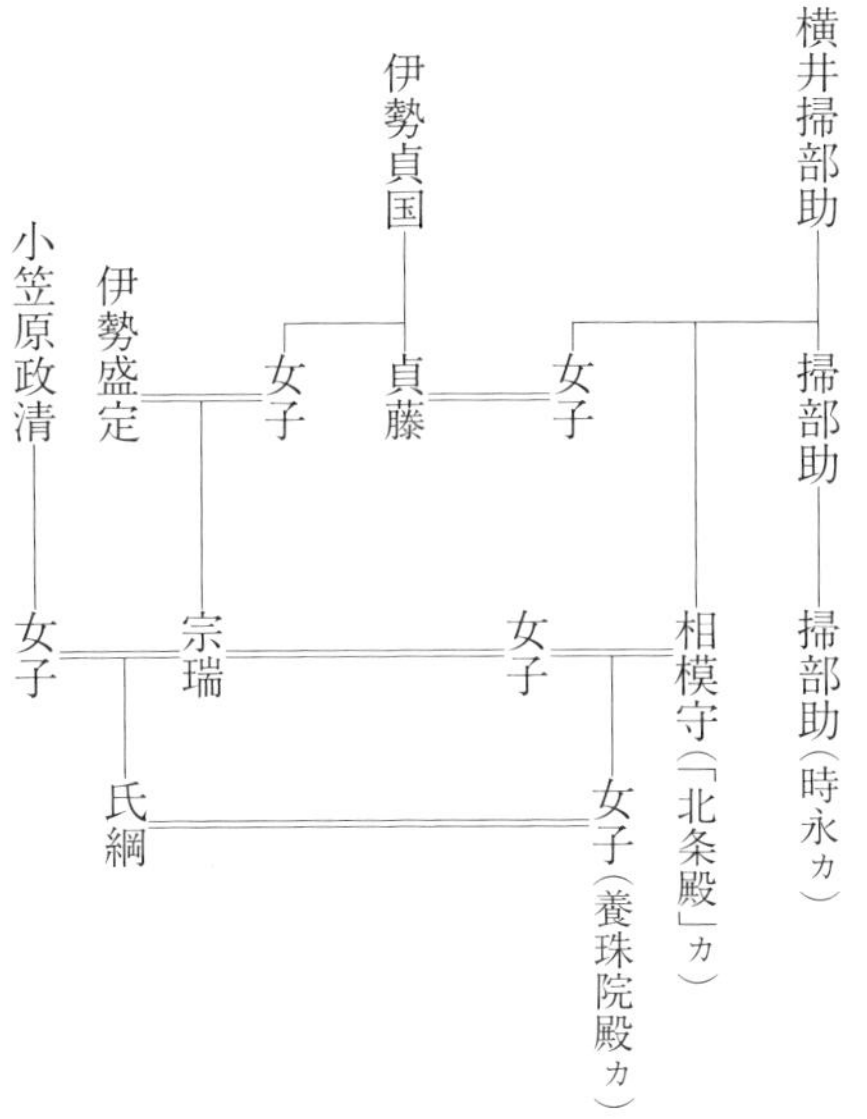

氏綱・養珠院殿推定関係系図

可能になっていくであろう。

後妻の「北の藤」については、その後、婚姻時期に関して、北条氏と近衛氏との交流の検討から、柴田真一氏によって、享禄四年（一五三一）七月から翌天文元年三月までのことであることが指摘されている。[8]「北の藤」は氏綱死後の生存が確認され、天文十九年三月に「御大方様」としてみえている（「本朝武家諸姓分脈系図」〈「小田原北条氏五代発給文書」補遺七八号〉）。[9]これによって、「北の藤」が氏綱正室として存在し、氏綱死後も「御大方」として、すなわち氏綱後家という立場にあったことが知られる。「北の藤」の没年については明確ではないが、私は、天文二十三年七月二十四日に死去した法名勝光院殿妙安尊尼（「新編相模国風土記稿」）が、彼女にあたると推定している。[10]それは、勝光院殿の菩提寺にあたる小田原板橋妙安寺には、近衛政家（尚通の父）と尚通のものとされる墓があるように、彼女が近衛氏関係者と推定されることによっている。さらに同寺の寺伝では、勝光院殿は近衛氏の妻で、北条氏政妻の母にあたり、晩年に小田原に下向してきたとされているが、いうまでもなく年代が合わず、何らかの錯誤があるとみられ、同寺で「北の藤」の父・祖父が供養されていることからすると、勝光院殿は「北の藤」その人にあたるとみるのが妥当と考えることによる。なお「駿河大宅高橋家過去帳一切」では、私の推定通りに、「北の藤」は勝光院殿にあてられている。

氏綱の子女としては、これまでの研究によって、長男氏康（永正十二年生まれ）、次男某（早世か）、三男為昌（永正十七年生まれ）、四男氏堯（大永二年生まれ）の四人の男子と、江戸太田資高妻（浄心院）・玉縄北条綱成妻（大頂院殿）・世田谷吉良頼康妻・古河公方足利晴氏妻（芳春院殿）・遠江堀越今川六郎妻（山木大方・高源院殿）・駿河葛山氏元妻（ちよ、大永六年生まれ）の六人の女子の存在が確認されている。

男子のうち、氏康・為昌については、当時の史料によって氏綱の子であることが確認され、氏康については、大永三年六月十二日付箱根権現宝殿建立棟札銘（「箱根神社所蔵」戦北五六）に「嫡男伊豆千代丸」とみえ、為昌については「快元僧都記」天文二年閏五月六日条（『新編埼玉県史資料編8』五三六頁）に「氏綱三男」とみえており、またこれによって存在が知られない次男の存在も知られることになる。氏堯については、氏康より七歳年少という関係とその政治的地位から、氏康の弟とみて間違いなく、[11]また「三浦系図伝」に「氏綱二男、氏康弟」と注記されていることはその傍証になる。[12]このうち為昌については、佐脇氏（前掲論文）・佐藤博信氏[13]・私の研究[14]などによって、氏堯については、私の研究[15]などによってその動向の解明がすすめられている。

女子のうち、当時の史料によって氏綱の子であることが確認されるのは芳春院殿のみで、「快元僧都記」天文九年十一月二十八日条（前掲『新編埼玉県史』五九一頁）に「古河様（足利晴氏）御縁氏綱息女」とある。彼女の存在を踏まえての、北条氏と古河公方足利氏の関係については、佐藤氏によって追究がすすめられている。[16]その他については、いずれも江戸時代成立の史料によって知られるものとなる。まず、北条氏系図として記載が詳細なもののうち最も成立年代の古い、寛永十九年（一六四二）作成の「平姓北条氏系図」（「旧狭山藩主北条家文書」）には、「綱成室・葛山氏室・太田大和守資高室・蒔田御所室」の四人があげられている。それらのうち玉縄北条氏・江戸太田氏・世田谷吉良氏との婚姻に関しては、江戸時代成立の系図類になるが、婚家側にも伝承されているから（「寛政重修諸家譜」巻九七吉良系図・巻五〇六北条系図、「太田家記」など）、確実とみてよいと考えられる。また葛山氏元妻についても、高野山高室院所蔵「北条家系図」（『北条家過去帳・北条家系図』[17]）に「葛山氏元室」という記載があり、葛山氏の前代氏広は氏綱の実弟であったことからみても、確実ととらえられる。

残る遠江堀越今川六郎妻（山木大方）についても、「新編相模国風土記稿」（足柄下郡谷津村高源院条）に「北条氏康の妹」などとあるうえ、その動向からみても、確実ととらえられる。ちなみに彼女については、世田谷吉良氏側の系図（「世田谷徴古録」所収吉良系図など）に吉良頼康妻とされていたことから、それと同一人物とみられていた。しかし、山木大方の動向を検討する限り、それとは別人と判断するのが妥当と考えている[18]。ただし、夫にあたる「堀越今川六郎」の系譜的位置と実名については、現在においても確定されていない。私は、堀越今川氏延の遺子と考えているが[19]、大塚勲氏は、氏延の遺子について系譜に記載がないことから、氏延の弟新六郎貞朝の可能性を想定している[20]。ただ、氏延の弟では氏綱と同世代になるため、大塚氏も年齢的な面から難点があることを認めている。その子氏朝の実名のうち「朝」字は、貞朝からの継承とも想定され、両者の密接な関係がうかがわれる。しかし、仮名が単に「六郎」とあるから、堀越今川氏の嫡流に位置した存在と想定するのが妥当であり、それゆえの婚姻関係の形成ととらえられるので、私としては現在でも氏延の遺子にあたる可能性が高いととらえている。

なお、彼女らの生年について判明しているのは、葛山氏元妻のみであり（大永六年生まれ[21]）、そのため彼女らの出生順については明確ではない。先にあげた順序は、それぞれの子女の出生順をもとにしたものであるが、現段階では、おおよそそのようにとらえておいてよいと思われる。ちなみに、彼女らの動向そのものについては、拙著『北条早雲とその一族』における該当部分、彼女らを通じての北条氏と各婚家との関係については、江戸太田氏については拙稿「江戸太田氏と岩付太田氏」[22]・「江戸太田康資の考察」[23]、玉縄北条氏については浅倉直美編『玉縄北条氏〈論集戦国大名と国衆9〉』[24]、世田谷吉良氏については荻野三七彦編『吉良氏の研究〈関東武士研究叢書4〉』[25]・實方壽義論文[26]・註18拙稿、古河公方足利氏については註16佐藤論文、遠江堀越今川氏については註19拙稿・註20大塚論文、駿河葛山氏については有光友學『戦国大名今川氏と葛山氏』[27]・拙稿「駿河葛山氏と北条氏」[28]、などを参照していただきたい。

二、北条名字改称・叙任と幕府・朝廷との関係

氏綱の史料上の初見は、永正九年（一五一二）八月十二日付で父宗瑞との連署で、家臣伊東氏に対して相模中郡岡崎台合戦での戦功を賞した感状であり（「伊東文書」戦北二四）、父宗瑞が死去する同十六年八月までのうちの発給文書は、同文書を含めて五点が確認されている。ただし、そのうち同十四年九月の四点目までは、宗瑞との連署もしくは宗瑞の袖判をうけたものになり（「円覚寺文書」戦北三〇）、いまだ自立した存在ではなく、あくまでも宗瑞嫡子の立場にすぎなかったととらえられる。この時期の氏綱の立場について、佐脇氏（註1論文）は、すでに小田原城に在城し、相模支配にあたっていたように理解しているが、理由を記していない。また、氏綱の発給文書を検討した下山治久氏は、そのなかで鎌倉支配を担当していたと理解している[29]。私もそれらをうけて、小田原城に在城し、相模支配の一部を担っていたと評したものの[30]、いまだ具体的な役割を把握できる状況にはいたっていない。

それに対して同十六年七月に上総二宮庄藻原妙光寺に宛てた制札は（「藻原寺文書」戦北四六〇八）、この時の軍事行動が「伊勢新九郎渡海」と記されたように、氏綱が大将として上総に侵攻した際におけるものであり（「新編会津風土記」『戦国遺文房総編』五四九号。以下、戦房〜と略記）、これは氏綱主体による軍事行動として初めて確認されるものとなる。また、これは父宗瑞が死去する一ヶ月前にあたっているから、この時の宗瑞は病態などの状況にあり、氏綱が事実上、伊勢氏家督の地位にあったととらえることができる。氏綱の家督相続の時期については、これまで大きく

は、前年九月における虎朱印状創出時のこととみるか、同年八月の宗瑞死去前後のこととみるか、二つの見解がみられている。

これについて私は、同年六月まで宗瑞の発給文書が出されていること、氏綱単独の発給文書がみられるようになるのは先の同年七月の制札からであること、氏綱の上総への侵攻は、六月における上総佐貫郷での「大乱」にともなう七月の古河公方足利高基による上総への進軍に対して、小弓公方足利義明とその擁立主体である上総真里谷武田氏への援軍としてのものであったと位置付けたうえで、これが伊勢氏による小弓方としての初めての軍事行動であること、そこでは長く敵対関係にあった扇谷上杉氏と和睦が成立していたことをもとに（前出「新編会津風土記」）、それにともなって家督を譲られたという見解を示している[31]。この問題は、虎朱印状の創出背景を考えるうえで重要な問題となるが、それに関わる研究史の状況については同拙稿およびそこでの引用文献を参照していただくこととし、ここでの関説は省略したい。いずれにしても、この時における氏綱の行動は、かなりの確度で伊勢氏当主としてのものと理解できる。

この時の氏綱の政治的立場は、いま述べたように、小弓公方勢力に属し、真里谷武田氏・扇谷上杉氏と連携する関係にあった。真里谷武田氏との連携関係は、すでに宗瑞の時の永正十三年十一月には成立していたものであった。小弓公方家の成立は同十五年七月のことであり、その擁立主体が真里谷武田氏であった関係から、伊勢氏は小弓公方に従う立場をとってその勢力に属し、それにともなって同じく同勢力に属した扇谷上杉氏と和睦関係をとったと推測される。したがってこの時には、扇谷上杉氏との間では停戦が実現していたととらえられる。古河公方家と小弓公方家の抗争は、その後も継続して展開されているが[32]、この後しばらくは氏綱がそれに関与した形跡はない。すでに拙著

『戦国北条氏五代』で述べているが、宗瑞死去後の永正十七年から翌大永元年（一五二一）にかけては、相模西郡や鎌倉に対して代替わり検地や、宗瑞による寺社への特権などをあらためて安堵する代替わり安堵など、代替わり政策を行っており、同二年からは、宗瑞が行えなかった相模一宮寒川社、箱根権現社、六所明神社、伊豆山権現社、伊豆一宮三島社など、伊豆・相模の有力寺社の修造をすすめている。

そのうえでみられたのが、名字の伊勢氏から北条氏への改称である。その時期については佐脇氏によって、箱根権現社宝殿の修造を終えた大永三年六月十二日から（前出箱根権現宝殿建立棟札銘）、前年に「酒天童子絵詞」の詞書を執筆してもらった近衛尚通に、それへの礼銭を贈った同年九月十三日（「後法成寺関白記」同日条〈小Ⅰ四一五〉）の間のことであることが明らかにされている。(33)そしてその理由については、佐藤博信氏による扇谷上杉氏からの「他国之凶徒」論への対抗という所説を継承しつつも、(34)さらに扇谷上杉氏が「相模国主」（相州太守）という政治的地位にあったことを踏まえて、前年から伊豆・相模の有力寺社の修造を相次いで行い、かつそれを「相模国主」という政治的立場から行っていることから、扇谷上杉氏への対抗として相模支配の正当性を主張するため、ととらえている。佐脇氏が佐藤氏の見解をそのまま継承しなかったのは、佐藤氏の所説が、大永四年の氏綱による武蔵江戸城奪取を契機として扇谷上杉氏が「他国之凶徒」論を展開したことに対し、武蔵進出の正当性構築のため、さらに関東管領職にあった上杉氏へのイデオロギー的対抗のため、という理解であったからである。

「他国之凶徒」論について補足しておくと、両氏が利用していない前出「新編会津風土記」には、すでに永正十六年七月において、氏綱は山内上杉氏勢力から「他国之逆徒」と非難されているから、伊勢氏へのそのような非難は、おそらく両上杉氏に敵対した同六年からみられたものであったと推測される。したがって佐脇氏が想定しているように、それへの対抗は前提になっていたことは間違いなく、そのため名字改称についてはそれが大永三年に行われなければならない理由を見出す必要があり、それは佐脇氏がとらえているように、伊豆・相模の有力寺社修造に示される「相模国主」としての立場表明と一体化したものと理解することは可能である。ただし、北条名字が「前代日本之副将軍」の名字と認識されていたことから（「妙本寺文書」戦北四四三七）、佐藤氏が認識したように、それが「東八州（関東）副将軍」であった上杉名字への対抗の意味をともなっていたことも否定できないことと思われる。

ところで、佐藤・佐脇両氏の段階では、この頃まで氏綱が扇谷上杉氏と和睦関係にあったことは知られていなかった。このことを加味して考えると、北条名字への改称は、扇谷上杉氏との敵対と一体化していた行為であったと考えることも可能となる。佐脇氏も、扇谷上杉氏が大永三年に敵対していた山内上杉氏に和睦の申し入れを行ったことを、氏綱による北条名字改称をうけての行動ととらえている。この時期の両上杉氏の抗争は大永元年からのものであったが、両上杉氏の和睦成立直後に、氏綱による江戸地域侵攻がみられたことから[35]、北条名字改称が扇谷上杉氏を山内上杉氏との和睦に動かしたことは充分に考えられる。そうであれば、それは扇谷上杉氏への敵対表明に一致していたものととらえることができるであろう。実際の経緯については明らかにならないが、扇谷上杉氏への敵対にともなって、それへの対抗として、前代鎌倉時代においてその立場にあった執権北条氏の名字を襲名し、「相模国主」としての政治的立場と、上杉名字に代わりうる存在であることを表明するものであった、と理解してよいと考える。

そして氏綱は、大永四年正月に扇谷上杉氏領国の江戸地域に侵攻するが、その直前において氏綱の領国は、小机領のうち矢上川以南の地域までおよんでいたと考えられる。これは、江戸地域侵攻後に服属した江戸太田氏の所領構成についての検討から導き出した見解である[36]。また侵攻時には、扇谷上杉氏家臣の津久井内藤氏、山内上杉氏宿老の由井大石氏、従属国衆の勝沼三田氏・戸倉小宮氏・檜原平山氏を従属させていたほか、扇谷上杉氏宿老で石戸城主であったとみられる太田資頼を味方に付けていたことが確認されている[37]。もっとも、そのうち太田資頼と三田氏配下の武蔵毛呂顕繁が氏綱に従属しているのが確認されるのは、それぞれ太田資頼が二月、毛呂氏が四月であることからすると、彼らの氏綱への従属はいずれも江戸地域侵攻後のことで、その影響によるものであったとも考えられる。そうした場合、前年六月から九月の間における北条名字改称が扇谷上杉氏との敵対にともなうものであったとすれば、それにともなって小机領域（ただし矢上川以南）の経略が遂げられた可能性も想定される。そうであれば、その後において扇谷上杉氏が山内上杉氏に和睦を申し入れるという経緯も納得できる。

なお大石氏に関しては、その領国の南部にあたる相模東郡粟飯原郷・武蔵小山田庄以南の地域については、この時の従属以前に、北条氏による経略ないしそれと係争関係にあったことがうかがわれるが、その時期は明確にならない。大石氏は山内上杉氏の宿老であったから、その間における北条氏との和睦関係は想定されず、対立が続いていた関係にあったととらえられる。宗瑞晩年の永正十五年二月に、宗瑞は大石氏領との境目にあたる相模東郡当麻郷に制札を出しているから（「関山文書」戦北三四）、この時、大石氏と抗争していた可能性が高い。そうすると、それらの地域の経略ないし係争関係になったのは、この時のことであった可能性も想定される。ちなみにその西側には内藤氏の津久井領が展開されていたが、同地に在陣しているところをみると、すでに内藤氏は従属していた可能性が高いとみられる。いずれにしろ、小机領や大石氏領南部の経略時期、内藤氏・大石氏・三田氏らの従属時期については、いまだ確定にいたらないのが現状であり、以上に示した見解はあくまでも現状のなかでの想定にすぎない。今後の関係史料の出現に期待しておきたい。

さて、問題を北条名字改称に戻すこととしたいが、この改称について森幸夫氏は、氏綱の全くの独断によるものではなく、背景に室町幕府の承認を想定している[38]。名字改称が氏綱の独断によるものであったなら、ただちに敵方がそれを認めるとは考えられないとし、にもかかわらず江戸地域侵攻後、敵対関係にあった古河公方足利高基が北条名字で呼んでいることから（「東京大学史料編纂所所蔵文書」戦房五八二）、そこに上級権力による承認という、すなわち室町幕府の権威が作用していた、と理解している。この点は、今後検証していく必要があろう。森氏はまた、氏綱と室町幕府との関係について検討を加えている。そこでは、天文八年（一五三九）に、「先年」に将軍足利義晴から求められた忠功を履行する請文をようやくに提出している（「室町家御内書案」戦北四四一二～一六）、という事実に注目し、義晴から忠功命令をうけても、この時まで氏綱は幕府との関わりに消極的であったこと、この時の幕府への接近は、前年の第一次国府台合戦への忠賞として古河公方足利晴氏から関東管領に任じられたことをうけ、さらにその地位の強化を図ってのことととらえている。そして、総じて氏綱は、幕府に対しては、氏綱にとって必要な時に接近するという、政治的利用の関係が強いと評価している。

また、氏綱段階での幕府関係者との関わりでいえば、幕府奉公衆・申次衆のうち伊勢氏・大和氏・千秋氏・小笠原氏が小田原に下向し、千秋氏以外はその後も小田原に居住して北条氏の家臣になっているが、これについては米原正義氏による検討がある[39]。彼らの小田原下向が確認できるのは、小笠原氏以外は、天文三年六月三日のことであるが（「快元僧都記」同日条〈前掲『新編埼玉県史』五四五頁〉）、小田原への下向時期については、享禄四年（一五三一）六月の細川高国の自害以後のことと推測する。さらに、小笠原氏については天文七年七月には氏綱のもとにあったから（「蜷川文書」戦北一四六）、天文三年六月以降からそれまでの間のことと指摘している。

ちなみに、伊勢氏はいうまでもなく宗瑞・氏綱の同族で、宗瑞の母方従兄弟貞職の子貞辰（備中守家）の系統にあたり、小笠原氏は氏綱の母方実家の庶家で、氏綱の母方従兄弟の兵部少輔元続の系統にあたっている。この小笠原元続については、小田原への下向以前の大永七年ないしその翌年に、氏綱弟の箱根権現別当長綱（幻庵宗哲）と細川高国との間を取り次いでいることが知られ（「箱根神社文書」戦北四四〇一）、早い段階から北条氏と幕府関係者の取次を務めていた存在であった。そして彼らは、小田原下向後は武芸を含む有職故実の指導にあたり、あるいは室町幕府との連絡を含め広く外交面に関わったことが指摘されている。

名字改称に続いてみられた事柄に、従五位下・左京大夫への叙任がある。これについては佐脇氏によって検討が行われており[40]、その時期については、享禄二年八月六日から同三年二月十七日の間のことであることが指摘されている。ちなみにこの叙任について私は、嫡子氏康の元服とそれにともなう仮名新九郎の襲名とが連動していたものと考えられることから、氏康の元服は享禄三年には確認されるので、おそらく襲名は前年末頃のことと推測され、したがって氏綱の叙任も享禄二年中のことであった可能性が高いことを指摘している[41]。なおその際、氏綱は叙任にともなって室町幕府相伴衆に列せられた可能性を指摘しているものの、そのこと自体は現在でも確認されるにいたっていない。北条氏はその子氏康の代には同地位にあったから、それがいつのことであったのかは、依然として今後において解明すべき事項である。

北条氏において、この叙任は初めてのことであった。扇谷上杉朝興・駿河今川氏親・甲斐武田信虎など、隣接する戦国大名はすでに任官していたので、これによって氏綱は彼らと同等の政治的地位を獲得したことになる。同時に、北条氏の存在が中央からも政治的承認をうけたことを意味するものとなった。こうした任官は、通例であれば室町幕府を通じて行われたが、氏綱の場合については、幕府との関わりは現在のところ確認されていない。こうしたところから、森氏はこの任官について、近衛氏の執奏によった可能性を想定している。この点も今後の検証に委ねるべきものとなるが、この時期から氏綱が朝廷・公家との関係を形成していたことは、近年の公家史料の検索を通じて明確にされてきており、それについては小和田哲男[42]・田島光男[43]・鳥居和郎[44]・真鍋淳哉[45]・森幸夫[46]諸氏らによって、関係史料の紹介や朝廷・公家との関係の検討が重ねられている。

氏綱と公家との交流を示す最初の史料となるのは、「伊勢新九郎」と称していた時期のもので、七月十六日付で飛鳥井雅綱から、蹴鞠扇を相伝されていることである（「内閣文庫所蔵文書」戦北四三九九）。なお、これを最初に紹介した小和田氏は、「伊勢新九郎」を宗瑞にあてていたが、田島氏によって飛鳥井雅綱の動向から氏綱に比定できることが指摘されている。ちなみに田島氏は、飛鳥井雅綱が同文書を発給できるのは大永三年四月の家督相続以降と推測しているが、そうすると氏綱は同年六月から九月の間に北条名字に改称していることから、同文書の年次は同年に比定されることになる。その場合には、同文書は氏綱の伊勢名字に関する終見となって、北条名字への改称はそれから九月十三日の間に行われた、と考えることができるかもしれない。そしてその九月十三日、先にも触れたが、近衛尚通に、「酒天童子絵詞」の詞書を送られた礼銭を贈っているが、詞書の依頼は前年の大永二年のことであったから、先の文書が大永三年に比定されるならば、氏綱と公家との交流は、近衛尚通に詞書を依頼したものが最初の事例になる。続いて同五年八月には、嫡子伊豆千代丸（氏康）が飛鳥井雅綱から蹴鞠伝授書を与えられている（「内閣文庫所蔵文書」戦北四七九〇）。

しかしその後しばらく、氏綱と公家との交流は確認されず、それから四年後の享禄二年八月にようやく近衛尚通との交流がみられるようになるが、その際に尚通からは、その後疎遠になっていたことを述べられているから、この時になって氏綱は尚通への接近を図ったことになる（「後法成寺関白記紙背文書」戦北四四〇二）。これに関して注目されるのが、その二ヶ月前の六月十八日に、対抗関係にあった扇谷上杉朝興が尚通に書状を送って接近を図っていることである(47)。時期的な関係からみると、上杉朝興が近衛尚通に接触したことをうけて、それへの対抗として、氏綱は再び尚通との交流を図ったことが考えられる。その後、氏綱は尚通との交流を継続的に続け、先に触れたように、それから翌三年二月十七日までに叙任を遂げ、さらに同四年七月から翌天文元年三月までに尚通の娘を後妻に迎えることになる。氏綱と公家との交流については、真鍋氏の整理に詳しく、それによると、それ以外では、三条西実隆・錦小路盛直・冷泉為和・勧修寺尹豊・高井堯慶との交流が知られ、このうち三条西実隆以外は小田原に下向してきている。

朝廷との関係についても、天文二年六月五日から確認されている（「御湯殿上日記」同日条〈小Ⅰ四二四〉）。そこでは、禁裏御料所であった伊豆国仁科郷の年貢進上を要請されており、同年から三ヶ年にわたって同郷年貢を進上している（「御湯殿上日記」小Ⅰ四二七～八・「妙本寺文書」戦北四四三八）。これは森氏によれば、後奈良天皇の即位式（天文五年）費用のためとみられているが、氏綱が同郷年貢を進上したのは三ヶ年にすぎず、その後は停止していることも注意される。これが朝廷側の意志でなかったことは、同十年末、氏綱の死去後に、新当主氏康のもとに勅使が派遣され、年貢進上を要請していることからうかがわれる（「御湯殿上日記」天文十一年正月八日条(48)）。とすると、そこでの年貢進上は叙任の礼など何らかの即時的な理由に基づいたものであり、その必要がなくなれば打ち切るという、氏綱の現実的対応がうかがわれる。このことは先にみた幕府との関係についてもいえることであり、氏綱と幕府・朝廷との関係は、氏綱の現実的対応に左右されたものであったことが認識される。

三、周辺大名との抗争と氏綱の地位上昇

氏綱は大永四年（一五二四）正月に扇谷上杉氏領国の江戸地域に侵攻したのを契機に、敵対勢力との抗争を展開し、それは死去時まで継続された。その抗争関係をまとめれば、①大永四年正月からの扇谷上杉氏との抗争、②扇谷上杉氏に味方した山内上杉氏との抗争、③同年二月からの両上杉氏と同盟した甲斐武田信虎との抗争、④同五年二月からの扇谷上杉氏に味方した上総真里谷武田氏・安房里見氏ら小弓公方勢力との抗争、⑤天文六年（一五三七）二月からの甲斐武田信虎と同盟した駿河今川義元との抗争、⑥それらの抗争と連動した古河公方足利氏との関係構築、といった具合になる。すでにそれぞれについて、詳細な検討が重ねられているが、全体的な状況の経過については、拙著『戦国関東の覇権戦争〈歴史新書y17〉』[49]を参照していただくこととし、以下では、それぞれごとの研究状況を取り上げていくことにしたい。

①扇谷上杉氏との抗争と②山内上杉氏との抗争について、基本的な経緯は、註35拙稿および、とくに享禄年間（一五二八〜三二）については拙稿「関東享禄の内乱」[50]を参照いただきたい。大永四年正月、江戸太田氏の従属にともなって、扇谷上杉氏の本拠であった江戸城と江戸地域を攻略するが、同地域については、以後も確保を果たしている。二月には、従属した扇谷上杉氏宿老の太田資頼によって古河公方奉公衆渋江氏の武蔵岩付城を攻略するが、同城についてはその後、太田資頼が扇谷上杉氏に帰参したことによって、それとの間で攻防が続き、最終的には享禄四年（一五三一）九月に、資頼による同城攻略がなり、その状況は氏綱死去時まで継続された。扇谷上杉氏は、江戸城没落後

は河越城を本拠としたが、それについては天文六年七月に、同城と河越地域の攻略を遂げ、扇谷上杉氏を北方の松山城に追っている。さらに同七年二月、扇谷上杉氏領国であった下総葛西城と葛西地域の攻略を遂げている。これら河越地域・葛西地域についても、氏綱死去時まで確保を果たしている。このように扇谷上杉氏との抗争については、江戸地域・河越地域・葛西地域の攻略を果たし、これによって扇谷上杉氏領国として残ったのは、当主朝定の本拠となった松山城と宿老岩付太田氏の本拠岩付城の、それぞれの支配領域である松山領・岩付領のみとなっている。

この扇谷上杉氏との抗争の展開のなかで見過ごしえないのは、その過程で「郡」「領」という支配領域を単位とした領域支配制度が構築されていったことである。まず、大永四年の江戸城攻略にともない、氏綱は宿老遠山直景をその城代として領域支配にあたらせている[51]。同七年には伊豆郡代として宿老笠原氏・清水氏の存在がみられ（「真継文書」戦北八六）、享禄二年五月には、弟氏時が伊豆韮山城代的な立場にあったことがうかがわれる[52]。しかし同年十月には、氏時は相模東郡玉縄城主に転じて、相模東郡・武蔵久良岐郡支配を管轄した。同四年八月に氏時が死去すると、三男為昌が玉縄城主となり、さらに相模三浦郡・武蔵小机領支配をも管轄している[53]。なお、三浦郡と小机領については、それ以前にそれぞれ城代が存在したらしく、三浦郡三崎城代は横井越前守、小机城代は笠原信為とされており（「異本小田原記」〈前出刊本三二七・三八六頁〉）、他の関係史料からも事実とみられている。その他、相模東郡についてては宿老大道寺盛昌が郡代を務めていたことが推測されており、為昌は大道寺・横井・笠原を従えて、領域支配にあたったと考えられる。さらに為昌は、天文六年からは河越地域支配をも管轄し、また葛西地域については江戸地域に編入された。

このようにして大永期から享禄期にかけて、軍事・行政を管轄する支配領域と、その領域拠点としての支城、さらに同城にあって軍事・行政にあたる在城衆の存在という、領域支配制度としての支城制の展開が、明確にうかがわれるようになっている。あらためてまとめれば、伊豆支配における韮山城、相模東郡・武蔵久良岐郡における玉縄城、相模三浦郡における三崎城、武蔵小机領における小机城、武蔵江戸地域・下総葛西地域における江戸城、武蔵河越地域における河越城、そしてその城主・城代として、韮山城に北条氏時、玉縄城に北条氏時・為昌、三崎城に横井越前守、小机城に笠原信為、江戸城に遠山直景、河越城に北条為昌、という具合になる(54)。こうした支城制は、以後の北条氏の領国支配においても基本的形態をなしたことからすると、その基盤は氏綱期に形成されたことが認識される。

他方、山内上杉氏との抗争については、まず山内上杉氏の宿老大石氏や、従属国衆であった勝沼三田氏・戸倉小宮氏・檜原平山氏の従属があり、彼らについては、氏綱死去時まで従属が継続されたとみられる。そして山内上杉氏との抗争は、当初においては、大永四年十月における三田氏配下の武蔵毛呂城主毛呂顕繁への攻撃、同五年三月における古河公方奉公衆であった武蔵菖蒲城主佐々木金田氏への攻撃というように、山内上杉氏独自の軍事行動がみられている。また毛呂城攻撃の時に、氏綱はそれへの対抗のためととらえられるが、山内上杉氏の宿老であった上野惣社長尾顕景と白井長尾景誠を味方につけている。両者ともすぐに山内上杉氏に帰参しているが、翌五年二月、惣社長尾顕景の次男景総が、山内上杉氏を離叛して、氏綱を頼って武蔵に移住してくるという事態がみられている(55)。

しかし、以後において、山内上杉氏との抗争は、基本的には同氏が扇谷上杉氏に援軍をはたらくというかたちで展開されている。そのため、氏綱が扇谷上杉氏領国を越えて、山内上杉氏領国に侵攻するという事態もみられなかった。北条氏が山内上杉氏と直接に抗争を展開するようになるのは、子の氏康の代になってからのことであった。そうしたことが関係しているのか、天文二年二月に、氏綱がすすめていた鎌倉鶴岡八幡宮の修造に際して、八幡宮側は山内上杉氏とその北武蔵・上野の被官にも奉加を求め、山内上杉氏は扇谷上杉氏を支援していることを理由に拒否したが、その被官らのうちそれに応じたものが二四人存在し、馬・太刀を奉加している。しかし、彼らとて奉加したのは「当座公物等」にすぎず、普請のための人足についてはほとんど提供しなかったことが知られる（「快元僧都記」同年二月九日条〈前掲『新編埼玉県史』五三四～五頁〉）。

③甲斐武田信虎との抗争について、基本的な経緯は拙稿「武田信虎と北条氏」(56)を参照いただきたい。武田信虎は扇谷上杉氏支援のために、大永四年二月初めには軍事行動を起こしている。しかしこれについて、正月の氏綱の江戸地域侵攻をうけて、扇谷上杉氏から武田氏に同盟の働きかけがあったとみるには、あまりに素早い行動といえるから、むしろ両氏の連携はそれをさかのぼるものであった可能性も想定される。そして信虎は、二月に相模津久井郡に軍勢を侵攻させるとともに、自身は三月に武蔵に進軍し、山内上杉氏と和睦している。これは両上杉氏の和睦を踏まえてのこととらえられるので、ここからも扇谷上杉氏と武田氏の同盟は、それ以前に成立していた可能性を想定できる。その場合は、武田氏が山内上杉氏と和睦していることから、むしろ対山内上杉氏のためのものであったとも考えられる。

しかし、信虎が武蔵に進軍したのはこれが最初で最後のことで、その後はもっぱら津久井郡への侵攻と、逆に北条方による甲斐郡内東部への侵攻がみられるなど、両者の抗争はこの両地域において展開された。その間の享禄三年、信虎は扇谷上杉朝興の叔母（山内上杉憲房後室）を妻に迎え、天文二年には朝興の娘を嫡子太郎（晴信）の妻に迎えるというように、両者の関係が密接化されている。天文四年八月には、氏綱は駿河今川氏輝（氏親の子）支援のため、今川領国の駿河御厨（駿東郡北部）を通過して郡内山中に侵攻し、武田方と合戦し勝利している。その後では、同六年二月からの駿河河東一乱にともなって、今川氏支援のため、氏綱が占領した河東地域（駿東郡・富士郡）に侵攻し、逆に北条方が御厨から郡内南部に侵攻するというように、一転して抗争の舞台は両地域に転じている。

武田氏との抗争のなかで注目されることは、津久井領において、津久井内藤氏と武田方の郡内小山田氏との間で、半手が成立していることである。このこと自体は、後の氏康の代の永禄二年（一五五九）に作成された「北条家所領役帳」（以下「役帳」と略称）によって、津久井領のうち八ヶ村が半手になっていたことは知られていたことであったが、近年における村田精悦氏の一連の研究によって、おおよその成立時期と対象となった八ヶ村の内容が具体的に明らかにされた[57]。すなわち、成立時期については、津久井領の半手村に関する記録に、小山田氏の本拠谷村で裁許をうけたことがみえているから、大永四年二月からの両勢力による抗争から、同氏が谷村を本拠とした天文元年を挟み、津久井領での両氏の抗争がみられなくなる同八年までの間のこととみている。また、八ヶ村の内容については、すでに「役帳」に明記されていた吉野・沢井・小渕・日連・那倉五ヶ村に加え、不明であった三ヶ村については、与瀬・佐野川・若柳各村であったことを明らかにした。これらの村々は、甲斐郡内に隣接する相模川上流部にあたっている。

成立時期の検討にともなって、興味深い指摘がある。それは、内藤氏は抗争の過程で一度、北条氏から離叛し、その後、再従属したことが考えられる、というものである。すなわち、大永五年に武田氏によって津久井城を攻撃されていること、同六年においては津久井領での抗争はみられないこと、享禄三年四月に氏綱は郡内八坪坂に侵攻して小山田氏との合戦に勝利していること、天文二年の時点で内藤氏は、「又御家風に参上」とみえていて、再従属したと理解されることなどから、大永五年の津久井城攻撃の際に、北条氏から離叛して武田氏に従属し、享禄三年の八坪坂合戦の時に、武田氏を離叛して再び北条氏に従属した、と考えられるという。この理解は妥当ととらえられる。このことを前提にすると、半手の成立時期については、さらに絞り込むことができるように思われる。少なくとも、内藤氏が北条氏に再従属した以降のこととととらえられる。

その際に注目されるのが、天文五年に、武田方が内藤領の青根村に侵攻していることである（「勝山記」同年条〈『山梨県史　資料編６上』二三四頁〉）。青根村は半手村落と異なり道志川流域に位置し、そこが攻撃されているということは、同村が境目にあったこと、したがって、それより北部の半手村落はすでに成立していたと理解することが可能となる。しかも小山田氏による津久井領侵攻は、その前後には確認されず、さらには以後において確認されないことからすると、半手の成立は同時にすなわち停戦状態を創出するものであったことを踏まえるならば、むしろこの攻撃の際に半手が成立したと理解されるものとなろう。状況からの推測でしかないが、津久井領における半手の成立時期については、このようにとらえておきたい。

④小弓公方勢力との抗争について、基本的な経緯は、佐藤博信氏(58)・滝川恒昭氏(59)の研究および註32拙稿などを参照してただきたい。大永四年正月の江戸地域侵攻時、氏綱はそもそも小弓公方足利義明（高基の弟）の勢力に属していた。しかし同五年二月に、扇谷上杉朝興が氏綱への対抗のため、上総真里谷武田氏に氏綱との断交を要請し、真里谷武田氏もこれを受け容れたため、真里谷武田氏・安房里見氏ら小弓公方勢力は両上杉氏に味方し、氏綱と敵対関係になり、以後は扇谷上杉氏と連携した軍事行動が展開された。その最たるものが、同六年五月における、扇谷上杉氏による北条方になっていた武蔵足立郡蕨城攻略の際に、真里谷武田氏と里見氏が東京湾に進軍していることといえる。

しかしその後、氏綱と小弓公方勢力との抗争はみられなくなり、むしろ大永七年から天文三年閏正月までは、小弓公方足利義明に帰属する関係にあったことがうかがわれる(60)。その最中に位置する天文二年七月から、里見氏で内乱が展開された。それは、庶家義堯による本家義豊に対しての叛乱であり、義堯は支援を氏綱に求め、氏綱はそれを容れて援軍を安房に派遣している。そして、同三年四月に義堯は、氏綱からの援軍を得て義豊を滅亡させて、里見氏当主となっている。そのため以後、義堯は氏綱に従うことになる。しかし、敗北した義豊に対しては、真里谷武田氏が支援していたから、おそらくその過程で、氏綱と義堯は小弓公方勢力から離脱したと考えられる。その直後といってい い同年八月、おそらくこれも大永七年には足利義明に帰属するようになっていたと推測される下総千葉氏が、氏綱による鶴岡八幡宮修造への奉加に応じている。これは、氏綱が千葉氏を味方化しつつあった状況を示していると理解されるものといえる。

そして、天文三年十一月から真里谷武田氏でも内乱が生じ、同時期に千葉氏が足利義明から離叛している。しかしこれについては、同四年六月に義明との合戦に敗北して、再びそのもとに帰属したとみられる。またその直前には、真里谷武田信隆も氏綱による鶴岡八幡宮修造に奉加しており、氏綱への接近がうかがわれる。同五年十月、氏綱が河越地域に進軍した際に、「房州・総州」から援軍が出されているが、これは里見氏と、千葉氏もしくは真里谷武田氏の軍勢であったとみられ、この時期になると、氏綱が彼らより上位に位置する存在になっていることが認識される。そして同六年五月から、真里谷武田氏の内乱が再発し、ここでは庶家信秋を足利義明が支持し、対して当主信隆は氏綱を頼り、そのため氏綱は援軍を派遣している。しかし六月、信隆方は義明に敗北し、信隆は北条領国に没落、氏綱方であった里見義堯も義明に帰属し、氏綱もまたそれと和睦したとみられる。これによって、房総の武家勢力はすべて足利義明に帰属することになり、義明はその直後から古河公方領国への侵攻を展開していく。

同六年七月に、氏綱は扇谷上杉氏の本拠河越城を攻略するが、扇谷上杉氏は小弓公方勢力の有力な構成者であったから、こうした状況は、氏綱の足利義明との敵対につながっていったとみられる。そして同年十二月までに、千葉氏も義明から離叛し、古河公方足利晴氏（高基の子）に従った。翌七年二月に、氏綱は扇谷上杉氏領国の下総葛西地域を攻略するが、義明はその支援のために出陣してきたため、氏綱は明確に足利義明とは敵対関係になっている。そして同年十月、義明が再び古河公方領国への侵攻を図ると、古河公方足利晴氏は氏綱に義明追討を要請し、氏綱はこれをうけて下総国府台で義明方と合戦（第一次国府台合戦）、これに勝利した。同合戦で義明らは戦死し、小弓公方家は滅亡する。そして、反小弓方による勢力回復がすすめられ、千葉氏勢力の回復、真里谷武田信隆の本拠復帰が実現し、千葉氏・真里谷武田氏は氏綱に従属する存在になった。

このような経緯をたどって、氏綱は小弓公方家の滅亡に寄与するとともに、下総・上総における最大勢力であった千葉氏と真里谷武田氏を事実上、従属させるにいたっている。房総における敵対勢力としては、小弓方の立場をとっていた里見氏が残るのみとなり、以後においては里見氏との抗争が展開されていくことになるが、その本格的な展開は、子の氏康の代になってからのことである。

⑤駿河今川義元との抗争について、基本的な経緯は、大久保俊昭氏[61]・池上裕子氏[62]の研究および註28拙稿を参照いただきたい。この抗争は、駿河河東地域の領有をめぐって展開され、そのため「河東一乱」と称されているが、その前提に位置するのは、前年の天文五年三月から六月にかけて展開された、「花蔵の乱」と称された今川氏の内乱であった。そしてそこでは、氏綱が義元（当時は法名承芳）を支援して、その軍勢によって対立する花蔵殿恵探を滅亡させたものであった。ところが、義元は今川氏の当主となると、甲斐武田信虎に接近していったようで、翌六年二月に信虎の娘を妻に迎えて、武田氏との同盟を成立させた。氏綱はこれを阻止しようと画策したが成功せず、そのため義元

と敵対関係をとることにし、河東に侵攻していった。そして同年六月には、氏綱はほぼ河東地域一帯の占領を果たし、同八年には抗争もみられなくなり、小康状態に入っている。そうして河東地域については、氏綱の死去時まで領有を継続している。

この抗争において氏綱は、駿東郡南部を支配領域としていた実弟の葛山氏広、駿東郡北部にあたる御厨地域を支配していた垪和氏、富士郡北部を支配していた富士氏を従属させている。そして富士郡南部を経略し、前線拠点として吉原城を取り立て、同城には宿老松田盛秀・重臣狩野介らを在城させている。これによって氏綱は、河東地域全域を支配下に置いたが、氏綱の河東地域占領は、基本的には葛山氏・垪和氏・富士氏の従属によってもたらされたものであったととらえられる。また、この抗争において氏綱は、遠江堀越今川氏延・井伊直宗、三河戸田宗光・奥平定勝ら、遠江・三河の有力国衆を味方に付けていることが明らかになっており、氏綱が今川氏との抗争を、今川領国全域で展開しようとしていた意図がうかがわれる。

この河東一乱の展開については、氏綱が河東地域に進出する要因が問題とされている。まず大久保氏は、氏綱の父宗瑞が、今川氏段階に富士郡南部を所領としていたという所伝を前提に、宗瑞以来、北条氏が同地域を自己の勢力圏として認識していたことが遠因になっているとし、いわば氏綱による旧領回復の動向として理解しようとしている。これに対して前田利久氏は(63)、「花蔵の乱」における氏綱の援軍派遣に、旧領回復を図ろうとする「過剰な軍事行動」があり、それが要因になっていたという見解を示し、また久保田昌希氏は(64)、さらに理解をすすめて、氏綱の援軍派遣は、河東地域だけでなく、駿河中央部にまで及んでいたため、義元が乱後における対氏綱への政治的位置の低下を危惧した結果、武田氏との同盟に転換した、という見解を示している。

この問題については、直接的な史料が存在するわけではなく、前後の状況把握からの理解になるため、結論は出にくいものであり、結局は前後の状況をどのように矛盾なく、整合的に理解するかによるものとなる。明確なのは、「勝山記」にみえるように、氏綱が、今川義元による武田氏との婚姻、同盟成立に否定的であり、それを阻止しようと工作していたが、それが失敗した結果、軍事的対立にいたった、ということである（前掲『山梨県史』一二三四頁）。ここで問題になるのは、今川義元はなぜ武田氏との同盟形成を図ったのか、氏綱はなぜその阻止に失敗すると軍事対決を選択したのか、に集約されるであろう。したがって問題の本質は、今川義元による外交政策の転換にあったが、これは今川氏の事情によるものでもあるから、今川氏研究を中心にした今後の研究の進展を待ちたい。そしてこれをうけての氏綱の反応については、少なくとも「旧領回復」などの意識によるものでなかったことは確実とみられる。あえて推測するならば、義元の内乱勝利に多大な貢献をしたにもかかわらず、乱後、氏綱と敵対関係にある武田氏との同盟をすすめるということは、氏綱に対する裏切り行為に等しく、それは名誉を損害する行為であり、それへの報復、すなわち名誉回復の行動であった、と理解できるのではないかと思われる。

⑥古河公方足利氏との関係構築について、基本的な経緯は註16佐藤論文を参照いただきたい。氏綱と古河公方足利氏の関係を示す最初の事例は、大永二年九月に、後の江戸城将「富永三郎左衛門尉」（正しくは四郎左衛門尉政辰か）を使者として派遣したという所伝になる（「異本小田原記」巻一〈前掲刊本三三三頁〉）。ただし、これは軍記物にみえるものであるから、事実かは確認できない。次いで、江戸城攻略後の同四年四月以前に、氏綱は足利高基に対し、忠信を遂げる旨を言上している。しかし、これは直接ではなかったらしく、高基方であった上総東金酒井隆敏を通じてのものであった。また、江戸城代遠山直景が高基に対し、氏綱の両上杉氏領国侵攻について「不可存別条」と、古河公

方足利氏に対しては特別な意識はないことを、起請文をもって述べている（「東京大学史料編纂所所蔵文書」戦房五八二）。

これが、氏綱による古河公方足利氏への接触を示す確実な事例としては最初になる。氏綱が高基に対して忠信を遂げる旨を言上したのは、氏綱が敵対した山内上杉氏が古河公方足利氏と連携する関係にあったため、その領国への侵攻は古河公方家への敵対を示すものではないこと、扇谷上杉氏は小弓公方足利氏の有力与党であったから、それへの敵対が小弓公方家への敵対に連なることも想定し、小弓公方家と対立する古河公方家との連携を企図したものととらえられる。しかし高基は、この氏綱の行為に対しては、「正理ハ如何」と信用せず、高基への忠節の具合によって判断するという態度をとり、言上に対しては相応の返事をするにとどめている。その後、しばらく両者の関係をみることはできず、ようやくに確認されるのが、天文七年十月の第一次国府台合戦に際し、古河公方足利晴氏が氏綱に、小弓公方足利義明の討伐を命じたものとなる。氏綱は、前年五月の上総真里谷武田氏の内乱介入にともなって、足利義明と敵対関係をとったから、その頃には再び古河公方家への接近を試みていた可能性はあろう。そうして同七年十月に、義明が古河公方領国への進軍を展開したため、晴氏は氏綱にその討伐を要請するにいたったとみられる。

合戦で氏綱は、勝利にとどまらず、足利義明父子三人（嫡子義淳・弟基頼）を討ち取る戦功をあげた。これによって小弓公方家は実質的に滅亡し、それにともなって関東足利氏の正嫡は古河公方家に確定された。古河・小弓両公方家の抗争は二十年以上にわたっていたものであったが、氏綱がそれに終止符を打ったことになる。そのため、晴氏が氏綱の功績を高く評価したのは当然であり、その結果、氏綱は勲功として関東管領職に任命され、それを示す御内書を二通与えられている（「伊佐早文書」戦北一二一一）。同職は、すでに享徳の乱以降は実質的な機能はなくなっていたが、関東足利氏を中心とした関東政治秩序においては、公方の補佐役として、その中心に位置するものであった。永正期以降、同職はそれを家職としていた山内上杉氏家督と一体化しており、この時にも山内上杉憲政が存在していたから、晴氏はあえて氏綱を同職に任命したことになり、それは晴氏が、古河公方家の保護者として氏綱を選択したことを意味したととらえられる。

氏綱にとっても、古河公方家との関係構築は、すでに佐藤氏が指摘しているように、両上杉氏から依然としてうけていた「他国之凶徒」という非難を克服し、関東政治秩序における自己の位置を正当化する恰好の手段であった。そしてそれは、翌八年八月に、氏綱の娘芳春院殿が晴氏に「正室」として嫁す婚約が成り、同九年十一月末に婚姻のため芳春院殿は古河に向けて出立したことからうかがわれる、その直後における婚姻の成立というように、氏綱と古河公方家の婚姻関係の成立に展開している。芳春院殿はその後、「御台様」と称されたように、その立場は晴氏の「正室」であった。少なくとも、古河公方家においてこれまで「正室」は存在していなかったから、晴氏が氏綱の立場を高く処遇したことがうかがわれる。これについて佐藤氏は、北条家と古河公方家の一体化とみて、これを北条氏による足利氏「御一家」化と表現している。そのため以後、私も含めて、北条氏は足利氏「御一家」に列したと理解された。しかし注意深くみると、佐藤氏はあくまでも両家の婚姻関係成立をもとにそのように評価しているのであり、史料用語としての「御一家」に列したと記しているわけではなかった。

実際、北条氏を足利氏「御一家」と記した史料はみられず、その位置付けは「管領職」であった（「義氏様御代之中御書案之書留」『喜連川町史　第五巻　資料編5下』七九頁）。古河公方家の書札礼においても、「御一家」とは明確に区分されている。しかし、その書札礼が「御一家」に匹敵するものであったことは事実であり、署判は署名＋花押、書止文言が「恐々謹言」とされているが、その適用をうけていたのは「吉良・渋川・新田」「吉見・桃井・里見・一色・岩松」の足利氏御一家の家督と、上杉可諄（顕定）以降の山内上杉氏の家督に限定されていた（同前八一～八二頁・「足利政氏書札礼」『戦国遺文古河公方編』四九二号）。また、古河公方の北条氏宛書状では、宛名のうち名字は省略されて官途・受領名のみが記されたが（「服部玄三氏所蔵文書」戦北四四四三）、同様に名字が省略されたのは、御一家では吉良氏・渋川氏の家督と、上杉可諄（顕定）以降の山内上杉氏の家督に限られていた（前出「足利政氏書札礼」）。これは上杉可諄の時に、山内上杉氏家督に対する書札礼が右記のように上昇されたのであったが、同氏は同時に関東管領であったため、同書札は関東管領へのそれとして位置付けられたと考えられる。そして、氏綱が同職に任じられると、その適用をうけたととらえられる。

したがって、氏綱が古河公方家を中心とした関東政治秩序において得た地位は、あくまでも関東管領職であったととらえられ、足利氏「御一家」という身分的地位については、認められたわけではなかったとみられる。しかしいずれにしろ、ここに氏綱は、関東政治秩序のなかで明確な政治的地位を獲得することになったのであり、すでに佐藤氏も強調しているように、それが両上杉氏などからの「他国之凶徒」論に対抗しうる大きな名分になったことは確かと考えられる。ただし、注意しておく必要があるのは、それはあくまでも古河公方家との関係におけるものであり、関東の他大名との関係に自動的に適応されるものではなかったことである。その部分においては、北条氏は基本的には小田原合戦時まで、千葉氏や里見氏・佐竹氏などの大名との間では、書札礼上は対等の大名として扱われており、関東管領という政治的地位は反映されていない(65)。

もっとも、それ以前における氏綱の他の関東大名・国人らに対する政治的地位は、越後長尾為景に対して「北条氏綱」と署名し（「上杉文書」戦北六五他）、安房里見義豊や下総千葉氏家宰の小弓原基胤に対して「左京大夫氏綱」と署名しているなど（「大庭文書」戦北一〇三～一〇四）、およそ「国人」クラスであった。そのことと比べると、北条氏のそれは大名クラスにまで上昇をみたことになり、そしてそれが果たされたのは、時期的にみて氏綱の関東管領就任を契機にしているととらえられるようである。そうであればそれは、他の大名・国衆との政治的関係について大きな変更をもたらしたものととらえられる。その意味において、氏綱にとって関東管領への補任は、関東政治世界における明確な地位確立を意味するものであった、と評価してよいといえる。北条氏と古河公方家との政治関係の確立は、子の氏康の代までかかることとなるが、その基本は氏綱の代に構築されたととらえられる。

四、鶴岡八幡宮修造をめぐる問題

氏綱は天文元年（一五三二）五月から鎌倉鶴岡八幡宮の修造に着手し、同九年十一月に上宮正殿遷宮を遂げた。修造事業そのものは、同十年七月の氏綱の死去後も子の氏康の代に引き継がれ、同十三年六月の下宮正殿遷宮によって終了するが、事業の大部分は氏綱期に行われたものとなっている。そしてこの事業については、天文元年五月から同十一年五月までについての関係記事をまとめた「快元僧都記」と、事業にともなって作成された文書が収録された「鶴岡御造営日記」（前掲『新編埼玉県史』所収）という史料が残されている。そのため、この事業およびそれらの史料をもとに、多方面にわたる研究が展開されている。

その一つに、前節で取り上げた他大名との抗争を中心とした政治史の問題があるが、それについては前節で触れているのでここでは省略する。その他としては、おおよそ、①そもそもの事業の経過およびその遂行体制といった全容の把握と、事業の性格評価の問題、②修造費用の領国や家臣への賦課にともなう家臣団構成や領国支配体制についての問題、③修造において職人を動員したことにともなう職人支配や統制の問題、および京都・奈良からも職人を招聘したことにともなう中央技術・文化受容の問題、④修造対象の鶴岡八幡宮が、源頼朝以来の関東武家政権の守護神であったことからくる、それにともなう政治的・宗教的イデオロギー問題とその意味、とまとめられるであろう。以下では、それぞれごとの研究状況を取り上げていくことにしたい。

①事業の全容把握、それへの性格評価については、下村信博(66)・佐藤博信(67)・水藤真(68)各氏の研究がある。それらによって、事業遂行の体制やその工程などの具体的な事実関係をはじめ、事業は北条氏による社殿を中心とした修造と都市鎌倉の「町人発起」などの勧進による個々の工事からなっていたというその在り方、および遂行体制の中核に位置した人物（後藤繁能や太田正勝など）が鎌倉と密接な関係にあったことなど事業遂行における都市鎌倉の支援の存在、事業における鶴岡八幡宮側の中心人物の役割と対応、といった側面なども明らかにされている。そして、事業主体はあくまでも氏綱であり、その家臣や領国、職人、鶴岡八幡宮らはその動員をうけたものであったことが確認されるとともに、基本史料の「快元僧都記」についても、再編集史料であるとするその史料的性格が解明されている。

②氏綱期の家臣団構造や領国支配体制の問題については、前掲下村論文や註13佐藤論文によって追究がすすめられている。氏綱は修造のための負担を家臣に「侍役」「知行役」として賦課していたこと、それだけでなく国郡別に「郷役」として人足役を賦課していたことから、すでにこの段階で、国郡ごとに村落への人足役（普請役）賦課の体制、家臣への知行高に応じた役の賦課体制の存在が認識されている。さらに、人足役徴発の単位としての「郡」「領」、

そこで徴発にあたった領域支配者として「郡代」「支城主」の存在が認識され、郡・領を単位とした領域支配制度の存在が明らかにされている。(69)また、玉縄城主北条為昌・同城代綱成による玉縄領支配の体制や為昌の家臣団としての玉縄衆の存在が明らかにされ、さらに玉縄衆の変遷の追究がすすめられている。(70)これらはすなわち、それまでは主として氏康の代の「役帳」によって把握されていた、いわゆる支城（支城領）制としての領域支配体制や家臣団構造が、すでに氏綱段階において基本的に構築されていたことを認識させるものとなっている。

③職人支配・統制や中央技術・文化の受容については、前掲水藤論文のほか岩崎宗純氏(71)の研究がある。事業に動員された職人の職種や属性が整理されるとともに、それが以後における領国内職人の支配・統制の契機となったこと、京都・奈良職人の招聘や小田原居住が中央技術・文化の受容をもたらし、それが以後における「小田原物」と称される独自文化を形成させていく、文化発展の契機となったことなどが指摘されるようになっている。職人支配・統制や他国の商職人の小田原来住、作品としての絵画・工芸品の展開などについて、氏綱期にさかのぼって関説する研究はいまだ少数にとどまっているが(72)、第二節で取り上げた幕府・朝廷・公家との交流に関する研究を通じて、文芸などの受容や展開について、近年著しく研究が進展されたように、この分野についても関連史料の発掘によって、さらなる研究の進展が期待される。そしてそれらは同時に、小田原城下町の形成・展開の解明とも大きく関わるものとなっている。(73)

④政治的・宗教的イデオロギーの問題については、横田光雄氏の研究があげられる。(74)ここでは、氏綱による修造事業の遂行に対して、鶴岡八幡宮の供僧相承院快元が氏綱について「八ヶ国之可為大将軍事」と評価したことに関する、従来において展開されてきた、宮寺側の迎合や追従ととる理解を克服するとともに、逆に氏綱による両上杉氏からの

「他国之凶徒」論を克服する権力の正当性や公儀性の獲得といった政治的意義をみる理解からさらに進んで、中世関東社会における鶴岡八幡宮の有した機能・性格をもとにした位置付けが展開されている。

すなわち、氏綱による修造が、鶴岡八幡宮が維持してきた歴史的伝統を踏まえたものであることを確認し、それによりその修造は、そうした価値の擁護と再興を為政者として実現するものであり、政治的権威と認識されるものであったこと、したがって先の快元の評価は、修造は正当な為政者に対する制度的対応とみなす意識にもとづくものであり、それゆえに本来「他所者」であった北条氏が鶴岡八幡宮の外護者となったことで、それが持つ「関東護持」という宗教的機能を維持・実現することによって、その宗教的権威を自らの存在に合致させることができ、そのことが真の意味において、両上杉氏による「他国之凶徒」に基づいた「関東破滅」の論理への対抗が可能となったことを指摘している。

この氏綱の鶴岡八幡宮修造に対する理解は、それにとどまらず、それ以前における氏綱による伊豆・相模有力寺社の修造についても該当する。ただしそれらについては、先にもみたような、その行為が正当な支配者としての地位確立のためと理解はされてきたが、その内実については踏み込まれていなかった。その意味でこの横田氏の見解は、それら有力寺社の修造がすなわちその外護者となることであり、それはそうした寺社が有した地域護持という役割を維持・実現するということで、正当な為政者としての評価が得られるとともに、また逆に為政者はそれを実現しなければならないという、当時の社会秩序観に規定されたものであった、といったことを認識させるものとなる。

なお、氏綱と宗教勢力との関わりについては、この鶴岡八幡宮修造とは直接に関わるものではないが、重要ととらえられているものとして、二つの問題があげられる。一つは、菩提寺早雲寺の建立であり、もう一つは、「一向宗」

禁教の問題がある。ここでの最後に、この二つの問題について取り上げておくことにしたい。

まず、菩提寺早雲寺の建立についてである。氏綱は、永正十六年（一五一九）八月十五日の父宗瑞の死後、その菩提寺として相模西郡箱根湯本に早雲寺を建立し、以後において同寺は北条氏の菩提寺として位置付けられていった。この早雲寺の建立については、「異本小田原記」巻一に、宗瑞の遺言により湯本の地に、京都紫野大徳寺の以天宗清を請じて建立したと記されている。なお、早雲寺の寺伝などでは、建立年次は大永元年（一五二一）とされているが、それらはすべて江戸時代の所伝であり、そのままには採用できないことが確認されている。この早雲寺建立に関する問題については、註6竹内論文をはじめ、岩崎宗純氏の研究[75]、近年の研究状況を総括した千代田紹禎氏の概説[76]などによって、その内容を把握することができる。

開山として大徳寺八三世（当時の記載は三六世）の以天宗清が請じられたのは、すでに宗瑞が生前から大徳寺と密接な関係があったこと、宗清は京都伊勢氏本宗家被官蜷川氏の出身であったから、そうした所縁によることが指摘されている。問題は、宗清が北条氏のもとに下向してきた時期、および早雲寺建立の時期となるが、以天は当初、伊豆韮山香山寺に入寺していたことが知られており、それは師東海宗朝（大徳寺七三世）から印可を得た永正十三年以降のことと推測されている。そして早雲寺についても、その建立地が宗瑞の遺言によることをもとに、すでに宗瑞生前に湯本の地にその前身となる早雲庵が建立されていたことが推測されている。

しかしそれらは、早雲寺に残る、宗清は宗瑞生前に大徳寺住持に出世していたとし、また建立を大永元年とする所伝を最大限尊重するなかでの推測といえる。しかしそれらの所伝は、基本的には江戸時代における早雲寺の所伝にすぎず、他の史料による検証が不可欠である。竹内氏・岩崎氏による宗清に関する記述をみると、大徳寺では宗清の出世を大永二年と伝えているといい、同年十月に住持を退いた後は同寺内の「春松院」に居住しており、かつ同所への居住は享禄元年（一五二八）十二月まで確認されている。ちなみに早雲寺の所伝によれば、氏綱が死去した後、その館が早雲寺に移築されて、氏綱の菩提寺として春松院が建立されたとしているが、その寺号は宗清の大徳寺内の居住庵に由来するものであったことが知られる。

また、早雲寺の建立を示す史料ととらえられてきたものに、無年号九月十三日付の北条氏綱書状（「早雲寺文書」戦北一九二）がある。これは氏綱が早雲寺に対し、湯本の地をその門前であるからとして寄進したものである。かつては早雲寺建立の大永元年説に基づいて同年に比定されていたが、佐脇栄智氏は、花押形が大永五年以降のものであること、署名に「左京大夫」があり同官に任官した以降のものとなることから、大永元年には比定されないことを指摘している。(77) 花押形は、享禄四年から天文二年頃のものと同型とみられるから、むしろ同文書の年代はその頃とみることも可能であろう。実際に早雲寺に関する確実な初見は天文四年十一月まで下り、そこで氏綱は同寺に寺領二一四貫文余を寄進している（「早雲寺文書」戦北一二二）。しかもその寺領は、所領貫高に相違はみられるものの、「役帳」にみえる所領名に一致している。順当に考えれば、早雲寺の建立はその直前頃とみるのが妥当といえるであろう。

そうすると、これらの所見状況から判断する限りでは、早雲寺の建立は、少なくとも宗清の在京が確認された享禄元年十二月以降になると考えられ、それから早雲寺に関する明確な初見となる天文四年までの、およそ享禄年間から天文初頭の頃のことであったととらえるのが妥当に思われる。その場合、当然ながら氏綱による宗清の招請も、その時期のことになる。もっとも、いまだ決定的な史料がみられているわけではなく、前後の関係史料からの推測によらざるをえないことから、この問題については、なお今後において関係史料の発掘と検討に努めていく必要が認められるであろう。

次に、「一向宗」禁教の問題についてである。この問題が氏綱と宗教勢力との関係をみていくうえで注目されるのは、北条領国での「一向宗」禁教に関する明確な初見史料が、氏綱期の天文元年七月に確認されていることによる(78)(「光明寺文書」戦北一〇二)。そしてこの問題について総括的な検討を行ったものとしては、鳥居和郎氏の研究があげられる(79)。北条氏の「一向宗」禁教については、永禄九年の阿佐布(善福寺)宛の北条家朱印状(「善福寺文書」戦北九八四)にみえている「一向宗被絶以来及六十年」という文言の存在から、初代宗瑞の代の永正三年(一五〇六)から行われたものととらえられている(80)。しかし、鳥居氏は関係史料を丹念に検討することによって、基本的に北条氏が「一向宗」を禁教したとはとらえられない、との理解を示している。これについては神田千里氏(註80論文)も、「禁教」期とみられるなかでの一定の本願寺派の展開をみて、そこに同宗に対して非寛容であった他の戦国大名との相違をとらえている。

ただし鳥居氏も、先の事例にみられるような一時的な「抑圧」はあったことは認めており、それについて氏綱期に関していえば、天文元年におけるものは、京都での法華宗と本願寺派の抗争をうけて、各地で両勢力の抗争が展開したことによるものとし、また天文期頃と推定される長延寺実了の甲斐移転にともなって、関連寺院への「抑圧」が行われたことを推定している。このように鳥居氏の見解は、北条氏による一向宗への対応は、全面的な禁教というのではなく、「抑圧」とみられる事象については、政治情勢などに応じての個別的寺院に対する一時的な「抑圧」として理解しようとするところに特徴がある。この点は、氏康・氏政期のものとなるが、その後に確認された永禄四年・同十二年の関係史料をみても(「本願寺文書」「成福寺文書」〈「小田原北条氏五代発給文書」補遺八四・八九号〉、首肯されると考えられる。

註

（1）『神奈川県史　通史編1』第三編第四章第一節第三項、神奈川県、一九八一年（本書収録）。
（2）『小田原市史　通史編　原始古代中世』第八章第一節第二項、小田原市、一九九八年。のち拙著『戦国北条一族』（新人物往来社、二〇〇五年。のち『戦国北条氏五代〈中世武士選書8〉』〈戎光祥出版、二〇一二年〉として再刊）に再録。以下では、現在において入手可能な後者で示す。
（3）有隣堂、一九九九年。
（4）戎光祥出版、二〇一三年。
（5）立木望隆「北条氏綱夫人養珠院と後室近衛殿について」（『神奈川県史研究』四五号、一九八一年。本書収録）。
（6）竹内尚次「北条五代と早雲寺」（『箱根町誌　第二巻』所収、角川書店、一九七一年）。
（7）足立順司「氏綱の経筒」（『静岡県埋蔵文化財調査研究所研究紀要』五号、一九九七年。本書収録）。
（8）柴田真一「近衛尚通とその家族」（中世公家日記研究会編『戦国期公家社会の諸様相』和泉書院、一九九二年。本書収録）。
（9）拙稿「小田原北条氏文書補遺」（『小田原市郷土文化館研究報告』四二号、二〇〇六年）。
（10）註2拙著『戦国北条氏五代』九六頁。
（11）拙稿「久野北条氏に関する一考察」（拙著『戦国大名北条氏の領国支配〈戦国史研究叢書1〉』岩田書院、一九九五年）一〇九頁。
（12）拙稿「北条氏堯と氏忠・氏光」（前註拙著所収）。
（13）佐藤博信「北条為昌と北条綱成」（同著『中世東国足利・北条氏の研究〈中世史研究叢書7〉』岩田書院、二〇〇六年）。
（14）拙稿「北条為昌の支配領域に関する考察」（註11拙著所収）。
（15）拙稿「北条氏堯と北条氏光」（註11拙著所収）および註11・12拙稿、拙著『北条早雲とその一族』（新人物往来社、二〇〇七年）

四七～五一頁など。
(16)佐藤博信「足利晴氏・義氏とその時代」・「古河公方領に関する考察」（同著『古河公方足利氏の研究』校倉書房、一九八九年）・「古河公方足利義氏と東国」（同著『中世東国の権力と構造』校倉書房、二〇一三年）など。
(17)平塚市、一九八五年。
(18)拙稿「北条宗哲と吉良氏朝」（拙著『戦国大名領国の支配構造』岩田書院、一九九七年）。
(19)拙稿「吉良氏朝の系譜」（前註拙著所収）。
(20)大塚勲「見付城主今川六郎氏延」（同著『今川氏と遠江・駿河の中世〈岩田選書・地域の中世5〉』岩田書院、二〇〇八年）。
(21)拙稿「葛山氏元とその妻子」（註18拙著所収）。
(22)拙編『岩付太田氏〈論集戦国大名と国衆12〉』（岩田書院、二〇一三年）所収。
(23)註18拙著所収。
(24)岩田書院、二〇一二年。
(25)名著出版、一九七五年。
(26)實方壽義「戦国大名と領内国衆大名との関係―とくに後北條氏と武州吉良氏の場合について―」（鎌田先生還暦記念会編『鎌田先生還暦記念　歴史学論叢』私家版、一九六九年）。
(27)吉川弘文館、二〇一三年。
(28)註18拙著所収。
(29)下山治久「北条氏綱とその文書」（『三浦古文化』三六号、一九八四年。本書収録）。ちなみに同稿では、氏綱の発給文書として九二点の目録が掲げられているが、そのうち六七～六九・七八・八五号の五点は別人の発給、九二号は該当文書なしであるから、削除の対象となる。対してその後に確認されたものに、
①永正十六年七月日付藻原妙光寺宛制札（「藻原寺文書」戦北四六〇八）
②天文五年十月十三日付（鶴岡八幡宮宛）判物写（「鶴岡御造営日記」戦北一三一。但し同稿「虎朱印状一覧表」一六号）

③（天文六年）三月廿九日付奥平九七郎宛書状写（「松平奥平家古文書写」戦北四六一七）
④天文八年五月廿八日付太田源次三郎宛判物写（「本所寺社書上」戦北一六一）
⑤天文九年四月十二日付田方百姓中・同触口宛判物（「小岩井文書」阿諏訪青美氏の御教示）
⑥（年未詳）正月廿三日付称名寺宛書状（「称名寺文書」戦北一八五）
⑦（年未詳）十月十六日渋江弁才・耕陽斎宛書状（「斎藤延徳氏所蔵文書」『戦国史研究』六九号、三三頁）
⑧（年未詳）十二月廿五日付雪下院家中宛書状写（「士林証文」戦北一九六）
があり、現在確認される氏綱発給文書は九四点となる。

(30) 註2拙著『戦国北条氏五代』六五頁。
(31) 拙稿「伊勢宗瑞論」（註4拙編『伊勢宗瑞』所収）。
(32) 古河公方・小弓公方両勢力の抗争過程については、拙稿「古河・小弓公方家と千葉氏」（『佐倉市史研究』二四号、二〇一一年）を参照。
(33) 佐脇栄智「北条氏綱と北条改姓」（同著『後北条氏と領国経営』吉川弘文館、一九九七年）。
(34) 佐藤博信「北条氏と後北条氏」（註16同著『古河公方足利氏の研究』所収）。
(35) この時期における両上杉氏の動向については、拙稿「戦国期扇谷上杉氏の政治動向」（拙著『戦国期東国の大名と国衆』岩田書院、二〇〇一年）・拙著『扇谷上杉氏と太田道灌〈岩田選書・地域の中世1〉』（岩田書院、二〇〇四年）などを参照。
(36) 註23拙稿。
(37) 内藤氏については拙稿「津久井内藤氏の考察」（註18拙著所収）、大石氏については拙稿「武蔵大石氏の系譜と動向」（拙編『武蔵大石氏〈論集戦国大名と国衆1〉』岩田書院、二〇一〇年）、三田氏らについては拙稿「武蔵三田氏の系譜と動向」（拙編『武蔵三田氏〈論集戦国大名と国衆4〉』岩田書院、二〇一〇年）、太田資頼については拙稿「岩付太田氏の系譜と動向」（註22拙編書所収）、をそれぞれ参照。
(38) 森幸夫「後北条氏と室町幕府」（同著『小田原北条氏権力の諸相〈日本史史料研究会研究叢書5〉』日本史史料研究会、二〇一二年）。
(39)　米原正義「室町幕臣の東下り」（米原正義先生古稀記念論文集刊行会編『戦国織豊期の政治と文化』続群書類従完成会、一九九三年。本書収録）。
(40)　佐脇註33論文。
(41)　註2拙著『戦国北条氏五代』七四・一〇一頁。
(42)　小和田哲男「飛鳥井雅綱と伊勢新九郎」（『戦国史研究』二〇号、一九九〇年。本書収録）。
(43)　田島光男「小田原北條氏の蹴鞠に関する史料」（『郷土神奈川』三一号、一九九二年。本書収録）。
(44)　鳥居和郎「後北条氏による医師の招来と近衛家について―新出の北条氏康宛の近衛稙家書状から―」（『神奈川県立博物館研究報告（人文科学）』二二号、一九九六年。本書収録）。
(45)　真鍋淳哉「戦国大名と公家衆との交流―北条氏の文化活動を中心に―」（『史友』二八号、一九九六年。本書収録）。
(46)　森幸夫「後北条氏と京下りの医家」・「本山派修験小田原玉滝坊について」・「天文十年小田原への勅使下向」（註38同著所収）。その他、黒田基樹・森幸夫・山口博「『幼童抄』紙背文書について」（『おだわら』六号、一九九三年。本書収録）もある。
(47)　佐脇栄智「近衛尚通と上杉朝興」（『戦国史研究』二〇号、一九九〇年。本書収録）。
(48)　註46森「天文十年小田原への勅使下向」を参照。
(49)　洋泉社、二〇一一年。
(50)　拙著『戦国期山内上杉氏の研究〈中世史研究叢書24〉』（岩田書院、二〇一三年）。
(51)　遠山氏については、拙稿「江戸城将遠山氏に関する考察」（註11拙著所収）を参照。
(52)　北条氏時については、註2拙著『戦国北条氏五代』五六～五八頁を参照。
(53)　北条為昌については、註15拙著一一九～一二四頁を参照。
(54)　これらの詳細については、註14拙稿および註11拙著「あとがき」を参照。
(55)　物社長尾氏については、拙稿「物社長尾氏に関する基礎的考察」（註50拙著所収）。

(56)柴辻俊六編『武田信虎のすべて』(新人物往来社、二〇〇七年)所収。
(57)村田精悦「若柳勝瀬と与瀬の河原相論と「くわさい」」(『春林文化』五号、二〇一〇年)・「戦国期における軍事的「境目」の考察—相模国津久井「敵知行半所務」について—」(『戦国史研究』六二号、二〇一一年)・「『敵知行半所務』とは何か—戦国期津久井の様子を考えてみる—」(『春林文化』八号、二〇一三年)。
(58)佐藤博信「房総における天文の内乱の歴史的位置」(同著『中世東国政治史論』塙書房、二〇〇六年)。
(59)滝川恒昭「房総里見氏の歴史過程における『天文の内訌』の位置付け」(同編『房総里見氏〈シリーズ・中世関東武士の研究13〉』所収、戎光祥出版、二〇一四年)。
(60)この点については、註50拙著を参照。
(61)大久保俊昭「『河東一乱』をめぐって」(同著『戦国大名今川氏の領域と支配〈戦国史研究叢書5〉』岩田書院、二〇〇八年)。
(62)池上裕子「戦国期における相駿関係の推移と西側国境問題—相甲同盟成立まで—」(『小田原市郷土文化館研究紀要』二七号、一九九一年)。
(63)前田利久「〝花蔵の乱〟の再評価」(『地方史静岡』一九号、一九九一年)。また、近年までの研究史の概要については、同「花蔵の乱の研究史と争点について」(小和田哲男編『今川氏とその時代』清文堂、二〇〇九年)に詳しい。
(64)久保田昌希「今川氏と後北条氏」(同著『戦国大名今川氏と領国支配』吉川弘文館、二〇〇五年)。
(65)市村高男「越相同盟と書札礼」(『中央学院大学教養論叢』四巻一号、一九九一年)。
(66)下村信博「戦国大名後北条氏と鎌倉鶴岡八幡宮再建—天文年間の支配体制—」(『日本歴史』四〇一号、一九八一年)。
(67)佐藤博信「戦国期の鎌倉・鶴岡八幡宮をめぐって—「快元僧都記」を題材に—」(同著『続中世東国の支配構造』思文閣出版、一九九六年。初出一九九一年)。
(68)水藤真「『快元僧都記』に見る鎌倉鶴岡八幡宮再建の諸相」(福田豊彦編『中世の社会と武力』吉川弘文館、一九九四年)。
(69)池上裕子「後北条領の公事について」(同著『戦国時代社会構造の研究』校倉書房、一九九九年)および註54を参照。
(70)湯山学「「本光院殿衆知行方」考—北条為昌の家臣団構成とその所領—」(同著『三浦氏・後北条氏の研究〈湯山学中世史論集

2〉』岩田書院、二〇〇九年）・下山治久「北条為昌と東郡・三浦郡―北条氏規との関わり―」（註24浅倉編書所収）など。

(71) 岩崎宗純「大名領国下における職人衆の存在形態―後北条氏を中心に―」（『小田原地方史研究』六号、一九七四年。本書収録）・「後北条氏文化論序説」（『小田原地方史研究』八号、一九七六年。本書収録）など。

(72) 前註のほか、岩崎宗純「後北条氏文化形成下における絵画活動―雪村・小田原狩野にふれて―」（『小田原地方史研究』二号、一九七〇年）・「鋳物師山田次郎左衛門―その仕事と役割について―」（『小田原地方史研究』三号、一九七一年）、下山治久「後北条氏の職人頭須藤惣左衛門」（後北条氏研究会編『関東戦国史の研究』名著出版、一九七六年）・「後北条氏の炭焼司と鍛冶職人」（永原慶二・所理喜夫編『戦国期職人の系譜』角川書店、一九八九年）、杉山博「城下町小田原の発展」（同著『戦国大名後北条氏の研究』名著出版、一九八二年）、中丸和伯「陳外郎宇野家と北条氏綱」（津田秀夫編『近世国家の成立過程』塙書房、一九八二年。本書収録）、湯山学「鶴岡八幡宮の大工―戦国期・鎌倉の寺社付属職人―」（同著『鶴岡八幡宮の中世的世界〈南関東中世史論集4〉』私家版、一九九五年）、萩原竜夫「後北条氏の文化」（同著『中世東国武士団と宗教文化〈中世史研究叢書9〉』岩田書院、二〇〇七年）などがある。なお、註2『小田原市史　通史編原始古代中世』第九章～第十一章（永原慶二・岩崎宗純氏執筆）は、それらの総括的な内容になっている。

(73) この点に関する研究の到達点に位置するものとして、市村高男「戦国期城下町研究の視点と方法―相模国小田原を事例としたその実践的考察―」（『国立歴史民俗博物館研究報告』一二七集、二〇〇六年）があげられる。

(74) 横田光雄「戦国期鶴岡八幡宮の歴史的伝統と後北条氏」・「戦国期鶴岡八幡宮の宗教的権威と後北条氏」（同著『戦国大名の政治と宗教〈國學院大學大学院研究叢書文学研究科4〉』國學院大學大学院、一九九九年）。

(75) 岩崎宗純「後北条氏と宗教―大徳寺関東竜泉派の成立とその展開―」（佐脇栄智編『後北条氏の研究〈戦国大名論集8〉』所収、吉川弘文館、一九八三年）・「北条早雲と以天宗清」（註4拙編『伊勢宗瑞』所収）。

(76) 千代田紹禎「早雲寺の創建」（早雲寺史研究会編『早雲寺　小田原北条氏菩提所の歴史と文化〈かなしんブックス32・箱根叢書16〉』第二章、神奈川新聞社、一九九〇年）。

(77) 佐脇栄智「一通の早雲寺文書への疑問」（『戦国史研究』一五号、一九八八年。本書収録）。

（78）佐脇栄智「後北条氏の一向宗禁止の一史料」（註33同著所収）。

（79）鳥居和郎「戦国大名後北条氏と本願寺―「禁教」関係史料の再検討とその背景―」（『神奈川県立博物館研究報告（人文科学）』二七号、二〇〇一年。本書収録）。

（80）この問題に関する研究に、渡辺世祐「後北条氏と一向宗」（同著『国史論叢』文雅堂書店、一九五六年）・水谷安昌「東国戦国大名と一向宗―後北条氏・武田氏と一向宗をめぐって―」（地方史研究協議会編『甲府盆地』雄山閣出版、一九八四年）・神田千里「関東南部における本願寺教団の展開」（『講座蓮如　第六巻』平凡社、一九九八年）などがある。

第1部

北条氏綱の生涯

I　北条早雲・氏綱の相武侵略

佐脇栄智

一、早雲の小田原城攻略と相模進出

小田原城を本拠とした戦国大名北条氏は、早雲を始祖としている。早雲については、伊勢新九郎あるいは早雲庵宗瑞《そううんあんそうずい》などと呼ぶのが正しいであろうけれども、ここでは便宜、呼びならされている俗称に従っておきたい。その早雲が歴史上に登場するのは、文明八年（一四七六）のことである。

早雲の登場

戦国時代の幕あけとなる応仁の乱に、尾張《おわり》・遠江《とおとうみ》の守護であった斯波義廉《しばよしかど》は西軍の山名側に、駿河《するが》の守護今川義忠は東軍の細川側にそれぞれ属したが、斯波・今川の両氏は遠江を舞台としても相争っていた。文明八年になると、遠江の国人《こくじん》横地・勝間田らは斯波氏と結んで今川氏に敵対したため、義忠は横地らを攻めてこれを討ち取り帰国の途についたが、塩買坂《しょうかいざか》（静岡県小笠郡小笠町）で横地らの残党に襲撃されて戦没した。このとき、義忠は四十一歳であったといい、その嫡男龍王丸（氏親）はわずか六歳にすぎなかった。

義忠の不慮の死は、今川家に内紛をもたらした。この家督相続をめぐる争いに、一門・老臣は龍王丸支持派と、義忠の従兄弟《いとこ》の今川新五郎範満《のりみつ》（小鹿《おじか》）支持派の二派に分かれ、合戦することもあったという。このような状態になると、堀越御所《ほりこしごしょ》足利政知《あしかがまさとも》は、上杉政憲《まさのり》を駿河に派遣したが、政憲は狐《きつね》ヶ崎（静岡市）に陣を構えた。一方、扇谷《おうぎがやつ》の上杉定正《さだまさ》は太田道灌を派遣したが、道灌は三月に範満加勢のため駿河をさして出発し、相模を経て六月に足柄を越え（『太田道灌状』）、駿府《すんぷ》近くの八幡《やわた》山（静岡市）に陣を取っている。こうして政憲と道灌は、それぞれ龍王丸派と範満派に対し、いろいろと働きかけをしていたとみられる。

今川家の内紛に、このように堀越御所と扇谷上杉家の力が介入すると、そこに北条早雲が登場してきたのである。龍王丸の母は早雲の妹北川殿であるから、当然、早雲は龍王丸支持の側にあり、道灌とは反対の立場にいた。しかし恐らく、早雲と道灌を中心としての調停工作が功を奏し、九月の末になって今川家の内紛は一応収拾されている。このとき、早雲も道灌も、ともに四十五歳であった。

それから十年後の文明十八年七月二十六日、道灌は定正の相模糟屋の館（伊勢原市）で非運の最後をとげることになるが、その翌年の長享《ちょうきょう》元年（一四八七）十一月九日、

北条早雲画像（早雲寺蔵）

早雲は範満を駿府の館に攻めて自害させ（得願寺過去帳）、龍王丸を駿府に移して、名実ともに今川家の家督とすることに成功している。早雲はこの功績により、駿河の富士下方《しもかた》十二郷を与えられて、興国寺《こうこくじ》城主となることになる。このように突如として登場した早雲は、それまでの経歴が多く謎《なぞ》につつまれた人物である。まず、その生国についてみると、主なものとして、山城国宇治、大和国在原、伊勢国、備中国、そして京都と、五説にものぼっている。これらを種々検討した杉山博が提唱しているように、早雲の生国と素生《すじょう》は、京都の伊勢氏とみるのが最も適切のようである（杉山博『北条早雲』）。伊勢貞藤とかかわりがあったとみてもよいであろう。一介の素浪人ではありえない。では、いつ、駿河に下向してきたかとなると、これまた長禄元年（康正三年　一四五七）、文明元年（応仁三年　一四六九）、文明八年、長享元年の諸説がある。このうち、文明元年説が一番可能性が強く、恐らく早雲は、その年に駿河へ下向して今川氏の食客となり、石脇城《いしわき》（静岡県焼津市）を居城とすることになったものとみられる（『資料編』3下　中世六八九五）。たまたま今川家の内紛に出会い登場し、その敏腕を振るった。

伊豆の平定

西駿河の石脇城から東駿河の興国寺城（静岡県沼津市）に入ったときの早雲は、すでに五十六歳に達していた。それでもなお、早雲は、伊豆や相模の国々の動静に関心をいだいていたのである。

これより前、文明十二年（一四八〇）三月、古河公方足利成氏《しげうじ》は越後の上杉房定《ふささだ》を仲介として幕府に和睦《わぼく》を申し入れたが、十四年十一月になってこの和睦が成立し、成氏が関東九か国を支配することになり、堀越御所足利政知には料所が与えられた。この結果、堀越御所はその存在の意義を失ったけれども、政知はなお伊豆に留まり、将軍義政の弟としての影響力をもっていた。それから八年後の延徳三年（一四九一）四月三日、政知は堀越で病没したが（『実隆《さねたか》公記《こうき》』）、その長子茶々丸は、七月一日になって異母弟の潤童子《じゅんどうじ》とその母円満院（武者小路隆光の娘）を殺害して、家督を奪うことになった。しかし、茶々丸は近臣の讒言《ざんげん》を信じて老臣を殺したりしたことから、家臣は心服せず、内紛となり伊豆は混乱状態に陥った（渡辺世祐『室町時代史』）。

早雲は、このようにして紛糾した伊豆に攻め入り、堀越御所を襲ったが、茶々丸は願成就院《がんじょうじゅいん》に逃れてここで自害したといわれる。同寺の伝えによると、茶々丸の忌日は、延徳三年十月十一日であるという。こうして茶々丸は討たれ、伊豆は早雲によって平定され、その掌握するところとなるが、この早雲の伊豆への進攻は、その背後に扇谷上杉定正がいて手引きをしたというのである。『新撰和漢合符』には、「早雲入豆相、定正引入」と記しており、また、『鎌倉九代後記』は、「或曰、伊勢新九郎長氏《ながうじ》、駿州ニアリテ、定正ト通謀シテ伊豆国ヲトル、豆州ハ顕定《あきさだ》ノ領国タルニヨリテナリ」と述べている。

定正の早雲伊豆引き入れについては、道灌没後の山内・扇谷両上杉の抗争状況からもうかがえる。すなわち、長享元年閏《うるう》十一月、越後の上杉定昌は、山内顕定を助けて扇谷定正と下野《しもつけ》で戦ったが（赤堀文書）、翌二年二月両軍は相模の実蒔原《さねまきはら》（伊勢原市）で戦い、さらに扇谷朝良《ともよし》の実父朝昌《ともまさ》が守備する七沢《ななさわ》城（厚木市）は攻め落とされ、小田原城も攻撃をうけた（『資料編』3下　中世六三八〇～八二・六三八五）。また、同年の六月には武蔵菅谷《すがや》（須賀谷）原《はら》（埼玉県比企郡嵐山町）で、同じく十一月には同国高見原《たかみはら》（同県大里郡寄居町）で、顕定と定正は戦いを交えた。この高見原合戦では、定正の軍に従った相模武士の佐藤助太郎と福本左衛門五郎は奮戦し疵《きず》ついたが、足利政氏《まさうじ》からそれぞれ感状《かんじょう》を与えられている（『資料編』3下　中世六三八四・六三八六）。定正側には、成氏・政氏父子と長尾景春《ながおかげはる》が加勢しこれを助けていた。その後延徳二年五月、定正は大山寺（現在の阿夫利神社、伊勢原市）に禁制《きんぜい》を掲げていることからみて（『資料編』３下　中世六二九三）、両軍の戦闘は、なお相模を舞台としても継続されていたといえるであろう。

この定正と顕定両陣営の戦いにおいて、定正側はすべてに優勢ではなかったようであり、したがって顕定側の勢力削減のためにも、その守護領国である伊豆に早雲が進攻するのを、定正が手引きしたことは十分に推察される。早雲は、茶々丸による内乱を機会として伊豆進攻を行ったけれども、それも『北条五代記』などが伝えているように、今川氏からも加勢を得て成し遂げることができたのである。早雲ひとりの行動ではなかった。

このようにして、早雲は伊豆を一応平定すると、韮山《にらやま》（静岡県田方郡）に城を築いてそこに移り、ここを居城として伊豆の経営に当たり、次の飛躍にそなえた。

小田原城の攻略

相模では明応《めいおう》三年（一四九四）になると、まず八月二十六日に小田原城主の大森氏頼《うじより》が死亡し、その次男藤頼が家督を継いだ。ついで翌九月二十三日には新井城主の三浦時高が養子の義同《よしあつ》に攻められ自害する事件が起きている。時高は、男子に恵まれず、上杉高救《たかひら》の子である義同を養子に迎えたが、その後に実子の高教《たかのり》が生まれたことがあって義同と対立していた。義同は三浦を逃れて、足柄下郡の総世寺《そうせいじ》（小田原市）にはいり剃髪《ていはつ》して道寸《どうすん》と称したというが、ついに家臣らの支持と、その母方の大森氏の支援とによって、時高を襲い自立したのである。その後、義同は岡崎城（平塚市・伊勢原市にまたがる）を居城とし、新井城（三浦市三崎町）にはその子義意《よしおき》を置いた。

同じ年の十月、扇谷定正は武蔵高見原で山内顕定と対陣したが、五日陣中で急死した。時に五十二歳であったという。定正亡き後は甥《おい》の朝良《ともよし》が扇谷上杉家を継ぎ、朝良は翌十一月に顕定と戦いを交えたが、このとき足利政氏は、顕定支援のため武蔵村岡（埼玉県熊谷市）に出陣している。定正の死後、古河公方成氏は顕定側に立つことになり、両上杉の抗争は新しい段階を迎えることになった。

こうした中で、明応四年の九月、北条早雲は小田原城を攻め、城主大森藤頼を逐《お》ってこれを奪い、関東進出の第一歩を印すことになった。藤頼は真田《さなだ》城（実田城ともいう。平塚市）に逃れたという。この早雲の小田原城攻略の年月については、このほかに明応三年説と、明応四年二月説とがある。前者は田中義成によって支持され、『足利時代史』の中で、「思ふに早雲の小田原城を取りしは氏頼の喪に乗ぜしものなれば、九代後記によりて三年とすべきものならん」と述べている。後者は、『相州兵乱記』、『鎌倉九代記』、『喜連川判鑑』の伝えで、渡辺世祐《わたなべよすけ》が支持している（『室町時代史』）。明応四年九月とするのは『鎌倉大日記』であるけれども、同年八月に早雲が甲斐に攻め入り、同国守護武田信縄《のぶつな》と講和しているのを（『妙法寺記』、『勝山記』）、小田原城攻めに先立ち行った早雲の背後固めの行動とみると、もっとも信頼できる説といえる。

早雲の小田原城攻略について、『相州兵乱記』などは、早雲が藤頼に故意に接近し、ついに鹿狩りを口実として急襲したように伝えている。しかし、このような説は、早雲を奸雄《かんゆう》に仕立てる話としては非常に興味がもてるけれども、事実ではなかったであろう。そこには、定正没後の情勢の変化が大きく関係していたとみられる。前に述べたように、古河公方の成氏は、山内顕定側についてしまうし、そして相模の松田氏も顕定に通じたようであり、この松田氏がまた早雲に通じて、その小田原攻城を助けた可能性は十分にある。それは、松田氏が北条氏から家臣の中で破格といえる待遇をされているのは、恐らく小田原攻略のときの功績によるものであろう、と推測されるからである。

『北条五代記』に、早雲は「はじめは相州の上杉修理大夫《しゅりのだいぶ》定正とくみし、山内殿の分国伊豆を延徳年中に切てとり、後は上州の上杉民部大夫顕定と一所に成て、扇谷殿の領国相模小田原の城に大森筑前守居たりしを、明応の頃ほひのつとり、両国の主となる事、早雲武略智謀の故なり」と記しているけれども、早雲の小田原攻略は顕定と通謀して行われたといえるであろう。早雲は遠交近攻の策によってその勢力を拡大していったとみられる。

　このようにして小田原城を攻略した早雲は、自分はここに移らず、初めは弟の伊勢弥次郎を置いたように思われる。なお、明応四年八月十五日には、地震による津波のため、鎌倉では大仏殿が破壊され、二百人を超える溺死《できし》者を出したと、『鎌倉大日記』は伝えている。しかしこの事件は、同七年八月二十五日の出来事のようである（『塔寺八幡宮長帳続』、『妙法寺記』）。

伊勢弥次郎の敗死

　早雲が小田原城を攻略した翌年の明応五年七月、山内顕定は足利政氏を奉じて相模の西部に攻め入ってきた。このときの戦いの模様は、顕定が七月二十四日付で越後の守護代長尾信濃守《しなののかみ》（能景《よしかげ》）に与えた書状によって知ることができる（『資料編』３下　中世六四〇六）。それには、次のように述べている。相模で長尾景春《かげはる》の与党が陣城《じんじろ》を構えたので対陣し、去る四日に攻め寄せたところ、右衛門尉その外の者が打ち出でてきて一戦を交え勝利を得た。伊勢弥次郎をはじめ家子郎等を多数討ち取り、戦果は思いどおりである。その上、大森式部少輔《しきぶのしょう》（藤頼）、刑部大輔《ぎょうぶのたいふ》、三浦等、太田六郎右衛門尉、上田一族、ならびに伊勢新九郎入道（早雲）弟弥次郎の要害は逃亡して、西郡（相模の西部地域）は一変した。東郡に軍を進めて上田右衛門尉の要害の真田を囲んだところ、上杉朝良が来襲した。長尾景春が出馬して来るとの知らせがきたので、武蔵へ進発することに決めた。相模には足利政氏が出陣しているので、警固のために庁《こ》鼻《はな》和《わ》三郎と同蔵人大夫と上州一揆などを留め置くことにする、と。

この戦いについて『妙法寺記』に、明応五辰丙（〇中略）此年、伊勢入道ノ弟弥次郎、七月、太敷《はなはだしく》共ニ打死ス」と記していることから、明応五年七月に行われたことが明らかとなる。それにしても、早雲は弟の伊勢弥次郎をはじめ多数の家子郎等を失ってしまった。弥次郎の要害について、顕定はその書状に記していないけれども、小田原城であった可能性はあるといえよう。また、早雲に小田原城を追われた大森藤頼は、一般に真田城に逃れたといわれているけれども、この顕定の書状では、真田城には上田右衛門尉がおり、その書きぶりからして、このときに藤頼がいた場所は、そこよりも西であることは明らかである。

小田原城を攻略し相模に進出した早雲は、その翌年顕定から大打撃を受ける結果となった。この顕定の作戦は、早雲に対する制裁の意味をもっていたとみられなくもない。その後、四年ほどは、早雲と顕定の戦いについて知ることはできないが、この間、早雲は伊豆の経営を着々と進めていた。そして文亀《ぶんき》元年（一五〇一）になると、早雲は信濃諏訪神社の大祝《おおはふり》諏訪頼満《すわよりみつ》および千野《ちの》房清らと連絡をとり、甲斐の武田信縄を挟撃しようとしている（『資料編』３下中世六四二五）。その年の九月十八日、早雲は甲斐に入り、吉田（山梨県富士吉田市）の城山と小倉山の両所に陣地を築いたが、武田氏の反撃にあい十月三日になって撤退を余儀なくされている（『妙法寺記』）。こうして、早雲は武田氏を牽制《けんせい》する一方、相模で勢力の拡大に当たったとみられる。『北条五代記』は、「文亀年中、相州にて北条早雲氏茂と上杉顕定戦ひの事」と記しており、早雲の相模での活動に対して、顕定が攻撃をかけてきたことを伝えている。

なお、これより前の明応六年（一四九七）九月三十日に成氏は死亡し、その子政氏が後を継いだ。古河公方となった政氏は、翌七年四月二十八日に玉隠英璵《ぎょくいんえいよ》を鎌倉建長寺《けんちょうじ》の住持としているが（『資料編』3下　中世六四一二）、このことは、すでに古河公方と顕定との和睦が成立していたために、鎌倉五山は古河公方の支配下になっていたことを示しているといえるであろう。

立川原の合戦

永正《えいしょう》元年（一五〇四）八月二十一日、山内顕定は上戸（明戸、埼玉県深谷市）の陣をたって河越城《かわごえ》（埼玉県川越市）に扇谷朝良を攻めたが、九月にはいるとそこから進んで江戸城を攻めた。このため朝良は、援軍を伊豆の韮山城にいた早雲に求めたのである。早雲は兵を率いて十五日に益形《ますがた》（枡形山、川崎市多摩区）に着き、そこに陣を取った。やがて顕定は立川（東京都立川市）に陣を移したが、二十日から二十二日にかけて駿河の守護今川氏親《いまがわうじちか》とその兵も、朝良加勢のため早雲の益形の陣に到着した。一方、顕定は二十五日付で大森顕隆に書状を与え、甲斐の武田信虎《のぶとら》が至急出陣するよう依頼している（『資料編』3下　中世六四三九）。こうして二十七日を迎えると、朝良・早雲・氏親らの軍と顕定・憲房《のりふさ》らの軍とが立川原で戦ったのである。その日は昼ごろから戦闘を始め、数刻にわたって戦ったすえ、顕定らの軍は大敗して立川の本陣に退き、夜になって引き上げた（『宗長手記』、『続本朝通鑑』）。

立川原の合戦で勝利を収めた氏親と早雲は、十月四日に鎌倉に入り二日ほど滞在したが、これに先立ち九月、氏親は鶴岡八幡宮に禁制を下し、軍勢などが鶴岡宮中で乱妨狼藉《らんぼうろうぜき》することを禁じている（『資料編』3下　中世六四四三）。また、早雲は九月六日付で江嶋《えのしま》（藤沢市）に禁制を下したという（『資料編』3下　中世六四三八）。その後、氏親らは熱海で湯治し、十七日に韮山に到着している（『宗長手記』）。一方、敗れた顕定は、援軍を越後の守護上杉房能《ふさよし》に依頼したが、房能は守護代の長尾能景を派遣した。十月、顕定・能景連合軍は朝良と戦い河越城を包囲したが、能景らは十二月一日に武蔵の椚田《くぬぎだ》要害（東京都八王子市）を攻め落として相模に進入し、同月二十六日には真田要害を攻め、激しい攻防戦のすえこれを陥れている（『資料編』３下　中世六四四六～四九、『歴代古案』）。

翌二年三月、顕定らはまたも朝良を河越城に囲んだが、朝良はついに顕定と和を結び、家を養子の朝興《ともおき》に譲り江戸城に隠居した（『歴代古案』、発智文書、佐竹文書等）。ここに二十年に及んだ山内・扇谷両上杉の抗争は終わりをつげることになった。ところが、顕定の生国越後では、永正四年八月に守護代の長尾為景《ためかげ》が上杉定実《さだざね》を奉じて守護上杉房能を攻めてこれを自殺させた。顕定は六年七月に憲房とともに武蔵・上野の兵を率いて越後に入り、為景と戦ってこれを越中に追ったが、翌七年六月に越後の長森原《ながもりはら》（新潟県南魚沼郡六日町）で為景と戦って敗死した（『実隆公記』、『資料編』３下　中世六四九一）。これより少し前、憲房の家宰であった上野《こうずけ》白井の長尾景春は、為景に応じて憲房に叛《そむ》くことになり、早雲もこれに加わって関東は新たな段階に入ることになった。

この間の永正三年と五年の二回にわたり、早雲は今川氏親の援軍として三河に出陣しているが（『資料編』３下　中世六四六一・六四六七・六四六八・六四七一）、同元年には京都の医者陳《ちん》定治が早雲の招きに応じて小田原に下向している（『陳外郎家譜』）。定治は宇野氏を称したが、透頂香《とうちんこう》（痰の妙薬で、髪の臭気を去るにも用いた）の製造販売についての独占権を与えられるなど北条氏から厚遇された。透頂香は外郎《ういろう》の薬ともいわれている。また、同三年には小田原の周辺で検地を実施し、独自の貫高制を用いるなど、相模での領国経営を着実に進めている。このころには、氏綱《うじつな》が小田原城を居城としていたものとみられる。

権現山と鴨沢の攻防

古河公方足利政氏の次男で鶴岡八幡宮別当《べっとう》であった空然《こうねん》（雪下殿）は、永正七年に還俗《げんぞく》して義明と名乗ったが（『鎌倉市史』社寺編）、このことは早雲らが政氏に対抗して義明を擁立したためとみられる。早雲は越後の長尾為景や上野の同景春と通ずると、同年の五月武蔵に攻め入り椚田を陥れ、また相模では高麗寺《こうらいじ》（大磯町）と住吉（逗子市）の古い要害を再興して決起したが、朝良の家臣上田政盛は早雲に同調して、武蔵神奈河の権現山《ごんげんやま》（横浜市神奈川区）によることになった。一方、吉里一族などは相模の津久井山（津久井町）によって、早雲に加勢した（『資料編』３下　中世六四八九・六四九一）。

こうした情勢になると、朝良自身が出陣してきたが、憲房は朝良の援軍として、成田親泰・渋江孫太郎・藤田虎寿丸・長尾孫太郎の代官矢野安芸入道・大石顕重・長尾景長の代官成田長康、そのほか武蔵南一揆（武蔵南部の土豪連合）などを派遣した。こうして七月十一日から権現山の攻撃が開始されたが、同要害は長尾為景・今川氏親・早雲からも援軍を得て守備を固めていたので、その攻防は九日間にも及んだ。この攻防では、神奈川の住人間宮彦四郎の奮闘があり、また、寄せ手の中には稲毛《いなげ》（川崎市）の住人田嶋新五郎という者がいて活躍している。ところが十九日の夜半になって、上田政盛らは権現山から逃亡して、権現山は朝良の手に落ちた（『資料編』３下　中世六四九一、『鎌倉管領九代記』）。

住吉要害は三浦義同・義意父子が攻め落とし、津久井山は朝良・義同らが攻めたという（『三浦系図伝』）。続いて、鴨沢要害（中村要害ともいわれた。中井町）の攻防が行われたものとみられる。この攻防を伝えているのは、三通の古文書で、それは、十二月十日付の武源五郎あて上杉朝良感状、同じく三浦義同感状、そして十二月二十三日付三浦弾《だん》正少弼《じょうしょうひつ》（義意）あての足利政氏感状である（『資料編』３下　中世六四九二～九四）。

この鴨沢要害の攻防については、石渡隆之の「鴨沢城合戦試考」と題する詳細な研究がある（『三浦古文化』第二二号）。それによると、その時期は、「永正五年から八年までの間のいずれかの年」としているが、そこには四年の幅がある。しかしながら、永正八年（一五一一）十一月にはすでに早雲と朝良の和睦《わぼく》が成立していること（『資料編』３下中世六四九九）、また、同五、六年のこととみるよりも、七年とみる方がより可能性があることから、七年の事件としてよいであろう。それから、鴨沢要害を守備していたのは、朝良側の武和泉守であるように読みとれるが、総合的に考察すると、むしろ早雲側とみた方が適切であろう。そうみても足利政氏感状などの記述と矛盾はしない。そこで、前にあげた三通の感状を中心に、鴨沢の攻防を再現させると、およそ次のようになるであろう。

鴨沢要害は早雲側が守備していた。永正七年十二月九日、朝良を司令官とする軍勢はそこを攻めたが、この軍勢の中には三浦義意の父の義同も一部隊長として従っていた。義同には義意の家臣の武和泉守も一将校として加わっていた。城涯（要害際《きわ》）において両軍の激しい攻防が行われ、早雲側の数人の将校を討ち取った。しかし、朝良側の和泉守も戦死を遂げた。それで、司令官の朝良と部隊長の義同は、翌十日にそれぞれ和泉守の子武源五郎に対し感状を与えた。和泉守の勲功は最高司令官の足利政氏に上申されたが、政氏は十二月二十三日に、義意あてに感状を与え、家臣の功績をたたえた。このような次第になる。

権現山・鴨沢などの攻防において、権現山などは朝良側が攻め落とした。しかし、鴨沢では早雲側がこれを死守したものとみられるのである。

岡崎城の攻略

権現山・鴨沢などで攻防が行われた翌年の永正八年、早雲は朝良と和を結んでいる（『資料編』３下　中世六四九九）。この和睦は、早雲側からいえば、相模における扇谷上杉側の一大勢力であった三浦氏を打倒するための下工作ではなかったか、とみることができる。このころ義同は、その子義意を三浦半島の南端近くの新井城に置き、義同自身は相模のほぼ中央の岡崎城にいて防備を固め、早雲の前に立ちはだかっていた。しかも三浦氏の勢力は相模のほぼ東半分に根差しており、すでに住吉城や鴨沢城などにおいて、早雲は大きな打撃をうけていた。したがって、相模の平定をめざしていた早雲とは、互いに一戦を避け得ない状態になっていた。

早雲の三浦氏に対する最初の大攻勢は、永正九年（一五一二）の八月に行われた岡崎城攻めである。同城は義同をはじめとして佐保田豊後守・大森越後守・武左京亮《さきょうのすけ》らが守りを固めていたが、早雲は伊豆・相模の軍勢を率いて、八月に入るとそこを攻めたものとみられる。武左京亮は八月七日付で岡崎城防戦の功により感状を与えられている（『資料編』３下　中世六五〇三）。そして十二日の早朝に岡崎台で激しい合戦があり（『資料編』３下　中世六五〇四）、恐らくその日の夜半か十三日の未明に、義同らは岡崎城を捨てて住吉城に入ったものと思われる。これを追撃した早雲は、十三日に鎌倉に入っている（『快元僧都記』）。『鎌倉管領九代記』などは、早雲が永正九年八月十三日に岡崎城を攻め、その日のうちに義同らを住吉城に逐ったように記しているけれども、岡崎城の攻防は十日間前後続けられたものと推測される。

このようにして、岡崎城は早雲に攻略され、やがてほぼ三浦半島を除いた相模は、早雲の勢力が及ぶところとなった。早雲は、八月十九日に北相の要衝である当麻《たいま》（相模原市）に制札を下し、軍勢以下が乱妨狼藉することを禁じているが（『資料編』３下　中世六五〇五）、このころにはすでに鎌倉から転じてこの方面で義同残党の掃蕩《そうとう》作戦を行っていたのであろう。ついで十二月四日、早雲は散田《さんだ》郷（厚木市）を越後弾正忠《だんじょうのじょう》に私領として与え、その所領を安堵しており（『資料編』３下　中世六五〇六）、新領域の経営を進めている。当麻の問屋関山隼人《せきやまはやと》（通定）が六月二十八日（天正十四年、一五八六）付の訴状で、「早雲寺殿様相州御打入之刻より、山角《やまかく》対馬入道殿御奏者ニ而、御大途様御被官ニ候」と記しているのは（『資料編』３下　中世九一七九）、恐らくこのころ、隼人の祖父通高が山角対馬入道を仲介として北条氏（早雲）の被官となったことを述べたものであろう。永正九年十二月六日、早雲とその子氏綱は、平子《たいらこ》房長《く》に対し武蔵の本目《ほんもく》四か村（本牧、横浜市中区）についての制札を与えており（『資料編』３下　中世六五〇七）、北条氏の勢力は相模に接する武蔵の一部にも及ぶにいたっている。

早雲の岡崎城攻略は、三浦氏を三浦半島に追いやり、その勢力を相模のより広い地域に展開させることになった。

二、玉縄築城と鎌倉の支配

早雲、鎌倉に入る

岡崎城を攻略し、三浦義同を住吉城に走らせた早雲は、永正九年の八月十三日に鎌倉に入った。鶴岡八幡宮の供僧《ぐそう》であった相承院《そうしょういん》の快元《かいげん》は、この日を早雲が鎌倉に初めて打ち入った日であるといい、次のような和歌を詠《えい》じたと伝えている（『快元僧都記』）。

枯るる樹にまた花の木を植ゑそへて　もとの都になしてこそみめ

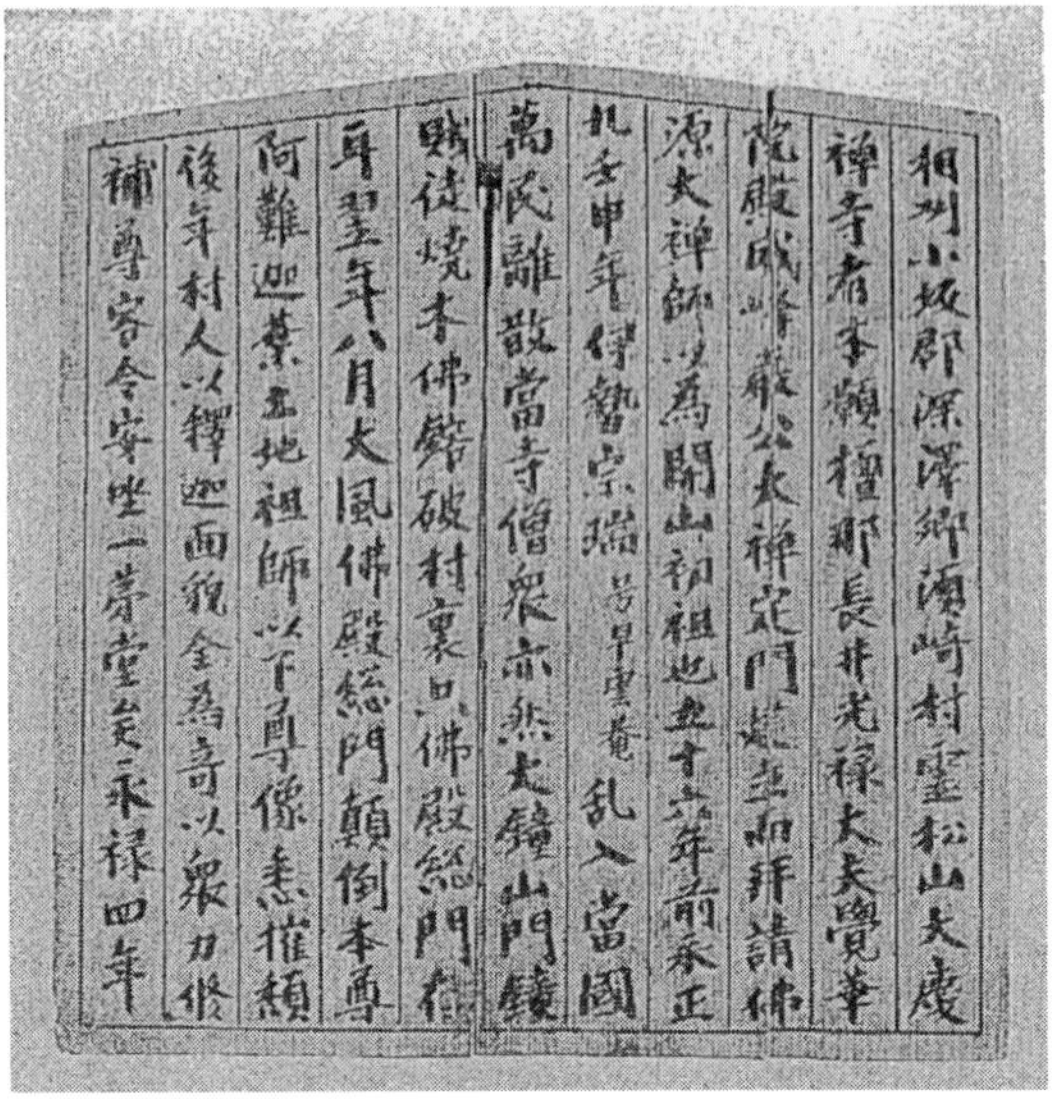
相州小坂郡深澤郷須崎村霊松山大慶
禅寺者本願檀那長井光禄大夫覚華
院殿成嶺淑公大禅定門建立而拜請佛
源大禅師以為開山初祖也去五十年前永正
九壬申年伊勢宗瑞 号早雲庵 乱入當國
萬民離散當寺僧衆亦然大鐘山門鐘
賊徒焼香佛鎔破村裏只佛殿総門存
耳翌年八月大風佛殿総門顛倒本尊
阿難迦葉並地祖師以下尊像悉摧頽
後年村人以釋迦面貌全為奇以衆力修
補尊容令安坐一茅堂矣永禄四年

釈迦如来像胎内銘札（帰源院蔵）

武家政権発祥の地である鎌倉に入った早雲は、すでに公方も去り、また、打ち続く戦乱のために荒廃している鎌倉を目の当たりにして、感慨深く、その再興を心に誓って詠じたものであろう。このとき、早雲はすでに八十一歳に達していた。この早雲の意志は、その子氏綱に引きつがれ、やがて鶴岡八幡宮の大造営となるのである。

早雲が鎌倉に打ち入ったさい、その輩下の兵は北鎌倉方面で乱妨を働いた。そのことを伝える大慶寺《たいけいじ》（鎌倉市寺分）の本尊釈迦如来像胎内銘札は、「永正九年に、伊勢宗瑞《いせそうずい》（早雲菴と号す、との注がある）が鎌倉に乱入したとき、万民は逃げ去り、大慶寺の僧衆もまた同じく逃げた。賊徒は大慶寺の木仏を焼いたり大鐘・山門鐘を溶かしたりして破壊し、村内はただ大慶寺の仏殿と総門が残るのみであった」と記している（『資料編』３下　中世七五七二）。多少の誇張はあるにしても、早雲麾下《きか》の兵卒の乱妨狼藉によって荒廃した様子がよくうかがえる。なお、人災をまぬがれたこの仏殿と総門も、翌十年八月の大風で顛倒《てんとう》してしまった。その後、村民は合力出資して本尊釈迦像などを修覆し、小さな茅堂《ぼうどう》を建てて安置している。これらから、乱世における民衆の動静の一端を知ることができる。

一方、住吉城に逃げ込んだ義同を、いつ早雲が攻めたかについては伝えていない。しかし、翌十年の正月に、早雲と義同の戦いが行われており、その兵火により、同二十九日には藤沢の遊行寺（清浄光寺《しょうじょうこうじ》）が焼失している（『遊行歴代譜』）。この戦いのときに、恐らく義同は住吉城を追われて、さらに三崎（三浦市）まで退くことを余儀なくされたものとみられる。その年の四月十七日、足利政氏は智宗の三崎要害における戦功を褒《ほ》めているが（『資料編』3下中世六五〇九）、このときの戦いは、早雲が義同を攻めたものであろう。また、同年九月二十九日には、上杉朝興の部将で義同の女婿の太田資康《すけやす》が三浦で戦死している（『上総松尾太田家譜』）。早雲の攻撃をうけたのであろう。

玉縄城を築く

玉縄《たまなわ》城は永正九年（一五一二）十月、早雲の築城といわれている（『寛永諸家系図伝』）。この城郭の遺構については、赤星直忠が詳細な調査を行っている（『鎌倉市史』考古編）。まずは、その成果によって、大概をみることにしたい。

玉縄城跡は、大船駅の西北方千五百メートル、現在、鎌倉市城廻《しろめぐり》と植木とをその範囲とし、地形上からは関谷・打越谷・植木谷・相模陣によって囲まれた丘陵とみるのが普通である。遺構上からは、この丘陵の東半分が城の中心部（複郭陣地）で、西半分をその付属地帯とすることができる。さらにこれらの部分を取り巻く丘陵が第二陣地帯で、西南方は藤沢市高谷《たかや》から同渡内《わたうち》にわたる丘陵、西方は藤沢市柄沢《からさわ》から渡内にわたる丘陵、北方および東方は横浜市戸塚区長尾台町にわたる丘陵が含まれる。そしてさらに、これらの前面に当たる地帯が第一陣地帯と見なされるはずであるから、南および東は柏尾川（戸部川）を前面の堀とし、北および西は東海道を前にひかえた台地から藤沢辺にわたる線を前面とした地帯に囲まれた部分を、広義の玉縄城としたものと考えてよかろう、とされている。きわめて広大な城域範囲である。

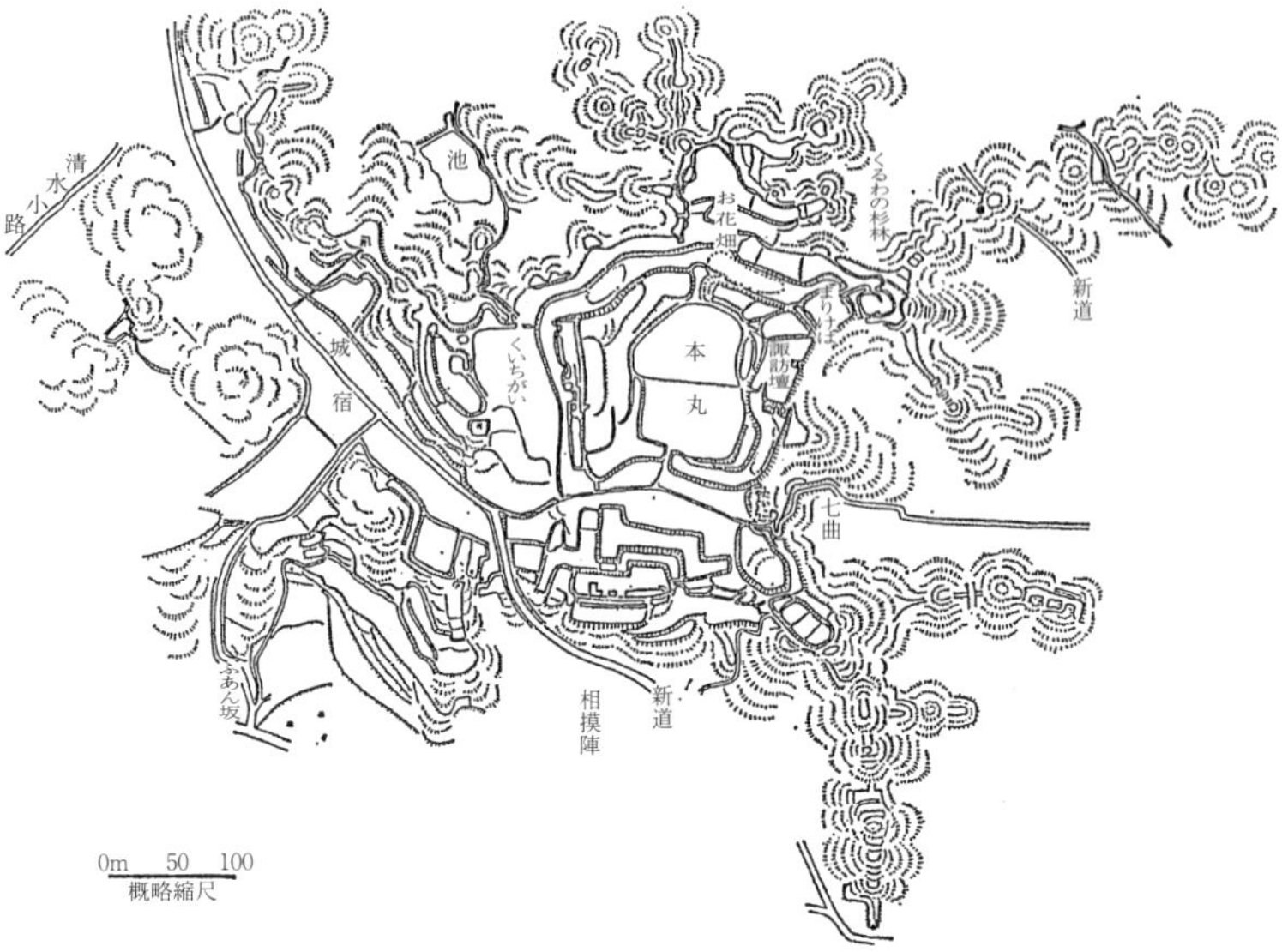

玉縄城遺構図（『鎌倉市史』考古編から）

また、城郭の主要部分は、城廻にある城山と呼ばれる本丸跡を中心として、その南側に七曲《ななまがり》の曲輪《くるわ》があり、このところを大手《おおて》としている。そして、その南に「えんしょう曲輪」があり、その西に「ふくろもちの曲輪」があり、その西に円光寺の曲輪があり、その北に続いて「くいちがいの曲輪」があるが、この曲輪は本丸の西に当たる。本丸の北側に「お花畑の曲輪」とその北に続いてもう一つの曲輪があり、北東に「花見堂の曲輪」または「出丸」と呼ばれる曲輪があり、さらにその北東に小曲輪が存在する。

これらの曲輪が玉縄城の主要部分である。そして、これらから各方面に延びた幾本もの尾根には、削平部と堀割が幾重にも造られ、また各方面の崖《がけ》には、幾段もの切岸と狭い削平部がめぐらされている。さらに、主要部分の西南方に続いて、「おんまや曲輪」、「ふわん坂の曲輪」、「清水曲輪」などの広い曲輪が連続し、その間に、現在は城宿の民家地帯がある。この玉縄城跡区域を取り巻く第二陣地帯の重要地点には、出城が築かれていた。すなわち、西南方に高谷砦（村岡城跡、藤沢市高谷）、西方に二伝寺《にでんじ》砦（藤沢市渡内）・おんべ山砦（大谷帯刀城跡、藤沢市大鋸《だいぎり》）があり、東北方の長尾《ながお》砦（横浜市戸塚区長尾台町）がそれである。以上の構造や施設を遺構上からみると、玉縄城の主防御《ぼうぎょ》方面は南方であったと考えられる、と赤星直忠は結論している。

　このような結論から、赤星直忠は、玉縄築城について、一つには三浦氏の反撃を、一つには三浦氏救援軍を阻止するために、三浦半島の基部にあり、交通上の要地でもあるこの地に、天然の要害を選んで築いたものである、とする。また、伊禮正雄は戦術上から、第一に三浦方面、第二に江戸方面、第三に境川流域から北方の相模原から津久井方面、に対する前線基地としている。そして、本丸が際立って巨大であることを指摘している（『藤沢市史』第四巻）。赤星・伊禮がいうように、玉縄城は三浦氏に対する前線基地として、早雲によって築かれたとみてよいであろう。しかし同城は、三浦氏滅亡後もさらにその規模を拡大して整備されたものとみられ、前述したような遺構を残したが、そこは、鎌倉、さらには小田原の防衛拠点であるとともに、関東制覇《せいは》の拠点であったともいえるであろう。

玉縄の城主

　この城主については、普通、氏綱の弟の氏時《うじとき》が初代で、その没後に氏綱の女婿北条綱成《つなしげ》（福島正成の遺子）がなり、続いてその子康成（のち氏繁《うじしげ》と改名）、その子氏勝《うじかつ》へとうけつがれた、といわれている（『藤沢市史』第四巻）。

　氏時が玉縄城主であったことを示す明確な史料は、現在まだ見当たらない。しかし、享禄《きょうろく》弐年己丑八月十九日付の戒法山二伝寺あて氏時判物《はんもつ》写（『資料編』3下　中世六六二七）の伝来その他からみて、城主であったことは間違いないといえるであろう。氏時は駿河の葛山氏《かつらやまし》を継いだといわれるが、その関係文書の中には氏時と署名した文書は見当たらず、大永《だいえい》五年（一五二五）から享禄二年（一五二九）にかけては氏堯《うじたか》と署名している文書が残されている（御殿場市教育委員会編『御殿場の古文書』）。恐らく、この氏堯と氏時とは同一人物といえず、氏時が、葛山氏を継いだという伝えも検討されなければならないであろう。氏時の没年については、享禄四年八月十八日説（藤沢市渡内の二伝寺安置の位牌《いはい》）と天文《てんぶん》十一年十月十八日説（『北条系図』）の二つがあるが、享禄四年説が正しいであろう。氏時は、少なくとも天文元年（一五三二）以後、玉縄城主として存在しなかったことは確かであろう。それは『快元僧都記』が、玉縄城に出入りする氏綱らについてかなり詳しく書き留めているにもかかわらず、氏時については記載していない事実からも、明らかであるといえる。

氏時の後に城主となったとされている綱成についても、『快元僧都記』は記していない。綱成が玉縄城主であったことを示している初見史料は、霜月七日付の鶴岡八幡宮院家あての書状で、これは天文十八年のものとみられている（『資料編』３下　中世六八八二）。したがって、氏時と綱成の間にはもう一人の城主が存在していたであろうことが推察される。その人物は、氏綱の子で、氏康の弟に当たる彦九郎為昌《ためまさ》ではなかったろうか。

北条為昌が玉縄城主であったことを明確に示している史料は、まだ見当たらない。しかし、『快元僧都記』を注意してみていくと、その可能性がうかがえる。たとえば、天文七年二月十四日の条に、「帰陣、北条為昌翌日社参」と記しているが、これより前の正月晦日氏綱は玉縄城に着き、翌二月朔日《ついたち》鶴岡八幡宮に参詣し、二日に出陣して武蔵の葛西城（東京都葛飾区）を攻略し岩槻《いわつき》城下（埼玉県岩槻市）に攻め進んでいる。したがって、為昌は父氏綱に従ってこの戦いに参加し、十四日には玉縄城に帰陣し、翌十五日氏綱に代わって鶴岡八幡宮に参詣したものとみられ、為昌が本拠としたところは玉縄城ではなかったかと推測するのである。また、天文八年五月二十一日、為昌は河越から使者を鶴岡八幡宮に遣わして炎旱《えんかん》（雨乞）の祈祷を行わせているから、このころの河越城主は為昌ではなかったかとみられる（『快元僧都記』）。

こうしたことから、為昌が死んだ天文十一年（一五四二）五月三日以後に、北条綱成が為昌に代わって玉縄城や河越城に関係してくるものと推測される。氏綱が実子である為昌を差し置いて女婿の綱成を重用したとは考えにくいから、綱成以前の玉縄城主として為昌の存在が指摘されるのである。綱成は為昌の遺領の一部を継承したであろう形跡もうかがえる（『小田原衆所領役帳』）。また、鎌倉市岩瀬の大長寺に安置されている婦人木像について、従来、北条氏綱室朝倉氏像とされてきたが（『鎌倉市史』史料編第三ほか）、その銘文に記している「北条九郎」は、氏綱にあてるよりもその子為昌とみる方がより適切である。したがって、同像は為昌室朝倉氏（養勝院殿）寿像とみることができる。すると、その銘文から、綱成らは、為昌の養子になっていることが知られる（『資料編』3下　中世六八七三）。

綱成以後の玉縄城主については、佐藤博信の研究がある（『玉縄北条氏文書集』解説）。それによると、綱成からその子康成（氏繁）への家督譲与、言い換えれば城主の交代は、北条氏康の死を契機として行われたと考えられている。さらに、元亀《げんき》二年（一五七一）十月三日の氏康死後、翌三年の正月に、綱成は出家して道感《どうかん》と称し、また、康成は氏繁と改名して、城主の交代が行われたであろうことを指摘している（「玉縄北条氏の研究」『藤沢市史研究』七）。元亀三年正月二十六日にはすでに、氏繁は玉縄城主となっていたとみられるのである（『資料編』3下　中世八〇八六）。

氏繁は天正六年（一五七八）、父綱成に先立って死亡したが、その忌日は六月十三日とも八月二十八日とも伝えている。氏繁の後を継いだ城主について、佐藤はその子氏舜《うじきよ》の存在を指摘し、天正八年八月日付の東郡あての法度《はっと》を示している（『資料編』3下　中世八六〇四）。この法度は、氏舜が玉縄城主であったことを明らかに物語っており、氏舜の存在を見落とすことはできない。氏舜は、父氏繁が死亡する前の天正五年に城主となっていた可能性もある（『資料編』3下　中世八三九一）。しかし、氏舜は間もなく死亡したらしく、天正十年の五月にはその弟の氏勝が城主となっていたということができる（『資料編』3下　中世八七二六・八七九九）。この氏勝は最後の城主であった（『資料編』3下　中世九六六〇）。

以上述べてきたことから、玉縄の城主は、氏時―為昌―綱成―康成（氏繁）―氏舜―氏勝へと継承されたものとみられるのである。

三浦氏の滅亡

早雲は、三浦義同を相模の中程の岡崎城から、鎌倉の南に隣接する住吉城へ敗走させると、玉縄城を築いてその反撃に備えていた。その後、義同と早雲の間で鎌倉合戦と呼ばれる戦いが行われているが、そのことを伝える『北条五代記』にはその年月を記していない。『三浦系図伝』は、永正十一年（一五一四）に義同が鎌倉に攻め入ったように伝えている。しかし、前に述べたように、その前年の十年正月に早雲と義同の戦いがあり、このときの兵火により藤沢の遊行寺が焼失していること、また、その年に、すでに早雲と義同の戦いが三浦の地で行われていることからみると、この鎌倉合戦は十年の初頭に行われたとするのが正しいであろう。

鎌倉合戦と呼ばれる義同の反撃作戦において、義同は敗北し、三浦へ退却することを余儀なくされた。その途中、秋屋《あきや》（横須賀市秋谷）の「大くづれ」という場所で一時防いだが、早雲の大軍は小坪《こつぼ》（逗子市）・秋屋・長坂・黒石・佐原山（以上横須賀市）を越えて進撃したため、義同・義意父子はついに新井城に立てこもることになった。この合戦で、義同の側は多数の兵士を失ったため、再び反撃することができず、その後は籠城《ろうじょう》したままのようである。

こうして三年が過ぎ、永正十三年の半ばになると、早雲と氏綱は大軍を率いて新井城に義同・義意父子を攻めた。すると、上杉朝興《ともおき》が義同救援のため相模中郡に出陣してきたので、早雲は新井城の押さえとして二千騎を残し、四、五千の兵を朝興邀撃《ようげき》のために差し向けた。両軍は甘縄《たまなわ》（鎌倉市玉縄）の近辺で対陣し戦ったが、朝興の軍は敗退した。

一方、新井城では、大森越後守らの部将が、義意の岳父に当たる上総《かずさ》真里谷《まりやつ》の武田信勝を頼って上総に退却し、再起を図ることを勧めたというけれども、義同はこれを聞き入れなかったという。こうしてついに七月十一日に至って決戦をいどみ、義同・義意の父子は新井城で討ち死にして、ここに三浦氏は滅亡したのである（『資料編』３下　中世六五三一、『北条五代記』）。義同は六十歳、義意は二十一歳であったという。その十日後の七月二十一日、早雲は三浦氏との戦いに勝利を収めたことに対し、伊豆の三嶋《みしま》神社に指刀《さしがたな》を奉納してその加護に報いている（『資料編』３下　中世六五二四）。

早雲はこのようにして、鎌倉時代いらい相模の豪族であった三浦氏を討滅し、相模国を征服することができた。それには、明応四年（一四九五）九月に小田原城を攻略して相模に進出してから、実に二十一年の歳月を要している。しかし、ここに、北条氏にとっても、また郷土神奈川にとっても、新しい時代が展開されてくるのである。なお、新井城を攻略した早雲は、三浦義同の家臣であった横井越前守らを取り立てて同城を守備させるとともに、三崎に城を築いて安房《あわ》の里見氏の来攻に備えたと伝えている（『鎌倉九代後記』）。横井神助《じんすけ》が三浦城代であったことは、『快元僧都記』にみえている。

鎌倉の代官と小代官

武家政権発祥の地であり、関東の中心地であった鎌倉が、早雲の支配下に置かれるようになったのは、三浦義同の反撃作戦であった鎌倉合戦以後、すなわち永正十年（一五一三）のこととみてよいであろう。早雲は鎌倉を手中にすると、寺社領とわずかな私領を除いて、そこを直轄領としたとみることができる。このことは、『小田原衆所領役帳』の記載その他からうかがえるのである。

その鎌倉に代官を置いたが、初代は大道寺盛昌《もりまさ》である。盛昌が代官であったことを示しているのは、現在、永正十七庚辰二月二十七日付の本覚寺あて制札を初見としている（『資料編』３下　中世六五四七）。この制札は、代官以外の者が本覚寺に対して諸役を課することがあれば、代官へ届け出ること等について記しているものである。恐らく、盛昌は北条氏の鎌倉支配後間もなく、その代官に任命されたものであろう。その後、天文十九年（一五五〇）閏五月二十一日に、盛昌は代官として鎌倉の浄智寺にかかわる寄進のことについて蔵雲庵に文書を与えているが（『資料編』３下　中世六八九四）、同二十一年十二月二十六日には盛昌の子息とみられる周勝《かねかつ》が代官となっており、周勝は円覚寺開山（無学祖元《むがくそげん》）の座禅窟《ざぜんくつ》についての正続院《しょうぞくいん》と続燈庵《ぞくとうあん》の争いに関して正続院御門徒中あてに書状を与えている（『資料編』３下　中世六九三〇）。周勝に次いでは、大道寺資親が永禄九年（一五六六）六月ごろ代官になっていたことは明らかであるが（『資料編』３下　中世七四八八）、永禄十三年（元亀元年）十月十三日にはすでに大道寺政繁《まさしげ》が資親にかわって代官となっている。すなわち、政繁は代官として鎌倉理智光寺の寺山についての制札を同寺慈恩院に下しているが（『資料編』３下　中世八〇〇三）、政繁は最後の鎌倉代官であった。

このように、代々大道寺氏が鎌倉代官に任命されたが、初代の盛昌は早雲が駿河に下り石脇城（静岡県焼津市）を居所としたとき以来の重臣であり（『資料編』３下　中世六八九五）、後には河越の城代を命ぜられた人物である。このことからも、北条氏が鎌倉を重視していたことが知られよう。そして、代官の下には小代官を置いて鎌倉の庶政を行わせていたといえるのである。

　鎌倉小代官については、永正十七年（一五二〇）九月二十日に鎌倉小代官の後藤若狭守が建長寺御寄進坪帳を与えたと伝えていること（『資料編』３下　中世九三二八）、鎌倉長谷寺の木造前立十一面観音立像の胎内納入銘札は天文七年（一五三八）九月に後藤宗左衛門尉忠成が鎌倉中小代官であることを記していること（三山進編『鎌倉地方造像関係資料』第二集）、天文十九年閏五月二十一日付の大道寺盛昌書出（『資料編』３下　中世六八九四）に小代官として後藤右近尉（右近丞・右近将監《じょう》、あるいは右近と書いている場合もある）を記していること等によって知られる。なお、永正十七年は鎌倉で検地が行われた年であるが、同年の五月二十三日に報国寺の敷地を先例に任せて寄進する旨の証文を与えている後藤孫次郎繁能は、鎌倉代官にかわって証文を与えているのであるから、小代官とみてもよいであろう（『資料編』３下　中世六五五〇）。

　鎌倉小代官は鎌倉検断ともいわれている。すなわち、享禄四年（一五三一）六月に鎌倉光明寺の阿弥陀仏像を彩色修理した人物として、その胎内墨書銘に「旦那者《は》鎌倉険《ママ》断後藤善《ママ》衛門尉能繁《ママ》也」と記している（『鎌倉市文化財総合調査彫刻部門報告書』）。この能繁は前の繁能の誤記であるのか、別人であるのか、現在のところ明らかでない。このほか、後藤右近将監も、『鶴岡御造営日記』に「鎌倉検断、万事取沙汰事」と注記されているのである。

　鎌倉小代官の後藤善右衛門尉と同宗左衛門尉忠成は、天文初年に行われた鶴岡八幡宮造営のさいに、惣《そう》奉《ぶ》行《ぎょう》をつとめた鎌倉代官大道寺盛昌の下でいろいろと活躍している（『快元僧都記』）。こうしたことからも、鎌倉小代官という職制は、鎌倉在住の有力者を選任して、代官の職務とする庶政を行わせたものとみることができる。前に記したように、後藤右近将監が鎌倉検断とされ、さらに「万事取沙汰事」と注記されていることも示唆するものがあるといえよう。

永禄二年（一五五九）に作成の『小田原衆所領役帳』には、鎌倉代官で河越城代の大道寺（周勝か）の次に後藤備前守を載せているが、この備前守が鎌倉小代官であったか否かは明らかでない。しかしこの人は、鎌倉においても九十五貫文余の所領を与えられており、そして鶴岡八幡宮の諸事にかかわりをもってこれを行っていたため、鎌倉の所領に対する普請役を免除されているのである。いずれにしても、この後藤備前守と鎌倉小代官の後藤氏は一族とみられ、また、鎌倉在住者であったと思われる。佐藤博信は、鎌倉小代官の後藤氏が生産活動の面では仏師であったことを指摘している（「後北条氏被官後藤氏について」『茅ヶ崎市史研究』創刊号）。

後藤右近将監は永禄六年七月ごろも鎌倉小代官であったとみられるが（『鶴岡御造営日記』）、大道寺政繁が鎌倉代官に就任してから十年ほど経た天正八年に至ると、富岡美作守《みまさかのかみ》が小代官になっていたとみられる（『資料編』３下　中世八六一二）。富岡の手下には小菅民部丞《こすげみんぶのじょう》などがいた（『資料編』３下　中世八九三一・八九三二・八九三五）。

鎌倉の支配と庶政は、その代官と小代官によって行われていたといえるが、代官大道寺盛昌の時代には後藤善右衛門尉や同宗左衛門尉忠成など、周勝・資親の時代には後藤右近尉、そして政繁の時代には富岡美作守が、それぞれ小代官をつとめていたとみられるのである。

早雲の死

早雲は、永正十年七月十七日、底倉《そこくら》村（箱根町）の諸公事《くじ》以下を末代にわたり免許したが（『資料編』３下　中世六五一一）、翌十一年十二月二十六日には鎌倉の本覚寺に対し陣僧《じんそう》（戦死者の供養にあたらせ、また軍使として敵方へ派遣した僧）・飛脚《ひきゃく》・諸公事の賦課を停止している（『資料編』３下　中世六五一二）。そして同十二年二月十日、氏綱が鎌倉三か寺の行堂《ぎょうどう》に対する諸公事を免除したのを、早雲は袖判《そではん》（文書の袖〈右端〉に署した花押のこと）を加えて承認しているのである（『資料編』３下　中世六五一五）。このことは氏綱が家督相承者として政務に関与したものとみることができる。早雲はすでに八十四歳に達し、氏綱は二十九歳になっていた。

早雲から氏綱へ家督が譲与された時期について、『寛永諸家系図伝』は永正十五年とし、『寛政重修諸家譜』は同年の二月八日としている。この二月八日説の根拠は、永正十五年二月八日付の宗瑞（早雲）置文《おきぶみ》（子孫などに対し、守るべき訓戒を述べた文書）にあるようであるけれども、現存するいわゆる置文は、紙質等になお疑点があって、にわかに従い難い。しかし、早雲の年齢からいっても代替わりが行われた可能性は十分にあるといえるであろう。十五年二月三日、早雲は相模の当麻《たいま》宿に対し、衆庶《しゅうしょ》の乱妨狼藉《らんぼうろうぜき》等を禁ずる制札を下しているが（『資料編』３下　中世六五三三）、現在、これは彼が当主であったことを示している最も下限の文書となっている。

翌十六年四月二十八日になると、早雲は箱根社領の別当勘忍分などを菊寿丸に与えたが（『資料編』３下　中世六五三九）、同年の七月二日には相模の三浦三崎で舟遊びをたのしんだ。そして、このときから煩《わずら》ったといい（異本塔寺長帳）、八月十五日に伊豆の韮山城で八十八歳の春秋に富んだ大生涯を閉じたのである。伊豆を征服して韮山城を本拠としたときから、二十八年の歳月が過ぎていた。

早雲の亡骸《なきがら》は伊豆の修禅寺で葬送して荼毘《だび》に付され、遺言により、遺骨は相模湯本《ゆもと》の早雲寺に埋葬されたと伝えている（『鎌倉管領九代記』）。早雲寺の創建については、従来、大永元年（一五二一）とされているが、早雲の在世中に存在していたであろうことが指摘されるに至っている。たとえば、岩崎宗純は、大永元年以前、恐らく永正の晩年、箱根湯本の地には早雲庵と称せられる堂宇《どうう》が存在し、以天宗清《いてんそうせい》は早雲の招きによって同庵に庵居していたと推定し、また、氏綱は早雲の遺命を守ってその整備を進め、仏殿・法堂・山門など早雲寺の伽藍《がらん》建築を落成させたのが大永一、二年のころ、と考察している（「後北条氏と宗教」『小田原地方史研究』五）。

ところで、早雲は倹約をまもった人物であった。早雲の子氏綱は、天文十年五月二十一日付の置文の第四条に、「亡父入道殿（早雲）ハ、小身より天性の福人と世間に申候、さこそ天道の冥加《みょうが》にて可在之候得共、第一ハ倹約を守り、華麗を好ミ給ハさる故也、惣別《そうべつ》侍ハ古風なるをよしとす、当世風を好ハ、多分ハ是軽薄者也と常々申させ給ぬ」と記している（『資料編』3下　中世六七四二）。また、連歌師の宗長《そうちょう》が越前の朝倉教景《あさくらのりかげ》にいつも語った話として、「伊豆の早雲は、針をも蔵に積むほどの蓄えをしている。しかしながら、戦いのときには、貴重な玉でさえも砕いて使ってしまうように見える人である」という批評があり（『朝倉宗滴話記』）、彼は単なる倹約家ではなかったことを伝えている。一方、早雲は平生、『太平記』を愛読していたことが知られている。早雲は『太平記』の諸本を集めて校合《きょうごう》したうえで、足利学校の学徒に校訂を依頼し、さらにこれを京都に送り、官務の壬生于恒《みぶゆきつね》に頼んで、朱点と片仮名で読みくせをつけてもらっているのである（『今川本太平記』巻一奥書）。早雲の教養の一端がうかがえる。

それから、早雲が残した家訓として、「早雲寺殿廿一箇条」あるいは「北条早雲廿一ヶ条」といわれるものがあることは、一般によく知られている。しかし最近の研究では、「この家訓が果たして題名にいうように小田原北条氏の祖、伊勢長氏（早雲庵宗瑞）の作であるかどうか、本文中からその徴表を検出することは出来ない」とされ、さらに「宗瑞作という伝も江戸初期まで遡《さかのぼ》ることができよう」と、いわれるに至っている（佐藤進一他編『中世法制史料集』第三巻　武家家法Ⅰ）。また、奥野高広は、早雲が制定した家法（分国法）として「伊勢宗瑞十七箇条」の存在を指摘したが（『府中市史』上巻）、小和田哲男によって、この家法の制定は永正三年（一五〇六）であろうことと、十七か条の内容の推定が行われている（「戦国家法研究への提言」『歴史手帖』四巻五号）。

八十八歳の天寿を全うした早雲は、四十歳の半ばに突如として歴史の舞台に現れ、その後およそ四十年をかけて伊豆・相模の両国を制覇《せいは》した傑物である。早雲の死後一か月目に営まれた無遮会《むしゃえ》（身分上下の別なく一切平等に財施と法施とを行ずる大法会）において、芳琳乾幢《ほうりんけんとう》は祭文の中で、「天下の英物なり」と述べているが（『玉隠和尚語録』）、たしかに、早雲は天下の英物である。彼は、乱世の中から新しい時代を創造しようとしていた。とりわけ、諸大名にさきがけて検地を実施し、新基準の貫高制を採用するなど、土地制度の改革を推進していることに注目させられるが、ついには戦国大名の先駆者となり、北条氏の基礎を築くに至ったのである。

三、氏綱の相模経営と武蔵進攻

虎の印判と調の印判

虎の印判は、北条家を象徴する印判であるが、その形状は、縦横ほぼ七・五センチの角印の上部に虎のうずくまる雄姿をすえており、印文は「禄寿応穏《ろくじゅおうおん》」の四字が刻まれている。また、調の印判は、「調」の一字を印文に刻み、そ

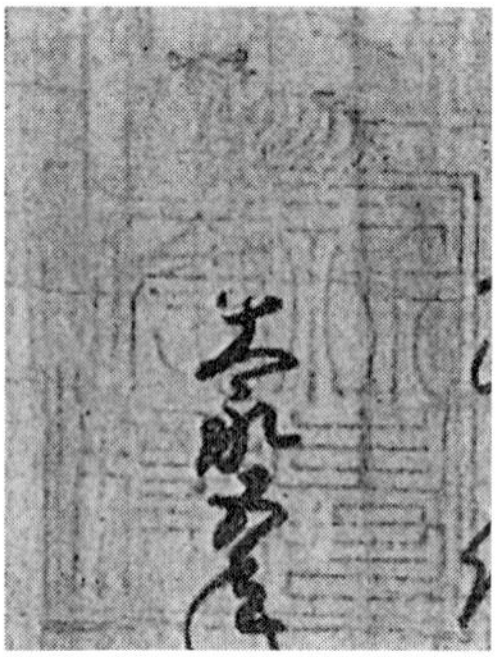

虎の印判

調の印判

の大きさは縦横二・九センチの角印である。この二つの印判はともに朱印として、永正十五年（一五一八）に使用し始められている。

虎の印判状の初見は、現在、永正十五年戊寅十月八日付で、伊豆の長浜（後筆）・木負《きしょう》御百姓中、代官山角・伊東あてに出されている文書である（『資料編』3下　中世六五三六）。この印判状は、「永正十五年戊寅九月被仰出御法之事」と書き出し、四か条にわたり、竹木等、りうし（漁師、ここでは船による運送労役の意であろう）、美物等（魚介など）、一定の大普請（城普請）以外の人足、といった物資や人の徴発に当たっては、虎の印判を押した文書を用い、郡代・代官を通して行うことを記している。その上、虎の印判状がなければ、郡代や代官の文書があっても応ずる必要はないし、もし勝手な賦課をする者があれば直訴せよ、と述べている。この文書について、佐藤博信は、虎の印判状の使用規定とみるのは至極当然とし、九月に御法としてその使用が決められ、十月にその詳細な使用規定を書き加えて公的に発布したものとみている（「虎印判状初見文書について」『神奈川県史研究』一五）。すると、伊豆の木負だけでなく、相模の郷村にも発行されたものとみられる。ただ、それは現在見いだされていない。

この虎の印判の使用規定は、花押《かおう》にかわる印章の確立を意味するだけでなく、その領国支配に関する注目すべき内容を含んでいる。それは、人民の直接把握《はあく》であり、物資や人の徴発は、北条氏自らが印判状で直接命じることにしている点である。百瀬今朝雄・田辺久子は、虎の印判状を使用することにより、これまでの郡代・代官まかせの支配から、直接百姓をとらえるという支配体制の転換を計ろうとしたこと、そしてそれは、広く百姓をも受給対象としうる、いわゆる民政関係文書の様式として登場したことを指摘している（「小田原北条氏花押考」『神奈川県史研究』三四）。永正十五年は、虎の印判の使用とともに、北条氏の新しい領国支配体制が整えられた年ということができる。

調の印判の初見文書は、永正十五戊寅十月二十八日付で鍛冶《かじ》某あてに出されている（『資料編』3下　中世六五三七）。この文書は、破損が甚しく鍛冶の名は不明であるが、その伝来から、鎌倉の鍛冶福本氏に与えたものとみられる。調の印判は紙面の右上部に押され、日付の下には後藤と関が署判しているが、その内容は、鍛冶など職人衆を徴発使役する場合の手形の印判について規定したものということができる。この調の印判は、虎の印判と同時に使用されはじめているけれども、両印判状には別の用途と権威をもたせていることが指摘されている（杉山博他編『戦国文書聚影―後北条氏編』解説）。この二つの印判は北条氏の滅亡に至る七十数年間使用されたが、虎の印判は民政関係文書のほか禁制・寄進状・充行状《あておこないじょう》等々、次第にその使用範囲を拡大させており、また、調の印判は過書《かしょ》（関所通過の許可書または関料免除の証文）などに虎の印判と併用された例もあるが（『資料編』3下　中世六六〇二・六六〇八）、後になると虎の印判状の継目裏や口上の条目などに押されるように変化している。

ところで、この虎の印判等を使用しはじめた人物であるが、氏綱ではなかったろうか。早雲は、永正十五年にはすでに八十七歳を迎えており、前に述べたようにその家督を氏綱に譲っていたとみられること、また、虎の印判は北条家において当主専用の印判として用いられている事実から、この早雲から氏綱への家督譲与を契機として、その領国支配体制の整備をはかり、新しい当主氏綱が虎の印判と調の印判を使用しはじめて対応したとするのが最も適切のように思われる。

氏綱は、大永《だいえい》二年（一五二二）九月十一日に虎の印判を用いて足柄上郡の大井宮《おおいのみや》（三島《さんとう》神社、大井町）の法度を定めたが（『資料編』３下　中世六五六四）、現在これは相模に関係する最古の虎の印判状となっている。また、同七年八月十二日、氏綱は鎌倉の東慶寺領前岡郷（横浜市戸塚区舞岡町）百姓中に対して、段銭などの諸役を免除する判物《はんもつ》（将軍や大名が花押を署して所領の宛行や安堵などをした文書）を与えたが、ただし書で陣夫三人は出すべきことを命じている。この免除に関し、寺側では虎の印判状を求めたようであるが、氏綱はこれを与えることを約している（『資料編』３下　中世六六一〇・六六一一）。すでに虎の印判の権威が、一般に認識されていたといえるであろう。なお、これより前の永正十七年に、氏綱は鎌倉と小田原の近辺で検地を実施している（『資料編』３下　中世九四四七ほか、『小田原衆所領役帳』）。

江戸城攻略と武蔵進出

氏綱は領国支配を固める一方、武蔵へ進出する機会をうかがっていたといえよう。そのうちに、扇谷上杉家の家老太田資高《すけたか》と同資貞に働きかけたらしく、資高らが氏綱に内通するに及んで、大永四年（一五二四）の正月、江戸城に上杉朝興を攻めることになった。十三日、朝興は、兵を品川に進めて氏綱の軍と高縄原《たかなわはら》（東京都港区芝高輪付近）で戦ったが、敗れて江戸城に引き上げた。しかし同城も支えることができなくなり、ついに河越城に逃れた。こうして江戸城は、北条氏の手に落ち、氏綱は遠山四郎右衛門直景を城代としてこの城を守らせたのである。ここにいたって、武蔵の南部地域は北条氏の勢力下にはいり、県域全体がその支配をうけることになったとみてよいであろう。同時に氏綱は、小机城（横浜市港北区）を修復してそこに笠原越前守信為を置き、上杉氏の来攻に備えたようであるが、武蔵の小沢《おざわ》城（川崎市多摩区菅と東京都稲城市矢野口町にまたがる）も防衛拠点としたらしい。なお、笠原信為は早雲の重臣の一人であったが、享禄二年（一五二九）十二月十三日に早雲寺殿御茶湯料として熊野堂（横浜市港北区菅田町）五貫文の地を小机の雲昌院に寄進している（『資料編』3下　中世六六二八）。同院は信為の開基といい、彼は弘治三年（一五五七）七月八日に逝去《せいきょ》したという。

江戸城の攻略とともに、入間《いるま》郡毛呂《もろ》（埼玉県入間郡毛呂山町）の土豪毛呂氏や岡本氏も氏綱に内応し、北条氏の武蔵における最前線基地は、毛呂城や石戸《いしど》城（埼玉県北本市）に進出した。石戸と毛呂は、河越城のほぼ北々東と西方に位置し、それぞれ十キロから十数キロの地点に当たっている。大永四年四月十日、氏綱は相模の当麻宿に制札を下し、玉縄や小田原から石戸や毛呂へ往復する者は、虎の印判状がなければ伝馬《てんま》を仕立ててはいけない、もし無理をいう者があれば小田原へでも玉縄へでも同道せよ、と命じた（『資料編』3下　中世六五七六）。これによって、すでに関東制覇の拠点としての玉縄城や小田原城と、石戸城や毛呂城との間の往来が頻繁になっていたことがわかる。また、相模から武蔵北部へ向かう路線は当麻宿を経由したが、北条領国内の要所には伝馬が整備されていたことなどが知られるのである。

北条氏綱画像（早雲寺蔵）

同四年七月、朝興は氏綱流の花押を用いて品川の妙国寺等に禁制を掲げているが（『資料編』3下　中世六五七七・六五七八、佐藤博信「北条氏と後北条氏」『鎌倉遺文』月報十六）、このことは朝興が江戸城の奪回を図り、兵をこの方面に進めたためであろう。十月になると、関東管領《かんれい》上杉憲房《のりふさ》は、朝興援助のため上野から武蔵の鉢形（埼玉県大里郡寄居町）に陣を移し、氏綱の属城毛呂城を攻めた。氏綱は同十六日に江戸城を出発して救援に向かったが、まもなく長尾憲長らの斡旋《あっせん》で氏綱と憲房とが和睦して、江戸城の奪回は実現するにいたらなかった（『資料編』３下　中世六五八三）。翌五年二月六日、氏綱は扇谷朝興の部将太田資頼を岩槻城（埼玉県岩槻市）に攻めて奪取し、同城を渋江氏に与えている（『資料編』３下　中世六五九二）。このころになると、上総の武田保信（恕鑑）は氏綱と絶って、山内憲房・扇谷朝興と通ずることになるが（『資料編』３下　中世六五九一）、三月二十五日には憲房がこの世を去った。憲房の子の憲政はまだ幼少であったために、足利高基《たかもと》の子の憲広《のりひろ》が山内上杉氏を継ぐことになった。

翌大永六年六月、武蔵の蕨《わらび》城（埼玉県蕨市）にいた氏綱方の部将渋川某は、扇谷朝興に攻められて城を奪われた。また、関東管領上杉憲寛（憲広）は、九月に上野から武蔵にはいり、朝興とともに軍を進めて小沢城を陥れている（『続本朝通鑑』）。ついで十二月には安房の里見実堯《さねたか》の兵が鎌倉に来襲したが、鶴岡八幡宮の付近で北条方の軍と戦って撃退された。この戦いで八幡宮以下の諸堂社が兵火に罹《かか》り焼亡したが（『里見記』、『北条五代記』）、『鶴岡八幡宮創建并御造営記』は、これを十一月十二日のこととしている。その後、享禄三年（一五三〇）六月になると、朝興は軍を武蔵の府中に進めてきたので、氏綱はこれを迎撃のためその子氏康を派遣したが、十二日に両軍は小沢原（川崎市多摩区菅・細山）で戦い、朝興の軍は撃退された。このとき氏康は弱冠十六歳で、その初陣を飾っている（『相州兵乱記』）。

こうした攻防に明け暮れる中で、大永六年の九月には足柄下郡の飯積（小田原市飯泉）で検地が行われ、福田寺分の検地書出が同百姓中に与えられている（『資料編』3下　中世六六〇四）。領国経営も着実に進められていたといってよいであろう。

北条改姓と叙爵

これまで便宜、北条早雲・北条氏綱などとしてきたが、実は大永四年を境として、氏綱は伊勢氏を北条氏に改めているのである。氏綱の父早雲が北条を称していないことについては、すでに阿部愿によって明らかにされている（「伊勢新九郎世系考」『史学雑誌』二〇編六号）。

氏綱が北条を氏《うじ》とした時期については、従来、大永二年九月の寒川神社棟札《むなふだ》に、「相州太守北条新九郎平氏綱（花押）」と記されているところから、大永二年九月以前とされていた。しかし、百瀬今朝雄・田辺久子は、その翌三年六月十二日の箱根神社棟札に、「大檀那伊勢平氏綱（花押）」と書かれていることに着目し（『資料編』3下　中世六五七三）、再び伊勢を称することになっている逆行現象に疑義をもったのである。そして、まず、箱根神社の棟札は体裁・趣意文ともにはなはだ整ったもので、当時の規式にかなっていて信用できるし、また、『寒川神社誌』に載せる氏綱棟札と天文十五年三月の氏康棟札とは、趣意文が全く同文であり、しかも両棟札の間には二十五年の隔たりがあるが、筆蹟《ひっせき》は同一のように見うけられるとし、寒川神社の氏綱棟札は、北条を称して後の作ということはないであろうか、と指摘する。結局、氏綱の北条改姓は、箱根神社棟札の日付の大永三年六月十二日よりものち、北条使用初見文書の大永四年と推定される十一月二十三日付氏綱書状（『資料編』3下　中世六五八三）よりも前の一年五か月間に行われたことになる、との新見解を示した（「小田原北条氏花押考」『神奈川県史研究』三四）。

北条早雲花押

上杉朝興花押

北条氏綱花押

　この一年五か月の間には、前に述べたように氏綱の武蔵進出と江戸城の攻略があるが、佐藤博信は、氏綱の北条改姓の契機について、この江戸城をめぐる問題と結び付けて考えようとしている。また、佐藤進一は、江戸城を奪われた扇谷上杉朝興について、仇敵《きゅうてき》であった伊勢宗瑞（北条早雲）の花押を用いたことに注目し、朝興の政治的生涯が、大永四年北条氏綱に奪われた江戸城奪還を目指す対北条戦にほぼ費やされたことなどから考えても、「朝興が宿敵北条の始祖宗瑞の花押を敢《あ》えて襲用したと解すべきではないか」とし、その意図は、「花押を印鎰《いんいつ》（公的な印と蔵のかぎ）や将旗（軍旗）と同視する観念から、敵の花押と同形のものを使用することに、敵の印鎰を奪い将旗を奪う意味を托《たく》したのではないか」と、画期的な指摘をしている（「日本花押史の一節」『名古屋大学日本史論集』下巻所収）。

　朝興が襲用した花押形について、佐藤博信は、宗瑞のものというよりも、氏綱が永正末年から大永初年ごろに使用したものに極似しているとし、また、その初見は、現在のところ大永四年七月品川の妙国寺に与えた禁制（『資料編』３下　中世六五七七）とし、朝興の花押改変の契機を、大永四年正月の江戸城喪失にあてようとしている（「北条氏と後北条氏」『鎌倉遺文』月報十六）。さらに佐藤博信は、江戸城を逐われた朝興が、氏綱の武蔵進出を「他国之凶徒」なる論理で排除しようとしたとし、その「他国之凶徒」論理及び江戸城奪取にともなう本格的な〝上杉氏体制〟との対決の中で、氏綱は自らの武蔵進出の正当性を新たに構築していく必要性に迫られ、それを北条改姓に求めたのではないか、とする。この北条は、鎌倉幕府の執権北条氏によるものであることは誤りないが、結局、佐藤博信は、「その北条氏姓を襲封《しゅうほう》するということは、執権職＝関東管領職＝副将軍就任を前提とするきわめて上杉氏を意識したイデオロギー的行為であったと評価しなければならない」と主張している（「北条氏と後北条氏」）。氏綱の伊勢から北条への改姓は、大永四年の江戸城攻略と武蔵進出を契機として行われたことは事実といえるが、この段階で行われていることに注目しなければならない。そもそも承元《じょうげん》元年（一二〇七）の一月二十四日に北条時房《ときふさ》が武蔵守に任ぜられて、武蔵の国司を北条氏が占めることになり、この後、北条一族が相模の国司ともどもこれを独占しているが、氏綱はまだ権威主義や家柄などが重んじられた時代の中で、上杉氏の「他国の凶徒」論理に対抗し、相武支配の正当性を主張するために、北条改姓を行ったのではないかとみられるのである。ただ、北条改姓の系図的結びつけは、現在まだはっきりと知ることができない。なお、一般に、早雲以下五代を鎌倉幕府の北条氏と区別するため、後北条氏と呼んでいる。

北条改姓に関連しては叙爵の問題がある。叙爵は初めて従五位下に叙せられることであるが、「位階と官職とは、密接な関係があったので、位階を主とし、それによって官職を授けられた」といわれている（和田英松著『修訂官職要解』）。氏綱の叙爵がいつ行われたかについては明確に知り得ないけれども、氏綱自身が文書に記しているところから、左京大夫（左京大夫と五位は官位が相当している）に任ぜられていることは明らかである。その初見文書は、現在、天文二年と推定される三月十二日付の二通の書状であるが（『資料編』3下　中世六六四六・六六四七）。いずれも鶴岡八幡宮造営の勧進《かんじん》に関するもので、原孫二郎と里見大郎（義豊）にあてられている。したがって、氏綱の叙爵は天文二年三月十二日以前のこととなるが（上冷泉為和は『為和卿集』の中で、天文二年三月十一日に北条左京大夫氏綱と記している)、同年の六月には参議勧修寺《かじゅうじ》尹豊《ただとよ》が勅使《ちょくし》として氏綱のもとに遣わされ、伊豆の御料所の貢租献上を命ぜられている。この尹豊の下向について、三条西《さんじょうにし》実隆《さねたか》はその日記に「未曾有事」と記しているが、尹豊は七月にはいって小田原に到着したようである(『快元僧都記』)。後奈良天皇は氏綱に太刀を賜わったが、尹豊は氏綱からの御礼物などを携えて十月の末に帰京している。そして翌三年四月にも伊豆の御料所からの貢租が献上された(『御湯殿上日記』、『言継卿記』)。この伊豆の御料所は仁科《にしな》郷(静岡県賀茂郡西伊豆町)であること、また尹豊が勅使として下向したころ、氏綱がその三か年の貢租を進納したことなどについて、氏康は五月二十八日(永禄四年)付の金剛王院(融山)あて書状の中で述べている(『資料編』３下　中世七二三九)。

このような氏綱の伊豆御料所の貢租進納や勅使の相模下向の事実からみて、そのころ氏綱は従五位下・左京大夫に叙任されたものであろう。さらにその時期は、天文二年三月十一日をそれほどさかのぼらないものとみられる。この二年三月には、近衛《このえ》尚通《ひさみち》の娘で関白近衛稙家《たねいえ》の姉に当たる女性が氏綱の内室となっていたことからしても(『為和卿集』)、すでに無官であるはずはなく、また、氏綱は家格ということに非常な関心をもっていた人物といえる。いや、戦国大名として君臨するためには、それを必要としたといってよいであろう。なお、氏綱と尚通とはこれより前から交渉があり、大永三年(一五二三)の十月には尚通から氏綱に『酒天童子《しゅてんどうじ》絵《え》詞《ことば》』が贈られている。その後、享禄三年(一五三〇)二月、翌四年三月、天文元年(一五三二)四月にも贈答が行われているが、同年十二月尚通は、氏綱の要請をいれて鶴岡八幡宮造営のために奈良番匠《ばんしょう》(奈良の大工)等の下向を許した。尚通は東国の諸大名と交流があり、文化の面で影響を与えているといえるが、氏綱と激闘して止まなかった扇谷朝興に対しても、享禄二年六月『伊勢物語』を書写して贈っている(『後法成寺尚通公記』)。

河越城の奪取

ところで、扇谷朝興は天文元年の十二月、先代朝良の子藤王丸を殺したが（『快元僧都記』）、翌二年、その娘を甲斐の武田信虎の子晴信（信玄）に嫁がせ、武田氏との友好関係を深めた（『妙法寺記』）。同二年の十月には、またも朝興が相模に攻めてくるという風説が流れたが、朝興の軍は十一月の十二、十三日になって大磯・平塚あたりに侵入し放火した（『快元僧都記』）。一方、二年の七月には、安房の里見義豊が家督争いのことから叔父の実堯とその家老正木時綱を殺すという事件があり、時綱の一族は実堯の子義堯を擁立し、上総の百首城（千葉県富津市）に拠《よ》って氏綱の援助を請うた。九月になると義豊は義堯らと戦って敗れ、同国真里谷（千葉県木更津市）の武田保信（恕鑑）に頼ったが、翌三年四月、氏綱から援軍を得た義堯に攻められて安房の稲村城（千葉県館山市）で自殺した（『快元僧都記』、『里見九代記』）。

その後、天文四年六月八日には、古河公方足利高基が死亡し、その子晴氏が家を継いだ。同年八月氏綱は今川氏輝を助けて甲斐に出陣し、武田の軍を山中（山梨県南都留郡中野村）で破ったが、その隙《すき》をうかがって朝興の兵が相模に侵入してきた。九月下旬から十月の初めにかけて、朝興の軍は大磯・平塚・一宮（寒川町）・小和田（茅ヶ崎市）・知《ち》賀崎《がさき》（茅ヶ崎）・鵠沼（藤沢市）などに放火し、狼藉の限りを尽くし、六日になって引き上げた。これに対し氏綱は、十三日に安房・上総・伊豆・相模・武蔵の兵を率いて河越城攻撃に向かい、十五日に入間川（埼玉県狭山市）で朝興の軍を破り勝利を収めた（『快元僧都記』、神奈川県立博物館所蔵旧北条文書）。なおこのとき、鶴岡八幡宮で、同宮供僧により敵退散の祈祷が行われたが、別に建長・円覚両寺の僧十数人が八幡宮の宝前で大般若経《だいはんにゃきょう》を真読《しんどく》した。鶴岡で黒衣の僧が祈祷を行うことは従来全くなく、このときが最初の例となった。

北条氏の撃滅に執念と闘志を燃やした朝興は、天文六年四月二十七日に河越城で死に、その子朝定が家を継いだ。朝興は五十歳、朝定は十三歳であった。朝興のたびたびの侵入により大きな被害をこうむっていた相模の人々は、朝興の死を聞いてむしろ安堵《あんど》の念をかくしきれなかったようである。『快元僧都記』には「併《しかし》ながら当国安泰たるべきの由、土民百姓風聞《ふうこう》するのみ」と記している。やがて朝定は、朝興の遺志をついで深大寺《じんだいじ》の古城（東京都調布市）を再興して相模進攻の拠点としたが、氏綱は七月十一日に河越攻城のため出陣した。朝定は叔父朝成らと河越城を出て三木（埼玉県狭山市東三ツ木）に兵を進め、十五日に氏綱の軍を邀撃したが大敗したため、河越城をすてて難波田憲《なんばだのり》重《しげ》の守る松山城（埼玉県東松山市）にのがれた。氏綱は二十日に松山城をも攻めて大打撃を与えている（『快元僧都記』、『北条五代記』）。河越城は武蔵の要衝の地にあり、扇谷上杉氏の本拠となっていたが、この河越城の奪取によって武蔵はほぼ氏綱の征服するところとなり、大きな意義をもっている。前に述べたように、河越城主としては氏綱の子為昌を置いたとみられる。

こうして河越周辺にまで北条氏の勢力圏が及んだことから、七月二十三日に氏綱・氏康父子は連名で、佐々目郷（埼玉県戸田市下笹目・美女木、浦和市沼影の辺）を鶴岡八幡宮に安堵し、その加護に報いている（『資料編』3下　中世六七〇〇）。翌七年二月、氏綱は玉縄城をたって武蔵に進み、葛西城を陥れ、さらに太田資正を岩槻城に攻めて打撃を与え、河越城の防衛線を強化した（『快元僧都記』）。なお、八年二月三日、氏綱は小田原外郎《ういろう》の宇野定治を河越三十三郷のうちの今成郷の代官としている（『資料編』3下　中世六七一七）。これより前、足利政氏の次子義明は、鶴岡八幡宮の別当となっていたが、早雲らに擁立されて還俗《げんぞく》したため、政氏の勘当《かんどう》をうけて奥州に行っていた。その後、永正十四年（一五一七）十月に、上総真里谷の武田信勝がこれを迎え、同国生実《おゆみ》（千葉市）に原行朝を攻めてこれを奪い、義明をここに置いたので生実御所といわれていた。ところで、義明は天文六年（一五三七）五月、北条方の真里谷の武田保信を攻撃のため峯上《みねがみ》（千葉県富津市）に兵を進めると、安房の里見義堯が氏綱をはなれて義明に応じ、保信もついに義明と講和した。義明のこの行動は、北条氏と足利晴氏の接近に反発したものであるが、翌七年十月になると、義明・義堯らは下総《しもうさ》の国府台《こうのだい》（千葉県市川市）で氏綱・氏康父子と戦い、義明らは戦死し、義堯は安房に敗走した（『快元僧都記』、『北条五代記』）。第一次国府台合戦である。

一方、駿河の今川家では、天文五年三月に氏輝が死んで弟の善得寺承芳が継いだ。義元である。その六月、義元の兄の東栄がこれに反対して背いたが、氏綱は義元を助けて東栄らを討った。しかし翌六年二月になると、義元は武田信虎の娘を正室として迎え、甲駿の同盟が成立したため、氏綱は機先を制して駿河に出陣した。信虎らは義元を援けたが、氏綱は富士川を越えて興津《おきつ》（静岡県清水市）あたりにまでも軍を進め、三月の初旬には駿河の富士川以東の地域を勢力圏とした（『快元僧都記』、『妙法寺記』、『資料編』3下　中世六六八九～九二・六七二六）。いわゆる河東一乱《かとういちらん》であるが、この地域をめぐる抗争は以後も続けられている。天文八年七月二十九日、氏綱は駿河で戦勝して帰り、伊羅《いら》窪分《くぼぶん》（小田原市谷津のうち）二十貫文の地を神領として松原明神社（松原神社、小田原市）に寄進して、その加護に報いている（『資料編』3下　中世六七一九）。

これらの勝利によって、天文七年の第一次国府台合戦後における氏綱の勢力範囲は、駿河半国（富士川以東）・伊豆・相模・武蔵・上総・下総に及ぶことになった。その後天文八年には、氏綱の娘が古河公方晴氏に嫁いで、北条家と古河公方との関係はさらに深められている（『快元僧都記』、『北条五代記』、『資料編』3下　中世六七二〇）。

氏綱と社寺

氏綱と社寺との関係で最も注目されるのは、鶴岡八幡宮の造営であろう。この造営については後述するが、鶴岡八幡宮以外の造営では、まず、相模の一宮《いちのみや》寒川神社が知られている。その造営は、大永壬午（二年、一五二二）九月の氏綱棟札が伝えている。しかし、この氏綱棟札については、前にも述べたように、百瀬今朝雄・田辺久子によって、まず、天文十五年三月の氏康棟札との間に二十五年の隔たりがあるが、筆蹟は同一のように見うけられること、また、「相州太守北条新九郎平氏綱」と記していることから、北条を称して後（氏綱が北条を称するのは大永四年）の作といえないであろうか、との指摘が行われている（「小田原北条氏花押考」『神奈川県史研究』三四）。すると、この氏綱棟札の信憑性《しんぴょうせい》が問題になるけれども、たとえば、当初の氏綱棟札は焼損などのことがあったために、氏康の再建を契機として作り直されたというような推測が許されるならば、氏綱の寒川神社造営そのものは、疑わなくてもよいことになろう。

ついで翌大永三年の六月には、氏綱によって箱根権現の再建が行われているが（『資料編』３下　中世六五七三）、その棟札の趣意文には、「亡き早雲が建立することを願望していたが果たすことができなかったために、氏綱が新造した」旨を記している。これは、早雲の晩年が主として三浦氏を討滅し相模全土の征服に費やされていたため、その実現をみなかったことを述べているものといえよう。氏綱の代になると、支配体制が整えられるとともに、領国経営が着々と進められた。こうした中で、氏綱は父早雲の遺志をついで社寺の造営を行ったが、それは民心安定策として行われたものとみてよいであろう。

天文九年（一五四〇）十月、鶴岡八幡宮の造営棟札が作成されるに当たって、相模の六所明神（六所神社、小田原市国府津）と伊豆山（走湯山）権現の棟札が参考にされているところをみると（『快元僧都記』、『資料編』3下　中世六七三八）、この両社も、恐らく氏綱によって大永のはじめころ再建が行われていることを推測して誤りないであろう。大永六年（一五二六）九月八日、氏綱は伊豆三嶋社の社人に対し、同社造営費用を諸国で勧進するよう命じており（『資料編』3下　中世六六〇三）、三嶋社の造営も行われている。ところで、早雲が死んでからほぼ六か月後の永正十七年（一五二〇）二月二十五日、氏綱は父早雲にならい、鎌倉の本覚寺に制札を下して陣僧・飛脚・諸公事を免除したが、大永二年三月には鎌倉の明月院領岩瀬郷内今泉村（鎌倉市）の竹木について、他郷の者が伐り取ることを禁止している（『資料編』3下　中世六五四六・六五五九）。また、大永三年正月には足柄上郡の東福院（大井町）に対し陣僧・飛脚・諸役等の免許と寺中の竹木等の伐採を禁じたが、氏綱が県内の社寺に対して行った、このような課役の免除や竹木等の伐採禁止などをみると、大永七年八月には鎌倉の東慶寺領の前岡郷、享禄四年（一五三一）十二月には愛甲郡の妙伝寺（厚木市上依知）、天文二年十一月には足柄下郡の海蔵寺（小田原市早川）、同三年四月には鎌倉の覚園寺、同四年十一月には大住郡の明王院（平塚市徳延）、同八年十月には鎌倉の浄妙寺に対し、それぞれ行っていることが知られる（『資料編』3下　中世六五六七・六六一〇・六六二七・六六五一・六六五七・六六七八・六七二一）。

また、大永二年九月には、虎の印判状で足柄上郡の大井宮の法度を定めているが、その第一条では社領と神主屋敷に対するすべての課役の免除、第二条では神領は私領外であるとして地頭（領主）以下の干渉の禁止、第三条では社人等は神主の命令により祭礼・修造・掃除等の社用に尽力すべきことなどを規定している（『資料編』3下　中世六五六四）。

氏綱によって行われた社寺の造営、社寺および社寺領に対する課役の免除、境内および社寺領における竹木等の伐採禁止、社寺領に対する地頭以下の干渉禁止などは、社寺の保護をはかった分国統治政策の一環であり、社寺も次第に北条政権の支配下に組み入れられていったといえよう。なお、鎌倉の五山・十刹《じっさつ》・諸山の住持の任命については、形式的には室町将軍および古河公方の手によって行われていた（『資料編』3下　中世六五三四・六五四〇・六六四四・六六五六・六七〇七等）。

鶴岡八幡宮の造営

鶴岡八幡宮の造営は天文元年（一五三二）からはじめられた。その五月十八日に、鎌倉代官大道寺盛昌と笠原信為が使者として来て、まず社頭の古木や近隣の樹木などの調査をし、また、造営について生実御所足利義明（もと八幡宮の別当）の領掌を得るために、小別当の良能が上総真里谷の武田保信のところへ遣わされた。その後、十月二十二日には氏綱が社参して修理の大概を定め、材木や番匠を手配させるとともに、奈良の番匠等の下向を要請している（『快元僧都記』、『後法成寺尚通公記』）。このときの造営の模様などについては、供僧であった相承院の快元が書き留めた、いわゆる『快元僧都記』に詳しい（ここでは彰考館本等の『快元僧都記』によった）。二年の二月、氏綱は神主の大伴時信らを北武蔵や上野の上杉方の諸将に、また三月には小別当の良能を上総・下総に派遣して勧進をさせたが、四月十一日になると、大道寺盛昌と太田正勝を総奉行に、蔭山図書助ら三名を木屋奉行に命じ、仮殿事始めを行い造営を開始した。時信らはこの後もたびたび諸方に勧進に出かけたが、実際にこの造営をささえたのは、北条領国の武士であり庶民であった。氏綱は部将・侍等に対して所領役として、間数を定めて普請を受け持たせるとともに、造営費用の割り当てを行っている。まだ造営が始められたばかりといえる天文三年十一月までの費用が二千九百八貫八百十

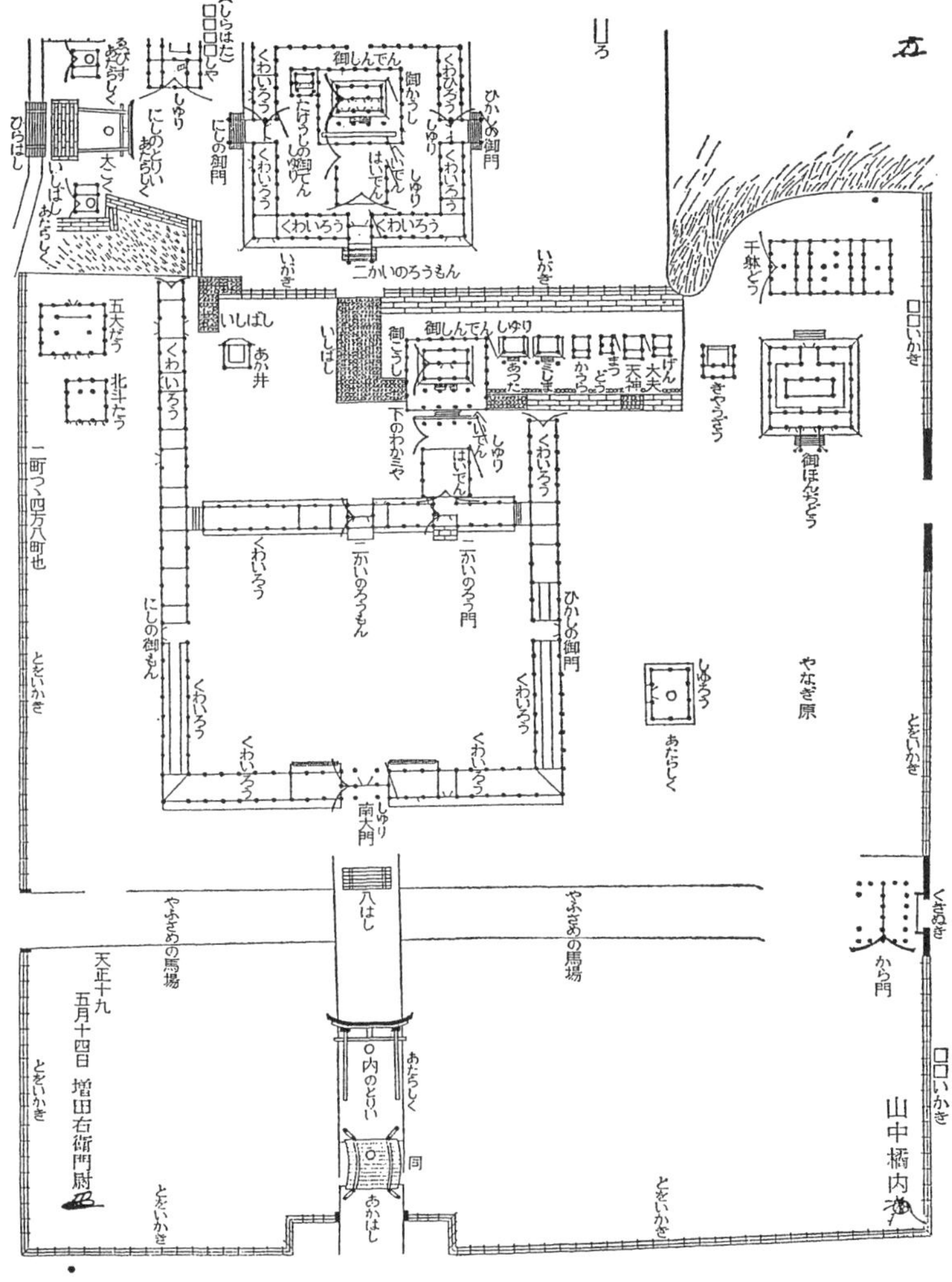

鶴岡八幡宮古図（『鎌倉市史』社寺編から）

五文で、このほかに鉄の代金が百二十貫文であることからみても、大がかりな造営であったことがうかがえるであろう。米一俵の値段がほぼ三百文の時代のことである。

材木は社地や禅《ぜん》居庵《ごあん》の山などのものも使用されたが、相模の田名《たな》（相模原市）からも切り出されているし、遠く上総・安房や駿河などからも運ばれてきた。前浜などに到着する材木は、伊豆・相模・武蔵の郷村《ごうそん》から郷役《ごうやく》として駆り出された人足や鎌倉中から動員された人足などが運び上げるとともに、陣衆（兵士）もこれに当たっている。領国の郷村には鍛冶用の炭や藤縄なども割り当てられた。大工番匠は、鎌倉はもちろん、玉縄・小田原・伊豆のほかに、京都・奈良からも呼び寄せて事に当たらせ、また相模各所の鍛冶、遠江や三島の檜皮師《ひわだし》、小田原や伊豆の石切り、奈良の塗師《ぬし》等々が召集されて工事に従った。こうして楼門《ろうもん》・八足門・上宮廻廊などが次々と造営された。

神宮寺の造営も天文四年から始められたが、翌五年の八月二十八日には延引されていた仮殿の遷宮が行われて、いよいよ社殿の造営が開始されることになった。氏綱は造営当初からしばしば巡見しているが、三年の閏正月二十日には造営中の巡見のために雑賀《さいか》屋敷（宝戒寺屋敷と同じであろう）に屋形を新造している。この屋形では氏綱らによってときおり職人衆の慰労が行われることもあった。総奉行の大道寺盛昌らもしばしば巡見して造営を監督しているが、この八幡宮の造営にもっとも力を入れたのは、氏綱の子の玉縄城主北条為昌であったといってよいであろう。工事は進み八年の十二月になると、遷宮の用意として几帳《きちょう》や褥《しきもの》などの絹綿が京都から取り寄せられ、また九年七月からは絵師の珠牧《じゅぼく》によって内陣の障子等に画かれるなどして完成し、十一月二十一日に正殿遷宮、すなわち落慶式が行われた。当日は下宮で神楽・相撲・経供養等が、翌二十二日には上宮で転経・舞楽等が、氏綱・氏康・長綱等の北条一門、部将、京都の人々が臨席し盛大に挙行された。

正遷宮が行われた十一月二十一日、氏綱は鶴岡八幡宮の法度を定めたが（『資料編』3下　中世六七四〇）、その中に「銀の番、毎日旦暮相改むべき事」の一か条が加えられているのは、銀の懸魚《げぎょ》（棟木、桁の先端を隠す装飾）が取り付けられたためとみられ、主要な箇所の釘隠《くぎかくし》なども銀細工であったらしい。極彩色が施されたこととともに、当時の人々の目を驚かせたことであろう。落成した鶴岡八幡宮の規模や配置については、ほぼ天正の造営指図《さしず》にみられるとおりであったとみてよいであろう。

この八幡宮造営を契機として、氏綱が北武蔵等の諸豪族と交渉をもったことは、天文六年の河越城奪取にも少なからぬ影響を与えているであろうし、また、この造営をとおして、職人衆の掌握、さらに家臣や庶民に対する支配を強化しているとみてよいであろう。そして、鶴岡八幡宮造営の成功は、北条政権の偉大さを内外に誇示する結果ともなったといってよいであろう。

この大事業を成し遂げた氏綱は、翌天文十年の夏ごろから病に冒されることになったといわれ、七月の四日に出家し、その十七日にはこの世を去った。五十五歳であった（『相州兵乱記』、『快元僧都記』）。氏綱の後は氏康《うじやす》が継いで、早雲・氏綱と二代にわたって進めてきた北条領国形成をさらに前進させている。

Ⅱ　北条氏綱とその文書

下山治久

一、氏綱発給文書の分類

伊勢新九郎入道宗瑞（北条早雲）の子、伊勢新九郎氏綱は、長享元年（一四八七）、早雲五十七歳の時の子として生まれた（小田原編年録）。氏綱の相模平定後の事績についてはいくつかの論文があり[1]、人物像も多少なりともわかってきている。しかし、氏綱の文書の分析、とりわけ氏綱以降、四代にわたって家印として使用される虎朱印状との有機的関係がいまだ明確になされていないのも、また事実である。父早雲と共に推進した（1）伊豆、相模平定戦での連署判物の発給、（2）永正十六年（一五一九）八月、父の死去により第二代当主としての虎朱印状と判物の発給、（3）大永四年（一五二四）北条氏改姓後の文書等、三時期に分けられ、それぞれいくつかの特徴をもっている。

氏綱時代、三十二歳〜五十五歳の二十三か年（永正九年〜天文十年＝一五四一）の発給文書数は現在のところ計九十二通、虎朱印状は二十通で、ほかに「調」朱印を捺印した印判状が数点ある[2]（一覧表参照）。

まず分類（1）になる早雲の在世中の氏綱の証判をすえた文書は、四通残っている。三通が早雲との連署形式、一通は早雲の袖判があり、日下に氏綱の花押が入っている。氏綱関係文書の初見になる永正九年（一五一二）八月十二

日の伊東宛の連署判物は（伊東文書）、

八月十二日卯剋、於岡崎台合戦忠節、無比類、於後日可令褒美者也、仍如件、

八月十二日　（早雲）（花押）
（氏綱）（花押）

伊東とのへ

とあり、早雲・氏綱が三浦義同《よしあつ》を相模岡崎城（平塚市）に攻め、鎌倉方面へ追った戦いでの伊豆国伊東（静岡県伊東市）の土豪伊東祐遠に宛てた感状である。ついで文書目録の二号文書にあたる本牧（横浜市中区）四ヶ村宛ての制札写がある（『歴代古案、四』所収文書）。

本目（牧）四ヶ村制札

一、当方家来者、諸事若有申者ハ、此制札を見せられ、横合之義申者を、此方へ可有同道、

一、諸奉公事、直ニ可申合、仮初ニも、自他所申者ニ（マヽ）、其使を此方へ可有同道者也、仍如件、

永正九年十二月六日　（早雲）宗瑞
氏綱

平子牛法師丸殿

宛所の平子《たいらこ》牛法師丸は房長といい、関東管領上杉朝興の旧臣で本牧の領主として、この永正九年の時点で北条早雲の配下に入ったものであろう（3）。本牧一帯は上杉氏の所領であるが、三浦氏の支配も関係していたのであろう。三号文書は、鎌倉円覚寺ほか三か寺の諸公事を免除している内容であるか、早雲の袖判があるものの、日下行に氏綱の花

押があり、氏綱が鎌倉支配の初期の実務者であったらしい様子をしのばせている。このことは、永正十五年十月二十八日の調印判状とも深い関係がある様である（後述）。早雲在世中の最終文書になる四号文書は、永正十四年九月朔日付の三島神社にあてた早雲奉納物注文案で、氏綱が「平氏綱」と平姓を使用した初見文書である。三浦義同父子を三浦半島新井城に攻略し、その戦勝の御礼に十二一重を三島神社に奉納する時のものであった。四通共に三浦氏もしくは鎌倉に関して発給されているのが特徴であろう。氏綱はいまだ単独判物を出すに至らず、父早雲と共に三浦氏攻略戦の一方の旗頭であったことがわかる。佐脇栄智、佐藤博信氏等の述べる如く、いまだ家督相続は行われておらず、早雲の後継者、つまり相続者であることを公にしたに止まっていた。ただ、氏綱が早雲の後継者であることは衆目に明らかとなり、永正十六年八月の早雲死去後の分国支配体制の素地は、すでにすくなくとも永正九年には確立していたことを示していよう。このことは重要なことであったと思われる。

つぎに分類（２）の早雲死去（永正十六年）後、大永四年（一五二四）伊勢氏から北条氏改姓前後までの氏綱文書のあり方を見てみよう。

早雲は永正十五年十月八日に、虎朱印状の初見文書である木負《きしょう》宛のものを出し、今後の北条氏分国支配上の印判状のあり方を規定した。ただ、この虎朱印判は佐藤博信氏が述べられた如く、早雲が使用者であろうと私も考えている。当印判状は文言を省略させていただくが、実は伊豆の御領所に関するもので、虎印は本来的には御領所の竹木や諸公事に関して用意されたものであったらしい。伊豆郡代は山角と伊東両氏であり、この虎印は郡代や代官（御領所の責任者）に対する後北条氏の支配に関係をもつ印章であった。ついで十日後の十月二十八日には鎌倉の福本氏宛に調朱印判状が出されるが（福本茂平氏所蔵文書）、

用之子細申付事有之者、此印判ニ申付者也、可加私判用々者、可相□（渡）者也、如件、

□（調印）　鍛冶□

後藤（花押）

永正十五戊寅十月十八日

関（花押）

とあって、調印によって鍛冶職などの職人衆使用を認めている。当時すでに鎌倉は御領所であり代官が派遣されていたのであろう。北条早雲の一族（従兄弟）であった大道寺発専の子盛昌が鎌倉代官として、のちに登場し、盛昌―周勝―資親―政繁―直繁と代々鎌倉代官職を継承していく。大道寺盛昌の初見文書は永正十七年に鎌倉本覚寺へ出した制札であるが、「従代官外自余方、於諸役申輩者、相構而代官江可有御届候」と見えている（本覚寺文書）。大道寺盛昌がこの時点で鎌倉代官であったかどうかは明らかでないが、初期には関・後藤氏が鎌倉郡代もしくは代官であった可能性がつよい。関氏は不明だが、後藤氏は同年五月二十三日に鎌倉報国寺に寺領安堵状を出した後藤孫次郎繁能がおり（報国寺文書）、後藤繁能を指していよう。氏綱は鎌倉支配を非常に重要に考えており、天文元年から同九年の鶴岡八幡宮の大造営[4]にも身血をそそいでとり組んでいる。また、鎌倉のみならず、大永四年までの氏綱文書の大部分が寺社領あての制札が圧到的な分量を示しているのも特徴である。相模・武蔵攻略戦に明け暮れた北条氏初期の分国支配のあり方を物語っている。寺社領の掌握こそが在地土豪層をつかむ必要上、不可欠のことであった。氏綱発給文書九十二通のうち、他大名や家臣への書状（文止めが謹言、もしくは恐々謹言であるもの）は三十八通であるが、残りの判物、制札五十四通のうち三十六通が寺社領宛てになり、いかに氏綱が寺社領支配に力を入れたかの左証となろう。もしくは氏綱の異常に強い仏教への信仰心かもわからない。

さて、この永正十六年から大永四年までに発給された文書の後半は武蔵国南部に宛てた文書が多く、上杉氏の拠る江戸城奪取の進軍過程で出されたものである。特に注目したい文書は、品川にある妙国寺の上杉朝興が氏綱流の花押を書いて出した禁制で、江戸城を氏綱に奪取されて河越城へ退いた朝興が、江戸城の奪回をねらったため、氏綱の花押を奪って、在地支配貫徹を図ったのであろうと云われている[5]。氏綱はまた江戸城攻めのころの大永四年には伊勢氏から北条氏へ、前北条氏の執権職を意識して（つまり上杉氏との敵対から）改姓したといわれている[6]。しかし、父早雲の花押に類似する花押を、この機に変化させておらず、まだまだ権威主義や家柄が重んじられた時代の伊勢家の伝統を反映していたともいえよう。

二、氏綱文書と虎朱印状との関連

早雲死去以後、北条氏改姓時までの氏綱文書は十一通、その間に出された虎朱印状は、永正十五年は長浜・木負宛てのもの一通のみ、永正十七年は伊豆最勝院宛てのみ、大永二年は大井宮円泉坊、翌三年東福院、長慶寺。そして大永四年には梅原入道宛てのものが見えるが当文書は『伊豆順行記』所収の文書であり、内容上要検討の必要があることから、除外するとして、永正十五年から大永四年の七年間では虎朱印状はわずかに五通しか現在のところ残存していない。虎朱印状は後北条氏滅亡時の天正十八年（一五九〇）まで発給し続けられ、合計九百通以上が知られている。しかし、氏綱のこの初期の段階ではあまり発給されなかったものと推定される。これでは氏綱文書と対比もしくは関連させることが不可能であるから、ここでは、その以後、天文一〇年に至る全氏綱時代の文書と虎朱印状とが、一体どの様な関係であったかを述べてみたい。天文十年八月の氏綱の死去に至る間に出された虎朱印状は一覧表の如く、大永五年一通、同六年二通、享禄三年一通、同四年一通、五年一通、天文二年一通、同三年一通、四年一通、五年二通、六年一通、七年四通、八年一通、十年一通となり、北条氏改姓後は合計十九通、つまり、全氏綱時代の虎朱印状は総計二十三通が残存していたことになる。

虎朱印状の性格を、中丸和伯氏は御領所宛てのものが多いと『後北条氏と虎印判状』で記述されているが、(7)氏綱時代の虎印の性格はどうであったか、その検討から入りたい。

虎朱印状の初見文書である永正十五年十月八日の長浜・木負宛てのは、郡代・代官を通しての御領所に対する支配上、虎朱印状がどの様な役割を示すかの規定であった。同十七年八月廿八日の虎朱印状は（最勝院文書）、「豆州大見郷之内最勝院寺中」の竹木以下の伐採を禁じたもので、寺中については北条氏の保護を受けた内容である。三通目の大永二年九月十一日の大井宮神主円泉坊宛ての虎朱印状では（三島神社文書）、寺中の定法度であり、第二条目には明確に「神領之事、私領外也、地頭以下不可相綺」と規定し、神領を保護している。同三年正月二十日の東福院宛ても寺中の保護で、伊豆・相模平定時の虎印の役割は、御領所の諸課役、寺社領の保護になっている。しかし、同年三月十二日の虎朱印状の文言は性格を異にし、関所宛の内容になっている（長慶寺文書）。

彼道者上下拾五人・馬四疋、諸役無相違可透之者也、仍如件、

大永三未（虎朱印）
三月十二日　　　　　　　　　　　遠山《奏者》（花押）

相州

豆州

相州・豆州の各関所はこの虎朱印状を見て「諸役無相違」道者十五人と馬四疋を通行させることができたのである。北条氏綱は関所はもちろん御領所であり、地方の土豪の支配から直接支配に移行させていったと推定されるから、逆にいえば、虎朱印状が発給される場所は、後北条氏の御領所もしくは、御領所に準じる地域とは考えられないだろうか。少なくとも、初期の虎の朱印状のあり方が、氏綱の判物や制札がほとんど寺社領のみに限られているのと関連して考えれば、この様に見ることができるであろう。このことは、次の大永四年四月十日の当麻宿（相模原市）の制札に端的に示されている（関山文書）。

制　札　　たいまの宿

右、玉縄・小田原より、いしと《(石戸)》ゝもろへ《(毛呂)》わうふく《(往復)》のもの、とらの印判をもたさる者ニてん馬《(伝)》おしたて《(押立)》いたすへからす、もしおさへてとるものあらは、きっとめしつれ、おたわらへ成共、玉なわへ成共、こすへき者也、仍如件、

大永四年四月十日（虎朱印）

但、印判なり共、日付三日すきは、もちいへからす、

大永四年正月初旬に、江戸城（東京都千代田区）の上杉朝興を攻め、朝興を河越に追い、氏綱の勢力は毛呂（埼玉県毛呂山町）・石戸（埼玉県北本市）に至った。そこに伝馬の規定を出したのである。(8) 伝馬を仕立てる街道の各宿場は、後北条氏の直接支配下に置かれており、戦乱直後の交通網の確保を目ざしていたといえよう。伝馬には公用と私用があるけれども、のちの天正年間ではあるが、倉賀野や奈良梨の伝馬掟書を見ると、通常は三疋〜五疋内外の馬を各宿

は伝馬用に用意しておけば良かったが、いざ当主の出陣という時には、十疋もの伝馬を各宿は用意せねばならず、この伝馬制度が実は、軍事面と非常に密接な関係に頭初からあったらしいことを想像させる。翌五年十二月十四日の虎朱印状も（関山文書）、

（前欠）如斯、可見分之者也、此外の荷物者、関所の法度ニ載之者也、如其可致之、仍如件、

（虎朱印）　大永五年乙酉十二月十四日（「調」朱印）
関所

とやはり、関山氏の管理が許可された当麻関に宛てて出されている。伝馬宿と関所を如何に氏綱（後北条氏）が直接支配して確保していたかを物語っている。大永六年の虎朱印状（染谷文書）も同様である。

□（「調」朱印）
壱ヶ月之内馬弐疋分、相州当麻之関、無相違可透者也、仍如件、

（虎朱印）　大永六年丙戌十一月廿日
永勝院
同大庭新次郎

この虎朱印状を持参した大庭新次郎が関所通過を許されている。享禄三年（一五三〇）の京紺屋津田藤兵衛宛ての虎朱印状は、相模・伊豆両国の藍瓶銭を一間につき四百文ずつを津田氏に許し与えた文言であるが（『新編相模国風土

記稿』足柄上郡七所収文書）、藍瓶銭は普通、宿場で開業している紺屋の藍瓶に賦課される場合が多いことから、当文書もやはり、宿場に関する文書であろうと考えたい。この時代、氏綱の発した判物や制札が、鎌倉諸寺・走湯山・北条寺・妙国寺・本光寺など有力寺社に宛てたものに集中しているのと全く対照的である。享禄年間までの虎朱印状の役割が、御領所もしくはそれに準じる宿場や関所に関したものであると考えても、先ず間違いはないであろう。

三、享禄・天文年間の虎朱印状

一応、享禄年間までの氏綱発給文書と虎朱印状は述べてきたが、では、享禄末から天文十年前後における虎朱印状の性格や特徴はどうであったろうか。

上杉朝興の勢力を武蔵河越城に追った氏綱の支配地は、伊豆・相模の全域から武蔵南部の一帯に広がり、江戸城将として遠山綱景を入れた。江戸城支配がはじまり、江戸城周辺の支配も滲透していった。一方、相模東部から三浦半島、武蔵三郡（多摩川以西）の地は、玉縄城（鎌倉市城廻《しろめぐり》）の管轄下に入ることになった。玉縄城は北条早雲が岡崎城の三浦道寸（義同）を攻めて、義同を鎌倉から三浦半島に追った永正九年（一五一二）十月に築城されたといわれている。頭初から相模東部一帯の押さえと、鎌倉守護のために用意された城であったが、初代城主であった氏綱の弟氏時が享禄四年八月に死去すると、氏綱の子の彦九郎為昌《ためまさ》が城主となった。近年、為昌の事績が多少なり共わかってきて[9]、享禄末年から天文初年の玉縄城支配も少しく判明しているが、三浦半島の支配が全く当城にあったことを、次の為昌文書が良く示している（光明寺文書[10]）。

三浦郡南北一向衆之檀那、悉鎌倉光明寺之可参檀那者也、仍如件、

（「新」朱印）

享禄五壬辰七月廿三日

光明寺

『小田原衆所領役帳』（永禄二年＝一五五九＝に集大成した）には、三浦の海賊衆が為昌の配下であったことを記して[11]いるが、この享禄末年ごろには、氏綱の政策である支城支配の第一段階である、小田原本城を中心に、西の伊豆は韮山城、相模東部は実子為昌の守る玉縄城という支配分轄が決まったのであろう。玉縄城の管轄地から、これ以後は鎌倉郡以外には虎朱印状は見られなくなっている。鎌倉郡は御領所であったのであろう。

この享禄末年には虎朱印状の性格が変化している。享禄四年十二月十五日の虎朱印状は愛甲郡依智之郷（厚木市）の妙伝寺の諸点役、棟別免除、竹木伐採を禁じたもの、翌六月二日の武蔵荏原郡宝幢院（東京都大田区）宛てのは、旦那職安堵、天文二年三月十八日は久良岐郡弘明寺の造営費についてである。以後は全部といって良いほど、鎌倉鶴岡八幡宮の造営に関してか、もしくは他の寺社に発給されており、わずかに天文五年八月二十七日に当麻関の塩荷通行の許可と、天文七年三月九日に伊豆長岡の革作九郎衛門の皮納入の仕方を命じるもの、また、岩城の人の荷物の廻船での運搬を命じたものがあるにすぎない。氏綱時代の発給文書、九十二通と虎朱印状二十三通、合計百十七通の文書の宛所の分類をすると、他大名などに宛てた書状三十七通を除く八十通のうち、

寺社宛四十六通

侍（給人）宛、十二通

郷村宛六通

その他二十五通

という分類になり、氏綱代には、いかに寺社領の安堵と氏綱の勢力がここに滲透していったかを如実に示している。しかも、この氏綱時代の虎朱印状は、ただの一通も郷村に宛てたものが見えず、氏綱の子第三代当主氏康の時代に、虎朱印状が郷村宛てに多く発給されるのと較べると、特異の現象と言っても過言ではあるまい。『神奈川県史』通史編では、この事について、「氏綱によって行われた社寺の造営、社寺および社寺領に対する課役の免除、境内および社寺領における竹木等の伐採禁止、社寺領に対する地頭以下の干渉禁止などは、社寺の保護をはかった分国統治政策の一環であり、社寺も次第に北条政権の支配下に組み入れられていったといえよう」と述べている。勿論、分国統治政策の結果として寺社の保護などの一連の古文書が寺社に残存したのであろうが、それにしてもこの時代の寺社文書が在地の土豪や郷村宛てのと較べて残存率が高い。氏綱自身の特徴か、もしくは相模東部から武蔵南部に氏綱の勢力（新興勢力とも言える）が入り込んだ過程直後の状況を示すためかもわからない。上杉氏やその配下に属する三浦氏や太田氏の旧地に、直接に虎朱印状を発給しても、郷村や在地の抵抗が強く、寺社領や、関山氏の如く早雲の時代から、何らかの関係があって、早くから親北条方であった在地にのみこの虎朱印状が通用し、その効力を発揮したと考えれば、さほど不思議ではないであろう。それにしても、如何にも不思議なのが、この時代の虎朱印状が、既に完全に北条氏領国に入って安定し、虎印の効力が最も発揮されてよいはずの伊豆・相模西部にほとんど見えず、その多くが相模東部に見られることである。

このことについて私は、氏綱はたえず玉縄城にあって、小田原城の在城時間が少なかったためではないかと思っている。天文元年から着工された鎌倉鶴岡八幡宮の大造営については供僧職にあった快元の『快元僧都記』に詳細にその工事経過が記録されているが、それによると、氏綱は、河越城（埼玉県川越市）の上杉朝興との激戦が続く最中にもかかわらず、重臣の大道寺盛昌、太田正勝等、大人数を派遣して造営を行っている。同日記には氏綱自身もしばしば造営中の八幡宮に来ており、子の為昌を伴っている場合が多い。為昌は享禄五年（一五三二）七月二十三日の「新」印判状の発給で見る限りでは、天文十一年（一五四二）弱冠二十三歳で死去したことから、十三歳ですでに氏時の跡を継いで印判状を発給している。しかし、いくら当時の世相でも十三歳ではいかにも若年であり、後見の人がいなくては、とても城領支配など行えるはずがない。その様な状況から氏綱は為昌を助けると共に、小田原城の方は、早雲時代の譜代の重臣にまかせて、玉縄城から川越方面の指揮などを行ったことが多かったのであろうと考える。

氏綱時代の後半ではすでに伊豆・相模は完全に後北条氏領となり、氏綱は早雲の時代に比べて二方面作戦の必要[12]はなく、武蔵方面の対上杉方面の作戦を遂行すればよかったのであるから、むしろ前進基地として玉縄城を中心に行動する日々が多かったと考えた方が妥当であろう。虎朱印判はその印章の制定時から家印として常に代々の当主のもとにあって使用される規定となっていたと考えられるから、当主の在城地周辺に受給地が多くなるのも又当然で、氏綱の時代の虎朱印状の発給はかなりの部分、玉縄城で発せられたものがあったのではあるまいか。これは氏綱の自署になる判物や制札も同様であるであろう。しかし、玉縄城と同様、本城の小田原城にも在城したことも多かったろうから、小田原城から発せられた虎朱印状もまた少なくはなかろう。

四、氏綱の書状

これまでは、氏綱の判物と制札などと、虎朱印状を中心に見てきたが、書状についてはどうであったろうか。氏綱文書九十二通のうち、他大名や関東の国人土豪クラスの人に宛てた書状（個人の書簡）は計三十八通にのぼっている。宛所は、越後の長尾為景、房総の里見義豊などの大名、原孫次郎・豊田弾正忠などの関東の国人衆たち、また家臣に宛てた書状も多い。しかし、氏綱の書状中で一番注目したいのが京都方面に出した書状が二、三点見えることである。七十六号文書は幕府の奉行人蜷川新右衛門親俊に出した書状で（蜷川文書）、

就遠州之儀、自貞孝《（伊勢）》蒙仰義候間、路次御調之儀等、先申述候、遠路之事、早速ニ難調候、先御調候而、可有御覧候、此調時分遅々候間、如何存候、能々時宜調候様ニ意見可被申候、巨細於此方貞就《（伊勢）》、小笠原兵部ニ令申候、

恐々謹言、

七月二日　　　　　　　　　　　　　　氏綱《北条》（花押）

蜷川新右衛門尉殿

とあって、京都の伊勢氏との関係が濃密であったことを物語っている。父早雲は京都伊勢氏の出で備中高越山城主伊勢盛時であろうとの説が強いが、氏綱の子氏康の時代に集大成された『小田原衆所領役帳』にも、御家門方の人として伊勢備中守、同兵庫頭、同八郎の三人が見え、使者にたった小笠原兵部少輔は、七十七号文書に（記録御用所本古文書二）、

相州西郡飯泉郷之事、当国（相模）御在宿之間、進置之候、可被飼御馬候、恐々謹言、

七月七日　　氏綱《北条》判

小笠原兵部少輔殿

参

とあり、『小田原衆所領役帳』では、同じく御家門方の一人として、

一、小笠原六郎殿

百八拾貫三百九拾一文　西郡飯泉郷

と見え、北条の一門で、氏綱の母方の実家の人であったらしい。『快元僧都記』には、天文三年（一五三四）六月三日の条に「京奉公之人々、伊勢備中殿、子息八郎、同名又次郎、大和兵部少輔入道、千秋入道」の人々が、京（幕府）奉公の人々として見えており、伊勢氏も小笠原氏も京都在住の人々で、相模で在京料のごとき所領を宛行われていたものであろう。早雲が室町幕府の申次衆をしていた時の仲間、もしくは血族の人とも想像される。千秋入道はどうやら早雲の弟の子供にあたるらしい。後北条氏は中央との関係がはっきりとしないが、少なくとも氏綱の時代にはまだ関係が濃密であり、一族間の交流もかなりあったものと考えたい。中央の寺社との関係もいまだ保たれており、東寺にあてた氏綱の書状が残っている。

為弘法大師七百忌年、被成（欠字）綸旨并奉書候、分国之内、御門徒中奉加之事、可在之者也、仍執達如件、

享禄五年五月三日　　氏綱（花押）

東寺宝菩提院御坊

形式は判物であるが、書状とはいえないだろうか。当文書は昭和四十六年発行の『東寺と武将』（東寺の古文書展の解説書）に写真版があり、氏綱文書では第一級の文体、形状である様に感じた。氏綱と東寺の関わりは今後の研究課題であるけれども、彼がいかに信心深い人柄であったかが知れるであろう。

註

（1）氏綱をふくめた後北条氏関係論文は『後北条氏の研究』（戦国大名論集8、吉川弘文館、一九八三年）に全て一覧化されているので参照されたいが、いくつか氏綱関係論文を紹介しておこう。
三山進氏「北条氏綱夫人像と仏師宗琢」『ミュージアム』二四〇号。

荻野三七彦氏「虎の印判に憶う」『日本歴史』二二四号。

岡田実氏「戦国武将北条氏綱の信仰」『国学院雑誌』六九―一号。

佐藤博信氏「北条氏と後北条氏」『鎌倉遺文』月報一六号。

立木望隆氏「北条氏綱夫人養珠院と後室近衛殿について」『神奈川県史研究』四五号。

氏綱時代の領国支配については佐脇栄智氏執筆の『神奈川県史　通史編1』に詳しい。北条氏綱関係論文は、北条氏五代のなかではきわめて少ない。今後の研究を待ちたいところである。

（2）「調」印判状のことは相田二郎氏「北条氏の印判に関する研究」（相田二郎著作集2『戦国大名の印章』）ではじめて手がけられ、下山が「後北条氏の伝馬制度」（『年報後北条氏研究』創刊号、『後北条氏の研究』に再録）で伝馬との関係であつかったが、『戦国文書聚影・後北条氏篇』（柏書房刊）では「「調」印の印判状はこれより以後、天正十七年（一五八九）十二月十九日付の大藤与七宛のもの（「大藤文書」）まで今日二十点ほどが伝えられている。印の大きさは、方二・九糎で、後北条氏が使用した三十余種の印章のうちでも、もっとも小形の部類に属するものである」と述べている。佐藤博信氏「虎印判状初見文書について」（『神奈川県史研究』二五号）では虎印との有機的関係が述べられている。

（3）平子氏は早雲の勢力が及んだ直後ぐらいに、本牧を離れて本貫地の越後に帰り、上杉氏の重臣として江戸期に至っている。「横浜文書、平子氏について」参照。

（4）『快元僧都記』に詳述されている。同書は『神道大系　鶴岡』に所収されており、利用には便利になった。

（5）佐藤進一氏の説。氏綱の花押の分類については、田辺久子氏、百瀬今朝雄氏「小田原北条氏花押考」（『神奈川県史研究』三四号）に詳しい。

（6）北条氏への改姓問題は氏綱が、早雲が守護代をつとめた今川家からもある意味では独立していく過程を示し、その後の北条氏の政治的理念を決定したともとらえられよう。なお、北条氏改姓の経緯については、『神奈川県史　通氏編1』に詳述されている（佐脇栄智氏執筆）。

（7）『中世の社会と経済』（一九六二年、東京大学出版会）。

（8）伝馬制度については、拙稿「後北条氏の伝馬制度」（『後北条氏の研究』）参照。池上裕子「伝馬役と新宿」（『戦国史研究』八号）。

（9）『快元僧都記』にしばしば登場し、鶴岡八幡宮造営奉行大道寺盛昌とも親しい人物ではないか。

（10）『戦国史研究』（吉川弘文館）三号に佐脇栄智氏が「後北条氏の一向宗禁止の一史料」で、当文書が北条彦九郎為昌の朱印状であろうと指摘された。また『戦国史研究』八号で、同氏は「『小田原衆所領役帳』の〝衆〟分類試案」のなかで、為昌の死去（天文十一年）後は、その家臣団は二つにわけられ、一つは養子の綱成に、一つは本光院殿衆として北条幻庵の家臣団となったとしている。為昌の夫人は鎌倉大長寺所蔵の寿像胎内銘文から、朝倉氏で、養勝院殿と号した女性であった（『神奈川県史　通史編1　原始・古代・中世』）。

（11）早雲は伊豆韮山城を居城とし、小田原城の大森氏を追ったのちは、弟の弥次郎を籠めた。明応五年（一四九六）に弥次郎が山内上杉顕定に攻められ敗走したのち、早雲の子の氏綱が小田原城主に入った。

（12）小和田哲男氏『後北条氏研究』（一九八三年、吉川弘文館）所収の「北条早雲の生涯と事績」で、北条早雲は伊豆乱入（出張とでも言った方がよいか）後、伊豆・相模の平定戦を行うと共に、主人今川氏親（早雲の妹北川殿の子）の要請によって、遠江・三河方面へと出陣しており、二方面作戦を強いられていた。小和田哲男・下山治久共編「北条早雲文書集」（『年報後北条氏研究』創刊号、一九七一年、後北条氏研究会）も参照。

〔北条氏綱文書目録〕（※は県史未収録）

年　月　日	形　式	宛　所	署　名	出　典
永正				
1　(9)・8・12	宗瑞・氏綱連署判物	伊東とのへ	（花押）	伊東文書
2　9・12・6	宗瑞・氏綱連署制札	本目四ヶ村	氏綱（　）	歴代古案4
3　12・2・10	宗瑞・氏綱連署判物	（鎌倉3ヵ寺）能音他	（花押）	円覚寺文書
4　14・9・1	宗瑞・氏綱連署注文	三島神社	平氏綱	三島神社文書
5　17・2・25	氏綱制札	本覚寺	（花押）	本覚寺文書
6　17・5・6	氏綱判物	護摩堂	氏綱（花押）	小出文書
7　17・6・5	氏綱判物	走湯山衆徒中	氏綱（花押）	集古文書45
8　18・4・12	氏綱制札	（伊豆北条寺）	御判	北条寺文書
大永				
9　(元)・9・13	氏綱寄進状	早雲寺	左京大夫氏綱（花押）	早雲寺文書
10　2・3・7	氏綱制札	今泉村	（花押）	相州文書
11　4・正・11	氏綱制札	妙国寺	（花押）	妙国寺文書
12　4・正・12	氏綱制札	本光寺	（花押）	本光寺文書
13　4・8・26	氏綱制札	三室之郷	（花押）	武州文書
14　4・10・9	氏綱判物	万好斎	氏綱在判	東京市史稿
15　4・10・9	氏綱判物	万好斎	氏綱在判	東京市史稿
16　(4)・11・23	氏綱書状	長尾信濃守	北条氏綱（花押）	上杉文書
17　4・11・28	氏綱判物	伊東九郎次郎	氏綱（花抑）	伊東文書
18　(5)・3・10	氏綱書状	長尾信濃守	北条氏綱（花押）	上杉文書
19　(5)・3・10	氏綱書状	長尾信濃守	北条氏綱（花押）	上杉文害
20　(5)・4・20	氏綱書状	長尾信濃守	北条氏綱	上杉文書
21　(5)・4・20	氏綱書状	為へ	岡（黒印）	上杉文書
22　6・9・8	氏綱判物	三島神人中	氏綱（花押）	三島神社文書
23　7・8・12	氏綱判物	前岡郷百姓中	（花押）	東慶寺文書
享禄				
24　4・5・17	氏綱判物	円光坊	（花押）	岩本院文書
25　5・5・3	氏綱書状	東寺宝菩提院	氏綱（花押）	東寺文書
天文				
26　(2)・3・12	氏綱書状	里見太郎	左京大夫氏綱（花押）	大庭文書
27　(2)・3・12	氏綱書状	原孫二郎	左京大夫氏綱（花押）	大庭文偖
28　2・11・29	氏綱制札	（海蔵寺）	（氏綱）	相州文書
※29　3・2・2	氏綱判物	鶴岡惣奉行衆	北条左京大夫平朝臣氏綱	鶴岡御造営記
30　3・2・22	氏綱判物	（鶴岡上宮廻廊奉行）	氏綱（花押）	快元僧都記
31　3・4・9	氏綱判物	覚園寺	（花押）	相州文書
32　(3)・11・18	氏綱書状	鶴岡奉行中	氏綱在判	快元僧都記
33　(4)・10・27	氏綱書状	鶴岡神主	北条氏綱	快元僧都記
34　4・11・11	氏綱判物	早雲寺	氏綱（花押）	早雲寺文書
※35　5・5・20	氏綱判物	（鶴岡八幡宮）	判	鶴岡御造営日記
36　5・9・20	氏綱判物	伊東九郎三郎	（花押）	伊東文書
37　5・閏10・27	氏綱判物	（鶴岡八幡宮奉行衆）	在判	快元僧都記
38　5・閏10・27	氏綱判物	（鶴岡御造営奉行衆）	在判	快元僧都記
39　6・2・21	氏綱制札	大平之内星屋	（花押）	星谷文書
40　6・2・21	氏綱制札	大石寺	（花押）	大石寺文書
41　6・2・21	氏綱制札	妙覚寺	（花押）	妙覚寺文書
42　6・2・23	氏綱制札	大石寺	（花押）	大石寺文書
43　6・7・23	氏綱・氏康連署判物	雪下院家中	左京大夫氏綱（花押） 平氏康（花押）	鶴岡八幡宮文書
44　7・4・16	氏綱制札	（欠）	氏綱（花押）	岡本文書
45　7・8・6	氏綱判物	本門寺	氏綱（花押）	本門寺文書
46　8・2・3	氏綱判物	宇野藤左衛門尉	氏綱（花押）	諸州古文書
47　8・2・3	氏綱判物	金谷斎	氏綱（花押）	大藤文書
48　8・7・29	氏綱判物	相州西郡之内松原大明神	左京大夫氏綱（花押）	蓮上院文書

年　月　日		形　式	宛　所	署　名	出　典
49	8・8・13	氏綱起請文	簗田中務大輔	氏綱（花押）	集古文書
50	8・12・28	氏綱書状	雪下院家中	左京大夫氏綱（花押）	大庭文書
※51	9・3・7	氏綱判物	（鶴岡八幡宮）	判	鶴岡御造営日記
※52	9・3・7	氏綱判物	（鶴岡八幡宮）	判	鶴岡御造営日記
53	9・4・3	氏綱制札	妙本寺	左京大夫氏綱（花押）	無量光寺文書
54	(9)・10・13	氏綱書状	太田兵庫助	氏綱（花押）	快元僧都記
55	9・11・21	氏綱法度	（鶴岡八幡宮）	在判	新編相模
※56	9・12・5	氏綱判物	（鶴岡八幡宮）	判	鶴岡御造営日記
※57	9・12・5	氏綱判物	（鶴岡八幡宮）	判	鶴岡御造営日記
※58	9・12・5	氏綱判物	（鶴岡八幡宮）	判	鶴岡御造営日記
59	10・2・22	氏綱法度	走湯山	（花押）	伊豆順行記
60	10・5・21	氏綱置文		氏綱判	宇留島文書
61	年未詳1・8	氏綱書状	対馬	左京大夫氏綱（花押）	山村文書
62	1・8	氏綱書状	山城守	左京大夫氏綱（花押）	大伴文書
63	1・11	氏綱書状	無量光寺	左京大夫氏綱（花押）	無量光寺文書
64	3・7	氏綱書状	相承院	北条氏綱（花押）	相承院文書
65	3・25	氏綱書状	野辺・高橋彦四郎	氏綱（花押）	高橋文書
66	3・25	氏綱書状	雪下院家中	北条氏綱（花押）	相承院文書
※67	4・3	氏綱判物	黒須平内五郎	（花押）	武州文書
※68	4・7	氏綱判物	黒須八郎左衛門尉	氏綱（花押）	武州文書
※69	4・26	氏綱書状	能勢源左衛門尉	氏綱（花押）	水月明鑑
70	5・17	氏綱書状	東慶寺	ほうてううち綱（花押）	東慶寺文書
71	5・18	氏綱書状	為（長尾為景）	岡〔黒印〕	上杉文書
72	5・18	氏綱書状	為（長尾為景）	岡〔黒印〕	上杉文書
73	5・22	氏綱書状	東慶寺	ほうてううち綱（花押）	東慶寺文書
74	5・24	氏綱書状	東慶寺	ほうてううち綱（花押）	東慶寺文書
75	5・24	氏綱書状	東慶寺	ほうてううち綱（花押）	東慶寺文書
76	7・2	氏綱書状	蜷川新右衛門尉	北条氏綱（花押）	蜷川文書
77	7・7	氏綱書状	小笠原兵部少輔	北条氏綱（花押）	古文書2
※78	7・17	氏綱書状	豊田弾正忠	氏綱判	古文書写
79	8・19	氏綱感状	重田甚九郎	氏綱（花押）	須藤并重田文書
※80	8・21	氏綱書状	妙法院庁御坊	氏綱（花押）	妙法院文書
81	8・28	氏綱書状	瑞松ゐん	しん九郎うち綱	東慶寺文書
82	8・28	氏綱掟書	香林寺	氏綱（花押）	香林寺文書
83	10・13	氏綱書状	いんりやう軒	ほうてううち綱（花押）	東慶寺文書
84	10・28	氏綱書状	好在軒	北条氏綱（花押）	相州文書
85	子10・晦	氏綱判物	右京亮代村串和泉	（花押）	旧伊豆在庁文書
86	11・13	氏綱書状	牛込助五郎	北条氏綱（花押）	牛込文書
87	11・17	氏綱書状	牛込助五郎	北条氏綱（花押）	牛込文書
88	11・23	氏綱書状	長尾信濃守	北条氏綱（花押）	上杉文書
89	11・23	氏綱書状	長尾信濃守	北条氏綱（花押）	上杉文書
90	11・26	氏綱判物	伊東九郎次郎	氏綱（花押）	伊東文書
91	12・26	氏綱書状	明月院	平氏綱（花押）	古今消息集10
※92	欠・欠	氏綱書状	欠	（欠）	東慶寺文書

北条氏綱時代〔虎朱印状一覧表〕

	年　月　日	宛　　所	出　典
1	永正 15・10・8	長浜・木負御百姓中，代官山角・伊東	大川文書
2	17・8・28	最勝院寺中	最勝院文書
3	大永 2・9・11	大井宮神主円泉坊	三島神社文書
4	3・1・20	東福院	東福院文書
5	3・3・12	相州・豆州（奏者遠山）	長慶寺文書
6	5・12・14	関　所	関山文書
7	6・10・13	牛込助五郎	牛込文書
8	6・11・30	永勝院・同大庭新次郎	染谷文書
9	享禄 3・4・7	津田藤兵衛	新編相模
10	4・12・15	妙伝寺	妙伝寺文書
11	5・6・2	宝塔院	宝幢院文書
12	天文 2・3・18	弘明寺	蓮華院文書
13	3・2・22	鶴岡八幡宮	快元僧都記
14	4・11・26	明王院	相州文書
15	5・8・27	関山弥五郎	関山文書
16	5・10・12	鶴岡八幡宮	快元僧都記
17	6・6・25	先得庵	先得寺文書
18	7・3・9	なか岡かわた九郎えもん	宮本文書
19	7・5・22	京紺屋	新編相模
20	7・5・29	妙覚寺	妙覚寺文書
21	7・9・3	東郡・中郡	相州文書
22	8・10・22	（浄妙寺）	浄妙寺文書
23	10・6・6	諸廻船中・朝比奈右衛門尉	白土文書

Ⅲ

北条氏綱夫人養珠院と後室近衛殿について

立木望隆

はじめに

北条氏綱の夫人については、従前、氏康の生母と目されている、養珠院殿春苑宗栄（大永七年七月亡）一人が知られていた。その養珠院が没した大永七年（一五二七）、氏綱は男ざかりの四十一歳、嫡子氏康は十三歳であり、当然後室が迎えられたものと思われるが、この件に関しては、現在まであまり問題として取りあげられることがなかった。本稿では、氏康生母でありながら、出身も事跡もあまり明らかでない養珠院にも一応触れ、ついで、後室と思われる、関白近衛尚通の女について考察をすすめてみたい。

一、養珠院について

北条氏綱夫人については「異本小田原記」に、父の早雲が、伊豆の韮山に住む、前北条氏の血筋をひく「北条後家（小田原伝心庵過去帳に載す南陽院殿？）」と結婚し、のちにその北条後家が、前夫との間に生んだ娘を、氏綱に娶合《めあ》わせたという意味の事を書いている。氏綱は、早雲の死の直後あたりから、伊勢氏を改め「北条氏」を名乗るようになったのは事実だが、その原因の一つにもこの事があげられている。

だが、この北条後家の娘が、氏綱の正室養珠院であるとする確証はどこにもないし、後北条氏関係系図のいずれにも、氏綱室、氏康生母の記載がないので、この異本小田原記の記事の裏付けをする手段《てだて》は、いまのところ皆無である。したがって、始めに述べた如く養珠院との関係は未詳だというほかない。しかし、氏綱の夫人養珠院そのひとの、存在と位置づけについては、これから述べる二、三の史料によって明らかである。

まず「幻庵おぼえ書」である。幻庵とは、氏綱の弟、三郎長綱のことだが、その幻庵が、七十歳の永禄五年（一五六二）十二月に、甥氏康の娘鶴《かく》松院が、世田ヶ谷吉良家の氏朝の許に嫁ぐ際、大名夫人としての心覚えを、一つ書廿四ヶ条に書いて与えた一巻で、世間ではこれを「幻庵おぼえ書」と呼んでいる。その最後の条に養珠院に関わることが出てくるのである。

> さとうしゆ参り候は丶御さか月給御ひき給へく候あなたかたに候はんするさとうしゆまいり候ハハ御ねん比に候へく候　なれなれしくは御おき候ましく候ついてに御心へ候へさとうとてもおとこのめのくらきにて候女中かたへあんないなしに立入物にてはなく候てんかそのふんにて候　やすき事やうしゆゐん殿の御ときうちつなくわ一と申けんきやう候つるへいけ御きき候とてわれわれおほえ候てからかミのまへ一とめし候つるその時もやうしゆゐんとのはおくのまに御ざ候きん年さとうと申せハいつれもおくかたへまいり候心へかたく候へとも御国ふりにて候まま一人して申されす候（下略）[1]

氏綱が、検校のくわ一を城内へよんで、平家琵琶を聴《き》いたのは、大永五、六年の間のことで、このあと一、二年して養珠院は他界した。養珠院の死は、次の史料によって、大永七年（一五二七）七月十七日ということがわかるからである。横浜市金沢区の「金沢文庫」に、北条氏綱が、養珠院の一周忌に、追善菩提の為として奉納した、宋版の仏典が所蔵されているが、その奥書に、

斯一蔵真詮為先婦養珠院宗栄、荘厳報土　大永戊子孟秋日　平氏綱（花押）

とある。大永戊子は大永八年のことで、この年八月廿日に享禄と改元される、その一ヵ月前である。

もう一つの史料は、箱根湯本、金湯山早雲寺の開山、以天和尚語録補遺に「養珠院殿十三回忌法語」[2]というのがあって、その十三回忌法要が、天文九年（一五四〇）秋七月に修された。これを逆算すると、やはり大永七年になる。この頃菩提寺養珠院は、湯本早雲寺寺域内に建っていたと思われる。

以上で、養珠院の死は、大永七年七月が正確だとわかるのだが、只一つ、養珠院を開基とした、小田原市板橋の、南谷山香林寺だけが何故か寺記に違った没年月を記載しているので、この事についてもふれておこう。

『新編相模国風土記稿』香林寺の項に、

開基は、北条左京大夫氏綱室なり。養珠院宗栄大禅定尼、天文七年三月朔日卒、当寺に葬ると伝うれど、今葬地詳ならず云々、

として、養珠院の死を天文七年（一五三八）三月一日だとしている。この件に関しては、史家中野敬次郎氏が、小田原史談特集号（昭和五十年七月小田原史談会刊）に「後北条氏の寺院建立と名僧群」の論文を寄せ、前述史料等を用いて、香林寺寺記の誤りを指摘した。だが何故、香林寺寺記が、このような誤ちを犯したかに関しては触れる所がなかった。これについては、別に考えもあるので、本稿の終わりで述べようと思う。

さて、大永七年といえば、氏綱は四十一歳である。従って夫人養珠院は、かなりな若死だったと思われる。氏綱の子供は、氏康・為昌の男子二人と、女子四人「北条綱成室、葛山氏元室、足利晴氏室、吉良頼康室（順不同）」があるが、そのすべてを養珠院が生んだか否かは疑問である。ことに、氏康の弟の為昌（彦九郎）は、まったく謎の人物というほかない。為昌は、快元僧都記、冷泉為和《ためかず》卿記等にもしばしば登場し、事蹟もたしかなら、その死も、天文十一年五月三日（氏綱死後十ヵ月後　廿三歳）、香華寺は鎮城山本光寺（現在東京赤坂種徳寺）と明らかである。

その人物に〝謎〟という言葉は不謹慎にきこえるが、第一に、香華寺を本城（初期北条氏の城か）の中に建てている事、山号も特異な感じをあたえること、次に〝為昌〟という諱《いみな》の異例なことである。こうした理由から、この人物が果たして氏綱の実子か否か、その死についても、日頃から注目してきた。しかし、この考証は、本稿の目的に外れるので、ここではただ為昌を、氏綱と養珠院の間に出生した子供とするには少々疑問がある、とだけにとどめておく。

最後に、養珠院の人となりであるが、幻庵おぼえ書を読んで感じることは、その文章の行間に、養珠院なる婦人の、ごく控え目な起《た》ち居や、浅からぬ教養をふんわりと包みこんだ、たおやかな容姿などが彷彿《ほうふつ》し、若き日の幻庵が日ごろこの義姉に抱いていた親近感や畏敬の念が、いかに深かったかがわかるのである。養珠院は、秀れた婦人だったに違いなかった。

さて、問題は、その養珠院の一周忌に、氏綱が金沢の称名寺に納めた、宋版「阿毘達磨大毘婆沙論」の奥書に、「為先婦養珠院宗栄」と記した、この一行である。なぜなら、この先婦を、先の夫人と解訳するとなると、氏綱は、養珠院の一周忌を待たずに〝後室〟を迎えていたことになるからである。はたして如何《いかが》なものであろうか。筆者の結論からさきに述べるならば、氏綱は、養珠院の没後間もなく、後室をむかえていた。それが次に考察をすすめる、関白近衛尚通の娘と考えるからである。

二、近衛殿について

（1）冷泉為和卿集と近衛殿

京都の公家歌人、上冷泉家の為和が、駿河の今川家に下り、さらに、小田原北条家に来たって、両家の間を往来し、北条氏綱や、今川氏輝をはじめ、両家の家臣らに、和歌の指導を行っていたのは、為和卿集によれば、天文元年（一五三二）から、同五年頃までがさかんであった。「為和集」天文二年三月の条を披見すると、

三月十一日於二相州小田原一北条左京大夫氏綱亭にて当座。

朝花

吹立る浦風ならし朝戸明や
　のき端によする花のさざ波

同、三月晦日に、藤見の当座。

いへはえにみなれぬ花の朝こちに
　なびくもしるき北（有注）の藤波

右、有注と書はべるは、氏綱女中は近衛殿、関白殿御姉にてましますが、御内縁になられける間、かくよみはべる。ことに彼女中にての会也。(3)

この記事によれば、為和は、同年三月晦日《みそ》氏綱と御内縁（縁組みした）の、関白近衛稙《たね》家の姉の邸で歌会を催し、〝藤波〟の一首を詠んだ。この歌の内容は、考えようでは、かなり露骨であり皮肉である。「やんごとなき、近衛家の姫君が、田舎大名にすぎぬ北条家ごときに嫁いだのは、相手にとっては、まさに〝いへはえ〟家の名誉である。〝北の藤波〟とは、いうまでもなく近衛家は、藤原氏北家房前流である」と。少々強引な解釈と思うが、為和は同じ京都の公家である。公家共通の武家蔑視の気持ちがたぶんにひそんでいたと思われる。

それはさておき、問題は、為和がここに明記している、近衛稙家（一五〇二年生まれ）の姉と、北条氏綱との縁組みのことである。この事は、後北条氏関係系譜にも、勿論見当たらないし、従前、話題として取りあげられたこともなかった。或いは浅学の筆者だけが知らなかったのかもしれないが……。だが、これが事実となると、この一事からでも、氏綱研究はもちろん、後北条氏の始祖、伊勢新九郎早雲をふくめた、京都とのつながり、ことに中央政局との対応等々、幾多の新しい見直しが当然要求されてくるのではなかろうか。

さて、次の史料に目を通そう。

（2）東国紀行と近衛殿

東国紀行とは、連歌師谷宗牧が、天文十三年（一五四四）九月廿六日に京都を発ち、翌年九月二十二日、下野（栃木県）の佐野の旅先で急逝する。この間に書かれたのが東国紀行である、と伝えている。宗牧はこの旅に、ちょうど二十歳を迎えた子息の宗養を伴っていた。一行が伊豆の三島へ着いたのは、天文十四年二月十日頃だが、相模真鶴の代官石上氏（弥次郎か）と、鎌倉鶴岡八幡の小別当、大庭千世らが、宗牧の一行を三島まで迎えに来ていた。

合流した一行が、熱海の湯治場に入ったのは、その翌日のことだが、此所で宗牧は、旧知である北条幻庵（三郎長綱）の老母と出会った。東国紀行には次のように記されている。

散る花やみしまゆうはな春の水

社頭の春の興なるべし、此会已後熱海湯治、折ふし幻庵御母養生とていらせ給えり、幸のことにて近衛殿御文つたへ参らせたれば驚かれて、旅宿のこと懇切なり、ことに幼年の比三井寺在寺の折ふしぞと紅顔のことなど物語せられて、小田原帰府まではほど遠き様なればとて、発句の事いなびがたくて

梅が香もわくや出湯の春の風

自然風流なる袖の匂ひもまじるならむとをしはかる心ばかりなり（下略）

（天満宮所蔵本による）

以上が、その出会いの日の条である。

さて、筆者は、昭和四十五年に「概説北条幻庵（後北条氏研究会刊）」を書いて、五版をかさねたが、本年新版に書き改めた。ところで、当初この東国紀行の底本には群書類従所収本を用いたが、その底本では、ここにいう〝近衛殿〟が近藤殿と読まれていた。

その後、大阪帝塚山短大教授鶴崎裕雄氏の厚意で、天満宮本（西山宗因筆写）の原本コピーを贈られ、校合してみると〝近衛殿〟である。群書類従所収の東国紀行は、このほかにも随所に意味不詳のものがあって、たとえば「春庵院いて長老館のはな見にわたらせ給ひて」は、天満宮本では「春庵院以天長老館の花見にわたらせ給ひて」とあり、これだと以天長老なら、早雲寺開山禅師のことであって、前者ではまったく意味不明だったのが、以天和尚の、当時の小田原に於ける位置などまで明らかにされたのである。神奈川県史各論編「文化」、萩原龍夫氏の論述「後北条氏

の文化」も前者の読みに従い、解訳に多少の齟齬《そご》をきたしているようだ。

さて、本論に戻って、宗牧が京都から託されてきた消息が、近衛殿からであったればこそ、幻庵老母も驚いたのは当然であった。谷宗牧は、柴屋寺宗長の愛弟子だが、関白近衛家へは、尚通の時代、大永初年の頃から親しく出入りしていた(4)。東国紀行の旅へ出た天文十三年には、夏の始めに近衛稙家から、源氏の校合を頼まれていたが、尚通の病臥などで沙汰止みとなり、そのうち尚通は八月二十六日、七十三歳で薨去した。だが宗牧は、東国で会う人々との約束の日程などあった為であろう、尚通の七七日忌も待たずに、あわただしく京都を発った。そこで思うに、近衛稙家が、幻庵やその老母に宛てた消息には、当然尚通の急逝のことが書かれ、さらには前年氏綱が亡くなって未亡人となった姉の身辺などにも触れていたものと推測されるのである。

さて、もう一度、東国紀行に戻って、次の内容を検討してみたい。

……ことに幼年の頃、三井寺在寺の折ふしぞと、紅顔のことなど物語せられて

ここに言う、幼年の頃、紅顔のこと、それは一体だれをさして、そう言っているのであろうか。ここで提起したいのは、東国紀行より二十一年前に書かれた、宗牧の師、柴屋寺宗長の手記である。

「宗長手記」大永四年（一五二四）五月十三日条

酬恩庵一夜、山の材木申調へ、十三日に影前焼香、其日、三井寺勝蔵坊とて、若き法師、此春京へ出て連歌興行ありしなり、此法師出あはれて大津の旅宿の誘引《いざない》夜に入りて上光院、相州箱根別当、童形、二とせ三とせ住院、この春得度、兵部卿、盃出て夜ふけぬ（下略）

この記事によると、「酬恩庵（京都府田辺町薪　一休寺）」内の一庵に居た宗長のもとに、近江三井寺の勝蔵坊とよ

ぶ、連歌好きの若法師が訪ねてきて、宗長を近江へ案内した。夜になって三井寺山内の上光院（院主兵部卿）へ着く、するとそこへ、相模箱根（権現）の別当が、童形（子供）を連れて出てきて、きけばすでに二、三年前から上光院を宿所として、勧学院で勉強していた。そして童形のほうが、この春得度した」というのである。

幻庵老母が、宗牧に「ことに幼年の頃、三井寺在寺の折ふしぞと」と語ったのは、大永の、この頃のこともふくまれているのではなかろうか。そう解釈すると、ここに言う箱根別当とは、早雲の第三子の菊寿丸、北条三郎長綱（幻庵宗哲）とみて間違いあるまい。大永四年、菊寿丸は三十二歳である。菊寿丸は意外に早く結婚し（箱根神社蔵永正十六年宗瑞注文）、俗名、俗体のまま、箱根別当第四十世に就任して居た、と伝えている。童形の方は、次男の長順（箱根少将覚印トモ）であろう。

長綱が箱根権現別当の座に就いたのは、大永五年頃と考証したことがあるが（概説北条幻庵）、その前年にあたる此の時、箱根金剛王院の本寺である、この三井寺で認証され、正式には小田原へ戻って、別当就任の儀が披露されたとみたら如何なものであろうか。

しかし幻庵の上京は、大永のこのときが初めてではないようだ。青少年の頃から何回となく上洛し、身を以て中央文化を吸収し、その体験を、新興都市小田原の建設に活用したのであって、幻庵老母は、そうした在京中の過去のすべてを含めて物語ったもの、と理解すべきであろう。大永初年の上京では、幻庵は宗牧と知り合い、宗牧の手引きで近衛家へも出入りしたのであろう。宗牧は幻庵の連歌の師ではあるが、二人の年齢はさして違わなかった。近衛尚通公記によると、大永三年九月十三日、小田原の北条氏綱に宛てて「酒呑童子絵詞」をおくった、と記している。これも、在京中の幻庵の手を経て、小田原へ送られたと考えるのが順当のようである。

なお、ついでになるが、京都の陽明文庫（昭和十三年、右京区にあった近衛家の別業を改めた）に、幻庵の文書が一通残っている。古今伝授に関する証状で、日附は、天正八年三月朔日、宛名は板部岡江雪斎である。江雪斎は、後北条氏の末期に登場してきた人物だが、天正十年には、北条、徳川の外交交渉に成功し、天正十七年には、城主北条氏直の使節として上洛、天下人秀吉を相手に、堂々の意見を具陳、その人物を買われたのは有名な話である。小田原で、秀吉の手にかかって非業に死んだと伝わる、茶人山上宗二の著名な〝宗二記〟も、この江雪斎に宛てたものといわれている。江雪斎は小田原落城後は京都に住み、三藐院《さんみやく》（近衛信平）日記によれば、慶長十一年頃までは、近衛家に親しく出入りしていた。話題が大分脇道に外れた。問題を元に戻そう。

以上、文献を中心とした、後北条氏と近衛家との関係をさぐってきたが、次に、小田原に、明治中期までは存在した、近衛家関係の寺院、金石文について検討してみたい。

（３）旧板橋妙安寺と近衛家の三墳について

新編相模国風土記稿巻二によると、小田原市板橋村の項に、日蓮宗妙安寺という寺をのせ、境内に近衛家の墓が三基あり、と記している。

妙安寺、京都本国寺末、近衛家墳三あり、一は法真院殿准三宮尊儀、永正二年六月十九日と彫る、諸家知譜拙記を案ずるに、近衛関白政家、後法興院と号す、長享二年太政大臣准三后、永正二年六月十九日薨、年六十とあり、法真は法興の誤りなるべし、一は後法成寺殿准三宮尊儀、天文十三年八月廿六日と刻す、同書に、近衛関白尚通は政家の子、後法成寺と号す、永正十六年准三后、天文十三年八月廿六日薨、年七十三とあり、一は勝光院殿妙

安尊尼、天文廿三年七月廿四日と彫る、
寺伝に、近衛殿の簾中にて、北条氏政内室の母儀、晩年小田原に下向し、薨ぜられると云、しからば前の二基は、氏政室の父祖などにて、遙拝の為ここに建しにや、されど氏政の室、近衛家の連枝なることは、未だ他の所見なければ、寺伝疑ふべし

さて、この妙安寺は、江戸時代以降、廃寺同様になっていたのを、明治十九年（一八八六）熱烈な日蓮宗信者であった、中郡二宮町の素封家《そほう》、故神保平輔氏が、自家の所有地、二宮町二宮九十七番地に寺地を寄進して移転をはかった。この時〝近衛家の三墓〟も同地へ運ばれ、現在も墓地の南東隅に納まっている。

風土記に載す寺記によると、妙安寺が板橋の地に建ったのは南北朝の頃とし、中興は本受日東（没年を欠く）と記しているが、妙安寺とよぶ寺号から推《お》して、天文廿三年に没した中興開基、妙安尊尼の菩提寺であったことは疑う余地はない。

妙安尼に関しては、史家中野敬次郎氏は、小田原史談会会報、神奈川風土記等に、近衛家三墳の謎として、再三史談を書いておられる。そして中野氏は、妙安尼を北条氏政の後室鳳翔院の生母とし、鳳翔院が、亡母の香華寺として建立したのであろう、と考証された。

鳳翔院は、永禄十二年（一五六九）氏政の正室黄梅院（武田信玄娘）が二十七歳で病没したあと迎えられた後室だが、この夫人は、天正十八年（一五九〇）小田原落城寸前に、勝千代と名づけた男子を出生した。そして、それから間もない六月二十二日に、籠城中の城内で亡くなった不運な女性であった（小田原伝心庵過去帳）。

だが、この鳳翔院を、中野氏説の如く、妙安尼の娘とするには、次の諸点で難がある。なぜなら、仮に鳳翔院を妙

安尼の娘とし、次に、黄梅院より五歳年少とみて、黄梅院は天文十二年（一五四三）生まれであるから、鳳翔院は天文十七年（一五四八）生まれとなる。妙安尼は天文二十三年に亡くなっているので、鳳翔院七歳の時死別した計算になる。ここまではよいのだが、天正十八年に子供を生むとなると、鳳翔院はすでに四十三歳の、当時では初老である。それなら鳳翔院の年齢を引き下げればよいのだが、それだと妙安尼との母子関係が成り立たなくなる。この点が明確にされない限り、中野氏説は説得力を欠くこととなる。筆者はこの点を次のように考えたい。

第一に、妙安尼は、北条氏綱後室の母であること。氏綱の後室は為和卿記で明らかなように、近衛稙家（文亀二年〈一五〇二〉生まれ）の姉で、明応六、七年（一四九七、九八）の間に生まれている。二人の父近衛尚通は、文明四年（一四七二）生まれ、その夫人（妙安尼として）を仮に文明十年（一四七八）生まれとみたさい、天文二十三年（一五五四）には七十六歳で亡くなったこととなる。それだと、風土記稿に「晩年小田原に下向し薨ぜらるると云う」の記事も納得できるのである。筆者は、近衛尚通が、天文十三年、七十三歳で薨去したあと、未亡人（妙安尼）が、小田原に嫁した娘（氏綱後室、すでに未亡人）の許に下向し、その娘のもとで亡くなった、と推察するのである。この私見こそ順当ではなかろうか。

最後に、養珠院宗栄を開基とし、その没年を天文七年三月朔日とした、小田原市板橋の南谷山香林寺について述べる。

（4）養珠院と養勝院

板橋の香林寺は、養珠院宗栄の開基した寺と伝えるが、開基の没年を天文七年三月朔日とし、事実とは相違していることは前にも述べた。この誤ちは、第一には寺伝を記すさいに誤ったもの、と解せば問題はないが、次に、まったく別の視点から検討を要すると思われる問題を提起してみたい。それにはまず、鎌倉市岩瀬の大長寺に伝わる「北条氏綱夫人像」なるものから考察をすすめることとする。

浄土宗護国山大長寺は、天文十七年（一五四八）五月、鎮蓮社存貞和尚が開山した。同寺記によると、存貞は、大道寺駿河守政繁の甥で、大永三年三月の生まれとある。開基は、玉縄城主北条左衛門大夫綱成。綱成の室は北条氏綱の娘だが、永禄元年（一五五八）九月十日に没してこの寺に葬った。法号を「大頂院殿光誉燿雲大姉」という。ついでだが綱成は天正十五年五月六日に亡くなっている。

さて、この大長寺に問題の「北条氏綱夫人像」が一体納まっているが、近年、鎌倉国宝館で調査の折、像内に胎内銘があることが判明した。この銘文は、故渋江二郎から厚意でコピーが送られてきたが、次のようである。

（胎内腹部墨書）

奉　造化御影像之事

右　彼施主　古郷豆州之住呂　名字朝倉

息女北条九郎之御前　御子ニハ

北条左衛門大夫綱成　同刑部少輔綱房　同息女松田尾州之御内也　爰以至衰老　中比発菩提心　為逆修菩提　奉

彫刻木像也

（胎内背部墨書）

并奉寄進　拾二貫文日牌銭

法名
養勝院殿華江理忠大姉
相州小坂郡鎌倉名越
安養院住持第十六代高蓮社山誉大和尚
仏所　上総法眼　　謹言
使者大河法名　信　敬白
于時天文拾八巳酉九月十八日

この銘文によると、養勝院華江は、伊豆の朝倉氏の出身で、北条九郎の御前であるという。その子供は、左衛門大夫綱成、同刑部少輔綱房、松田尾張守憲秀の室の三人をあげている。結論が先になるようだが、この三人の子供の側から推測する限り、養勝院理忠を北条氏綱の夫人とするわけにはいかない。

北条綱成は、旧姓福島氏、父は遠州土方城主福島兵庫頭正成、今川氏親に属していたが、大永元年十一月、武田信虎と合戦して討死した。このとき今川氏親の要請で、北条氏綱も急遽救援に向かったが、間に合わなかった。正成の遺児綱成は、吾子氏康と同年齢だったが、氏綱が引き取って養育し、成人の後、自家の娘を娶合わせて、北条氏を名乗らせた、という経緯《いきさつ》がある。したがって、この三人の父母が、氏綱夫妻ではあり得ない。銘文にいう北条九郎と、北条新九郎氏綱が、同一人なのか、別人をさすのかもわからないが、多少飛躍した考えをして、福島正成の未亡人が、小田原へ来てから、氏綱の側室にでもなっていたとしたら、子供たちは別としても、本人を氏綱夫人と記録されることもあるかも知れない。

この問題は、この程度に止めて、次に重要なのは、この婦人の出身の「朝倉氏」である。朝倉氏は、小田原旧記によれば、伊豆衆二十家の一にあるが、その朝倉氏とみて、ほぼ間違いないであろう。

ところで、小田原市板橋の香林寺に目を転じてみると、寺記については「(前文略)、案ずるに此記によれば、当寺三世竹堂に至り、北条氏綱室家の為に、殿堂建立あり、故に養珠院を開基と称せしなるべし」と風土記の記者が、私見をのべていることと、寺領寄進者が注目されるのである。曰く、

香林寺開山以来、祖父古幡磨代寄進申す分、十貫文西谷畠大窪分　一貫二百文　南面田同分　施餓鬼免　二貫四百文　文織殿小路分　本尊仏供免　一貫二百文　城下屋敷一間　古幡磨同霊《れい》供　以上十四貫八百文　右前々寄進分　書立進之候　仍如件

辛卯十二月五日　　朝倉右京(花押)

香林寺御納所

とあって、朝倉氏と香林寺の関係の密なることを示している。

寺領寄進について、具体的に場所と数字をあげているのは、朝倉右京署名のこの一通だけで、城主北条氏の文書は三通程風土記に紹介されているが、氏綱のは「犯科人を寺内に匿うことを許さぬ」書状、年月未詳。氏康のは「沽却せし什物を買戻し」した寄進状、永禄十年正月晦日附。氏政の一通は、「寺内竹木伐取事、棟別赦免之事、山畠共杉崎分、伊波、池田寄進せしむ」の内容を持つ、永禄二年十一月晦日附の一通で、城主北条氏が、この香林寺に特別な措置《そち》を講じた、というようなものは見当たらない。

こうした事実から推して、香林寺は、朝倉播磨守家の菩提寺的な性格が強い、という印象をうける。そこで、先に

紹介した、鎌倉大長寺の〝氏綱夫人像〟胎内銘にみられる、伊豆の朝倉氏と、この両者のかかわり合いを追求することによって、養珠院の没年月日の相違、養珠院と養勝院との関係等も引きだせるのではないかと思うが、今回は以上の問題提起だけに止めて擱《かく》筆する。

むすび

本稿では、当面北条氏綱夫人、養珠院と、ことに後室と目される近衛殿の女について、その位置を明らかにすべく、浅学をも省みず、私見を縷々《るる》のべてきたが、果たして意がつくせたかどうか。特に重要な課題である、近衛関白家と、一地方大名にすぎない小田原北条氏とが、いかなる事情、経緯があって、この婚姻が成立したのか、その辺の説明となると、残念ながらまったく不充分で、われながら忸怩たるものがある。

だが、筆者の本来の目的は、単なる閨閥《けいばつ》や婚姻関係にあるのではなく、こうした内容を追求することによって、結果的には、戦国時代の関東に雄飛した、後北条氏の性格、たとえば、従前の関東にはみられなかった、中央的な高度の政治性、指導理念といったものが如何なる背景に支えられ、実践されたか、それが次第に明らかになるであろうことをこそ願ってのことであった。

思えば大それたことではあるが、諸先学の叱声、御教示が得らるるなら幸いこの上ない。

後北条氏・近衛家対照年表略

一五一三（永正十年）近衛尚通（四十二歳）の女、足利義稙の猶子《ゆうし》として宝鏡寺に入る。

一五一九（永正十六年）八月、早雲庵伊勢新九郎長氏亡。

一五二一（大永元年）早雲寺落慶。将軍義稙、細川高国と対立、和泉へ出奔。高国、義晴を擁立。

一五二三（大永三年）九月十三日、近衛尚通、北条氏綱に〝酒呑童子絵詞〟を送る。

一五二四（大永四年）北条氏綱この年より武蔵進出を図る。幻庵三井寺上光院在宿中。

一五二五（大永五年）二月、冷泉為和、父為広らと近衛家歌会に参集。連歌師谷宗牧も度々訪問。幻庵箱根権現別当に就任。

一五二七（大永七年）七月、氏綱夫人養珠院の死。翌年一周忌に氏綱先婦云々の記事。

一五二八（大永八年・八月享禄）この年五月将軍義晴、近江朽木谷へ移る。冷泉為和、大和兵部少輔、伊勢備中守貞辰（この人々後年小田原に来住）ら、義晴の側近に居て歌会。

一五二九（享禄二年）六月、近衛尚通、上杉朝興に伊勢物語書写送る。尚通はこの頃地方大名に同様の書写本をさかんに送る。近衛家の財政逼迫の為か。

一五三一（享禄四年）この頃氏綱、女を足利晴氏室に入れる（塩山年代記大永元年、鎌倉九代後記天文四年頃、快元僧都記天文九年十一月廿八日の条に、古河様御縁、氏綱息女参られ云々の記事あり。この頃の説もあり）。

一五三二（天文元年）氏綱、娘崎姫を足利氏一門吉良頼康室となす。五月、氏綱は、弘法大師七百年忌に際し、京都東寺の宝菩提院に宛て、分国の内御門徒中奉賀之事之れ有る可き者云々の書状を発す（東寺文書）。九月、近衛尚通、谷宗牧に源氏相伝。

一五三三（天文二年）三月晦日、冷泉為和が氏綱女中、近衛稙家の姉の屋敷で歌会を開く。京都では、二月に稙家が関白を辞し、四月には父尚通が出家した。かわって近衛家のライバル九条稙通が関白に。

一五三四（天文三年）六月、稙家の末の妹が大夕立の中を、近江下国中の将軍足利義晴のもとへ輿入れした（御湯殿上日記）。足利義輝、義昭らの生母慶寿院である。九月、義晴は六年ぶりに入京。この二年後に、稙家は関白に返り咲き、さらに翌年には太政大臣に昇った。政局はいずれも常に不安定であった。

以上。

註

（１）幻庵おぼえ書、小田原市重文指定、立木望隆（幻庵文庫）所蔵。
（２）箱根町誌第二巻「北条五代と早雲寺」箱根町刊。
（３）井上宗雄著「中世歌壇史の研究」。
（４）右同。同書の内容に負う所大である。

Ⅳ 氏綱の経筒

足立順司

一、大田八幡宮のNo.154経筒

大田南八幡宮の鉄塔から出土した経筒の中に、No.154と分類される例がある。この経筒は全国の廻国経筒三四〇口余りの中で、きわめて長い銘文が刻まれていること、銘文に経典奉納の意趣が詳しく刻まれていること、さらに廻国経筒の銘文の記載例では特殊であること、また同様の意趣を刻んだ経筒が新潟県でも出土していることなど、かねてから注目していた。

先年、大田南八幡宮と島根県立博物館の御好意で、この経筒を精査する機会をえた。この経筒を実見したところ、近藤正の報告の中に、一、二銘文の読み方に重大な誤読があることに気づいた。まず近藤の報告と新潟県の例からこの経筒に関する部分を掲げ、私見を述べてみたい。なお新潟県魚沼市（旧広神村）中家の例についても現地調査を実施し、補正した。

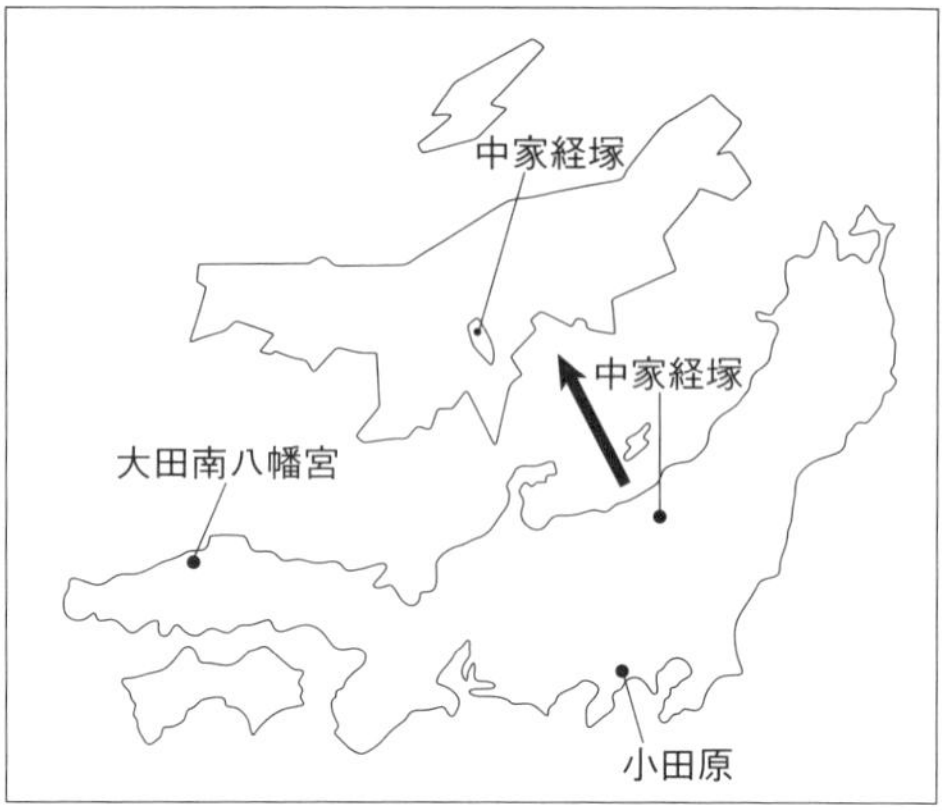

第１図　関係位置図

二、銘文の検討

大田南八幡宮の経筒は、近藤正によってつぎのように報告された[1]。一五四　筒身のみ　高さ一〇・四センチ　径四・三センチ。厚さ一ミリ強の銅版を鑞付けで合わせ、底部は筒身の下部に突起三個を作って舌止にする式のものである。鍍金がよく残っている。銘文は筒の全般に及ぶ。

先婦美珠院宗栄霊儀　①
存日令書法華六十　②
六部未克宝納氏綱　③
継前緒取収篭之　④
金筒追州於旧蹟贈　⑤
献　願仗此功早證　⑥
仏果及与群生円種　⑦
智
大永戊子七月日願主白敬　⑧

第２図　中家経塚近景

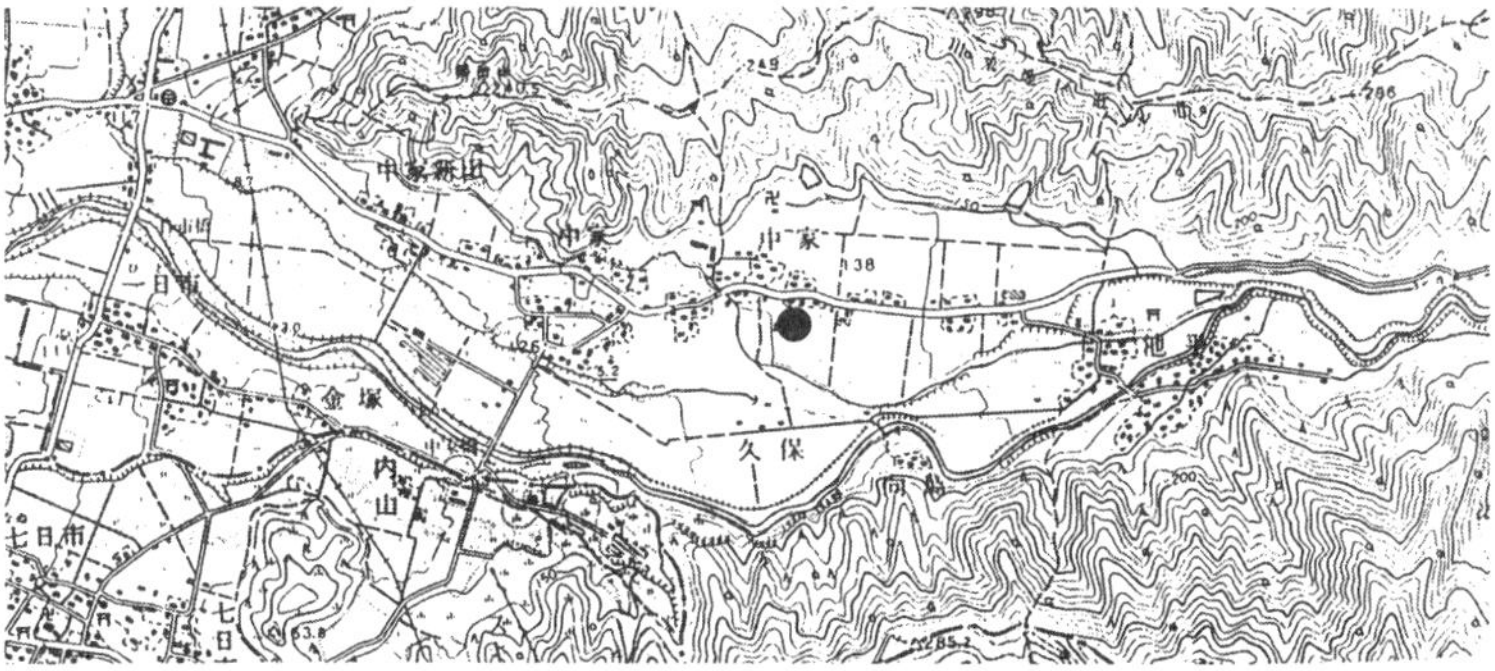

第３図　中家経塚の位置

この銘文とほぼ同様の意趣の刻まれた経筒が、新潟県魚沼市（旧広神村）中家《ちゅうか》字沖の外から出土している。報告に拠れば、三ツ塚と呼ばれる塚のその東端の一基から、大正三年土取りの際に発見したという。現在、三基のうち一基が残っている。当初、出土した経筒の銘文はつぎのように判読されていた(2)。

大永戊子七月日　願主敬白
先婦美珠院宗栄昊□存日合書
□□□氏綱

平蓋には表に輪書にて「これそんしょうのときあふなのりなり」

伴出遺物には法華経八巻（現在うち七巻が表装されている）紙幅

第４図　大田南八幡宮No.154経筒（蓋は別蓋）

二寸四分　総長約六〇尺と宋銭六枚がある。

この銘文については、その後『新潟県史資料編　第5巻』によって、つぎのような新たな読み方が示された。(3)

蓋「これハそん」しょうのとき」あふ」なのりなり」

□先婦美珠院宗栄異儀　①
□書法華六十　②
□納氏綱　③
□篭之　④
□贈　⑤
□□　⑥
□生円種　⑦
□□□□（大永戊子カ）七月日願主敬白　⑧

また筒身の寸法は大田南八幡宮No.154が径四・三センチ、中家が四・〇～三・九センチを測る。筒身の高さは、高さ一〇・四～一〇・四五センチとほぼ一致する。中家の例は蓋が残っているが、蓋の径は四・三センチ、高さ一・五センチを測る。両者の経筒は寸法の点ではやや違いがあるが、中家の例がゆがんでいることからすれば、首肯できる。

両者とも字体、字の大きさ、筆跡から同一の手によって銘文が刻まれていると考えられる。

新潟県史の判読に拠って、大田南八幡宮No.154経筒と中家経筒とほぼ一致する内容であることが判明する。ただし県

第５図　中家経筒（魚沼市指定文化財　個人所蔵）

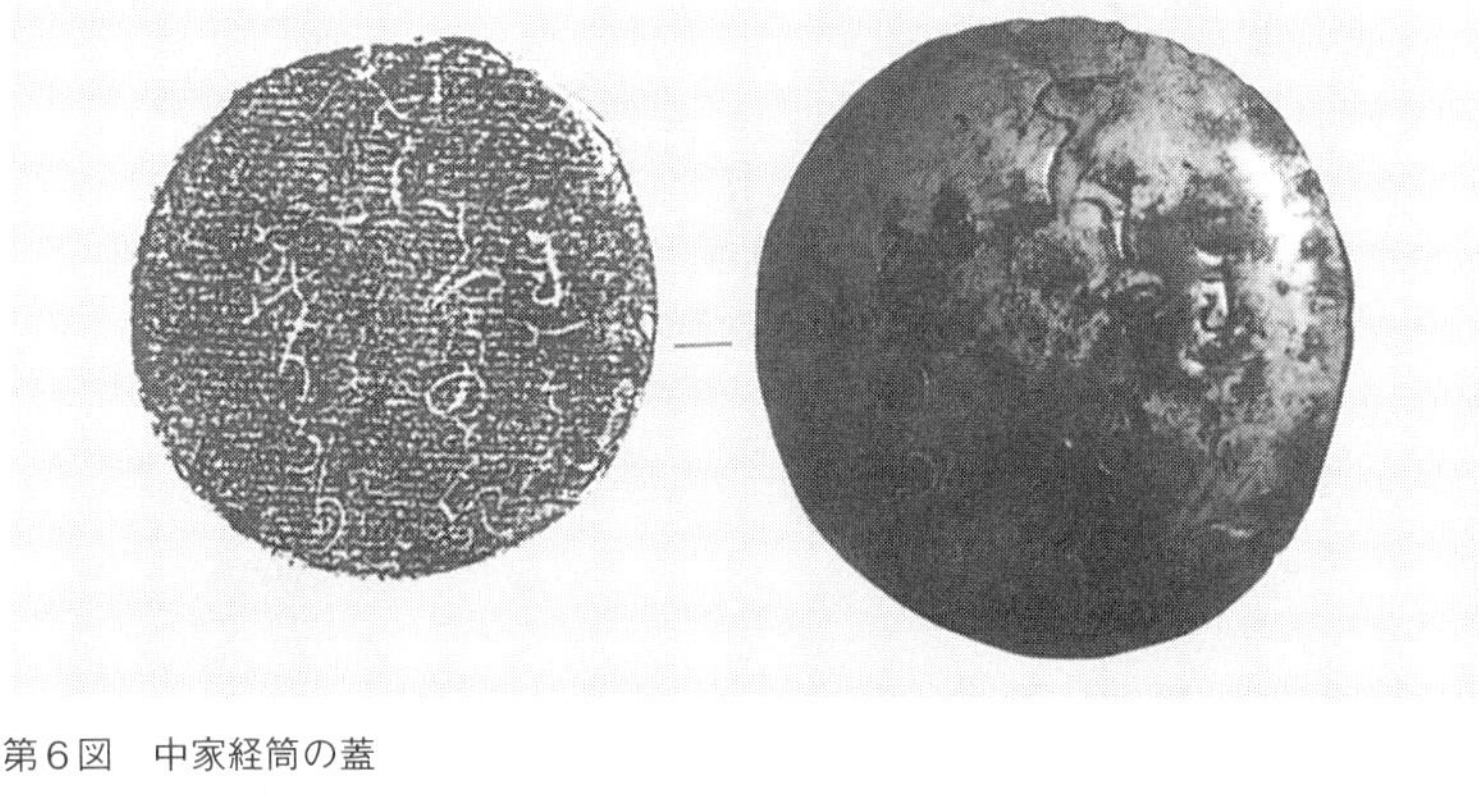

第６図　中家経筒の蓋

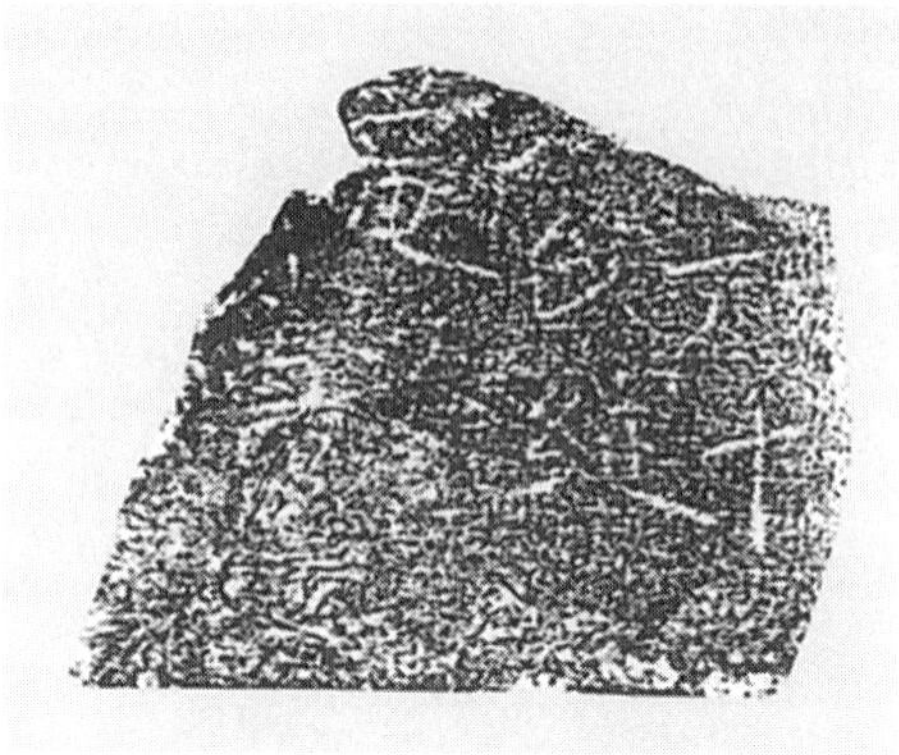

第７図　中家経筒氏綱の刻名

史の①行の異儀は、当初の報告では昊儀と解して、字体の特徴をつかんでいる。この点近藤氏の判読は、この部分を霊の異体字として霊位と読んでいる。中家の経筒を実見したところ、近藤氏の判読が正しいことを確認した。また意趣の点からも近藤氏の判読でなければ文意が通じず、一般的な回向の書式に当てはまらないであろう。

このほか大田南№154の経筒には金石文ではよくある異体字が使用され、近藤氏も誤読している。第一の点は№154の①行の院号にあたる部分である。近藤氏はこの院号を美珠院と読んでいる。ところがこの個所は「美」ではなく「養」の異体字であり、院号は養珠院と読むべきである。おそらく中家の例も同様と考えられる。①行の最後に刻まれているこの霊儀とは、回向清規の下文字にあたり、平人に用いるとされる。したがって①行は先婦の院号と法号を刻んでいる。また新潟県史では①行の先婦の前に一字欠字を考えているが、実見した限り、経筒の上端に一字が推定できるので、県史と同様に一字不明としたい。

②行は「存日令書法華六十」の八文字である。存日は生前の意味であり、「令書」は該当例がなく、前後の分脈により「書かれ」と読ませるのであろうか。あるいは「全」の異体字の可能性があり、「全書」と刻んでいることも考えられる。その場合、「全てを書く」となろう。後者の可能性が高い。

③の「未克」は「未充」で、充は異体字を使用している。「宝納」は奉納であろう。「氏綱」の「綱」は異体字で刻

まれている。
④の先頭の文字は「継」ではなく「綱」の異体字であろうか。したがって「前緒をつなぐ」となろう。「取収」は「取り納め」で、いずれも和漢体の文体である。
⑤の「金筒」とはこの経筒のことで、鍍金していることに由来するのであろうか。他に類例がなく、当時、これら廻国経筒をどのように呼称していたかは定かではないが、「金筒」の用法は№154の和漢体の分脈の中で生きている呼称である。「追州」は「追修」であろう。
⑥の「仗」は文意が通じず、私見では「伏」の異体字と考えた。
⑦の「円種」は「円珠」であり、⑦の「智」と続く。したがって「円珠智」であろう。「円珠智」については、いかなる経典に拠るかの確認はしていない。仏教の認識論の重要な一つである「智」の中で、あまりなじみのない文言である。⑧の年と月はのちに述べるが、養珠院の一周忌にあたる年と月である。また⑦のほぼ真ん中で筒部を合わせている。したがって⑦の文言は、銅板が筒状に合わせられたのちに刻まれたか、あるいは銅版に銘文を刻み、さらに⑦行で切断したのち、円筒状に接合し、うまく字を合わせたのか、のいずれかであろう。近藤の報告には指摘がない点である。中家の経筒の場合、銘文のない空白部分で接合している。経筒の製作を考えた場合、銘文が継ぎ目の部分にこないように作られた中家経筒が、最初に製作されたと考えられる。

第８図　北条氏綱像（早雲寺蔵）『神奈川県文化財図鑑』より

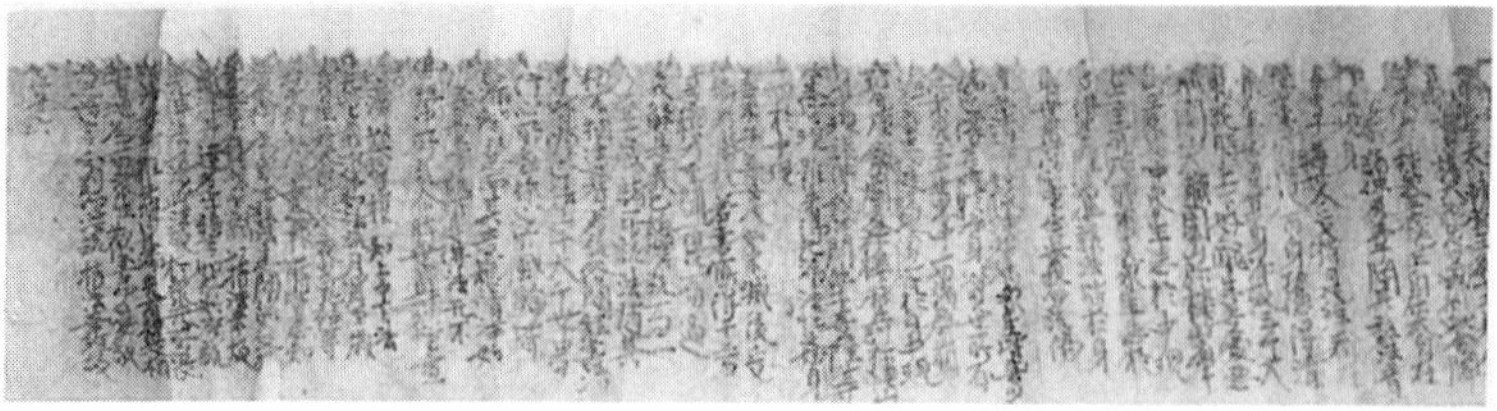

法華経功徳品（上）

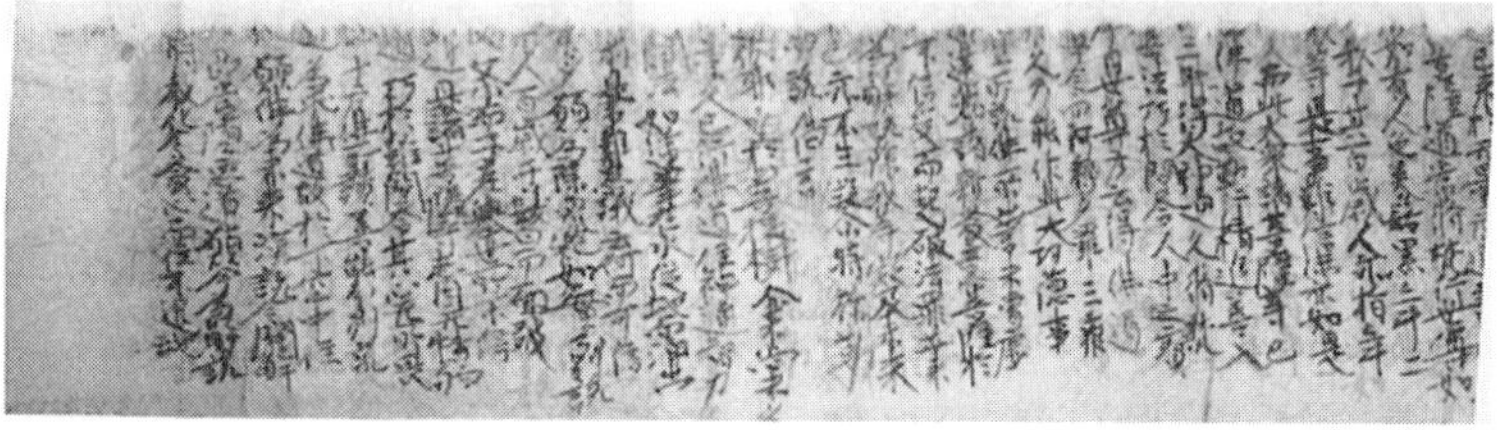

法華経功徳品（下）

第９図　養珠院の写経（中家経塚）

中家経筒の蓋に刻まれた銘は、どのように解読できるのであろうか。この銘は当初、一文として、報告されていた。実見したところ、女房奉書のように散らし書きされ「こ連ハそん　しやうのと記をふ　奈能り奈り」と刻まれていたのである。ところで新潟県史によって文の区切りが提示された。散らし書きゆえ二通りの読みが可能である。

第一は県史の読みで「これは　そんしょうのとき　あふなの　なのりなり」である。

第二は「これは　そんあふしょうの　なのりなり」であるが、私見では県史の読みを採用し、「これは、存生の時、追う、名乗りなり」と釈読し、「これは（経典）生前に写経したもので、追善し、唱える」と理解しておきたい。おそらく大田南№154経筒の蓋にも同様の文言が刻まれていた、と考えられる。現状では別の蓋が重なっている。

さらに筒身の和漢体の文字の筆跡と蓋の仮名書きの流麗な文字とは大きく異なり、二人の手によって書かれた下書きによって経筒の蓋と身に刻まれたものと考えられる。

⑧は大永八（一五二八）年陰暦七月にあたる。

これら二口の銘文は、すでに述べたように通常の廻国経筒の銘文と異なり、奉納+経典名と法華経を守護する十羅刹女の文言と廻国聖とその住国、パトロンというべき旦那の住国が刻まれておらず、先に逝った婦人が法華経を書写したこと、それを供養するため夫である氏綱が奉納する旨が克明に刻まれている。この点では夫氏綱の心のひだを如実にあらわす名文といえよう。以下、私見の判読を開陳したい。

先婦養珠院宗栄霊儀　①
存日全書法華六十　②
六部未充宝納氏綱　③
綱前緒取収篭之　④
金筒追州（修）於旧蹟贈　⑤
献　願伏此功早證　⑥
仏果及与群生円種（珠）　⑦
智
大永戊子七月日願主敬白　⑧

私見の判読に従って銘文の大意を述べれば、おおよそつぎのようになる。

先婦養珠院宗栄霊位（は）
生前法華経六十六部の書写を終えていたが
（この経典を）いまだ奉納できずにいた。氏綱はその意を受け、
かごに経筒を取り収め、追修のため写経を霊場に奉納する。
伏して願わくばこの功徳により衆生とともに
すみやかにさとりと仏性智を明らかにせんことを
大永八年七月日　願主敬白

三、銘文の氏綱と養珠院

二口の銘文の内容から、夫である氏綱が亡き妻養珠院に替わって納経したことが判明した。さらに先婦の院号は美珠院ではなく、養珠院とすべきであることも判明した。

ところでこの氏綱と養珠院とはだれであろうか。近藤の報告では、大田南八幡宮経筒一七四口のうち、№154経筒は国名および年号不明の経筒に含まれ、特に問題としていない。同様に新潟県側でもふれていない。その後、この問題について新たな判読を提示し、これを論じた研究も認められない。結論から先にいえば、この氏綱とは戦国大名後北条氏二代目北条氏綱であり、養珠院とはその先妻である。養珠院は後に詳しく述べるが、北条氏康の母と目されてい

る人物である。

北条氏綱は、戦国武将として広く知られた人物である。永正十五（一五一八）年の三十二才のおり、父北条早雲から家督を譲られ、後北条氏の第二代を継承した。その後、南関東へたびたび出兵し、伊豆、相模、武蔵、下総、上総、駿河の一部までを勢力圏に収め、後北条氏の勢力を拡大した武闘派でもある。また箱根湯本の地に早雲寺を建立したことや鶴岡八幡宮を造営したことも知られている(4)。

一方、妻の養珠院宗栄については、岩崎宗純や立木望隆の研究がある。これらの研究によって、養珠院には春苑という道号がつけられていたことが判明する。したがって正式な法名は養珠院春苑宗栄である。

ところで岩崎は養珠院の命日を『新編相模国風土記稿』の記述に従って、天文七（一五三八）年三月一日と考えた(5)。しかしながら立木は養珠院の没年を金沢文庫の仏書の奥付と「以天和尚語録補遺」の養珠院十三回忌の記述に拠って、養珠院の没年を大永七年とし、先の『新編相模国風土記稿』の記述を訂正した(6)。大田南八幡宮と中家の経筒銘が翌年の七月であることから、写経奉納は養珠院一周忌の供養と考えられる。立木が推定するように、氏綱四十一才の年であるので、養珠院は若死であったと思われる。菩提寺は早雲寺内に建立され、寺領の一部が韮山町山木にあった(7)。

さらに立木は養珠院の人となりを、所蔵の「北条幻庵覚書」の座頭衆参上のくだりから、「養珠院なる婦人の、ごく控え目な起ち居や、浅からぬ教養をふんわり包みこんだ、たおやかな容姿などが彷彿し、若き日の幻庵が、日ごろこの義姉に抱いていた、親近観や、畏敬の念が、いかに深かったかわかる」とした(8)。「北条幻庵覚書」は養珠院死後、三十五年後の永禄五（一五六二）年に、養珠院の孫娘の婚礼に際し述べたものであるので、いかにその想いが深かったかがわかるであろう。

養珠院の没年の決めての一つとなった、金沢文庫所蔵本の奥付をみてみたい。これについては、さいわい『神奈川県史資料編３』にその部分の写真が掲載されている。問題の個所は巻二十九に墨印の中に「斯一蔵真詮為先婦養珠院宗栄　荘厳報土　大永戊子孟秋日　平氏綱（花押）」と書かれている。[9] なお土と綱の字は異体字で書かれている。花押は氏綱が大永五年以後、使用したとされる第三型である。[10] 孟秋とは初めての秋という意味で、大田南八幡宮と中家の経筒の月と一致し、養珠院の祥月を表していると考えられる。県史の注によれば、奥題の余白に「極楽寺真言院」記載が磨消されているという。経筒と同様に養珠院の一周忌に寄贈していることがこれによって判明する。

この金沢文庫所蔵本とは宋版『阿枇達磨大枇婆沙論』である。ところで『あびだつまだいびばしゃろん』とはいかなる書物であろうか。『仏典解題事典』によれば、三蔵法師の漢訳本のみが残っているという。「あびだつま」とは、仏の教えを要約したり研究することとされ、「びばしゃ」は注釈という意味といわれる。[11] なかでも仏の道へすすむ発智への注釈が多いとされる。先に経筒の銘文の中で「仏種（珠）智」という文言に注意した。すると氏綱はこの宋版の内容に理解をしめしていたことも考えられる。氏綱には当時、早雲寺を開山した大徳寺住職以天宗清和尚をブレーンとしていた。このことからすれば、氏綱の仏教への深い理解も首肯できよう。

以天は養珠院の亡くなった頃には京都大徳寺にいたらしく、その語録には相模の記事は認められない。しかしながら以天の語録中、以天の行った下炬の記事の中に「宗」を取り入れた法名が散見される。[12] 養珠院の法号にも「宗」の一字が含まれている。直接ではないにしろ養珠院の法号には以天が深く関与していた可能性が高い。

四、氏綱の再婚

氏綱は養珠院の死後、関白近衛尚通の娘を後添えとしてむかえていた。[13] これが経筒の銘文や金沢文庫の奥付の「先婦」の所以である。先に逝った者への深い追慕の念とともに、一周忌を待たず後室を迎えたことも、経典奉納の旅を廻国聖に託した要因の一つと感じられる。

では法華経六十六部奉納の経筒は、なぜ大田南八幡宮と中家に埋納されたかである。おそらく大田南の場合、経典奉納が無事終了し、同時に経筒も奉納されたためと考えている。一方、中家の場合、経典奉納がほぼ終了し、それを記念するために塚を築造し、最後に写経を入れた経筒を埋納したと解している。つまりこの六十六部の旅は二グループによって成し遂げられたものと想像できる。大田南の場合、全国の人々の奉納した経筒が約一七〇口出土していることから、廻国の最終目的地の一つであった可能性が高い。では中家の場合はどうであろうか。

このころ越後国は守護代長尾信濃守為景によって、領国支配が進んでいた。大永四（一五二四）年には北条氏綱の江戸城攻略によって、守護に関東管領の一族上杉家をいただく越後も無関係ではなかったはずである。したがって越後側には、北条氏の経筒埋納を直接的に関与できる状況はない、ともいえる。ところが「上杉古文書」に収められている大永四年の長尾信濃守宛の書状によれば、氏綱は「寒山拾得」の二幅の絵画を贈り、よしみを結ぼうとしていた。これに対し、長尾信濃守は返礼として、鷹を贈っている。さらに氏綱側はこの間の交流に、使者として出羽修験を越後に遣わしている。[14] 出羽山伏とは羽黒修験のことである。したがって、あながち中家経塚と氏綱の間は無関係とはいえないといえよう。領国を自由に越える羽黒修験や廻国聖の存在、上記の為景宛の書状、あとは想像の世界である。なぜ中家かの問題は、おそらく中家は付近に経典奉納の霊場、霊所があったか、あるいは廻国聖に何らかの地縁があったかのいずれかであろう。また中家が関東への出入口である街道に近いことも聖の往来に都合がよかったのかも知れない。また霊場八海山の存在、も考慮すべきであろう。見知らぬ他国人の追善の為、経筒を埋納することは、想像の域をでないが、付近の衆生を巻き込み、ともに追善の法要を営んだのちに行われたものと思われる。それは銘文の通り、参加した衆生に仏果がおよばんことを祈ったものと考えている。

天文九（一五四〇）年、養珠院の十三回忌に法要が、息子と目される北条氏康を施主として営まれている。この際、以天和尚が説法を行っている(15)。養珠院が亡くなった際、氏康は十一、十二才であった。さぞ感慨深いものが去来したと思われる。

以上、二口の経筒の銘文から妻の死とその追善をめぐって、氏綱という戦国武将の心のひだをさぐる、という作業を行った。小論を終えるにあたり、はたしてうまく氏綱の心を伝えたかは、はなはだ心もとない。戦国の争乱という時代の中で、とかく武将のいう側面が表に出がちである。他方、氏綱は文学面でも造詣が深かったといわれている。資料の限界もあって、個人の心情は歴史学の中ではあまり追求されない分野であるが、同じ人間として魅力を感じるところでもある。

考古学は歴史的遺物としてのモノに終始する。そのため歴史の中で人の心情を追求することは、最も不安な領域である。歴史も人間の営みの中で生まれるものである。今回のように資料の隙間から当時を生きた心情をさぐることも、ある意味では大事なことではないだろうか。

【補記】小論は平成八年五月に脱稿したが、その後、八月に中家の経筒を実見し、若干の補正を加えた。文末ではあるが、小論を執筆するにあたって、下記の機関や人々にお世話になった。厚くお礼を申し上げたい。

大田南八幡宮、島根県立博物館、広神村教育委員会、茂野実夫妻、広江耕史、上田薫（敬称略）

註

（1）近藤正「大田市南八幡宮の鉄塔と経筒について」『島根県文化財調査報告書　第1集』一九六五年。
（2）松谷時太郎「越後の経塚」『越佐研究　第13集』一九五八年。
（3）新潟県編『新潟県史資料編　第5巻』一九八四年。
（4）佐脇栄智「北条氏綱」『国史大辞典』一九九一年。
（5）岩崎宗純「後北条氏と宗教」『小田原地方史研究　5』一九七三年。
（6）立木望隆「北条氏綱夫人養珠院と後室近衛殿」『神奈川県史研究　第45巻』一九八一年。
（7）近年、刊行された『韮山町史　中世』には、養珠院は韮山町内に所在したとされるが、註5の文献で指摘されたように早雲寺の子坊の一つであろう。
（8）註6に同じ。
（9）神奈川県編『神奈川県史　資料編第3巻』一九七九年。
（10）田辺久子・百瀬今朝雄「小田原北条氏花押考」『神奈川県史研究　第34巻』一九七七年。
（11）中村元ほか『仏典解題事典』一九六六年。
（12）細合喝堂ほか「以天宗清語録」『大徳寺禅語録集成　第3巻』一九八〇年。

(13) 註6に同じ。
(14) 『越佐史料　第3巻』一九七一年再版。
(15) 竹内尚次「北条五代と早雲寺」『箱根町誌　第2巻』一九七一年。

V

近衛尚通とその家族

柴田真一

一

日記を読み解く場合の重要な仕事のひとつは、人物の比定である。今日では、翻刻される日記には人物の注がつけられているのが通例である。しかし、「後法成寺関白記」のように翻刻のないものについては、「公卿補任」や「尊卑分脈」など様々な史料を利用して調べなければならないことになる。ここで取り上げるような家族関係については、「尊卑分脈」が基本的な史料となる。しかし、「尊卑分脈」の系図には全ての家族が網羅されているわけではなく、家族の全体像を明らかにしようとすれば、日記の内容を分析する必要がある。(補註)

尚通の家族関係については、すでに高群逸枝「近衛政家」[1]（以下高群）、湯川敏治「中世公家家族の一側面」[2]（以下湯川）に詳しい論考がある。しかし、これらの研究をもとに、尚通の家族関係について調べたところ、疑問点がいくつかでてきた。そこで、従来の研究によりつつ、あらためて尚通をめぐる家族関係についてまとめておくことにしたい。

二

まず、尚通を中心とした系図を図1に示す。

系図の作成にあたっては、尚通の子供については湯川を、それ以外については高群[3]を主として参考にした。

尚通の父は後法興院近衛政家、母は家女房で諡号を等心院[4]という。等心院は大江俊宣の養女[5]で、実際は越前の加治能登入道の女、加治民部丞の姉と推定されている[6]。

以下に、高群、湯川とは異なる点について説明する。

奥御所について、湯川はbの教基の女をあげ、長享元年（一四八七）九月二十九日にbがなくなって以降「後法興院記[7]」「後法成寺関白記」にみえる奥御所については、尚通との関係は不明としている[8]。しかし、高群は、近衛家代々の影像を祭った御霊殿の斎女が奥御所・端御所であって、奥御所には歴代の嫡女が入るものとしており[9]、ここでは高群にしたがった。

図1　近衛尚通関係系図

房嗣
- 教基　号後九条　応永三十年生　寛正三年八月一日没　四十歳
  - 浄心仁b　御霊殿奥御所　長禄三年生　長享元年九月二十九日没　二十九歳
- 道興　聖護院　文亀元年九月二十三日没

- 瑞照i　慈照寺　明応五年十一月十四日生
- 女子j　継孝院　明応七年六月七日生

高群によってa以降の奥御所をたどってみる。aは文明五年（一四七三）十二月七日に没した[10]。その跡を継いだbは、文明十七年十

- 女子a　御霊殿奥御所　文明五年十二月七日没
- 女子　宝珠院　応永三十四年生　明応四年十月五日没　六十九歳
- 増運　実相院　永享六年生　明応二年十一月二十六日没　六十歳
- 政深　三宝院
- 女子　瑞光院　永享十一年生　明応五年十一月二十五日没　五十八歳
- 女子　茶々御所
- 女子　御霊殿端御所　嘉吉元年生　明応九年十二月二日没　六十歳
- 政家　号後法興院　文安元年生　永正二年六月十九日没　六十二歳
  - 尚通　号後法成寺　文明四年十月十一日生　天文十三年八月二十六日没　七十三歳
    - 女子k　坂本智園寺　明応八年七月六日生
    - 女子l　宝鏡寺か　文亀元年三月六日生
    - 稙家　号恵雲院　文亀二年十二月生　永禄九年七月十日没
    - 覚誉　一乗院　永正三年九月十三日生
    - 道増　聖護院　永正五年四月四日生
    - 義俊m　大覚寺　永正十年五月八日生
    - 女子n　号慶寿院　足利義晴室　義輝・義昭母　永正十一年生　永禄八年五月十九日自害
    - 男子o　相国寺聯輝軒　永正十二年生か
    - 晴通　継久我　永正十六年六月二十九日
    - 女子p　正受寺
    - 女子q　北条氏綱後室
  - 女子c　御霊殿奥御所　文明六年生　明応五年三月六日没
  - 良誉d　一乗院　文明七年九月二十四日生
  - 女子e　文明十年生　早世か
  - 承尊f　金竜寺　文明十六年生
  - 女子g　御霊殿奥御所か　明応三年十二月二十二日生
  - 女子h　大祥院尊永か　明応八年三月十四日生
- 政弁　浄上寺
- 男子　景陽軒
- 春渓　大祥院　永正四年五月十九日没

二月七日に二十七歳で得度し、浄心仁と号したが[11]、長享元年（一四八七）九月二十九日、二十九歳で没した。その跡を継いだのがcで、明応五年（一四九六）三月六日に二十三歳で没した[12]。諡号を善種院、法名を妙尊という[13]。高群はこのあと御霊殿斎女はいなくなったとしているが、「後法成寺関白記」には「御霊殿」「奥御所」が生見玉を行っている記事などが、永正三年（一五〇六）から天文五年（一五三六）まで見えている（湯川参照）。したがって、ｃ以降も御霊殿奥御所を継いだものがいたとみなければならない。永正三年の生見玉の記事をみると、尚通の子については、七月九日条にｋ、同月十二日条にｉとｊがでてくるのみで、他の子については「小童姫君達一度ニ今日生見玉也」とあり、翌十三日条に「御霊殿生見玉」と尚通の子とは別に記されている。したがって、ｃが没したときには尚通に子供がいなかったことも考慮すると、この時点で尚通の子に奥御所を継いだものはいないとみられ、尚通の妹と考えざるをえない。ｃの没した時点ですでに生まれている女子はｅとｇであり、このどちらかということになる。このうち、ｅは明応五年で十九歳であり、可能性はある。しかし、十九歳までどの寺にも入室せずにいたとは考えにくく、この時点ではすでになくなっているか、どこかの寺に入室していたと考えるべきではなかろうか（奥御所には、代々の嫡女が入ることになっていたということから、嫡女でないｅが早くからｃの後嗣となっていたとは考えられない）。このため、ここでは一応もうひとりのｇのほうとみておくことにしたい。

ｄの母について、高群は尚通と同母としているが、実際には和泉守入道源栄女が母である[14]。

また、大祥院尊永にあたる人物について、高群はｅをそれにあて、湯川は政家の女としながらも、そのうちの誰にあたるかは不明としている。しかし、私見によればｈの可能性が高いと思われる。

「後法興院記」明応九年（一五〇〇）十二月九日条に「入夜小女向大祥院、入室始之分也」同月十日条に「小女従大祥院帰宅」とある記事によって、高群はｅとする。しかし、ｅとすると明応九年には二十三歳であり「小女」にはふさわしくない。「入室始之分也」とあり翌日条には大祥院より帰宅していることが見えることから、「後法興院記」文亀二年（一五〇二）四月九日条「小女令入室大祥院」とある「小女」と同一人であり、明応九年には「入室始」のみおこない、文亀二年に正式に入室したと考えるべきであろう。そうすると、明応九年七歳、文亀二年九歳のｇまたは、明応九年に二歳で文亀二年に四歳であるhのどちらかと考えられる。このうち、gについては、前述のように御霊殿奥御所を継いだと考えられ、これが正しいとすればhということになる。

つぎに、尚通の子について述べる。大部分は北政所徳大寺維子（実淳女）を母とするが、iの母は嗣賢の女である[15]ことが分かっている。

継孝院について、高群はlとするが[16]年齢の計算を間違っており、年齢から考えて、明応九年十二月十一日に三歳で慈受院（侍従院）に仮入室する[17]jが、永正元年（一五〇四）四月十日に七歳で継孝院に入室する人物にあたる[18]。

なお、湯川では、継孝院の誕生記事はないとしているが、永正元年に七歳とすると、誕生は明応七年（一四九八）となり、「後法興院記」明応七年六月七日条の女子の誕生記事がそれにあたる。慈受院に入室したjが、継孝院に入室することになった経緯については、現在のところ明らかでない。しかし、「後法興院記」明応七年には、六月七日条以外に誕生記事はなく、慈受院と継孝院は同一人と考えざるをえない。

lについては、永正十年（一五一三）十二月二十一日に宝鏡寺に入室する[19]「小姫君」と考えられる。この「小姫君」をlとすると、この時十三歳となる。宝鏡寺は永正十三年（一五一六）に得度しているから[20]、その時は十六歳となる。この仮定による年齢計算からみるとlは宝鏡寺に相応しく、これ以外に該当すると考えられる女子はいない。

湯川では大覚寺義俊はmと推定されている。ただし、ここで注意しなければならないのは、聯輝軒に入室したoのことである。「後法成寺関白記」大永三年（一五二三）正月九日条に「民部大輔来云、旧冬右京兆、家門小童・竹園宮両人、可相定聯輝哉之由申入處、小童可然之由被仰下間、其旨可心得云々」とあり、聯輝軒入室にあたって、伏見宮家の息と比較されていることがわかる。伏見宮家で大永三年に器量を比較できる年齢に達しており「小童」にふさわしい年齢の人物をさがすと、後に勧修寺に入室する寛欽法親王が、永正十一年（一五一四）の誕生で、この時十歳であり最もふさわしい[21]。そうすると、義俊と考えられているｍが聯輝軒である可能性があることになる。しかし、その場合には、義俊の誕生が問題となる。大覚寺附弟の初見は「後法成寺関白記」永正十年十月十二日条であり、義俊はそれ以前に出生していなければならない。「後法成寺関白記」には、永正十年以前に欠落はなく、永正十一・十二年が欠けているので、聯輝軒は、この間に誕生したとも考えられる。ただし、永正十一年にｎが誕生しており、ｏの母も維子とすれば、その誕生は永正十二年の可能性が強い。したがって、ここでは湯川の推定にしたがっている。

ｐの正受寺について、湯川は尚通との関係は不明としている。この正受寺が、「後法成寺関白記」にどのように記されているかをみると、「寶鏡寺、正受寺、継孝院」という形で出てくる場合が多い。正受寺は永正六年（一五〇九）に入室しているが[22]、前述の様にこの前後に宝鏡寺と継孝院が入室している。日記に出てくる形から見ても、尚通の女と考えるのが良いと思われるが、宝鏡寺、継孝院との長幼関係をはじめ明らかでない点が多く、図１の系図では、次のｑとともに他の子供の後においた。

ｑについては、高群、湯川ともに指摘していない。井上宗雄氏が小田原の北条氏綱の室が近衛稙家の姉であったことを指摘され[23]、のち、立木望隆氏によって、氏綱の室養珠院が大永七年（一五二七）七月に没した後、その後室として稙家の姉が迎えられたとする考えが示された[24]。

そこで、立木氏の指摘を参考にしながら、このｑについて考えてみることにしたい。

ｑの存在を示すのは、次の「為和集」[25]天文二年（一五三三）三月条の記事である。

同晦日に、藤見之当座

いへはえにみなれぬ花の朝こちに　なひくもしるき北の藤なみ有注

右有注とかき侍るは、氏綱女中は、近衛殿関白殿御姉にてましますか、御内縁になられける間、かくよみ侍り、ことにかの女中にての会也

この史料によれば、天文二年三月までに、稙家の姉とされる人物が、氏綱の後室となっていたと考えられる。後室となった時期について、立木氏は、明記されていないが、享禄元年（一五二八）ごろと考えておられるようである。しかし、私見によれば、享禄四年七月から天文元年四月ごろまでのことと考えられる。以下にこの点について考えてみたい。

尚通の女を室に迎えようとするためには、尚通に対して何らかの交渉があったものと考えられる。そこで、享禄元年から天文二年までの「後法成寺関白記」をみると、享禄四年から天文元年の間に北条氏関係の記事が集中していることが分かる。

この間の初見は、享禄四年三月二十八日条の「北條左京大夫、白紬十端白鳥一送之」であるが、最も重要なのは、天文元年四月二十六日条の「北條左京大夫、黄金十両紬卅段白鳥三樽一荷進上之、御方江太刀一腰助平　生絹三疋、同息新九郎太刀持　一振千疋、北政所、左京大夫黄金五両紬紅　十段、姫君江　左京大夫息女千疋、継孝院江　北条黄金五両紬紅十段、春芳軒へ白紬十段送之」という記事である。

このような贈物が、氏綱から近衛家への何らかの謝礼であることは明らかと思われる[26]。そこで注目されるのは、享禄四年七月五日条の「宇野藤右衛門来、遣返事、北条京兆江御事也」という記事である[27]。天文二年の時点で尚通の女

が氏綱の後室となっていたとすると、享禄四年七月五日の時点で、北条氏綱に後室とすることを承知する返事を送り、翌天文元年四月二十六日までの間に実際に後室として迎えられたため、北条から礼として贈物がもたらされた可能性が高いと考えられる。

しかし、このｑに関しては、なお疑問が残っている。ｑは稙家の姉ということであるから、享禄四年には三十一歳以上であったということになる。その場合疑問となるのは、前述の考察からは、氏綱の後室となることは享禄四年まで予定できなかったことと考えられるが、尚通の女に三十歳を越えるまでどこにも入室せずにいた人物がいたとは考えられないということである[28]。

ただし、この点について一つの可能性を提出するとすれば、ｐが還俗したという考え方である。天文元年正月十八日条の「正受寺被来、兩種一荷被持之」という記事を最後として「後法成寺関白記」にｐの記事は見られなくなる。ｐはその入室の時期からみて、稙家より年上であったことは十分考えられ、可能性はあると思われる。しかし、たとえそうであったとしても、なお疑問が残る。それは、なぜ尚通がこの結婚を承諾したのかということである。この時期、北条氏の支配地域には近衛家領はなく、所領収入の確保が目的でなかったとすれば、どのような理由があったのかはっきりしない。

稙家より年上で、近衛家に関係のある者が氏綱の後室になったことは、ほぼ間違いないとしても、その人物が尚通の実子であったかどうかも含めて、不明な点が多く残されているといわざるをえない。

したがって、図1では、ｐｑが同一人である可能性も考慮して、尚通の子供の最後においた。

なお、これ以外に大上なる人物が尚通と同居していた。大上とは貴人の母の敬称とされている[29]。「後法成寺関白記」永正三年（一五〇六）四月九日条に「大上被出里」とあり、同月十二日条には「大上従飛鳥井黄門許被帰」とあって、飛鳥井家の出身者であったことがわかる。「後法興院記」文明十四年（一四八二）十一月十日条に「今夜飛鳥井大納言入道雅親卿息女令祗候此所、堅固密々儀也」と、飛鳥井雅親の女が政家のもとに入った記事があり、大上はこの女性であったと考えられる。

三

前節では、尚通を中心とする家族関係について、再度検討を加え系図を再構成した。

この系図をみると、特徴として気付くのは、さきにも述べたが、高群も指摘しているように、男子は近衛家を相続したものと久我家を相続したものを除いて全て出家していること、女子はｎｑを除いて、出家しているか、または、未婚のままで一生を終わっていることであろう。

女子の不婚について、高群はこの時期一子相続となって婚姻の相手が減少したことと、女子は婚家の被扶養者となり、その家に奉公するかたちになるため、摂関家の女が入るべき家格の家がなかったことを指摘している（この当時摂関家では、家格の低い家から室を迎えており、天皇家に摂関家の女が入ることもなくなっていた）。このように考えられるとすると、尚通の女ｎが、足利義晴の室となり、その子義輝が松永久秀らに攻め殺された永禄八年（一五六五）五月十九日、一緒に自殺していることは、細川政元の養子となった九条政基の子澄之のことなどとともに、摂関家と武家との関係を象徴するものとして注目される。

四

以上、尚通の家族について考えてきた。高群、湯川の成果に一歩を進めただけに終わったが、尚通をめぐる家族関係は、ほぼ明らかになったと思う。前節で述べたところからは、『戦国期公家社会の諸様相』の「序章」に述べた、三条西実隆や鷲尾隆康の家族関係と共通な点があることに気付く。一子相続と、それ以外の男子の出家、さらには、室が少数で、ひとりである場合もあることなどである。この時期、断絶していた家の再興がしばしば行われるのも、一子相続により行場のなくなった子供の救済という面があったのかもしれないが、そういった、この時期の公家社会の問題を考えるなかで、今回結論を保留した点も含めて、あらためて家族の問題を考えていきたい。

註

(1) 高群逸枝『平安鎌倉室町家族の研究』(栗原弘校訂、国書刊行会、一九八五年)所収。
(2) 『ヒストリア』九一、一九八一年六月。
(3) 高群一〇一五頁～一〇一七頁に系図が示されている。
(4) 「後法興院記」文明十四年七月十日条。
(5) 『新訂増補国史大系　五八　尊卑分脈　第一篇』吉川弘文館、一九六六年、七六頁。大江俊宣は近衛家の家司で、ほぼ毎年越前国宇坂庄に年貢催促のため下向している(湯川敏治「近衛家領越前国宇坂庄」〈『戦国期公家社会の諸様相』所収〉参照)。
(6) 高群九九四頁。加治氏は、宇坂庄のあった越前を支配していた朝倉氏の一族、または、その有力被官人と推定されている(湯川

敏治「近衛家領越前国宇坂庄」〈『戦国期公家社会の諸様相』所収〉参照）。
（7）以下に引用する「後法興院記」は『増補続史料大成　後法興院記』一～四（臨川書店、一九七八年）による。
（8）湯川二〇頁。
（9）高群一〇〇二頁～一〇一二頁。
（10）「後法興院記」文明十七年十二月七日条。
（11）「後法興院記」文明十七年十二月七日条。
（12）「後法興院記」明応五年三月六日条。
（13）「後法興院記」明応五年三月十六日条。
（14）「雑々記」文明七年九月二十四日条にdの誕生記事があり、そこに「母和泉守入道源栄女也」とある。「雑々記」については、湯川敏治「『雑事要録』『雑々記』にみる近衛家の家産経済」（『戦国期公家社会の諸様相』所収）参照。
（15）高群では母不詳としているが、湯川にあるように「実隆公記」明応五年十一月十六日条により「嗣賢朝臣息女」が母である。
（16）高群一〇〇一頁。
（17）「後法興院記」明応九年十二月十一日条に「前関白息女三歳有祝言事、今日被入室侍従院、先假入室也」とある。なお、この「侍従院」は「後法興院記」文亀元年四月二十三日条「今度慈受院方丈前関白息女入室」、同じく文亀三年七月十一日条「慈受院有生見玉事」の「慈受院」を指すと思われる。
（18）「後法興院記」永正元年四月十日条。
（19）「後法成寺関白記」永正十年十二月二十一日条。
（20）「後法成寺関白記」永正十三年四月二十七日条。
（21）伏見宮貞敦親王の息は、伏見宮を相続する邦輔親王（永正元年生）、寛欽法親王、堯尊法親王（生年不明）、応胤入道親王（永正十八年生）、任助入道親王（大永五年生）である。
（22）湯川は、「後法成寺関白記」永正六年八月二十七日条の「成就寺江参、御所入室也」と同年九月二十三日条の「正寿寺喝食帰寺」

の記事をあげ、正受寺と関係があるのではないかと指摘している。永正七年正月十六日条に「正受寺喝食」が見られることから、同一人と見て間違いないと思われる。したがって、正受寺の入室は永正六年と考える。
(23)　井上宗雄『中世歌壇史の研究　室町後期』明治書院、一九七二年、四二四頁。
(24)　立木望隆「北条氏綱夫人養珠院と後室近衛殿について」『神奈川県史研究』四五、一九八一年九月。
(25)　和歌史研究会編『私家集大成』第七巻（明治書院、一九七六年）による。同書解題によれば、底本としたのは、唯一の完本である書陵部本であり、他の諸本はすべて抄本とのことである。
(26)　記事中の人物のうち、「春芳軒」は「後法成寺関白記」永正十四年十月二十五日条を初見として、以降日記中に散見するが、どのような人物であるかは明らかでない。ここで他の人物とともに贈物を受けているところから見ると、ｑの乳母あるいは実母であったことも考えられる。
(27)　杉山博校訂『小田原衆所領役帳』（近藤出版社、一九六九年）に宇野藤五郎が出てくるが、同書校注には、「関八州古戦録」に宇部藤右衛門定治が天文八年二月三日川越卅余郷御代官に補された旨がみえており、宇野藤五郎はあるいはその後裔かと指摘されている。この宇部藤右衛門が、ここにみえる宇野藤右衛門にあたるのかもしれない。また、中丸和伯「陳外郎宇野家と北条氏綱」（『近世国家の成立過程』塙書房、一九八二年）に、宇野藤右衛門は、近衛尚通と交渉のあった陳外郎祖田の子で、北条家と関係があった旨が指摘されている。そのような宇野藤右衛門の出自からすれば、尚通への使いとしてふさわしい人物であったということができる。なお、「後法成寺関白記」享禄四年九月十三日条にも「宇野妻女両種一荷持来」との記事がある。
(28)　慶寿院は、天文三年二十一歳のときに義晴のもとに入っており、必ずしも早い時期からどこかの寺に入室したとは限らないようにみえる。しかし、慶寿院の場合は、義晴が大永元年細川高国に擁立されて将軍となってから、大永七年二月に京を追われるまでの、八歳から十四歳の間に婚約が成立していたものと考えられる。
(29)　『日本国語大辞典』第三巻、小学館、一九七三年。なお、大上については、湯川敏治「近衛政家の妻室」（『日本歴史』五二七、一九九二年四月）に詳しい説明がある。
（補註）　現在では、『大日本古記録　後法成寺関白記』一～四（岩波書店、二〇〇一～二〇一一年）が刊行されている。

Ⅵ　近衛尚通と上杉朝興

佐脇栄智

尚通は近衛家十四代当主であるが、室町幕府九代将軍足利義尚から諱の一字をもらっている人物として知られている。一方、上杉朝興は扇谷上杉家を継いで、相模守護となっている戦国大名である。この両者はいずれも、戦国大名北条氏綱と深いかかわりをもった人物でもあった。

北条氏綱は、その鶴岡八幡宮造営に際し、奈良番匠等の下向を尚通に要請したこともあったが、尚通の上の娘は氏綱の後添いとなって小田原に来ているから、氏綱にとって尚通は岳父になった人である。また、朝興は、氏綱を「他国の凶徒」と呼び、相武の支配をめぐり激闘して止まなかった。

ところで、尚通と朝興は音信することがあった。享禄二年（一五二九）六月十八日、朝興からの書状がはるばると京都の尚通の許に届けられた。尚通はその日記「後法成寺関白記」[1]に、次のように記している。

（享禄二年六月）廿日甲申晴、種蔵主来、一昨日関東上杉修理大夫有書状、就其、余書状并伊勢物語一冊遣之、種蔵主執次也、

尚通は、二日後の六月二十日に、返書と伊勢物語一冊を朝興に書き送ったが、これを取り次いだのは種蔵主であった。このとき、尚通から朝興に送られた書状の草案が反故紙となって、彼の日記の料紙に用いられ今日に伝えられている。

その草案は二点あって、享禄三年と同四年の日記が認められている。両者ともに天地を欠いているが、いま両方を照らし合わせて復原すると、次のとおりである。

雖未申通候、以風便令啓候、抑由緒異于他候之処、依遼遠自然懈怠、非本意候、自今以後、互可及音塵事、本懐候、仍此一冊、不顧蚯蚓之嘲、染愚筆候、猶首陽院可有演説候間、令省略候也、謹言、

六月

上杉修理大夫殿

朝興が尚通に、どのような内容の書状を送ったかは知る由もないが、尚通の返事の文面から推察しても、家柄や血筋のことに及んでいるように思われる。だから、尚通は伊勢物語を書写し、前掲のような内容の返事に添えて朝興に届けたのであろう。朝興から尚通への礼物は、二年後の享禄四年六月十二日に、香合と黄金二両が届けられている。なお、余談になるが、「蚓」とは「みみず」のことであり、「虵」は「へび」のことである。少年のころ、みみずのはったような字だとか、へびがのたくったような字だ、と言われたことが想起され、そのルーツとして興味深い。

さて、朝興は、なぜ、尚通と接触したのであろうか。前にも触れたように、このころの朝興は、相武の支配をめぐって氏綱と激しく抗争していた最中である。朝興の「他国の凶徒」論理に対抗して、氏綱は大永三年（一五二三）中に[2]、鎌倉幕府の執権北条氏につながる北条改姓を行っているのである。そのような情況の中にあって、朝興は宣伝戦略の一環として、尚通と音信したのではないだろうか。享禄二年（一五二九）の段階では、まだ尚通の娘は小田原の氏綱の許に下っていなかったとみられるが、すでに大永二年には尚通から氏綱に「酒天童子絵詞」[3]が贈られ、翌三年九月十三日には氏綱からの礼物十貫文が尚通の許に届けられている。

ところで、上杉朝興の三月二十三日付の書状[4]が、越後の長尾為景の許に届いたのは、大永五年七月三十日のことであった。その書状の中で、朝興は「……然者、他国之凶徒令蜂起、関東破滅、歎而も有余次第候、定可為同意候欤、……」と記し、為景に援助を求めているのである。この前年の大永四年には、十一月二十三日付で氏綱から為景に関東の情勢を記した書状[5]が送られており、また、このころ氏綱と為景の間で贈答が行われていた。

こうしたことから、朝興は、仇敵氏綱とかかわりのある人物と敢えて接触したとみられるが、それは宣伝活動、背後攪乱として行われているのではなかろうか。朝興の尚通への音信もその一環ではなかったろうか。

註

（1）東京大学史料編纂所架蔵の写真帖による。

（2）拙稿「北条氏綱と北条改姓」（小川信編『日本中世政治社会の研究』近刊）。

（3）この「酒天童子絵詞」は、現在、サントリー美術館の所蔵になっている（榊原悟「サントリー美術館本『酒伝童子絵巻』をめぐって（上・下）」『国華』第一〇七六・一〇七七号）。

（4）『上杉家文書之二』（大日本古文書家わけ第十二）三〇九号文書。

（5）同上、三〇二号文書。なお、この書状は、氏綱の「北条」明記の初見文書である。

【追記】「後法成寺関白記」の閲覧を許可された東京大学史料編纂所、種々便宜を与えられた山田邦明氏に感謝いたします。

Ⅶ　室町幕臣の東下り

米原正義

はじめに

天正十八年（一五九〇）七月、東海路相州小田原籠城の将兵は、決戦することなく、ついに落城の悲運に見舞われた。その小田原北条氏（後北条氏と記す）に仕えた三浦浄心は、その著『北条五代記』のなかで、「早雲より此かた五代の繁昌一時に滅亡す。あはれなりける次第也」と記し、旧主の後北条氏百年の栄光の跡を、「あはれなりける次第也」、と追憶したのであった。

後北条氏滅亡のおよそ四十年前の天文二十年（一五五一）四月、京都南禅寺龍華院の東嶺智旺は京都から小田原に下向、さらに足を延ばして鎌倉などを見物し、その様子を、四月二十日に京都の友兌心庵に書き送った。東嶺はその書状[1]のなかで、次のように筆記する。

従㆓湯下㆒早雲寺而可㆓一里㆒、到㆓府中小田原㆒、町小路数万間、地無㆓一塵㆒、東南海也、海水遶㆓小田原麓㆒也、太守塁、喬木森々、高館巨麗、三方有㆓大池㆒焉、池水湛々、浅深不㆑可㆑量也、白鳥其外水鳥翼々然也、

以下、太守北条氏康を「表文裏武」で、「天下無双」の「覇王」とたたえ、「諸士美麗、就中若俗風流温籍、如㆓春

雨㆒海棠風外《中》楊柳也」とも記し、平和な府中小田原の景観、当主氏康の居舘の美、若者たちの風流その他、「万般驚㆓耳目㆒」したのであった。

後北条氏はこのように一大強勢を誇った時期があった。その後北条氏の日本歴史への登場は、いうまでもなくその出自が問題にされ、戦国大名の第一号と評される北条早雲（正しくは伊勢新九郎、宗瑞）のときで、以後、氏綱・氏康・氏政と、父子孫と継承しておよそ百年、氏政の子氏直のとき、関白豊臣秀吉の征伐をうけ、氏政とその弟氏照らは切腹して滅亡した。この後北条氏は戦国大名の典型と考えられ、その研究は政治・軍事・経済・社会・文化の多方面にわたって、数多の成果が挙げられ、小文の最終目的である文芸面に限っても、かなりの進化をみせている(2)。ここでは後北条氏の文芸、小田原文芸の背景として、中央京都との交流に視点をすえ、京下り室町幕府の幕臣（以下便宜奉公衆という）と後北条氏とのかかわりについて追求しようと思う。

一、「京都奉公之方々」

中央京都から後北条氏の領国に下向・在国し、その文芸に何らかの作用をしたと思われる京都の知識人、とりわけ室町幕府奉公衆についてのあらましは、萩原氏によって報じられ(3)、個別的なものに阪田雄一氏の論考があるが(4)、意外に研究の度合は浅いように思われる。そこで私なりに検討しようと思うのである。後北条領国に下向・在国したことを知らせるはじめの史料は、鶴岡八幡宮寺の供僧・相承院快元の日記『快元僧都記』天文三年（一五三四）六月三日の条で、そこには北条氏綱が鶴岡八幡宮に参詣したついでに、「京都奉公之方々」を饗応しようと、浜で海人らを集

めて網を引かせ、とれた多くの魚類で、比企谷に酒宴を設けたとあり、その「方々」として、

伊勢備中守殿・子息八郎・同名又次郎・太和兵部少輔入道・千秋入道

の名を挙げる。また天文十四年二月の時点で、在小田原の京都奉公衆を教えるのは、終焉の旅をつづける連歌師宗牧の『東国紀行』で、こうである。

伊勢備中入道清辰[5]・兵庫頭《（伊勢）》・息八郎殿・舎弟又三郎殿・大和信濃

さらに永禄二年（一五五九）書写奥書のある『北条氏所領役帳』（『平塚市史』1　資料編　古代・中世所収、以下『役帳』と略す）に、「御家中衆」のうち、次の人々が見える。

備中殿・伊勢兵庫頭殿・同八郎殿・大和殿・小笠原六郎殿・同弥六殿

三つの史料に記される伊勢・大和・千秋・小笠原の各氏の跡を尋ねてみよう。

二、伊勢氏―備中守・八郎・兵庫頭―

まず第一に伊勢氏から検討する。伊勢氏は室町幕府政所職を世襲し、後世、伊勢流故実の家として位置づけられていることは周知のところ[6]。後北条氏の祖、早雲自身も備中守系統の伊勢氏の出とみられる。そうした関係からであろうか、前述京下り奉公衆の三つの史料に「宗牧句集」を加えてまとめると、次のようになる。

伊勢備中守・息八郎・伊勢又次郎・伊勢備中入道是亦斎清辰・伊勢兵庫頭・息八郎・弟又三郎

彼らは伊勢氏の系譜上どう位置づけられるか、また、東下りはいつのことか。そこで伊勢平氏の流れをくむ伊勢氏

を、八代将軍足利義政の政所職であった貞親以後をたどってみよう。諸系図[7]を参照すると次のようである。

すでに佐脇栄智氏が冷泉『為和集』[8]などによって検討され、伊勢貞藤の孫の伊勢備中守貞辰が東下したことは確認

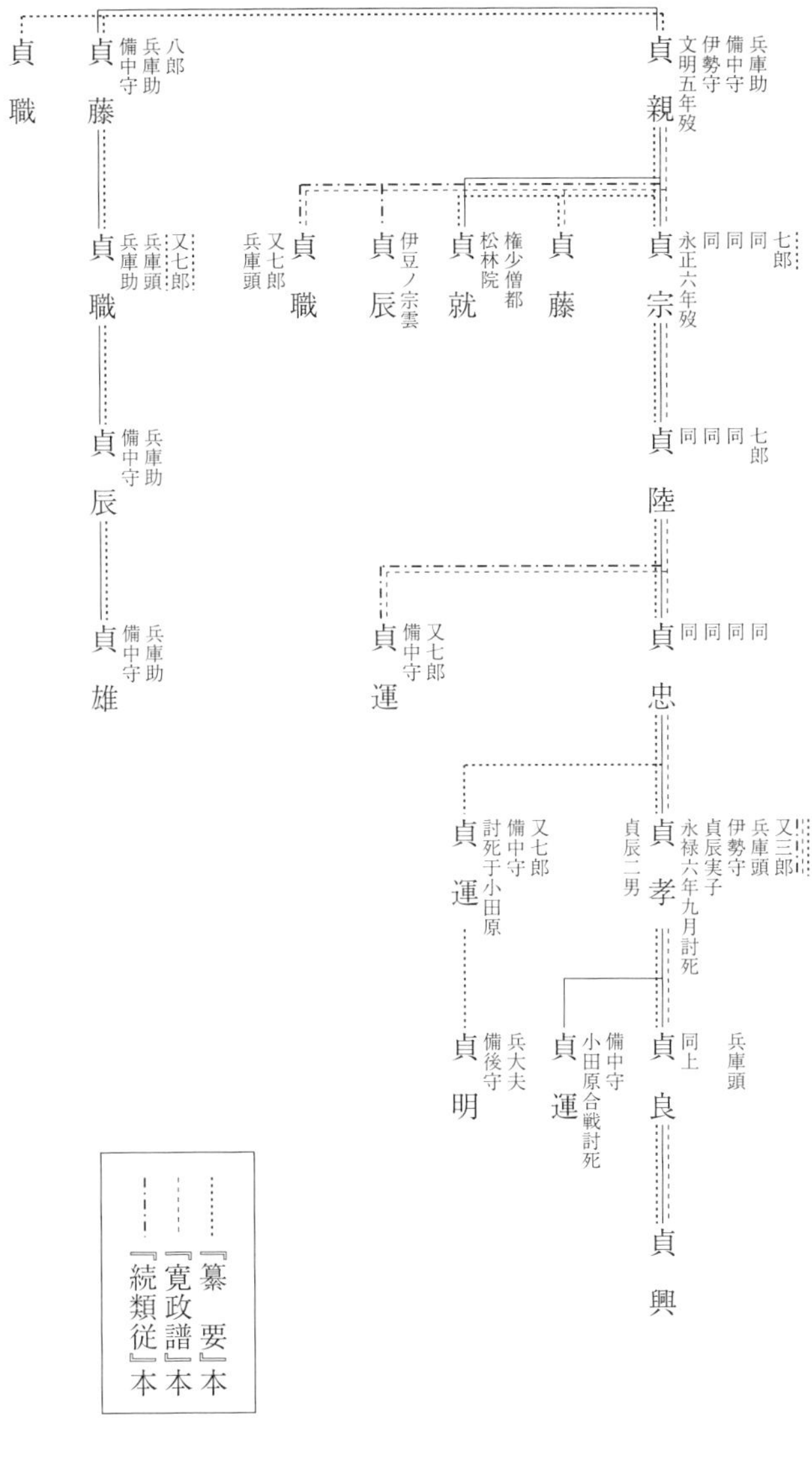

されているが、小論では無視できないので私なりに、貞辰を追跡する。『後法成寺関白記』永正十三年（一五一六）三月十一日の条に、申次の伊勢兵庫助の書状の差出所に「貞辰判」とあり、兵庫助貞辰の名が知られる。ついで『為和集』（書陵部蔵『今川為和集』に拠る）の大永五年閏十一月十一日の条に、京都の伊勢備中守貞辰亭に歌会が開かれたことが見える。翌年（大永六年）の十二月廿七日付、越前朝倉孝景（宗淳）宛の将軍足利義晴御内書（「御内書記録」『後鑑』）に、貞辰を差下すとある。そして山科『言継卿記』の大永七年十月二十四日の条に、細川道永（高国）に従う武人のなかに伊勢備中守があり、十二月十一日の条には、曇花院に預けて置いた伊勢備中守らの女房たちを、柳本賢治衆が連れ去ったとある（『実隆公記』にも）。明けて大永八年（享禄元）三月十九日塔の坊に連歌会があり、千秋刑部も列し、一巡以後、伊勢備中らが参加し、すべて三十人、言継が執筆した。『言継卿記』の伊勢備中守はこの二十二日をもって見失う。

かわって『為和集』を見ると、享禄二年二月十三日大和兵部少輔の亭、同二十八日伊勢備中守亭で歌会、六月十八日には近江は湖西朽木の伊勢備中守亭、また八月二日越前敦賀にての伊勢備中守亭、同四日も同亭で当座歌会のあったことが知られる。為和はまた享禄五年（天文元）四月十四日、駿河府中に滞在中に「都の友たちとも、伊勢八郎貞就、大和兵部少輔晴統已下のぼられけれは」河原まで見送り、別れを惜しみながら、都の朋友に和歌を贈った。

天文元年の十一月から十二月にかけてのころ、伊勢備中守清辰は、越前から一首の和歌を三条西実隆に贈り、実隆はこれに応えて返歌を詠んだのは十二月三日のことであり、翌天文二年の春「伊勢備中守清辰《是亦斎》」は、越前から文のついでに鳥子紙百枚を贈り、一首を添え、実隆は二月十三日に返事を送った。六月十六日越前の「伊備」らの書状を受取った実隆は、この二十二日に返事を認めた（以上『再昌草』『実隆公記』）。

かくて伊勢備中守ははじめ貞辰、いまは清辰（入道名かも）といい、斎号を是亦斎といった人とみて誤りあるまい。その清辰は天文二年二月越前に在ったが、前述の如く天文三年六月三日鎌倉の鶴岡八幡宮に姿をみせる。その「伊勢備中守殿」を清辰と考えた場合そうなるが、おそらく認めてよろしいであろう。そして清辰の周辺には八郎という子息や、同名の又次郎が在り、ともに東下したことになる。七ヶ月後の天文三年十二月四日、在小田原の伊勢備中守が自亭で当座の歌会を開いたことは、『為和集』にみえるが、なおこれによると、同十二日に北条氏綱亭、十八日に氏綱弟の箱根別当長綱（幻庵）亭でも、当座の歌会があった。翌天文四年七月二十四日氏綱は、鶴岡八幡宮の造営工事巡覧のとき、「京都奉公伊勢殿」を同道したが、それは「天下希有之由、有二褒美一耳」と、快元僧都は日記に書した。この伊勢殿も清辰であろう。

ここに七月二日付で、蜷川新右衛門尉親俊に宛てた北条氏綱の書状に目を通すと、室町幕府政所執事の伊勢「貞孝」から遠州の儀について、「蒙レ仰」った氏綱は、使者（石巻掃部助）を遣わして返書し、「巨細於二此方一貞就、小笠原兵部ニ令レ申候」とある。書状の年代は天文七年と推定されるので、(9) この年、伊勢貞就や小笠原兵部少輔（後述）が、氏綱の近臣として仕えていたことが確かめられる。そして伊勢貞就は、前述の如く天文元年駿河府中から上洛した伊勢八郎貞就であろう。そうとすれば天文三年六月三日の八郎も貞就の可能性が強く、貞就は清辰の子息となり、前掲伊勢氏略系図にみえる貞就とは別人となる。

『快元僧都記』の天文九年十一月二十二日の条によると、鶴岡八幡宮で読経・舞楽などがあり、氏綱・氏康・長綱（幻庵）、そのほか一門の人々が御壇所にて聴聞したとき、「其外大名、京都之方々、峙レ耳比子与祇候也、装束者指貫・立烏帽子、慇懃丁寧也」とあるが、藤直幹氏がその著『中世文化研究』に指摘の如く、後北条氏が京都と深いかかわりをもち、その文化を享受した事情を意味するものであった。ついで前述の宗牧の『東国紀行』によると、天文十四年二月、宗牧は「長々在国」の伊勢備中入道清辰亭の連歌会を指導し、会のあとで大酒宴となったが、いずれも旧好の事なれば、さながら都の心地して沈酔した。宗牧は兵庫頭、息八郎殿、舎弟又三郎殿というが、天文五年正月十八日に近衛尚通と対面し盃を給わった伊勢又三郎のあったことを指摘しておく（『後法成寺関白記』）。

天文二十年四月禅僧東嶺智旺は、小文のはじめに書いたように、京都から相州に下向したが、小田原から鎌倉行の途中、伊勢兵庫助殿の領地（平塚市八幡か）に一宿し、翌朝乗船藤沢へ渡り、玉縄城下に至って、その麓の伊勢備中殿被官の家で「冷麵、小漬、美酒甘肴、尽レ美」て歓待された（前掲東嶺書状）。東嶺は玉村竹二氏によれば（註1『円覚寺史』補遺其一）、京都南禅寺の公帖をうける高僧、伊勢氏または蜷川氏の関係者で、両氏の帰衣僧か、またはいずれかの氏の出身者であろうとされるが、妥当な見解であろう。

次に永禄二年の『役帳』にみえる備中殿、伊勢兵庫殿、同八郎殿は天文十四年の伊勢備中入道清辰（あるいは系譜未定の貞運かも）、兵庫頭、息八郎殿と、それぞれ同一人であろうか。その際、兵庫頭を八郎貞就に比定されるかどうか、いま一つわからない。同時期の永禄二年八月から永禄三年二月にかけて、将軍足利義輝に従う御供衆のなかに伊勢兵庫頭、申次に伊勢備後守がみえるが（『言継卿記』）、後北条領国の伊勢兵庫頭と同人かどうか明白でない。そして永禄三年今川領国の駿府滞在中の三条西実澄は、相玉長伝を伴って小田原へ下向し[10]、旅亭での名月歌会などに臨んだが、後北条氏や京下りの面々との交流は不分明である（『心珠詠藻』）。

翌永禄四年は『宗哲北条幻庵覚書』がある。これによると、小袖・御服を与えるときに、広蓋《ひろふた》（衣裳櫃）には据えないものであると伊勢備中守は語り、将軍の近習であった「そう二[11]」なども、美濃の土岐殿で猿楽のとき出された小袖を、簾中より衣裳櫃に据えて出したので、奉公の京衆が笑ったと物語ったとある。京下りの人々は、このように後北条氏の礼式作法、家庭の日常生活に作用していたのである。

ついで永禄十年と推される二月廿二日付で、細川藤孝が、足利義秋の相越無事の御内書に副状を出したときの宛所は、伊勢兵庫頭殿であり（『県資3』七五二八）、年未詳四月廿九日付、兵庫頭宛で、禅棟土佐林書状写（『県資3』七七三八）もある。京都方面では永禄十年四月から同十一年正月にかけて、伊勢備中守入道、伊勢備中守、同又七らの姿があるが（『言継卿記』）、後北条氏とのかかわりは明らかにされない。

天正年間に入って、天正二年と推定される卯月廿五日付、由良六郎宛北条氏政書状（『県資3』八二〇三）によると、越後春日山城主上杉輝虎（謙信）の関東進出に防戦した由良氏の動向は、伊勢兵庫頭が氏政に報じたもので、「委曲伊兵可レ為二演説一候」とみえ、伊勢兵庫頭が氏政の側近に在ったことが確かめられる。さらに天正四年ころの「北条家覚書写」（『県資3』八二四八）の宛所は、「伊兵　石巻」であって、内容からすれば伊勢兵庫頭は、相越甲の三和の儀や、備後の鞆に在る足利義昭の入洛について難渋しないなどとあり、後北条氏の対外関係の中心人物と知られる。なお年未詳十二月廿八日付、大井宮別当坊主宛の遠山修理書状（『県資3』七五八二）によれば、北条氏政五貫文、源五郎、菊王丸、北条氏康各一貫文、を寄進したが、それは大井宮（相模足柄上郡）が鷹狩りのときの休息所であるからである。このほか「伊勢殿、小笠原殿」をはじめ、大井宮において「御台食ほとの者」は前から早々今年のうちに勧進したとみえるが、それは「相伴衆」であったからできたことであって、伊勢・小笠原両氏が完全に後北条氏のなかに包摂されていることがわかる。

かくて後北条氏に仕えた伊勢氏も小田原落城の時点に目を向ける段階になった。そこで想起されるのは『北条五代記』十六「北条氏康和哥の事」の条である。これによると、氏康は「他国より来る侍をあまねく扶持し、猶もて有職の者をば慇勤（懃）にせられたり」とあり、また「故実を存する侍は他国に有ても北条家に心を寄せ、諸国より小田原へ来るをか、へをき、殊にもて近習に召つかはれ、其国々の弓矢のてだてを朝暮尋聞しめ給たり」とし、「小笠原播磨守・伊勢備中守・大和彦三郎、是は後、兵部少輔と改名、此三人は京都公方様につかへ、御他界以後、関東へ下向し、牢人分にて小田原に堪忍なり。仁義の道有て、弓法をしれる人々也」とある。小笠原・大和の両氏は後述するが、伊勢氏は『役帳』によると、備中殿九十五貫文、伊勢兵庫頭殿二百五十三貫三百八十四文、同八郎殿百貫文とあって、後北条氏が伊勢氏を扶持していたことは確実で、とりわけ伊勢兵庫頭に重心がかかっている。

この伊勢氏一族の貞運（又七郎、備中守）は、前記諸系図を参照するに、小田原没落のとき戦死し、その子貞明（又七、兵部大夫、備後守）は、落城のとき幼少であったので、秀吉に許されて京都に住んだとも、また京に殺されたとも伝える。

なお『毛利家文書』所収の「北条家人数覚書」に、伊勢出羽守が「氏直相伴衆」のなかにみえることも、ここに指摘しておこう。

三、大和氏・千秋氏

第二に備中守や兵庫頭と同じく伊勢平氏の流れをくむ京下りの大和氏に注目しよう。この大和氏は室町幕府奉公衆大和氏の一族で、後北条氏の相模に東下した彦三郎、兵部少輔系の大和氏で、阪田雄一氏の論もあるが、なお検討の余地があるように思われる。

阪田氏によれば、彦三郎、兵部少輔系の大和氏は、文明年間に申次、御成御供衆として、兵部少輔政邦があり、さらに長享年間には、彦三郎政和の名が知られる。明応二年（一四九三）細川政元の政変以後の初見は、明応九年十二月廿七日付、室町幕府奉行人連署奉書にみえる大和彦三郎元行（政和の子か）で、山内寺領所々を仰付けるといったものである。この元行は細川政元の偏諱を受けたらしく、すなわち政元の被官となり、永正四年（一五〇七）六月政元の横死を経て、その相続人と目される細川澄元方として討死した。こののち大永二年（一五二二）四月二十七日将軍足利義晴が、細川高国第で犬追物を観覧したときの射手のなかに、大和彦三郎があり（『二水記』）、この彦三郎が東下したことは充分考えられると阪田氏は前掲（註4―イ）論文にいう。彦三郎が兵部少輔になるとすれば、『実隆公記』大永七年六月十七日の条に、「今日南軍主《（足利義維）》被レ申二御礼一、大和兵部少甫《（輔）》、斎藤右衛門大夫両人参入」とある大和兵部少輔の可能性は強く、いわゆる堺幕府の足利義維の近臣らしくある。ちなみに『言継卿記』大永七年十一月十日の条に、将軍足利義晴の申次に大和兵部大輔がみえるが兵部少輔とどうかかわるかわからない。そののちは既述の『為和集』天文元年四月十四日の記事で、在駿河府中の為和が、都の友達の伊勢八郎貞就や大和兵部少輔晴統の上洛のための出発を見送った。

いったん上洛したであろう大和兵部少輔晴統は、天文三年六月三日以前に、後北条領国に下向したが、このときには入道していた。前述『北条五代記』の、京都公方様に仕えていた大和彦三郎（のち兵部少輔）が、この晴統かどうか。『役帳』には「太和殿」が中郡山下郷（平塚市山下）で百貫文を領したようにあるが、前掲『平塚市史』1資料編や『新編埼玉県史』付録に、晴統かとするように、晴統としてよろしいであろうし、有職故実の面に影響を与えたことは、前記『北条五代記』によって察せられる。

阪田氏によると、「上州故城塁記」に、那波城主（伊勢崎）として、天正十六年（一五八八）大和兵部少輔晴親（晴統の子）の名がみえ、『小田原記』には籠城諸将のなかに、大和兵部大輔がみえる。この小田原籠城のとき「氏直相伴人」として、大和兵部丞のみえることも、ここに記しておこう（前掲『北条家人数覚書』）。しかしこの兵部丞が兵部少輔晴親と同一人かどうかは確認されない。

第三に千秋刑部少輔を凝視しよう。文安年中の足利将軍詰衆の三番（『文安年中御番帳』）、文明年中の五ヶ番衆の三番（『永享以来御番帳』）に、「千秋《センシウ》刑部少輔」とあり、千秋刑部少輔は室町幕府の奉公衆であるが、『長享着到』(12)にはみえない。下って『明応番帳』(13)には申次の三番に「千秋刑部少輔」とあり、「貞助記」(14)詰衆五ヶ番衆の三番にもみえる。しかし番衆解体後の交名『永禄六年諸役人附』には、申次に千秋左近将監輝秀《季カ》、三番に千秋月斉《斎カ》は載るが、千秋刑部少輔の姿はない。千秋刑部少輔はどこに在るか。

ところで『熱田神宮文書』千秋家文書下巻の「解説」によると、文安の千秋刑部少輔は勝季のことであろうとされる。そこで『系図纂要』第二冊所収「藤原朝臣姓熱田大宮司」の系図をみるに（注記は摘出）、

勝季（刑部少輔　康正二年六ノ卅　従五上）――政範（左将監　文明二年九ノ十二　従五下）――高季（刑部少輔　左将監）――晴範（初晴季）（刑部少輔　天文六年二ノ一従五上　実ハト部兼永男）――輝季（刑部少輔　元亀元年六ノ十八　従五上）

との系譜をたどり、勝季は将軍義勝、政範は将軍義政、高季は将軍義高（義澄）、晴範は将軍義晴と、それぞれ将軍の偏諱を受けたと考えられるので、認められるように思う。とすればこれから追跡しようとする千秋刑部少輔は高季になろうか。その千秋高季の京都における動きを探ろう。

まず『後法成寺関白記』によって、千秋刑部少輔高季が近衛尚通を訪ねた記事などを調べると、永正七年（一五一〇）十二月三十日から大永六年（一五二六）正月十二日までに二十四回みえ、わけても永正十年三月四日尚通亭の例年の花見に、高季は食籠一荷を持参し、連歌師宗碩らと交流した。次に『言継卿記』によると、大永七年正月七日の条に、今日礼に来臨した衆のなかに、室町将軍足利義晴の被官らとともに高季がみえ、また十五日の条の、義晴へ礼として参上した方々のなかに、公家衆や細川道永（高国）らとともに高季も在った。翌大永八年（享禄元）三月十九日の条には、御塔の坊の連歌会に、伊勢備中守ら三十人とともに同席したことは前述のところ。翌二十日の条には所用のため帰ったとある。三条西実隆とも交わり、『実隆公記』大永七年正月十一日の条に、高季が新春に参賀したとあり、十五日の条には面会したとある。京都におけるこの千秋刑部少輔高季は享禄元年三月二十日をもって記録から姿を消す。かわって同じ奉公衆の養子千秋将監晴季（天文六年二月一日叙刑部少輔、同十七年二月三日改晴範）が姿をあらわす。

ここに注目すべき記事が、『天文日記』の天文五年三月七日の条に見える。

奉公之千秋（刑部少輔）弟瑞芳軒（天龍寺）、此方へ被レ越候て申事ニハ、加州熊坂千秋之所領也、而近年備中（下間頼盛）押領仕候之間、不知行候、此領鹿苑院殿知行之儀候、兄者、伊豆のさうん所へ被レ下候事候也、卒度令二対面一度之由、被レ申候間、無肴そとあひ候、於二綱所一勧レ盃候、

この千秋はいま追っている刑部少輔高季ではなかろうか。これによると、室町幕府奉公衆の千秋刑部少輔高季の弟の天龍寺瑞芳軒主の兄つまり高季は、天文五年三月七日以前に伊豆の北条早雲の所へ下向しているということになる。(15)

そこで後北条氏の領国に眼を移すと、後北条氏の末裔で北条氏規を祖とする狭山北条家に伝来した一群の兵法書関

係書のなかに、「北斗七星之事」[16]があり、内容は北斗七星の星占を記したものであるが、その奥に、

天文五年正月十七日　　　安倍朝臣有春（花押影）

千秋入道殿

とある。[17]これを「星と戦国時代の合戦」（『神奈川県立博物館だより』一九六五年四月）で紹介された阿部正道氏は、宛所の千秋入道を不詳とされたが、前述の如く大和兵部少輔晴統が小田原に下向したころ入道したと推測されるところから、千秋入道を千秋刑部少輔高季の剃髪した姿とみたい。そしてその時期は、前述『快元僧都記』天文三年六月三日の条に千秋入道がみえるから、この日以前となり、細川高国の自刃した享禄四年六月あたりがひとつのめどとなる。

これを裏づける根拠の一つは、高季の養子晴季と大徳寺塔頭如意庵との領地をめぐる相論で、以下の如くである。千秋刑部少輔（政範）は康正三年（長禄元、一四五七）将軍足利義政から万里小路に敷地を与えられて住んだが、その後、高季にいたって万里小路四町町内の四半町余を押領した。そこで大徳寺塔頭如意庵は訴訟におよび、大永二年（一五二二）三問三答の結果、如意庵に有利に裁決されたが、細川高国から「許容」された高季は、「寺家如レ元被レ返二付之一御下知」を無視して、そのまま押領していた。そこで天文六年（一五三七）十二月如意庵は、高季の養子晴季を相手どり再び訴訟にもちこみ、三問三答のすえ、天文七年三月後奈良天皇は女房奉書を下し、晴季の競望を退けるように、室町幕府（将軍足利義晴）に求めた。幕府では「右筆方連署意見状」をもって、如意庵に返付するように要求した。政所執事大館常興はこれを披露し、ようやく如意庵の勝訴にきまり一件落着した。[18]ときに天文八年二月のことである。

すなわち相論の経過のなかに、大永二年如意庵の勝訴と決定していたのに、細川高国が高季の押領を「許容」した

という事実である。かく高国から信頼されていた高季にとって高国の死は、みずからの死活の道を決定すべき時期であったに相違ない。しかも如意庵が二回めの相論にもちこんだのは天文六年十二月であるから、これまで押領していた高季が京都を去ったことと関連するように思われるがどうであろう。こうみると高季の東下りは、天文三年に近いころで、北条氏綱の鶴岡八幡宮での「京都奉公之方々」の饗応は、彼らの下向祝福の意味があったかもしれないのである。

四、小笠原氏―六郎・兵部少輔・播磨守―

第四に小笠原氏である。後北条氏とかかわる小笠原氏は、武家の名門甲斐源氏、武田氏の流れをくむ小笠原氏の一族で、鎌倉末期の小笠原信濃守宗長の二男貞長を祖とする京都小笠原氏の系統である(19)。その京都小笠原氏は、『尊卑分脈』や『続類従』本の小笠原系図(20)をみると、小笠原宗長（元徳二年、一三三〇没）以下、次のような系譜をたどる。

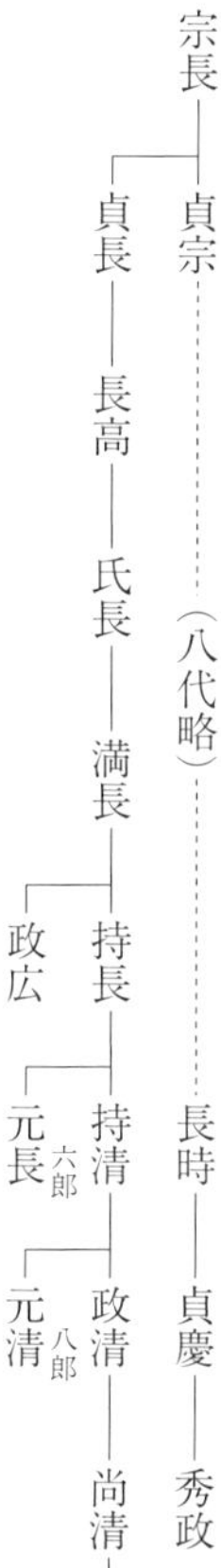

『寛政譜』本の系図は、こうである。

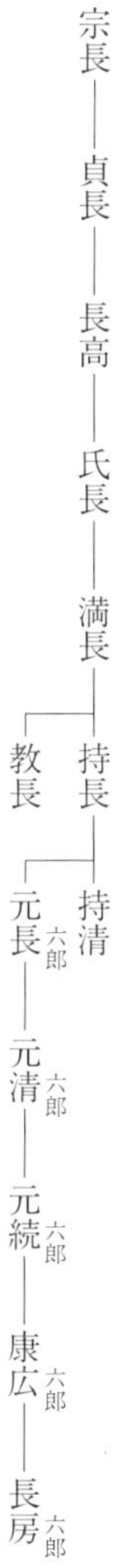

ここに注目される小笠原系図がある。ほかでもない、すでに『戦国武士と文芸の研究』に報じた天文八年閏六月以前の成立とみて誤りのない「小笠原系図」(21)で、そこには元長の子孫を記して、次のように記す。

此養子六郎《尚清ノ弟》兵部少輔━□□□□━六郎兵部少輔其弟弥六ト云子アリ、当時兄弟共ニ伊豆国ニ下向、

元長の跡を受けたのは、持清━政清━尚清━稙盛と継承する尚清の弟で、子孫は伊豆国に下向したというのである。それなら『寛政譜』本にみえる元長━元清の元清が尚清の弟で、元長の跡を受けたのであろうか。しかし八郎刑部少輔元清は、(22)『尊卑分脈』や『続類従』本により政清の弟と推定され、しかも尊経閣本「小笠原系図」の付紙に、「豊州へ御座候小笠原八郎殿、御官刑部少輔殿光《ミツ》清は元宗の御子」とある。その元宗の父に当たる人のように思われる。

かくてこれまで記した諸系図をにらみながら、京都小笠原氏の流れについて私見を提示する段階になった。そしてそれはおよそ次のようになろう。

京都小笠原氏の家督は、又六・民部少輔・備前守を称し、庶家は、

①弥六・刑部少輔・美濃守
②六郎・兵部少輔・（播磨守）━（相模小笠原）
③八郎・刑部少輔　━（豊後小笠原）

の三系統に分出したことになる。京都小笠原氏は、本家が将軍家弓馬師範・弓馬故実の家として、分家の小笠原三流もまた弓馬故実の家として活躍し（後述）、さらに室町幕府奉公・三番衆として、将軍親衛隊として出陣した。たとえば長享元年（一四八七）将軍足利義尚の近江六角征伐に義尚近習三番衆のうちに、次の如く七名の姿が見え、まさしく武の家小笠原の感が深い（『長享着到』）。

小笠原備前入道（政清）・同又六（尚清）・小笠原播磨守（元長）・同六郎（元長養子・尚清弟）・小笠原刑部少輔（元清）・同八郎（元宗）・小笠原弥六

だが将軍義稙（はじめ義材、義尹）・義澄（はじめ義遐《とお》・義高）、また義稙・義晴との確執、さらには管領家細川氏の内訌、家臣団の下剋上の動きの過程、すなわち室町幕府の崩壊とともに、奉公衆・近習衆も没落していった。こうした一般的動向は、奉公衆の京都小笠原氏もまたまぬがれることはできず、豊後の大友氏や、小文の主題である相模の後北条氏を頼って、下向・在国したのであった。[23]

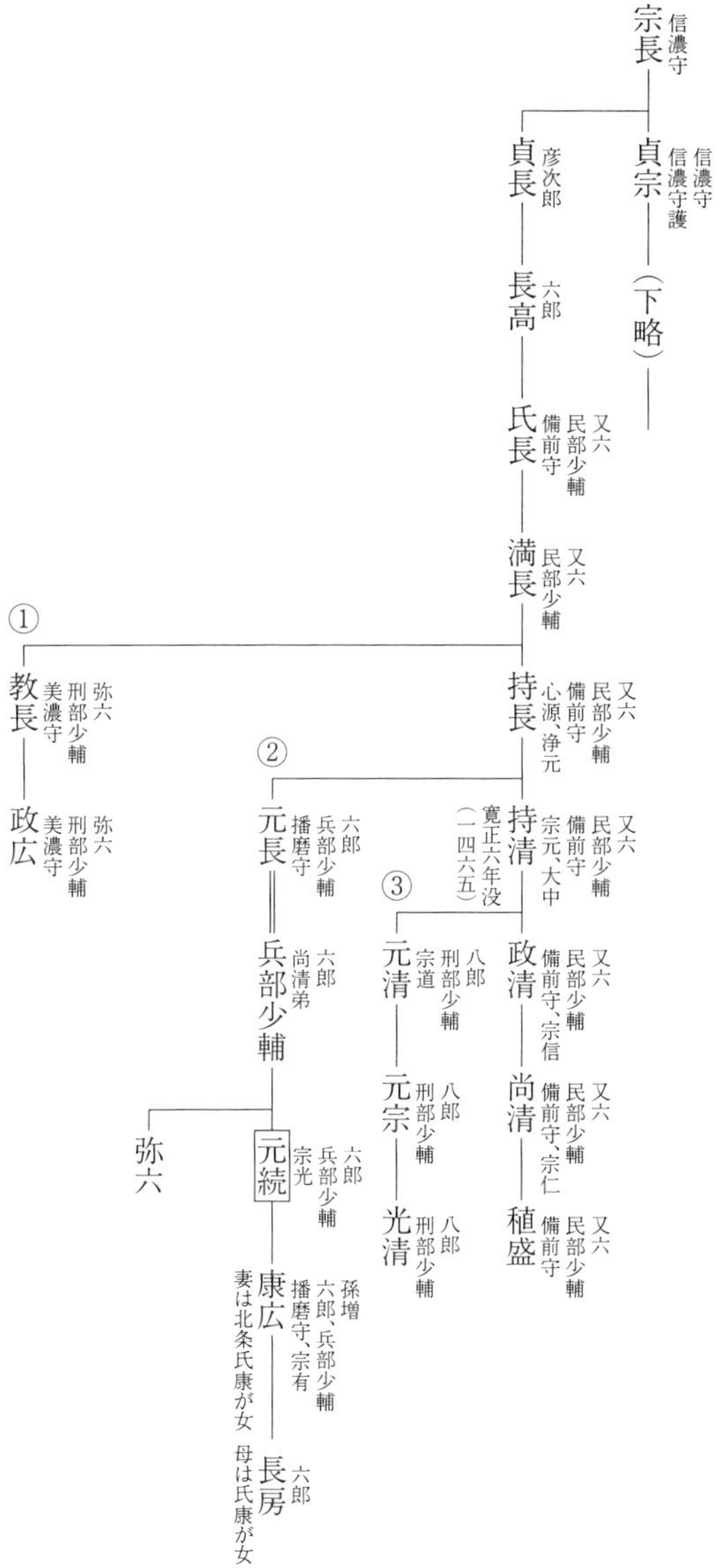

では②六郎・兵部少輔・（播磨守）系小笠原氏の東下・京下りはいつか。『寛政譜』本の系図の六郎・兵部少輔元続の条をみると、「法住院義澄につかへ、義澄近江国に没落のとき（永正五年〈一五〇八〉四月、同八年八月没）、これにしたがひ、忠節ありしかば感状をあたへらる。後小田原に赴き北条氏綱に属し、相模国西郡飯泉郷を領し、後矢畑郷を加へらる」とあり、周防山口に在った前将軍足利義尹（のち義稙）を、大内義興が擁して東上を開始し、将軍義澄の近江没落した永正五年四月以降が一応のめどとなる。そこで小笠原兵部少輔を追うことにしよう。

大永二年四月細川高国第で犬追物が興行されたとき（前述）、小笠原兵部少輔も加わっていた。ついで尊経閣文庫蔵の弓馬故実書「両家聞書」を開くと、はじめに「はさみ物の事」以下四十ヶ条の聞書を記し、その奥に、「大永弐年九月十六日　民部少輔稙盛在判　朝倉孫八郎《（景孝）》殿」とあり、ついで「小笠原殿騎射秘抄抜書」九ヶ条、「騎射秘抄抜書」七十三ヶ条、「射手方文字抄」を載せ、その奥に、

大永四年拾月　日　小笠原兵部少輔元続在判

朝倉与六殿

とあり、ついで「右本奥書如レ此」として「永禄十一年五月下旬比、於二越州一乗谷一書レ之」とある。これにより「両家聞書」には、京都小笠原氏の本流、民部少輔（備前守）系と、その支流、兵部少輔系との両家と知られる。そして小笠原元続は大永四年十月在越前かもしれない。

ところで十月五日付で箱根別当御坊に宛てた細川道永（高国）の書状（『県資３』六六一二）に、次のようにあるによれば、元続は細川高国の陣営に在る。

其後無音、慮外候、仍今度依二不慮儀一、於二江州一下国候、無二是非一次第候、遂二本意一、自二京都一可レ啓候、猶

小笠原兵部可レ有二演説一候、恐々謹言、

この書状は細川高国の動向から考えるに、大永七年か八年（享禄元）のものかと思われる(24)。そして小笠原兵部や大永二年の小笠原兵部少輔は元続であろうかと思う。元続は細川高国の近習として、高国とともに近江に没落したことになる。細川高国はその後流浪し、享禄四年六月摂津に進出したが、入洛を果たせず切腹した。この間の元続の動きは明白でないが、例の天文三年六月三日氏綱が饗応した「京都奉公之人々」のなかにはみえないから、まだ東下していないと思われる。

ところが（天文七年）七月二日付、蜷川親俊宛の北条氏綱書状により（前述）、天文七年七月、小笠原兵部少輔元続は氏綱の側近にあったことが確認された。その後元続が、『寛政譜』本の系図が語る如く、相模西郡飯泉郷を領したことは、七月七日付で小笠原兵部少輔に宛てた氏綱書状（『県資3』六七三二）に、

相州西郡飯泉郷之事、当国御在宿之間、進二置之一候、可レ被レ飼二御馬一候、恐々謹言、

とあり、氏綱没の天文十年七月以前と知られ、『役帳』には、小笠原六郎（康広カ）が西郡飯泉郷で百八十貫三百九十一文、同孫六が西郡大沢郷で卅貫四百文とある。

ついで『大舘常興日記』の天文八年閏六月二日の条に、氏綱へ大鷹一本を遣わすことがみえ、四日の条に、小林民部少輔（国家）を使者とするので、「北条方へ　御内書并小笠原兵部少輔方へ之御内書、可レ令二調進一候由、被レ出二御案文一、以レ佐被二仰下一候間、則調進申也」とある。この氏綱へ元続宛の御内書は『室町幕府御内書案』下（『改定史籍集覧』二四）に、六月晦日付で各二通収められているが、略同内容。将軍足利義晴から氏綱宛ての一通は、次のようであり、

於二自然儀一者、可レ抽二忠功一之段、先年被レ仰之処、則請状厳主（重カ）、尤神妙悦入候、仍差二下国家一、大鷹一本遣レ之候、猶晴光・元綟（続）可レ申候也、

（天文八年）六月晦日　　　御判（足利義晴）

北条左京大夫殿（氏綱）

元続宛の一通は、こうである。

於二自然儀一者、可レ抽二忠節一段、対二氏綱一被レ仰之処、請状厳主（重カ）、悦入候訖、仍大鷹一本遣レ之旨、演説肝要候、猶晴光・国家可レ申候也、

六月晦日　　　御判

小笠原兵部少輔（元続）とのへ

いまは氏綱に仕えるかつての幕府奉公衆の小笠原元続にも御内書を送り、元続より氏綱へ「演説肝要」とあるから、後北条氏における元続の位置・役割は、奏者というか、後北条氏と中央足利将軍との懸橋的存在であったことが確かめられるが、将軍義晴がいまなお元続を近臣と考えていることが知られる。元続は単に京相を結んだだけでなく、家伝の弓馬故実の指導にたずさわっていたことは容易に推測されるところである。

もともと兵部少輔（播磨守）系の祖元長（宗長）は、宝徳二年（一四五〇）から明応六年（一四九七）にかけて、犬追物の喚次・射手をつとめ、また弓馬故実の書写など多く、元長から故実を相伝された武人もある（二木前掲書、米原前掲書）。こうした兵部少輔系の東下り以後のこの面での活躍は、前述の『北条五代記』の伝えるところ。なお同記四〇「関東若侍形義異様なる事」の条には、「正月七日御弓場にをいて、御弓はじめあり、鈴木大学頭を前《さき》とし、

射手の衆参候す、……犬追物の馬場あり、……射手は爰をはれ《(晴)》と、矢数をあらそふ、小笠原播磨守是を執行す」とみえるが、事実を伝えているとしてよろしいであろう。

ここにみえる播磨守は萩原氏のいわれるように（前掲『北条史料集』）、康広であろう。康広は『寛政譜』本の系図によると、「北条氏康及び氏政に属し、天正二年二月十九日、氏政より父が領地飯泉郷矢畑郷を譲りうけ、武者奉行となる」とある。これは同系図の元続の条の「天正二年二月十九日、領地を男康広にゆづり、某年死す」と対応するが、年未詳三月十日付、小笠原兵部少輔宛の北条氏康書状案（『県資3』八〇六四）に、「御一期相続付而、孫増殿へ飯泉之郷渡可レ被レ進候、恐々謹言」とあり、また天正二年二月十九日付、小笠原兵部少輔宛、北条氏政判物写（『県資3』八一九七）に、

　御一跡之事、御息孫増殿へ与奪尤同意申候、飯泉郷・矢畑郷不レ可レ有二異儀一、於二何事一も、兵部少輔殿ニ不二相違一可二申合一候、為二後日一任二承旨一令レ啓候、恐々謹言、

とある事実と照合し、小笠原兵部少輔元続は天正二年二月後北条氏から給付された所領をわが子孫増つまり、六郎・兵部少輔・播磨守康広に譲り引退したが、その活動は半世紀に余り、四十年弱にわたり後北条氏の文化興隆に尽力したとみてよろしいであろう。

さて『家忠日記』の天正八年八月十六日の条を見ると（北条氏政と甲斐の武田勝頼が駿河黄瀬川に対陣したときの）、十四日氏政は小笠原殿を使者として、徳川家康の来援を請うたとある。こうした外交の人として小笠原康広が働いていたことは確かであるから、家康の娘督姫が北条氏直に嫁ぐとき、康広は使者として遠州浜松に至り、酒井忠次を介して、家康に面謁したという『寛政譜』本の伝えは信じられるように思う。これは『北条記』巻五によると、天正十

年のことで、小田原からの使者小笠原播磨守・川尻下野守の態度のよかったことを、「事の儀式言語道断」とほめている。

天正十八年小田原落城後、康広は北条氏直に従って高野山に赴き、慶長二年十二月八日に六十七歳で死去したという。妻は氏政の女、二人の間に生まれた長房は氏直に仕え、小田原籠城のとき、役所廻奉行をつとめ、滅亡のとき氏直に随行して高野山に赴き、のち徳川氏の御家人になったと『寛政譜』本に記す。

なお天正十一年ころから古河公方最後の足利義氏の近臣に小笠原兵庫頭があらわれるが、播磨守康広との関係はわからない。おわりに籠城のときの「氏直相伴人」のなかに小笠原筑後守の姿があったことも追記しておこう（前出『北条家人数覚書』）。

おわりに

後北条領国へ東下した室町幕府幕臣の「京都奉公之方々」、すなわち伊勢・大和・千秋・小笠原四氏の系統、下向の時期、理由および後北条治下における活躍の有様をみてきた小論も、いまやまとめの段階に到達した。

第一に四氏の系統は、ともに宗家ではなく庶家の流れであるが、とりわけ錯綜する伊勢備中守、その子八郎・兵庫頭、その子八郎・備中入道・又三郎については、備中守＝貞辰（佐脇氏指摘）＝（清辰）＝是亦斎＝備中入道清辰、その子八郎＝貞就と比定したが、兵庫頭を貞就とする確証はなく、兵庫頭、その子八郎も実名不明、又三郎を貞辰の二男貞孝とするのも系図だけであり、備中守貞運に至っては皆目わからず後考を俟つしかない。しかし京都小笠原氏のうち、六郎・兵部少輔・播磨守元長―元清―元続、の元清は八郎・刑部少輔系統で、六郎・兵部少輔系統ではないことを指摘した。その子孫つまり後北条治下の小笠原氏については、なお検討の余地は残される。また大和・千秋の両氏が東下りを期に、すなわち主君をかえた時点で剃髪したのではないかと推定した。

第二に東下りの時期は、北条氏綱が鎌倉において伊勢同名三人、大和・千秋あわせて五名を饗応した天文三年六月以前であるが、細川高国の自刃した享禄四年六月、また足利義維の未完の「堺幕府」の倒壊した享禄五年（天文元）六月あたりを考慮すべきであり、これはとりわけ千秋氏にあてはまるように思うが、小笠原氏の下向には相当しない。下向の理由については、たとえば千秋氏が自己の知行所を横領されたり、京都の領地も雲行きの危うくなってきた様子などその一つであろう。

第三に後北条治下における御家中衆・相伴衆といわれた京下りの奉公の人々の役割は、有職故実にかかわり、日常生活の礼式作法などに多大な影響を与えたし、弓馬故実、騎射の指導に当たった模様である。また在京の奉公衆として将軍の周辺にあり、近衛尚通・三条西実隆・山科言継ら公家をはじめ、連歌師らと交流して教養を高めた彼らが、和歌・連歌文芸の普及に拍車をかけたことはいうまでもなく、さらに相模と京都や、他の戦国大名とを結ぶ懸橋となり、その作法の慇懃丁寧さから、外交面にも活躍した。

京下りの奉公衆は室町幕府の権威を背景としていたから、幕府の衰退は奉公衆に新たなる活路をみいださざるをえなくした。東下りの四氏もそうであったが、関連して後北条氏の始祖早雲が京都の伊勢備中守系に出自をもっていることも注意すべきで、中央京都の教養・知識・文化人を受け容れる基盤が、後北条治下にあったことも考えてよいだろう。

これを要するに四氏の下向により、より一層後北条治下に文芸の香りがただよったとみて差支えないであろうし、その際『早雲寺殿廿一箇条』にみえる「諸侍いづれも慇懃にいたすべき也」の一文が注目され、奉公衆東下りの大きい原因になっているように思われ、おそらく一般化することができるであろう。

註

（1）天亥孟夏廿有六日付、兌心庵宛東嶺書状（『明叔録』所収、『円覚寺史』補遺其一）。

（2）星野恒「北条氏康の好学」（『戦国時代史論』一九一〇年）。岩崎宗純「後北条氏と宗教―大徳寺関東龍泉派の成立とその展開―」（『小田原地方史研究』五、一九七三年一一月、のち『後北条氏の研究』戦国大名論集8所収。立木望隆『概説北条幻庵』一九七〇年、『北条幻庵伝略』一九八一年。井上宗雄『中世歌壇史の研究　室町後期』一九七二年、改訂新版、一九八七年。府川美和子「北条幻庵と後北条氏の文化」（『立教大学日本文学』三五、一九七六年二月）。高野修「戦国武将と連歌師―氏康と宗牧をめぐって―」（『三浦古文化』一九、一九七六年五月）。岩崎宗純「後北条文化論序説」（『小田原地方史研究』八、一九七六年一一月。萩原龍夫「後北条氏の文化」（『神奈川県史』各論3文化、一九八〇年ほか）。絵画、『早雲寺殿廿一箇条』に関する論考など省略。

（3）前掲註（2）「後北条氏の文化」・「北条五代記（抄）」（『北条史料集』校注、一九六六年）。

（4）（イ）「室町幕府奉公衆大和氏東下に関する一考察」（『史翰』九、一九七三年七月、国学院大学地方史研究会）・（ロ）「室町幕府奉公衆大和氏の動向」（『史翰』一四、一九七七年一二月）。

（5）金沢市立図書館本「宗牧句集」（金子金治郎氏編『連歌貴重文献集成記念論集　連歌研究の展開』所収、一九八五年）には「伊勢備中入道是亦斎清辰」とある。

（6）二木謙一「伊勢流故実の形成」（『国学院雑誌』六八―六、一九六七年）・「故実家伊勢氏の成立」（同上六八―一二、一九六七年）。のち「伊勢流故実の形成と展開」として『中世武家儀礼の研究』所収、一九八五年。

（7）『続群書類従』（『続類従』本と略す）六上所収「伊勢系図」、同「伊勢系図別本」、『系図纂要』（『纂要』本と略す）八所収「伊

勢」、『新訂寛政重修諸家譜』（『寛政譜』本と略す）八所収「伊勢」である。『続類従』本の「伊勢系図」を基本とし、他の系図を勘案して、必要な部分を抽記した。

『纂要』本は……線、『寛政譜』本は――線。『続類従』本の『伊勢系図別本』は-・-・-線で示す。『纂要』本の注記は人名の左に記す。

（8）和歌史研究会編『私歌集大成』七所収。佐脇栄智「北条早雲出自追求のひとこま――『沢巽阿弥覚書』――記述の再検討――」（『戦国史研究』一八、一九八九年八月）。

（9）「蜷川家古文書」一八　内閣文庫蔵。岡田正人氏はその発表「北条氏と中央政権との関係」（後北条氏研究会、一九七七年五月例会）で、『親俊日記』天文七年八月朔日の条に、「一、北条氏綱より御状給、則御報申、□□□石巻掃部助□□へ」とある記事により、天文七年と推定。奥野高廣氏も「伊勢宗瑞の素生」（『武蔵野』五七―二、一九七九年）で、同日記の記事を引き、天文七年に比定することもできよう、とされ、『小田原市史史料編』中世Ⅱ小田原北条Ⅰ（『市史料中世Ⅱ』と略す）一五二も同記事を文書と関連するとする。『神奈川県史』資料編3古代・中世（3下）（『県資3』と略す）は年次未詳とする。永正から天文のころ、駿河から京都への書状の伝達日数は、十五日、三十二日、四十日、四十六日、四十九日、五十二日などであり、今川氏親の駿河での死が、京都の三条西実隆の耳にはいったのは、没後二十二日であった（米原『戦国武士と文芸の研究』）。相模はさらに多くの日数を要するだろうが、幸便があれば早くなりうる。岡田氏の天文七年説に従う。

（10）実澄の旅宿はこのときは不明。永禄十年と推定される十月の実澄の宿所は、外郎丸薬の薬商宇野氏の菩提寺玉伝寺であったと思われる（「北条氏康朱印状」『市史・史・中世Ⅱ』）。

（11）天正十六年下向の茶湯者山上宗二ではない。『続類従』本の「小笠原三家系図」のうち「阿波小笠原」によると、京都小笠原宗家の民部少輔尚清に「法名宗仁」とあるが、かりにそうとすると、年代や『覚書』のことばに問題がある。また尊経閣蔵「自小笠原民部少輔殿連々相伝聞書」は、享禄四年十月二十七日に河原林「宗仁」の筆記したものであるが、この宗仁の東下りも不分明である。

（12）『長享元年九月十二日常徳院殿様江州御動座当時在陣衆着到』（『群書類従』雑部）を、こう略称した。

（13）今谷明「『東山殿時代大名外様附』について」（『史林』六三―六、のち『室町幕府解体過程の研究』所収）の『東山殿時代大名外様附』を、こう略称した。
（14）内閣文庫蔵「武家故実雑集」六所収。註（13）の今谷論文に指摘。
（15）奥野高廣氏は「兄者は伊豆の早雲」（『日本歴史』四二八、一九八四年一月）のなかで、この『天文日記』を引き、千秋刑部少輔の加賀熊坂庄地頭職が、本願寺坊官下間頼盛の押領によって、不知行地となったため、刑部少輔の弟瑞芳軒が回復のために下向したが、加賀望月氏のため、殺されたことを指摘された。刑部少輔は幕府権威失墜のこともあり、中央における生活は困難となっていたのである。
（16）神奈川県立博物館人文部門資料目録（13）の『北条家資料録』C―9の文書名による。
（17）神奈川県立博物館の八幡義信氏送付コピーによる。
（18）『大徳寺文書』四―一五五四～一五五七・一五五九、文書名省略。
（19）二木氏前掲書一八七頁。長男は南北朝期に守護に補せられた貞宗。貞長を長男とする見解もある。『寛政譜』本「小笠原」系図。
（20）『尊卑分脈』（『新訂増補国史大系』六〇上　清和源氏下）、『続類従』本「小笠原三家系図」。
（21）尊経閣文庫蔵の肥前籠手田定経旧蔵「小笠原系図」。天文八年閏六月十日豊後大友氏の被官臼杵親宣が、籠手田定経に贈ったもので、「此継図、於京都杉原伊賀守殿被官之給畢、他継図之条、雖外見斟酌候、無御等閑儘写遣候、不可有他見者也」とある。
（22）『寛政譜』本は、元長《六郎》―元清《六郎》―元続《六郎》とするためであろうか、元清を「六郎」と注記する。
（23）藤直幹『中世文化研究』、芥川龍夫氏「豊後大友氏と諸芸」（『戦国史研究』一一、一九八六年二月）、『増補訂正編年大友史料』三〇所収、小笠原八郎光清伝授書のほか、刑部少輔（元宗）に弓馬故実を質問した大友義長が、元宗の懇切な解答に、七月十一日付で返書した書状が載る。
（24）細川高国は大永七年（一五二七）二月十七日に京都没落、十月十三日入洛、大永八年二月十九日近日上京の由を三条西実隆に伝え、四月九日実隆と対面、五月十四日坂本に下向した（『実隆公記』ほか）。『県資3』六六一二は「大永七年ヵ」とする。

【付記】本稿を成すにあたり、史料をはじめ種々御教示にあずかった岡田正人、佐脇栄智、二木謙一、八幡義信、奥村徹也の各氏に心から御礼申し上げます。

第2部

北条氏綱と文化・宗教

Ⅰ

飛鳥井雅綱と伊勢新九郎

小和田哲男

国立公文書館内閣文庫に、飛鳥井雅綱から伊勢新九郎に宛てた一通の消息（竪紙）がある。「伊勢新九郎」名がみられる数少ない史料の一つであり、駿河時代、あるいは伊豆侵攻前後の彼の行動なり思想を考えていく上で貴重なものと思われる。

まず、行変えもそのままに、全文を紹介しておこう。

蹴鞠扇之事、内々
御所望候、御執心之間、
令相伝進之候、猶
此道有子細之儀、珍重候、
恐々謹言、
七月十六日　　雅綱（花押）
伊勢新九郎殿

この一通の文書を手がかりとして飛鳥井雅綱と伊勢新九郎とのかかわりを明らかにしていこうとするわけであるが、

順序として、飛鳥井氏についてみておかなくてはならない。『尊卑分脈』第一編（『新訂増補国史大系』第五十八巻）によって飛鳥井氏の略系図を作るとつぎのようになる。

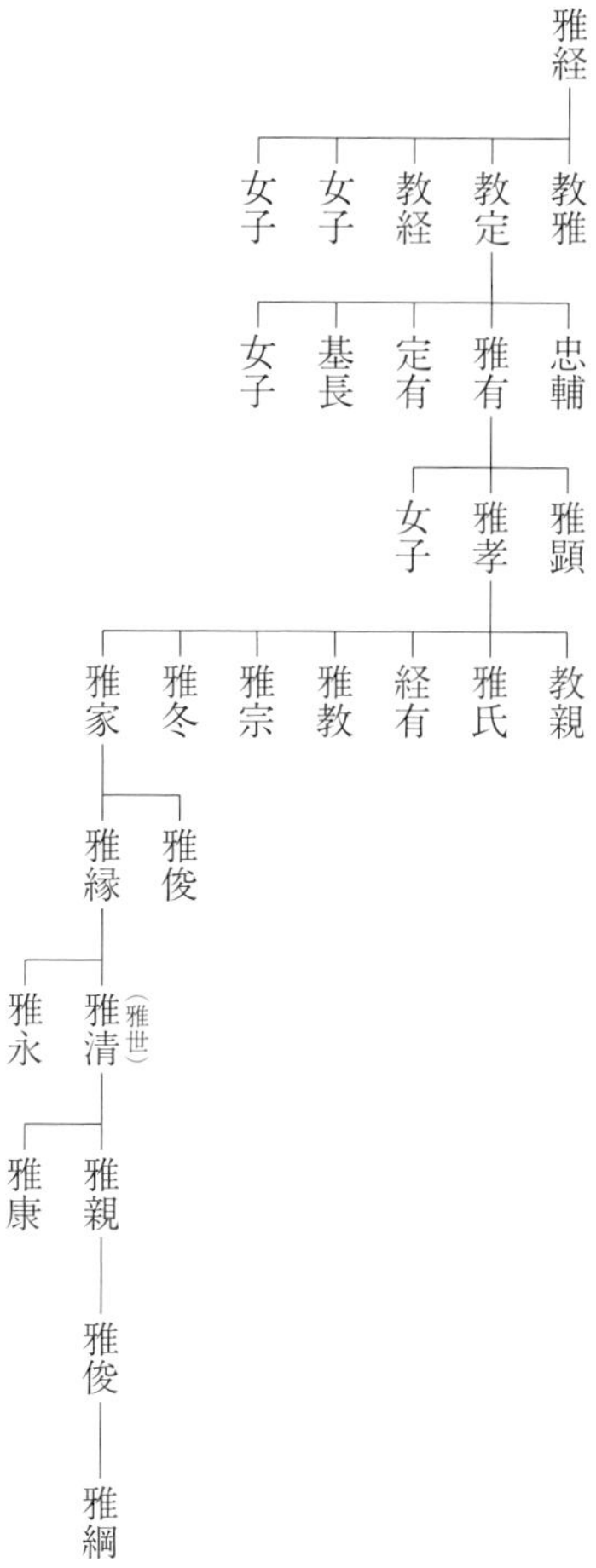

飛鳥井氏は、この系図のトップに出てくる雅経を祖とする堂上羽林家で、歌と鞠の師範家として知られている。特に鞠は、難波流・飛鳥井流とならび称される家職として、飛鳥井氏代々にうけつがれていったのである。そのあたりの状況については「諸家家業記　蹴鞠」にくわしいが、ここでは省略しよう。

さて、その雅綱であるが、生まれは延徳元年（一四八九）といわれており、経歴を追ってみると、

永正元年（一五〇四）　従五位上
大永四年（一五二四）　従三位・参議
享禄元年（一五二八）　正三位・権中納言

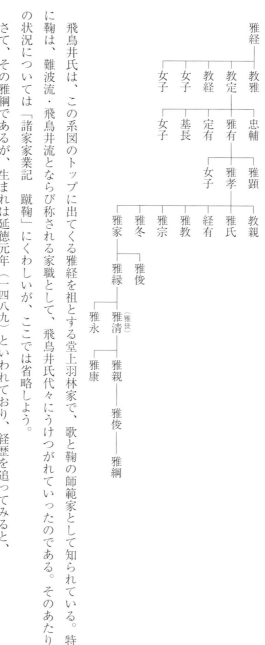

天文三年（一五三四）　従二位
天文七年（一五三八）　正二位・権大納言
天文十年（一五四一）　散位
永禄五年（一五六二）　従一位
永禄六年（一五六三）　出家（法名高雅）

となる（『室町・戦国人名辞典』）。そこで問題となるのは、この雅綱から伊勢新九郎に宛てられた消息がいつ出されたかである。

周知のごとく、伊勢新九郎は、通説でいう延徳三年（一四九一）、私の考えでは明応二年（一四九三）、伊豆の堀越公方足利茶々丸を倒して伊豆を奪取したあとも、しばらくは伊勢新九郎という名前で通している。いつ出家をし、名を早雲庵宗瑞と改めたかは不明で、ただ、「早雲庵宗瑞」と署名をした文書で、今日残っているものの初見は明応八年（一四九九）三月廿八日付、修禅寺東陽院宛の寄進状である（「修禅寺文書」）。

ということは、この消息は明応八年以前に出されたものとみてまちがいない。しかし、仮に明応八年としても、雅綱は十一歳である。十一歳でこのような文書を出せるとは思えない。私は、雅綱の生年の方に矛盾があるのではないかと考えている。

さて、いよいよ文書の内容の検討に入るが、まず注目されるのは、宛名の位置である。日付と同じ高さということは、雅綱が、すでに伊勢新九郎をかなりの上位者とみていたことを物語っている。伊豆一国を奪取し、さらに相模にまで駒を進めた段階の伊勢新九郎の政治的位置を考えた場合、この宛名の位置は首肯されよう。

伊勢新九郎は伊豆に本拠を置いたあと、飛鳥井雅綱から蹴鞠と扇鬮次第の相伝をうけていたことがうかがわれる。その後の今川一族の者の中から蹴鞠に長けた人物が出たことは周知のことがらであり、また、雅綱自身も今川氏に招かれて駿府に下っているが、その出発点は、この伊勢新九郎の蹴鞠相伝にあったのではなかろうか。

【付記】本文書の存在については荻野三七彦早大名誉教授の御教示を得た。あつくお礼申しあげる。

Ⅱ

小田原北條氏の蹴鞠に関する史料

田島光男

ここに紹介する史料は、飛鳥井雅綱から北條氏に伝授された蹴鞠に関する文書である。この内、伊勢新九郎宛の一点は、小和田哲男氏が荻野三七彦氏の御教示によるとして『戦国史研究』二〇号に紹介されており、識者の間ではすでに知られていた文書と思われる。昭和六十年十二月発行の『内閣文庫百年史』一一六頁にも「飛鳥井雅綱が後北條一門に与えた相伝文書」として全六点の目録が掲げてある。

さて、小田原北條氏の文芸を論ずる場合、歌鞠両道と言われる和歌についてはよく取り上げられるが、一方の蹴鞠について述べられた研究は見られないようである。

北條氏の蹴鞠については、明治四十五年三月に発行された『古事類苑』「遊戯部」に「後奈良院勅書写」として次の文書が引用されている。

在國の事申され候、ゆだんなくやがて上洛可然おぼしめし候、兼又つゐでながら仰られ候、鞠道之儀、代々師範として他にことなることにて候に、一家のものとてそつじなる輩門弟を取候事、有まじき事にて候まゝ、聊爾なきやうにかたく申付られ候、今川北條などにも自然此よし物語候、彌歌鞠兩道再興のことを簡要とおぼしめし候、此よし能々申せとて申候、

左衛門督どのへ

これによれば、北條氏が後奈良天皇（大永六年四月〜弘治三年九月）の時、すでに鞠道の門弟となっており、そのことが朝廷にまで知られていた。この門弟となっていたことをより具体的に示してくれる史料が、国立公文書館内閣文庫に蔵する「扇鬮次第相伝御聞書」（請求番号特一一七―六）と題する六点の文書である。文書は、曲げ物ワッパ型をした縦四一・六センチメートル（以下、センチメートルは省略）横八・一深さ七・一板の厚さ〇・四（以上箱蓋外側計測）、内箱縦四〇・二横六・七深さ（内部計測）五・五板の厚さ〇・四の木箱に納められている。その箱蓋上には、上方に「和之三十五番（天文以下の文字とは異筆）／天文十八年／飛鳥井大納言雅綱卿／相州下向時相傳申鞠聞書」、下方に「書付三通／圖三枚」と墨書があり、ほかに蔵書番号を示すラベル・付箋が五枚貼付されている。いつどんな経路で内閣文庫に伝わったのか分からないが、後奈良天皇の文書から考えてみると、もともとは本来の請取人である小田原北條家に伝わったものと推測される。

次に、史料を個別にみていくことにしよう。

1は、小和田氏が紹介されたことは前にも述べたが、氏はその紙上で宛名の伊勢新九郎を「早雲庵宗瑞」と署名した明応八年三月廿八日付の修善寺文書から伊勢宗瑞にみたてて、「この消息は明応八年以前に出されたものとみてまちがいない。しかし、仮に明応八年としても」と明応八年以前説を採られ、雅綱が是年十一歳であることから、さらに「私は、雅綱の生年の方に矛盾があるのではないかと考えている」と説かれた。私は、雅綱の年齢に『公卿補任』の官位の記載などからみて矛盾はないと考えたい。大永五年八月日付蹴鞠伝授書に見るように、雅綱は、大永三年六月十二日以後同年九月十三日以前の北條改姓（百瀬今朝雄先生・田辺久子氏「小田原北條氏花押考」『神奈川県史研究』第三四号、佐脇栄智氏「北條氏綱と北條改姓」『小川信先生古稀記念論集　日本中世政治社会の研究』）後においても、相変わらず北條氏を伊勢氏と言っている。雅綱の花押は、時代によって変化が見られるがこの型は大永五年段階の型と変わらず、筆勢も慣れた筆運びである。因みに、雅綱は大永五年時三十七歳になっていた。明応八年段階は、父雅俊が蹴鞠の伝授を行って健在であり、大永二年十月「以家説」て蹴鞠図の伝授をしている（「丹生文書」）ことなどからこの1の文書を明応八年以前とするのは困難と考える。鞠道の伝授は、家督の地位にある者の権限であり、雅綱は、父の死後家督継承者としてその権限を行使したのではなかったろうか。とすれば、1の文書は、雅綱が父の死によって家督を継いだ大永三年四月十一日以降の発給となり、伊勢新九郎は北條氏綱となる。北條氏綱は、「大永七年ヵ」と推定される書状に「しん九郎うち綱」（「東慶寺文書」）と署名し未官途であり、「左京大夫」に任官するのは享禄二年八月六日〜同三年二月十七日の間であった（佐脇氏前掲論文）。2の北条新九郎は、北條氏康であろうか。氏康は、天文廿年十二月十一日段階では「新九郎氏康」と署名し（「簗田文書」）いまだに未官途であった。3の伊勢伊豆千代丸は、北條氏康のこと。大永三年六月十二日の箱根神社棟札に見える伊勢伊豆千代丸は北條氏康であることを論証されたのは、百瀬先生・田辺氏の前掲論文「小田原北條氏花押考」においてであった。雅綱も父や他の公家同様諸国に下向しており、史料上最も早い例として見られるのが大永五年八月十九日の甲斐国下向であった（「実隆公記」）。雅綱は、この時相模国の小田原北條家にも立ち寄って伊勢伊豆千代丸こと北條氏康に蹴鞠を伝授した。氏康十歳であった。父雅俊が三条西実隆に出した明応七年五月廿四日付書状に「兼又蹴鞠儀愚息（雅綱）事御懇仰畏入候」（「実隆公記紙背文書」）と見え、雅綱もこの時十歳であった。4の北条松千代丸は、北條氏政のことであろうか。氏政は、この時九歳であった（「顕如上人貝塚御座所日記」）。5の北条西堂丸は、北條氏康の子で氏政の兄弟であろう。4・5・6にみる雅綱の花押は、1や3と異なっているので改変していることが知られる。
以上論証すべき点は多いが、今後の課題とし、ひとまず紹介にかえることにしたい。
本史料の掲載を許可された国立公文書館に感謝申し上げたい。

〈史料〉

1　飛鳥井雅綱書状

蹴鞠扇之事、内〻
御所望候、御執心之間、
令相傳進之候、猶
此道有子細之儀珍重候、
恐〻謹言、
七月十六日　雅綱（花押）
伊勢新九郎殿

縦二八・四×横四五・七（原寸は、以下全てセンチメートル）紙質楮紙、裏打ちを施す。

2　飛鳥井雅綱書状

就蹴鞠門弟芳約

葛袴并鴨沓之事、
御懇望之条令進之候、
御着用可為珍重候、於
此道随分規模之儀候、
恐々謹言、
十月十三日　雅綱
北条新九郎殿

縦二七・一×横四三・一、紙質楮紙、裏打ちを施す、花押なし。

3　飛鳥井雅綱蹴鞠伝授書

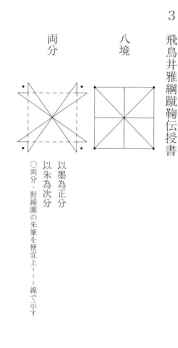

八境

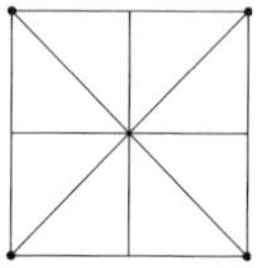

両分

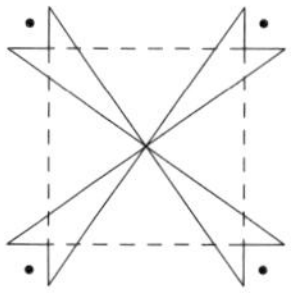

以墨為正分
以朱為次分

○両分・對縮圖の朱筆を便宜上－－－線で示す

對縮

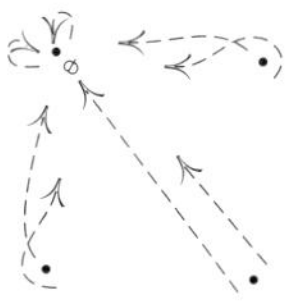

以家説授伊勢伊豆千代丸殿訖、

大永五年八月日

左衛門督雅綱（花押）

縦三三・七×横九七・六、紙質鳥の子紙、裏打ちなし、二紙。

4

飛鳥井雅綱蹴鞠伝授書

八境圖　（図は史料3に同じ、以下省略）

両分圖　（同省略）

以墨為正分

以朱為次分

對縮圖　（同省略）

以家説授申北条松千代丸殿訖

天文十八年十月七日

縦三四・七×横一〇七・一、紙質鳥の子紙、裏打ちを施す、二紙。

正二位雅綱（花押）

5　飛鳥井雅綱蹴鞠伝授書

八境圖　（同省略）

両分圖　（同省略）

對縮圖　（同省略）

以墨為正分

以朱為次分

以家説授中北条西堂丸殿訖、

天文十八年十月七日

正二位雅綱（花押）

縦三四・六×横一〇六・六、紙質鳥の子紙、裏打ちを施す、二紙。

6　扇鬮次第相傳御聞書

一、扇ヲさす様躰之事三様あり、一にハ刀さし一にハやなくゐさし一にハ尺さし是三なり、晴の鞠の時ハ必さすへし、さし所、我身に三所庭に三所是あるなり、一にハ圓座の際、一にハ木にあゆミよる間之道にてさす、一にハ木本にてさす、是三なり、さしやうハ木本にて、さす時ハ木間中ハかりしさりて、外のかたへすこしねちむきてさす、刀さしにてもやなくゐにても尺にても心にまかせこれをさすへし、但刀さしのさしやうハ、左の手にほねを持、右の手に地紙の所をもち、刀をさすやう二二の帯にさすなり、又やなくゐさしハ、左の手にてほねのかたをもち、右の袖の下へ打入、右の手にてさかてに取、右のこしにさす、すわふならハ、右のひたのあるあたりに扇のさきあるへし、尺さしハ、左の手にほねの所を持、右の手にてさかてにとり、うしろこしに扇のほねのかくるゝほとにさすへし、かなめのかたは、左の方へなる、扇の上の方ハ、右の脇のとをり程にさすへし、又三のさしやうの事、何をさすとも圓座の際にて圓座のうしろのかたへむき、すこし圓座をおり扇をさす也、又木にすゝむまて扇をもちて出、木本まなかハかりになりてすこし外へむきより、扇をさす、刀さしにても、尺さしにても、やなくゐにても心にまかすへし、但是ハさいしよに木へすゝむ時一返の事也、休たらハやかて座にてぬき持へし、《サシタル所にてヌクヘシ、何ノサシ様モサシタル所ニテヌクヘシト也、》其後ハ圓座に扇をおさむ、いつものことくにいたすへし、猶扇さす事ハ最前に一返の事也、

一、扇くしの作法の事八人の人衆各着座の後役人硯のふたを持、先左の座上の人の前に行むかい扇をかせ申也、さて上衆次第に左右へかけ、扇をかせ各扇《を硯ノフタニ給》をき畢テ後役人かゝりの軒の木まなかハかりうしろにて硯のふた《ノ本ヨリヲキ初ムへし、軒ノ左右ハ其時ノ上座ノカタヨリヲキ初ムへし、》を左にもち、右の手にて扇ともをかきあハせ《ス》へし、いかにもみえぬやうにたかく持、かきあハすへし、さて軒の左《座上ノ》の木の軒のかたよりをきはしむほねのかたを外になし、地紙のかたをかゝりのうちへなし、木に人の立たるやうにをくへし、さて役人硯のふたをもち本の座へ帰さて上衆次第に木にすゝむ、其時我扇のゐりほねの上に我もんをはくにてすゆるそのもんを見て我扇と心得其扇のもとへ立、やかて其木のもとにて扇をさ

■飛鳥井雅綱の花押

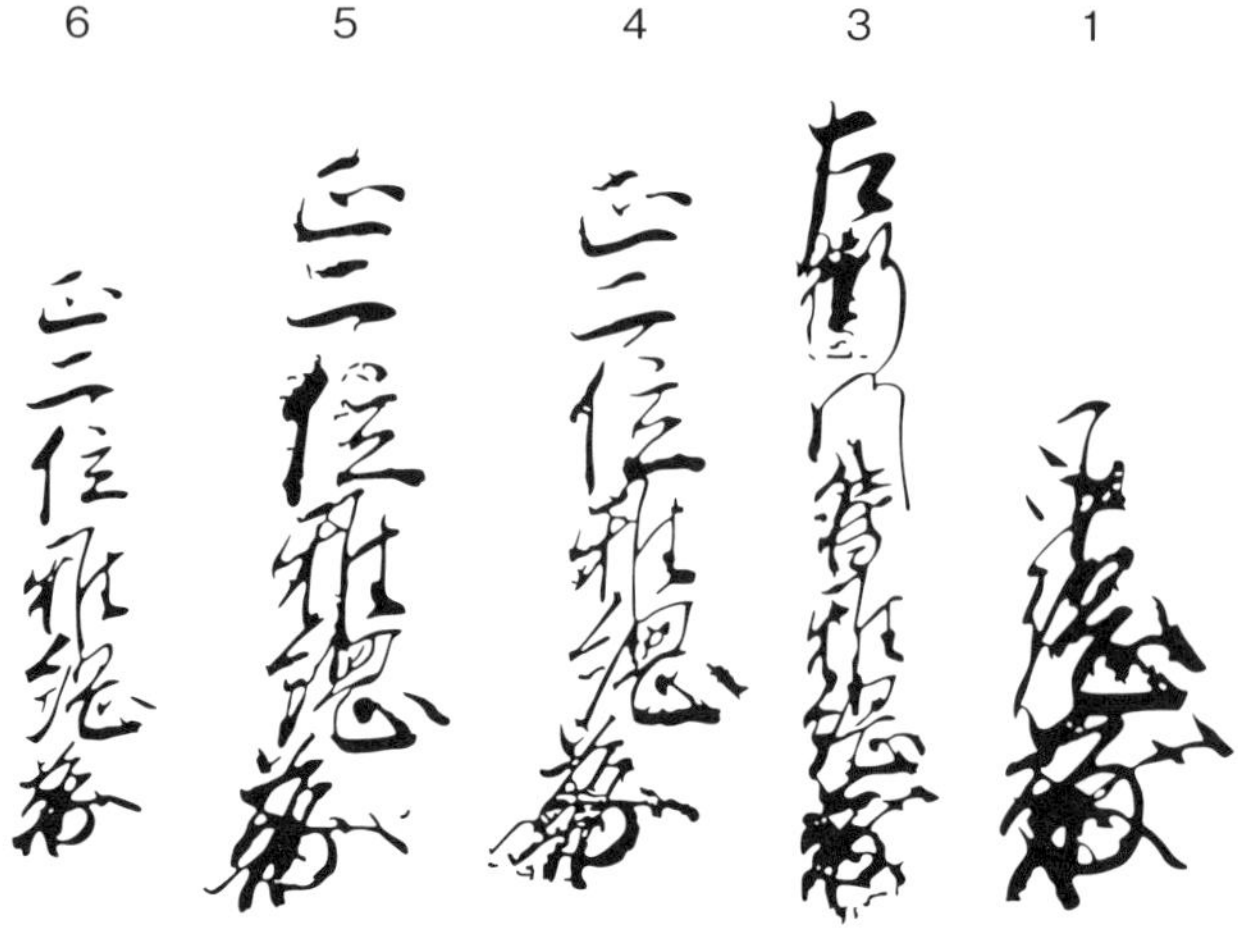

（番号は紹介史料の号数）

す、刀さし尺さしやなくゐさし何にても心にまかすへし、座に
帰らハやかて扇をぬき○手に持へし、《サシタル所にてヌキ扇ヲ　テ座へ可帰》其後はいつものことく扇
を座に納鞠をけへし、
右扇鬮次第相傳御聞書無相違物也、
天文十八
十一月五日
正二位雅綱（花押）

縦三五・一×横一四九・八、紙質鳥の子紙、裏打ちを施す、三紙。
〇墨線で抹消した部分は、その文字の左に〃の印を付した。改行の表示は省略した。

Ⅲ

戦国大名と公家衆との交流
―北条氏の文化活動を中心に―

真鍋淳哉

はじめに

これまでに、戦国大名と公家衆との交流について取り扱った論文・著作は数多い。その研究の中心は、応仁・文明の乱以降の京都の荒廃による公家衆の地方下向に置かれてきた。その端緒は浅野長武氏の研究であろう。浅野氏は戦国期の公家衆の地方下向は中央公家文化の地方波及の効果をもたらしたことを指摘し、政治的側面でも戦国大名と朝廷との結び付きがはかられたことに言及している(1)。

また今泉淑夫氏は、応仁元年（一四六七）から文亀四年（一五〇四）までの公家衆の地方下向表を作成するとともに、この時期の公家衆の地方下向は、応仁・文明の大乱に起因する困窮によるものであり、これは廷臣としての奉仕義務を放棄したものではあるが、その一方で地方下向によって経済的な収入源を確保する公家と、奉仕義務を果たすことで官位の栄達を図る公家とに分かれ、巧妙な役割分担がみられるとする考えを示した(2)。

この今泉氏の考えを受けて、富田正弘氏は、詩歌・管弦・遊戯・医療等の公家衆の家職と地方下向との関わりを指摘し、また当該期の公武統一政権の中で、役割を果たし得る家職であるか否かが、地方に下向するかしないかに大きく関わりを持つと論及し、今泉氏の公家衆地方下向表に加筆修正を施し、応永から慶長期の公家衆一〇二家の下向例を作表した(3)。

また別の観点で、戦国大名と公家衆との関わりという点では、今川氏(4)、上杉氏(5)、朝倉氏(6)、大内氏(7)、島津氏(8)等の例が取り上げられてきた。今川氏は足利将軍家との関わりという点から、京都との接点も大きく、今川氏親はその正室を中御門家から迎えている。上杉氏は謙信の代になり、二度の上洛を果たし、また近衛前久の関東下向は謙信を頼ってのものである。朝倉氏は一乗谷、大内氏は山口とその城下に公家衆を迎え交流を深めており、島津氏は島津庄が近衛家領であったことから、特に近衛家との関わりは強く、こうした点でこれらの戦国大名と公家衆との関わりが考えられてきた。

最近では、後北条氏（以下、北条氏とする）の家祖早雲（伊勢宗瑞）は、備中伊勢氏の流れをくみ、京都伊勢氏の傍流の養子となり、幕府申次等をつとめた「伊勢盛時」と同一人物である可能性が高くなった(9)。これが間違いないとすれば、北条氏も京都との接点という点では、他の戦国大名に引けは取っていないはずである。しかし、北条氏と公家衆との関わりという点では、管見の限り、北条氏綱の後妻をめぐっての立木望隆氏の研究(10)と、「酒傳童子絵巻」に関する榊原悟氏の研究(11)が見られるくらいである。そこでここでは、それぞれの先行研究に学びつつ、差し当たり、北条氏の公家衆との交流について概観するとともに、どのような意味をもっていたのかについて考えていくことにしたい。

一、北条氏の公家衆との交流―近衛家を例に―

先述の通り、北条早雲は幕府申次等をつとめ、その後関東に下った可能性が高いことが指摘されているが、北条氏が早雲時代に京都と関わりを持った例はあまり見えない[12]。したがって北条氏と公家衆との交流が明らかとなるのは氏綱の時代からである。その交流は、様々な人物や家との間で見られるが、氏綱の時代に特に目に付くのは近衛家との交流である。そこでここでは北条氏と近衛家との関わりについて少し見ていきたい。

その関わりの初見は大永三年（一五二三）九月である。

（史料一）

十三日壬（庚）辰、雨下、酒天童子絵詞、去年書遣間、為㆓其礼㆒、北条千疋進㆑上之、相阿弥執次也[13]、

近衛尚通が「酒天童子絵詞」の詞書を書写した礼として、北条氏が千疋を送ってきたという史料である。この「酒天童子絵詞」については後で少し個別に見ていきたい。

近衛家との関わりという点で特筆すべきは、氏綱が近衛尚通の娘を後妻として迎えたことであろう。この点は既に立木氏が指摘されており、北条氏と京都政界との関わりについて見直す必要があることにも言及している[14]。立木氏も掲げている史料であるが、このことを考える上で欠かせないのが次の史料である。

（史料二）

於（ママ）相州小田原北条左京太（大）夫氏綱亭にて

北条氏と公家衆との交流一覧

年　月	人　名	内　容（出典）
明応八．五	飛鳥井雅康	早雲、尾張大野滞留の雅康に書を送る（冨士歴覧記）
大永三．九．	近衛尚通	酒天童子絵詞書写の礼として黄金進呈（後法成寺）
大永三以前七．	飛鳥井雅綱	氏綱へ蹴鞠扇授与（飛鳥井雅綱書状）
大永五．八．	飛鳥井雅綱	伊豆千代丸へ蹴鞠伝授（飛鳥井雅綱蹴鞠伝授書）
年未詳十．	飛鳥井雅綱	北条新九郎へ蹴鞠葛袴鴨沓授与（飛鳥井雅綱書状）
享禄二ヵ八．	近衛尚通	先年の贈り物への礼、初の音信（近衛尚通書状案）
※享禄二〜天文二．三ヵ	近衛尚通	尚通娘、氏綱の妻となる（為和集等）
享禄三．二．	近衛尚通	氏綱へ春日野進呈（後法成寺）
享禄四．三．	近衛尚通	氏綱より白紬・白鳥到来（後法成寺）
享禄四．三〜六．	三条西実隆	源氏桐壷巻・酒伝童子絵奥書書写依頼（実隆）
享禄四．七．	近衛尚通	氏綱への返事（後法成寺）
※享禄四以前	錦小路盛直	小田原滞在（幼童抄紙背文書・後奈良天皇日記等）
天文元．四．	近衛尚通	氏綱より黄金等到来（後法成寺）
天文元．四．	三条西実隆	北条氏より書状到来（実隆）
天文元．五．	三条西実隆	北条氏へ返事（実隆）
天文元．六．	三条西実隆	北条氏へ尺八進呈（実隆）
天文元．十二．	近衛尚通	北条氏依頼の奈良番匠鎌倉派遣（後法成寺）
※天文二．三．	冷泉為和	小田原氏綱亭にて和歌会（為和集）

　　朝花　（天文二年）三月十一日、当座
吹立る浦風ならし朝戸明や軒はによす
　る花のさゝ波
　　小田原は、浦ちかく侍る間如
　　　レ此詠、
（中略）
　　同晦日に、藤見之当座
いえはえにみなれぬ花の朝こちになひ
くもしるき北の藤なみ　有レ注
　　右有レ注とかき侍るは、氏綱女
　　中は、近衛殿関白殿御姉にてま
　　しますか、御内縁になられける
　　間、かくよみ侍り、ことにかの
　　女中にての会也、[15]

冷泉為和が天文二年（一五三三）三月に小田原に下向した際、氏綱の亭で歌会を催したときの和歌である。三月晦日の藤見の

※天文二．六～十．	勧修寺尹豊	小田原下向（御湯殿・快元僧都記・言継等）
天文三．四．	勧修寺尹豊	氏康、伊豆禁裏御料所の貢租進上（言継・御湯殿）
※天文三．十二．	冷泉為和	小田原氏綱亭にて和歌会（為和集）
※天文五．二．	冷泉為和	今川氏輝と小田原氏康亭等にて和歌会（為和集）
天文五．八．	近衛尚通	相州へ下状（後法成寺）
※天文五頃ヵ	高井堯慶	小田原滞在（藤川百首注奥書等）
※天文十．	町資将	伊豆在国（御湯殿・弁官補任）
天文十一．一．	貞敦親王	氏康、紀貫之集の礼に黄金進呈（貞敦親王御記）
※天文十一．一．以前	勘解由小路在富	相模国滞在（言継）
天文十二．八．	町資将	氏康、町資将を通じ内裏に太刀献上（御湯殿）
天文十八．十．	飛鳥井雅綱	松千代丸・西堂丸へ蹴鞠伝授（飛鳥井雅綱蹴鞠伝授書）
天文二一 or 二二．四．	後奈良天皇	東大寺大仏殿廻廊修理の綸旨到来（後奈良天皇綸旨案）
※天文二一．八以前	半井明英	相模国下向（言継）
天文二三．二．	山科言継	北条氏ヵ、森坊を通じ源氏書写を依頼（言継）
※永禄三．九．	三条西実澄	小田原滞在（心珠詠草）
※永禄四．正．	三条西実澄	将軍義輝の依頼で小田原下向（足利義輝御内書）
※永禄六．十一．	西園寺公朝ヵ	公朝ヵ娘、氏信の妻となる（厳助大僧正記）
※永禄十．十．	三条西実澄	小田原滞在（北条氏康朱印状）

会で為和が詠んだ歌とその注とが問題となるが、これによれば、氏綱の妻が尚通の子関白近衛稙家の姉であるということが分かる。立木氏の指摘の通り「いえはえ」は「家栄」を、「北の藤なみ」は藤原北家を指していると考えられる。この氏綱の妻の出自と藤見の会とを文字っての歌であることは容易に想像がつく。歌の意味は不明な点もあるが、「北の藤なみ」近衛尚通の娘が、「こち（東風）」北条氏綱に嫁いで、一層の「いえはえ」となったとするものと考えられる(16)。いずれにせよ、近衛尚通の娘が氏綱に嫁いだことを立証する唯一の同時代史料として、誠に興味深いものである。

そして問題となるのが、尚通の娘がいつ小田原に下り氏綱の妻となったのかということである。『後法成寺関白記』享禄四年

永禄十一．二．	吉田兼右	氏康・氏政へ祓等進呈（兼右）
年月未詳	吉田兼右	氏康、太刀進呈（北条氏康書状）
※永禄十二．七．	山科言継	言継養母唯心院、小田原早川ヵで死去（言継）
元亀元．九．	吉田兼見	氏康・氏政等へ祓等進呈（兼見）
※年月未詳	半井驢庵	氏康、在国中の不行き届きを詫びる（北条氏康書状写）
※天正四．二．	飛鳥井重雅	小田原滞在（飛鳥井重雅置文）
天正四．十．	吉田兼見	氏政へ大鷹等進呈（兼見）
天正五．十．	吉田兼見	氏政より太刀等到来（兼見）
天正六．十．	吉田兼見	氏政等へ祓等進呈（兼見）
天正七．十．	吉田兼見	氏政等へ祓等進呈（兼見）
天正八．閏三以前	近衛家ヵ	幻庵、近衛家ヵより古今伝授授与（北条幻庵判物）
天正十一．九．	吉田兼見	氏政より太刀到来（兼見）
※天正十一．十．	水無瀬親具	小田原滞在（兼見）
天正十一．十二．	吉田兼見	氏政等へ祓等進呈（兼見）
天正十二．十一．	吉田兼見	氏直より八丈縞到来（兼見）
天正十三．九．	吉田兼見	氏直等へ祓等進呈（兼見）
※年月未詳	半井驢庵	氏政、再会を望み礼物進呈（北条氏政書状）
年未詳．三．	三条氏	氏房、三条氏へ返札、太刀進上（北条氏房書状）

※印は小田原に下向したものを示す。
略号一覧　後法成寺＝『後法成寺関白記』、実隆＝『実隆公記』、言継＝『言継卿記』
御湯殿＝『御湯殿上日記』、兼右＝「兼右卿記」、兼見＝『兼見卿記』

（一五三二）の紙背文書に、「雖下未レ能二一書一候上、以二風便一令レ啓候」と始まる北条氏宛の近衛尚通書状案がある。[17] この文書は書状案のため年欠であるが、『後法成寺関白記』享禄四年の他の紙背文書に同二年のものが見えるため、この文書も享禄二年頃のものと推定出来るかもしれない。とすれば、尚通がこの段階で初めて北条氏に便りを出したわけであるから、[18] ここで既にその娘が氏綱のもとに嫁いでいたとは考えづらい。したがって上限はこの時期に設定することが出来よう。また下限は『為和集』の天文二年三月である。したがって氏綱の妻近衛氏の小田原下向の時期は、享禄二年頃から天文二年三月までの約三～四年の間ということになろう。[19]

この他にも注目すべき史料がある。

(史料三)

廿一日丙(乙)未、雨雪降、(中略)従二北条許一、鶴岡八幡為二建立一、奈良番匠十廿人、瓦師両人可レ被レ下之由、一門
江申送之間、其旨内々心得由、被二返答一云々、山伏五人召上云々、件八幡宮相摸国也、頼朝被レ執レ立之云々、[20]

『後法成寺関白記』の天文元年十二月廿一日条の記事であるが、北条氏綱から鶴岡八幡宮再建のために、奈良番匠と瓦師とを相模に遣わして欲しいとの旨が一門(興福寺一乗院門跡)に伝えられ、内々に了承したという史料である。山伏五人とは「召上」とあるから、関東からの使者であろうか。大永六年の里見氏の鎌倉乱入により鶴岡八幡宮は焼け、氏綱は天文元年からその再建に着手していた。この史料はその時期のものである。ここで注目すべきは、氏綱からの要請が伝えられ、それを了承した当時の一乗院門跡良尊は、近衛尚通の弟に当たる点である。関東のシンボル鶴岡八幡宮の再建という一大事業にも近衛家との関わりが見出せるという点は注目に値する。

享禄年間以降、別表(「北条氏と公家衆との交流一覧」)に見える通り、氏綱と近衛尚通の娘との縁もあり、北条氏と近衛家との関わりは密接なものであったと考えられるが、天文十年の氏綱の死去以降は、近衛家との交流はほとんど見出せない[21]。唯一その交流がうかがえるのが次の史料である。

(史料四)

「江雪斎参(懸紙ウハ書)　幻庵」

古今集切紙十三巻、一巻ニ二ヶ条、三ヶ条を記有レ之、如レ本写者也、同秘伝集一札本文如《トツル》レ此、此外伝受(授)次第記
物有、是ハ伝受(授)無レ之間不レ知、其外ニハ少モ残不レ申候、於二偽申一者、仏祖師家可レ蒙二御罰一者也、仍不レ偽所
如レ件、

天正八
　壬三月朔日　　　　　　　　　　　　宗哲（花押）
　　江雪斎参[22]

この史料は、天正八年（一五八〇）閏三月朔日に、氏綱の弟北条幻庵が、北条氏家臣板部岡江雪斎に、古今伝授の切紙を書写して与えた際のものであると考えられる。何故この文書が近衛家の文庫陽明文庫に伝わっているのか、正確な経緯は不明であるが、板部岡江雪斎は北条氏滅亡後も、岡江雪と名を変えて、豊臣秀吉や徳川家康に仕え、尚通の曾孫に当たる近衛信尹の日記『三藐院記』には、江雪が慶長年間（一五九六～一六一五）頃まで近衛家に出入りしていたことが見え、こうした点からの伝来も考えられる。また古今伝授と言えば、近衛家の「御家芸」であり、幻庵自身が近衛家から古今伝授（の一部か）を受けた可能性も指摘できるが、この点については不明である。

このように、氏綱の死後も北条氏と近衛家との関わりは考えられないわけではないが、尚通の娘が夫の死後、どのように過ごしたのかは分からない。また尚通の孫前久は、北条氏と対立する上杉謙信と接近したことにより、基本的には北条氏との関係は薄れていったものと思われる。

二、北条氏の文芸活動―公家衆との交流のなかで―

北条氏を素材とした軍記物の類では、氏康が和歌にも優れ、文武兼備の名将であったとする記述が多く見える[23]。前章でも見たように、公家衆が小田原に下向すれば、そこでは和歌会や連歌会等が催され、氏康も和歌等を詠む機会が多くあったものと考えられる。そこでここでは、蹴鞠等の遊戯も含めて、北条氏の文芸活動を、公家衆との交流のなかで追っていきたい。

　北条氏の文芸活動に関する史料は、近年紹介されたものがいくつかあるが、そのなかでも公家衆との交流という点では、内閣文庫所蔵の飛鳥井雅綱から北条氏に宛てられた六点の史料が注目される(24)。このうち三点は、大永五年（一五二五）八月付で伊勢伊豆千代丸（氏康）に、天文十八年（一五四九）十月七日付で北条松千代丸・西堂丸という北条氏一族にそれぞれ宛てられた蹴鞠伝授書である。他二点はいずれも雅綱書状で、伊勢新九郎（氏綱か）に蹴鞠扇を与えたものと、北条新九郎（正確に誰であるかは不明）との蹴鞠門弟契約につき葛袴等を与えたものであり、残りの一点は、雅綱による「扇籤次第相伝御聞書」という蹴鞠扇に関する次第書である。これらは今までほとんど見られなかった北条氏と飛鳥井家との関わりを示す史料である。飛鳥井家は蹴鞠を家職とする家であり、様々な人物に蹴鞠を伝授しているが、北条氏に対してもそれがおこなわれている。

　飛鳥井家と北条氏との関わりはこの後も引き続く。

（史料五）

鞠庭事、懸者鎮屋之方、木者安宅之術也、今度就㆓当寺滞留㆒、以㆓当家之秘説㆒植置者也、於㆓向後㆒自然無道輩植木損事、無㆓勿躰㆒次第歟、此旨可㆑被㆓申届㆒、如㆑件、

天正四丙子年二月日　　飛重雅（花押）

玉伝寺御房(25)

（史料六）

此一冊、依二亡父一位入道高雅門弟之儀一、江雪斎懇志之条、以二栄雅自筆一令二書写一、遣レ之者也、

天正六年五月廿二日　　重雅（花押）(26)

史料五は、飛鳥井重雅が小田原に下向し、外郎氏の氏寺玉伝寺に逗留した際、鞠庭に飛鳥井家の秘伝をもって木を植えたとするものであり、史料六は板部岡江雪斎が重雅の亡父高雅（雅綱）の門弟であるため、重雅の曾祖父栄雅（飛鳥井雅親）自筆の「和歌詠草」を与えるというものである。特に前者からは、飛鳥井家を媒介として、小田原において蹴鞠が盛んに行われていたであろう様子をうかがうことが出来る。史料六は、与えられているものが「和歌詠草」という歌学書であることから、江雪斎が飛鳥井雅綱の歌の門弟であったとも考えられるが、いずれにせよ北条氏と飛鳥井家との文芸を通しての活発な交流が見られる史料である。

和歌については、『為和集』に、前出の天文二年の他にも、同三年・五年と計三度にわたり、小田原で和歌会を催したことが見えている。また「定家百首四文字題鈔」注　相伝次第(27)や「古今集註」巻十五恋第五聞書(28)によれば、藤原定家の流れをくむとする高井堯慶という人物が小田原に居住して、氏康と和歌を交わした様子が見える。

そして、「貞敦親王御記」天文十一年正月十日条には、「先度北条新九郎（ママ）　康ニ御書幷貫之集自筆下賜、御返報申入、黄金拾両進上」とあり(29)、氏康が貞敦親王に、紀貫之の私家集「貫之集」の礼として黄金を進上していることが知られる。

和歌や連歌は戦国大名の当主等にとっては必須の教養であるため、和歌会を催したり、歌集の書写を依頼したりすることは、戦国大名として当然のことであると言ってもよいが、ここからは北条氏が熱心に和歌に関心を示した様子がうかがえて興味深い。わざわざ小田原に公家を呼び寄せて和歌会等を催すというのは、自らをアピールするのには

絶好の機会ともなったのであろう(30)。

また文芸活動ということからは多少はずれてしまうかもしれないが、次に掲げる『実隆公記』享禄四年（一五三一）の一連の記事も注目したい。

（史料七）

（三月）廿八日癸丑、晴、（中略）宗長有レ状、黄金一両送レ之、桐壺巻新写之事申レ之、外郎被官者持来、勧レ酒、周桂来、

（後五月）廿一日甲戌、晴、（中略）外郎青侍、酒伝童子絵奥書料紙持レ来之、薫衣香二袋・透頂香百粒・龍麝丸百粒・珍珠散二嚢献レ之、

（同）廿八日辛巳、陰、（中略）酒伝童子絵銘、奥書等三巻書レ之、

（六月）廿二日甲辰、晴、（中略）外郎被官卯野来、北藤絵奥書三枚・住心院返事等渡レ之、宗長返事・桐壺巻・詠哥大概・予独吟連哥・天目台一・周桂書状等渡レ之、勧二一盞一、筆十管賜レ之、月之交可二下向一云々(31)、

これ等の史料から分かることは、大きく分けて二点ある。一つは、北条氏が宗長を通じて、三条西実隆に「源氏物語」桐壺巻の書写を依頼したことであり(32)、もう一つは同じく北条氏が実隆に「酒伝童子絵」の奥書書写を依頼していたということである。

まず「源氏物語」書写の件であるが、これも和歌と同様、必須教養の一つであるため、丁度その頃小田原に滞在していたと考えられる宗長を通じて、三条西実隆に書写を依頼したのであろう。これを裏付ける史料が「幼童抄紙背文書」の中にある。紙背文書の二点目、某書状の一節に「猶□源氏御所望ニ候て、よひ〳〵被遊元

□□□□尾形（屋）へ物語申候へハ[33]」とある。「幼童抄」が連歌師宗長の手になる連歌入門書であり、紙背文書を有するこの一冊が宗長から鈴木善左衛門に与えられたことや、いくつかの紙背文書の宛所に「柴屋（宗長）」の名が残っていること、発給の多くが北条氏関係者であることから、この紙背文書群が宗長が小田原・鎌倉等に滞在していた享禄二～四年の間頃に、彼に宛てられたものであることが分かる。そして「源氏御所望」と「御」が付いているからには身分のある者の「所望」と考えられ、「実隆公記」の記事と時期も一致するため、これが北条氏の希望であったと推定出来るわけである。

後者の「酒伝童子絵」は、史料一に見える「酒天童子絵詞」と同じものを指すと考えられる。[34]「北藤絵」は文脈から「酒伝童子絵」のことであろう。そこで思い起こされるのが、史料二の「北の藤なみ」という文言である。「北の藤なみ」が北条氏綱の妻近衛氏を指していることは明白であるから、「北藤絵」がこの近衛氏を想定して使われた表現とする考え方も成り立つかもしれないが、北条氏と酒天童子説話との関連がいまひとつはっきりとしないため[35]、これは後日の検討課題としたい。

以上、誠に概観的ではあるが、北条氏の文芸活動を公家衆との交流のなかで見てきた。ここでは、当時の必須教養であったこともあるが、活発な活動がうかがわれ、これから個々それぞれの文芸について考えていく必要があるものと思われる。

三、公家衆の小田原滞在

最後に、公家衆の小田原滞在について少し考えてみたい。管見の限りでは、小田原（相模・伊豆との表現も含む）に滞在・逗留したことを確認できる公家は、錦小路盛直・冷泉為和・勧修寺尹豊・高井堯慶・町資将・勘解由小路在富・半井明英・三条西実澄・半井驢庵・飛鳥井重雅・水無瀬親具の十一人、のべ十六回である[36]（別表参照）。勧修寺尹豊・町資将の下向は、伊豆の禁裏御料所の貢租催促のためのものと考えられるため[37]、若干意味合いが異なるかもしれない。また、高井堯慶・飛鳥井重雅については前章で若干触れた。勘解由小路在富については、天文十一年（一五四二）正月に相模国から上洛したことが知られ[38]、北条氏のもとへ立ち寄ったことが想定出来るが、詳細については未詳である。また水無瀬親具の場合も、「相州小田原ヨリ水無瀬左兵衛督書状到来、朱善(寺脱カ)紙一帖到来、左近次罷上次也」とあり[39]、この時点で小田原に滞在していたことは確かだが、それ以外については分からない。したがってここでは、その他の五人について述べてみたい。

まず公家衆の小田原滞在の嚆矢とも言える錦小路盛直についてであるが、『後奈良天皇日記』天文五年四月十三日条に「前典薬盛直、自二伊豆国一上洛、（中略）秉燭時分盛直於二儀定所一対面」とあり[40]、また『公卿補任』天文十三年条には「在国（相州）[41]」と、同十七年条には「正月日於二相摸国一逝去云々[42]」とそれぞれあり、天文五年以降には北条氏のもとに身を置いていて、同十七年に相模で没したことが分かる。しかし盛直が既にそれ以前に北条氏のもとにいたことが分かる史料が存在する。「幼童抄紙背文書」の中に、発給署名が「盛直」となっているものが二点あり[43]、また某書状には「咳気今日者大滅ニ□(候カ)、可二御意安一之由被レ申候、将又典薬殿之御薬を御用□仰候、尤候、かりそめ之様ニ候て□煩候間、無二御油断一御養性□(簡カ)用候由、能々自二我々一可レ申」[44]とある。署名の「盛直」のみでは諱が同じ別人物の文書と解釈することも出来ようが、同一の紙背文書群に「典薬殿」とあらわれているのであるから、それが錦小路盛直であることはほぼ疑いはなかろう。小田原近辺に滞在中の宗長が風邪でもひいたのであろうか、その際「典薬殿」の調合した薬の服用を勧められているのか、そこのところの状況は定かではないが、いずれにせよ以上のところからこの「典薬」は錦小路盛直であると考えられる。したがって、この紙背文書群の発給年代と考えられる享禄二〜四年頃には既に盛直は北条氏のもとにいたことが考えられるわけである。『後奈良天皇日記』に見えるように、上洛することもあったにせよ、基本的には北条氏のもとに身を置いており、天文十七年に相模で没した公家であったのではなかろうか。

次いで半井明英であるが、この人物は朝廷の医家であり、天文二十一年七月に相模国から上洛したことが知られる。[45]彼の相模在国中の動きは不明だが、これとの関連で興味深い史料がある。

（史料八）

「（切封墨引）」

幸便之間令レ啓候、抑路次無二相違一御上洛之由伝承、令二安堵一候、御在国中者、毎物無風流之式、失二面目一候、雖レ然無二等閑一申承候儀、于レ今々レ々難レ忘、御残多存計候、就レ中京都様子如何、御入洛之御催候哉、実説不レ聞候、便二具可二記給一候、委曲期二来便一候、恐々謹言、

九月二日　　氏康（花押）

驢庵（半井）几下（46）

ここからは何年のものであるかは不明であるが、「御在国中者、毎物無風流之式、失㆓面目㆒候」とあることから、驢庵が相模に在国し、京都に戻った後に送った書状であることが分かる。半井驢庵は織田信長・豊臣秀吉等にも厚遇された京都でも高名な医師であり、その人物を小田原に呼び寄せているということは北条氏にとっても面目躍如たるものがあり、またこの縁は同姓の半井明英の取り持ったものとも想定できるかもしれない。錦小路氏や半井氏という医師が多く小田原に滞在・逗留しているというのも、北条氏の公家衆との交流のなかの一つの特徴であると言えようか。

さて最後に、冷泉為和と三条西実澄について見ることにする。この二人はそれぞれ三度ずつ小田原に滞在しており、公家衆の中でも回数では最も多い。またこの二人に共通しているのが、今川氏との関わりである。

冷泉為和は、前々章で述べた天文二年と、同三年・同五年に小田原に下向し、いずれも氏綱・氏康亭等で和歌会を催し、その際の歌が『為和集』に記されている。『為和集』は文字通り冷泉為和の私家集であるが、別名「今川為和集」というように、為和が今川氏のもとにあったときの歌を集めたものである。したがって小田原への下向も、京都からではなく、駿府からやって来ている。

三条西実澄についても同様のことが言える。実澄は永禄三年（一五六〇）・同四年・同十年に小田原に下向したことが知られる。それぞれの典拠史料は次のものである。

（史料九）

永禄三年、三条大納言殿相州下向之時御供にめしくせられ侍て、小田原御旅宿御会、当座に寝覚萩、

老ぬれはね覚になれて萩の葉も夢にさはらぬ風の音かな(47)

（史料十）

就二氏真（今川）与三州（松平元康）岡崎鉾楯之儀一、関東之通路不二合期一之条、不レ可レ然候、仍差二下三条大納言幷文次軒一遣二内書一間、急度如二意見一無事之段、可二馳走一事肝要候、猶信孝（上野）可レ申候也、

正月廿日（永禄四年）　（花押）（足利義輝）

北条左京大夫（氏康）とのへ(48)

（史料十一）

西殿御宿被二仰付一候、敷物以下、自二前々一座席ニ有レ之分をハ、無二相違一可レ被二走廻一者也、仍如レ件、

卯（永禄十年）十月十二日　（「武栄」朱印）

玉伝寺(49)

史料九については説明は不要であろう。史料十は、この前年に今川義元が敗死したことにより、今川氏真と松平元康とが対立し、関東へ向かう通路がままならないため、三条西実澄等を遣わして、北条氏にその解決に尽力させることを命じた史料である(50)。また史料十一の「西殿」は実澄を指していると考えられ、玉伝寺をその宿泊先と定めていることがうかがえる(51)。この三度とも、実澄は駿河に在国していたことが知られており(52)、実澄も今川氏との縁で小田原に下って来ていることが分かる。

ここから読み取れることは、北条氏の公家衆との交流は、今川氏との関わりにかなり規定されている可能性が高い

ということである。[53]そこで改めて別表の「北条氏と公家衆との交流一覧」を見てみると、永禄年間の終わりを境として、それが激減していることに気付く。特に小田原滞在は二例のみである。周知の通り、永禄十一年（一五六八）十二月には武田信玄が駿河を攻め、今川氏が実質的に滅亡する。この事件が北条氏と公家衆との交流にも大きく影響を与えたのであろう。つまり、今川氏という「つて」を失った北条氏が、独自に交流をはかることが出来た公家は数少なかったということである。このことは、北条氏が今川氏と絶縁状態にあった天文六年頃から同二十三年三月の間の公家衆の小田原下向が、その前後の時期よりもはるかに少ないことからも裏付けられよう。そうした意味で、北条氏の公家衆との交流はかなり今川氏との関係に規定されていたのである。

おわりに

武田信玄がその正室を三条家から迎えるに至ったのは、今川氏の斡旋によるものであるとの伝承がある。[54]今川氏は足利将軍家との関わりも深く、今川氏親は中御門宣胤の娘を正室に迎え、その正室寿桂尼は氏輝・義元の母となった。その後も公家との婚姻を繰り返し、そのため駿河への公家の下向は数多く存在した。[55]こうしたことから、今川氏が東国大名の公家衆との交流の窓口になっており、北条氏もその一翼にあったと考えられる。公家衆の小田原下向は、北条氏にとって大きなアピールとなり、周りへの自己宣伝にもなったものと思われる。今川氏を滅亡させた武田氏は、その間に独自のルートを形成していたのかもしれない。

北条氏の公家衆との交流を見ると、今川氏との関係に大きく規定されていたという結論のみではははだ面白くない。したがって最後に、無責任ながら、ある可能性だけを示して筆を置きたい。

北条氏の菩提寺早雲寺の住持は代々京都大徳寺で出世開堂を果たした僧侶がつとめている。[56] こうした点から、小田原の仏教界では独自に京都との関わりが形成されていたものと考えられる。また戦国期に京都で隆盛を見せる絵師の狩野派は、一説には伊豆の狩野の出身との伝承を持ち、狩野玉楽等をはじめとする、いわゆる「小田原狩野」を生み、「小田原文化」といわれるものを形成する。[57] これらにより小田原には独自の文化が形成され、文化を京都から流入させる必要がなくなりつつあったと考えられないこともない。小田原自身が文化の発信地となり得たのであろうか。

註

（1）「室町時代の皇室と国民」（『岩波講座日本歴史』戦前版、一九三四年）。
（2）「文明二年七月六日付飛鳥井雅親書状案をめぐって」（『日本歴史』三六九号、一九七九年）。
（3）「戦国期の公家衆」（『立命館文学』五〇九号、一九八八年）。この他にも、今谷明『言継卿記　公家社会と町衆文化の接点』（そしえて、一九八〇年）には応仁元年から文亀四年までの「国別公家流遇状況」と題する一覧が、伊東正子「戦国時代における公家衆の在国」（『日本歴史』第五一七号、一九九一年）には応仁元年から天正元年までの「公家衆の在国一覧表」が作成されている。また、公家衆の地方下向という点では、家領の直務支配を行うための下向、一条家の摂津福原庄、三条家の河内国鞆呂岐庄、九条家の和泉国日根野庄等に関する研究は数多くある。
（4）瀬本久雄「冷泉為和と今川氏輝・義元」（『駿河の今川氏』第六号、一九八一年）等。
（5）谷口研語『流浪の戦国貴族近衛前久』（中央公論社、一九九四年）等。
（6）米原正義「越前朝倉氏の文芸」（『戦国武士と文芸の研究』桜楓社、一九七六年）等。
（7）米原正義「周防大内氏の文芸」（前掲米原註（6）掲書）等。

（8）橋本政宣「関白近衛前久の京都出奔」（『東京大学史料編纂所研究紀要』第四号、一九九三年）・前掲谷口註（5）掲書等。
（9）藤井駿「北条早雲と備中国荏原荘―早雲の生国についての一考察―」（『岡山大学法文学部学術紀要』第五号、一九五七年）・小和田哲男「駿河時代の北条早雲」日本史攷究会編『熊谷幸次郎先生古稀記念論集日本史攷究』文献出版、一九八一年）等。
（10）「北条氏綱夫人養珠院と後室近衛殿について」（『神奈川県史研究』第四五号、一九八一年）。
（11）「『酒傳童子絵巻』をめぐって」（『国華』第一〇七六・七七号、一九八四年）。
（12）『宣胤卿記』永正十四年（一五一七）五月十二日条（『増補史料大成』四五―二七五頁）には、宇野藤五郎が中御門宣胤に薬を持参したことが見える。宣胤は、藤五郎が薬を持参したとしか記していないが、宇野（外郎）氏と北条氏との関わり、宣胤の娘が今川氏親の正室となっている点、早雲が東国では今川氏の武将として出発したため、早雲時代には北条氏と今川氏との関係は良好であった点等を考え合わせれば、この薬の持参が早雲からのものであるという可能性も考えられる。しかし同月十七日条では、宣胤は駿河へ下る藤五郎に氏親等への贈り物を託していることが見え、薬の持参が今川氏からのものであった可能性も否定は出来ない。
（13）『後法成寺関白記』大永三年九月十三日条（『陽明叢書』記録文書篇第三輯二―三八八頁）。以下、『陽明』二―三八八と略す。
（14）前掲立木註（10）論文。
（15）『為和集』（『私家集大成』第七巻中世Ⅴ上―五六三頁）。
（16）立木氏はこの歌を「やんごとなき、近衛家の姫君が、田舎大名にすぎぬ北条家ごときに嫁いだのは、相手にとっては、まさに〝いえはえ〟家の名誉である。いうまでもなく近衛家は藤原北家房前流である」と解釈し、為和の武家蔑視を含んだ皮肉な歌であるとしている。確かに「みなれぬ」など、そのように解釈出来なくもない語もあるが、わざわざ小田原にまでやって来て歌を詠んでいるからには、近衛家の娘を迎えることが出来た北条家に対する賛美の歌と解釈することは出来まいか。
（17）『小田原市史』史料編原始古代中世Ⅰ―四一七号史料。以下、『小』Ⅰ四一七と略す。
（18）先述の通り、大永三年九月に尚通に対して北条氏から「酒天童子絵詞」書写の礼が贈られておりその交流が見られるため、尚通が北条氏に初めて便りを出したのが享禄二年とするのは問題があるとする考え方も出来よう。しかし、次いで『後法成寺関白記』に北条氏との交流がうかがえるのは享禄三年二月十七日条であり、「酒天童子」の際には仲介者を通しての交流であったと考え、この段階で初めて尚通側からの便りがなされたと考えれば問題は解決するであろう。

(19) 近衛尚通の家族について検討するなかで、その娘の一人が北条氏綱の後妻となった時期について言及したものとして、柴田真一「近衛尚通とその家族」（中世公家日記研究会編『戦国期公家社会の諸様相』第二部第二章、和泉書院、一九九二年）がある。柴田氏はこの中で、享禄四年七月から天文元年四月頃までの間に輿入れが行われたものと限定している。『後法成寺関白記』中の享禄四年から天文元年に、北条氏関係の記事が集中しており、またそこに見える贈物の授受をその証拠としてあげているが、この贈物が婚姻と即座に結び付けられるものかどうかは不明であり、もう少し時期に幅を持たせるべきではなかろうか。

(20) 『後法成寺関白記』天文元年十二月廿一日条（『陽明』三―二三四）。また、『快元僧都記』天文二年八月十六・十九日条（ともに『神道大系』神社編二十　鶴岡　二四二頁）に、それぞれ「今日奈良大工伴工十人召連玉縄へ到著（着）由申、依二巷説一万延引」「奈良大工与次郎来」とあり、『後法成寺関白記』の記事と関連するものとも考えられる。

(21) この他、『言継卿記』天文二十三年二月廿日条には「西洞院平少納言時秀朝臣被レ来、従二相州一聖護院坊官森坊に申レ之、源氏一冊書写之事被レ申候、同心了」とある（『国書刊行会本』三―一一三頁）。「相州より聖護院坊官森坊に」と読むのか、「相州聖護院より坊官森坊に」と読むのかによって異なるが、この時期に聖護院門跡が相模に下っていたとする明確な証拠は見当たらないため前者であると考えれば、「相州」が北条氏を指すとも考えられ、また西洞院時秀は近衛家の家司であり、ときの聖護院門跡道増は近衛尚通の子であるため、北条氏が近衛家との縁を頼って、山科言継に「源氏物語」の書写を依頼したとも考えられるが、詳細については不明である。

(22) 北条幻庵判物（陽明文庫所蔵文書、『小』Ⅰ三九九）。

(23) 例えば、『北条五代記』巻第六　北条氏康和歌の事（『改訂史籍集覧』第五冊―七三七頁）。

(24) 田島光男「小田原北条氏の蹴鞠に関する史料」（『郷土神奈川』第三一号、一九九二年）。

(25) 飛鳥井重雅置文（外郎文書　『神奈川県史』資料編3古代・中世3下―八三二一号文書）。以下『神』八三二一と略す。

(26) 北海学園大学附属図書館所蔵「和歌詠草」奥書（『小』Ⅰ五七八）。

(27) 『小』Ⅰ五四一。

(28)『古今集註』(『京都大学国語国文資料叢書』臨川書店、一九八四年)三八二頁。
(29)『小』Ⅰ四四三。
(30)北条氏の和歌や連歌の文芸活動ということでは、公家衆との関わりの他にも、『宗長日記』や「幼童抄紙背文書」に見られる連歌師宗長との交流、『東国紀行』に見られる宗牧との交流、『心珠詠草』に見られる、永禄三年に三条西実澄(実枝)の供として小田原に下向し、和歌会を行った相玉長伝との関わり、『紹巴富士見道記』に見られる連歌師紹巴との交流等、文化人たちとの交流について考えることも不可欠ではあるが、これは後日を期したい。
(31)それぞれ『続群書類従完成会本』八―一〇三頁、同一一九頁、同一三〇頁、同一三八頁。
(32)『宗長日記』(『岩波文庫本』)や「幼童抄紙背文書」等から、この頃宗長が小田原に滞在していたことが知られるため、この「源氏物語」の書写が宗長自身の依頼ではなく、北条氏の依頼を宗長が仲介したものと考えられる。
(33)『小』Ⅰ五一七。
(34)近衛尚通がその詞書を書いているのが大永二年のことであり、実隆が奥書を書写したのが享禄四年という九年間の開きがあり、また「酒天童子」と「酒伝童子」という字句の相違も認められるが、ほぼ同時代に同じような内容の絵巻が、二度も京都に依頼され作製されたとは考え難いため、同一のものであると考えられる。なおこの絵巻は現在サントリー美術館に所蔵されており、制作に至る経緯や美術的見地からの考察は、前掲榊原註(11)論文に詳しい。
(35)先にも述べたように、和歌や連歌、また「源氏物語」等は当時必須の教養であり、そのため北条氏がこれを求めたことは頷ける。またいわゆる「北条本」と言われる、現在内閣文庫が所蔵する『吾妻鏡』が元々北条氏の所有であったこと(『黒田家譜』巻之五『歴史図書社本』一六二頁)や、東京国立博物館所蔵の「後三年合戦絵詞」ももとは北条家にあったこと(前掲榊原註(11)論文)等が知られている。こうした中で、「酒伝(天)童子絵詞」が北条氏にとってどのような役割を果たしていたのかという点についても考えてみる必要があるかもしれない。
(36)差し当たり、ここでは婚姻による公家の娘の下向や、公家の養母の下向といったものは除外した。また公家とは呼び難く、何年のことであるかも不明であるが、京都の医師一鷗軒宗庸が小田原に下向したことも知られる(北条氏政書状『小田原市史』史料編中世Ⅲ小田原北条2―一六二四号文書。以下、『小』Ⅲ一六二四と略す）。一鷗軒との交流ではその他にも、天正六年四月に氏政が「八十一難経」という医学書を伝授されている（『小』Ⅲ一二七八）。

(37)『御湯殿上日記』天文二年十月廿九日条（『群書類従』補遺四―七八頁）、同三年四月廿八日条（同一〇七頁）、同十一年正月八日条（同四〇七頁）。

(38)『言継卿記』天文十一年正月廿一日条（『国書刊行会本』一―三九九頁）。

(39)『兼見卿記』天正十一年十月廿一日条（『史料纂集本』第二―一四八頁）。

(40)『続史料大成』二一―二〇一頁。

(41)『新訂増補国史大系本』第三篇四一三頁。

(42)同四二三頁。

(43)『小』Ⅰ五二八・五二九。

(44)『小』Ⅰ五三〇。

(45)『言継卿記』天文二十一年八月四日条（『国書刊行会本』二―四九三頁）。

(46)北条氏康書状（服部玄三氏所蔵文書『神』七九七五）。また半井驢庵との交流ということでは、驢庵宛年未詳三月二十一日付北条氏政書状写（後撰芸葉十四『小』Ⅲ二一九七）に、「有二時節一今一度遂二会面一度心中可レ過二御推察一候」とある。氏政が上洛したという史料は見当たらないので、いつのことであるかは不明であるが、このときにも驢庵が小田原に下向したであろうことが推察出来る。

(47)『心珠詠草』（『私家集大成』第七巻―七〇一頁）。この史料（史料九）は、禅僧相玉長伝が、三条西実澄の供として小田原に下向した際に書き記したものである。

(48)足利義輝御内書（大館市立中央図書館所蔵真崎文庫文書『戦国遺文』後北条氏編第五巻―四四三五号文書）。

(49)北条氏康朱印状（外郎藤右衛門所蔵玉伝寺文書『小田原市史』史料編中世Ⅱ小田原北条1―六九九号文書）。以下『小』Ⅱ六九九と略す。

(50) ただし、永禄四年正月という時期はその直後に上杉謙信の小田原進攻があり、北条氏も慌ただしい時期であったため、この命令が実行されたのは五月になってのことである（北条氏康書状　里見忠三郎氏所蔵文書、『小』Ⅱ四八七・北条氏康書状写　小田原編年録附録四　同四八八）。

(51) この史料で、玉伝寺を三条西実澄の宿泊先としていることは、史料六で飛鳥井重雅が同寺に逗留していることと一致し、公家衆の小田原滞在の際には、玉伝寺がその宿泊所とされた可能性を示唆しているかもしれない。

(52) 『公卿補任』による。

(53) 前掲註（30）でも述べた宗長・宗牧・紹巴等との交流も、駿河から小田原に下向していたり、氏康が駿府に肴を送っていたりと、これも今川氏との関わりが大きいと指摘出来る。

(54) 『甲府市史』別編Ⅲ『甲府の歴史』一四六頁。

(55) 『静岡市史』原始古代中世第五編第四章第二節「流寓する公家」（二一六〜二一九頁）等参照。

(56) 岩崎宗純「大徳寺と早雲寺」（『戦国史研究』第二八号、一九九四年）。

(57) 中村渓男「狩野玉楽について」（『ミュージアム』一〇一号、一九五九年）・辻雅雄『戦国時代狩野派の研究―狩野元信を中心として―』（吉川弘文館、一九九三年）等。

Ⅳ　後北条氏による医師の招来と近衛家について
―新出の北条氏康宛の近衛稙家書状から―

鳥居和郎

はじめに

戦国大名は、公家・僧侶・学者・芸能者・技能者などを積極的に招き、それらは地方に根付き、地方の文化の興隆に寄与したとするのは通説的評価である(1)。後北条氏の城下小田原においても同様に文化の移入が行われたが、小田原を訪れた人物については様々な史料から複数の人物を知ることが出来るものの、後北条氏がそれらの人物とどのように関係を結んだものか、また、その仲介を務めた人物についてはよく分からなかった。

この度、近衛家資料の保管を行う財団法人陽明文庫の所蔵品から、後北条氏の医師の招来に関する史料を知見する事ができた。これらは後北条氏関係史料としてこれまで未紹介であるとともに、「医」という限られた分野ではあるが、後北条氏の文化の移入に関する史料として興味深いものである。

これまで北条氏と近衛家の関係を伝えるものとしては、近衛家の十四代当主尚通の日記である『後法成寺関白記』の記事や、その料紙の紙背文書、そして『実隆公記』の記事などがあり、それらにより氏綱と尚通との関係の一端を窺うことが出来た。(2) 本稿で述べる史料は氏綱と尚通に関するものではなく、氏康と近衛家の十五代当主稙家に関するものである。管見の限りでは、北条氏と稙家の関係を伝える史料としては唯一のものと思われる。それらの紹介を行うとともに、後北条氏が行った職能者の招来について考えてみたい。

なお、調査および写真の掲載において、財団法人陽明文庫、ならびに、名和修氏の格別の御配慮に深く感謝いたします。

一

北条氏康の医師の招来に関する史料は二点ある。一点は北条左京大夫宛の稙家の書状（写真1）である。この書状は花押が据えられ、全体の体裁や内容からみて案文であろう。しかし各所に文言の訂正が加えられている。他の一点（写真2）は記されている内容は先の書状案と共通する部分があるものの、宛書、差出書、日付、書止文言なども記されず、草案である。便宜上、前者を史料一とし、後者を史料二として解説を行うこととする。また、本章では二点の史料の紹介を中心とし、記されている内容の検討については次章において行うものとする。

なお、これらの史料では文字の挿入記号は通例に従い「。」を用いているが、記号を用いず挿入箇所の横に文字を記しているものについては、原文の表記に従った。また、読点については筆者が適宜補った。

〈史料一〉近衛稙家書状案

雖無指儀候《カ》令啓候、半井宮内大輔度〻懇意儀《カ》□

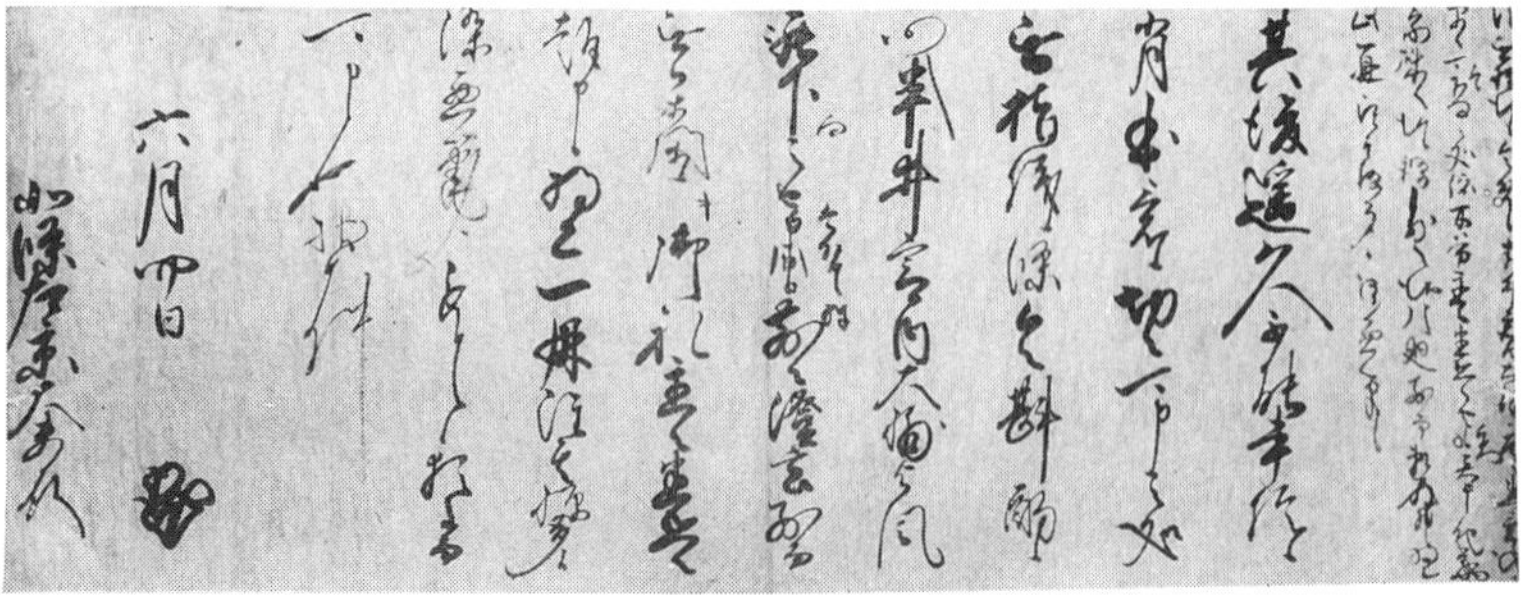

写真１　近衛稙家書状案（18.5cm×48.2cm）

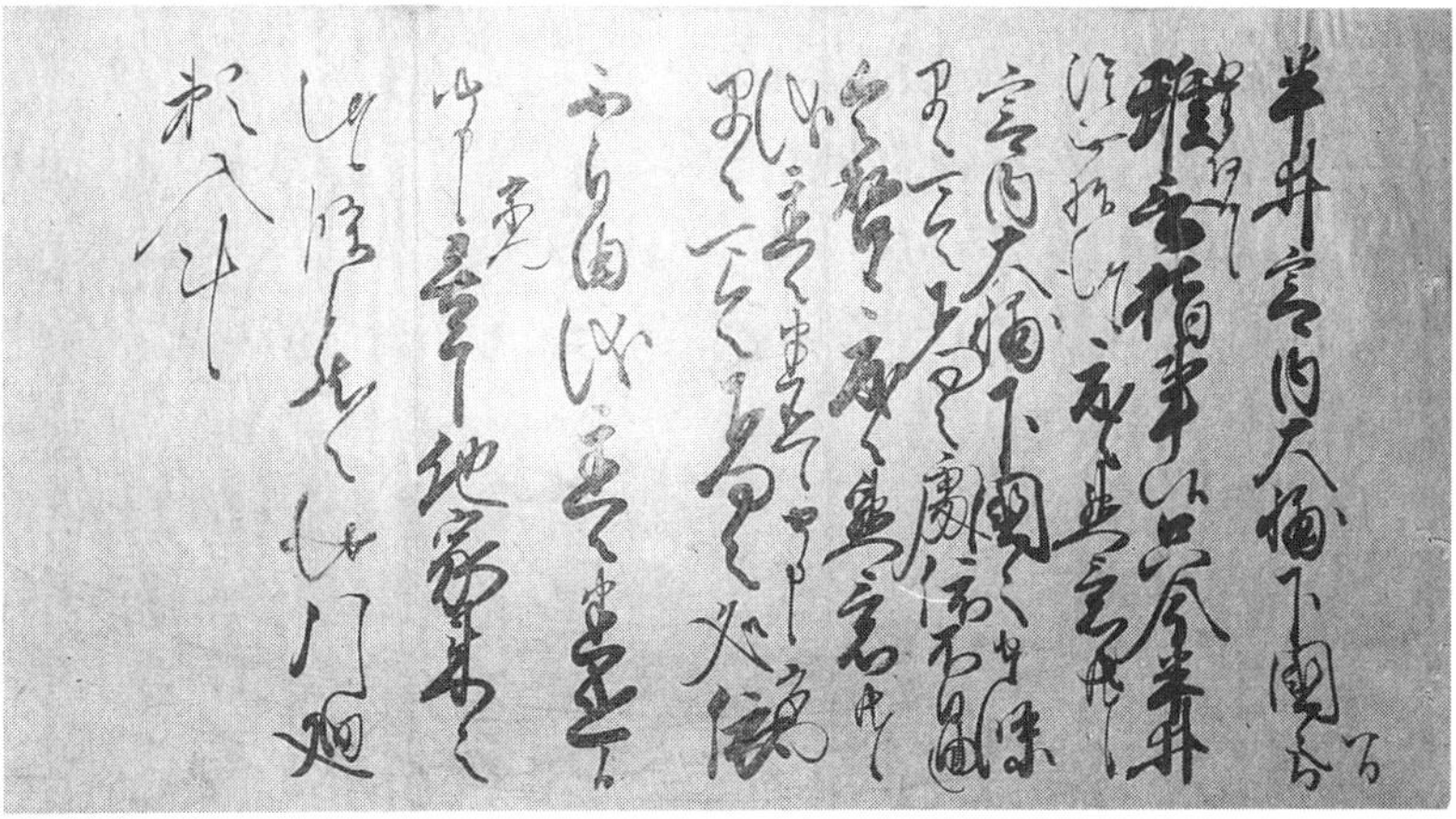

写真２　近衛稙家書状草案（17.5cm×47.5cm）

早ミ可《令》下向之処、依所労遅ミ
迷惑之由候《カ》、◦《異カ》異于他宗門《ミミ》
宗陳之儀候、憚自然之趣、引
廻別而頼入《為候》存候《ミミ》、将亦、
此一冊雖其憚多候、染悪筆候、

其後遙久不能書信候、
背本意候、切ミ可申之処、
無指儀候條、令斟酌候、
仍半井宮内大輔与風
罷下之由《向》。間《令啓候》。前《殊》ミ澄玄別而
無御等閑候キ御礼、遅ミ迷惑
趣申候、将亦、一冊雖其憚多候、
染悪筆進之候、猶重而
可申候也状如件、
　六月四日　（花押）
　　北條左京大夫殿

宛所には北条左京大夫と記される。

左京大夫の官途は氏綱の代より北条家の当主へ授けられているが、『言継卿記』の天文二十一年八月四日条にみえる半井宮内大輔の記事と、氏康が北条左京大夫の官途名を称する時期を勘案すると天文二十一年（一五五二）の史料と考えられる。(3) 従って北条氏康に宛てられたものである。

料紙の周囲は後世裁断されたため、袖に記された文字は若干損われている。料紙の袖の裏には墨引が見られ切封が行われたことを示している。日付、宛先、差出人の花押が記され、封まで行われた文書が北条家へ送られなかったのは、封を施したあと文言の変更が必要になったためであろうか。また、料紙の袖に書かれた文の内容を、本文の内容と比較すると重複する箇所があるところから、通例の袖書のように本文が書き切れず袖に書き足されたものではなく、本文の訂正が必要となり、そのため送られなかった可能性も考えられる。

能筆で知られる尚通や稙家は、書状の下書を何度も行ったとみえ、同じ文面の書状案が複数残存している。それらを日記の料紙の他、様々に再利用を行っていたため、これらの史料が今日まで伝わることとなった。(4)

なお、史料一の紙背には数行の文が記されるが、文字は史料一・二と異なり、内容も関連するとは思えないので、註の項において写真のみの紹介とした。(5)

次に史料二について述べてみることとする。行間にも文が書かれているため一見判然としないが、前から一行目、三行目、五行目、七行目は後で書き加えられた文とみられる（後で書かれたとみられる文は二字下げて示した）。

〈史料二〉近衛稙家書状草案

　　半井宮内大輔下國之間（間）

雖□（為ヵ）候無指事候、只今半井

　　雖無指儀《カ》候、度〻懇意候《共候》
宮内大輔下國之由候條
　　早〻可令下向之處、依不自由候
令啓候、度〻懇意共候、
　　儀、遅〻迷惑候由申候、宗門
早〻可令下向之処、依
不自由儀、遅〻迷惑候
由申候、《宗門》異于他、家来之
儀候條、自然之趣引廻
願入斗、

このように、初めに記された文、そして、後で加えられた文ともに表現が若干異なるものの、ほぼ同内容の文を記している。また、所々に推敲や文字の訂正がおこなわれているが、訂正された文字を見ると、一行目下方の「間」などは横に同じ文字を書き直しているため、史料二が作成された背景には、文の推敲のためだけではなく、文字の手習いという要素もあったのかもしれない。

二

次に、二つの史料の内容について検討を加えることとする。

史料一からは、医師である半井宮内大輔[6]（明英）が相模（小田原であろう）に向かった事がわかる。この明英の下向に関連するものとして、『言継卿記』の天文二十一年八月四日条に「半井宮内大輔明英朝臣、自相州去月廿七日上洛云々」と記され、史料一・二の内容を裏付けている[7]。それとともに、本史料により明英の父である澄玄[8]（明親）も北条氏と関係を持っていたことがうかがわれる。さらに、袖の文では、明英の相模下向の遅れは病気のためと稙家が理由を述べるなど、北条氏と半井氏の関係成立に、近衛氏が深く関わっている様子もうかがわれる。

さらに、稙家は氏康の依頼により自ら筆を執った一冊を、下向する明英に託したことを書き添えている。父尚通同様、文芸面における教養に加え、能筆家としても知られているため、氏康の依頼に応えたのであろう[9]。

また、袖の文では明英と同行したものと思われる「宗陳」なる人物の引き廻しを、稙家が氏康に依頼している。この人物については関連する史料もなくよくわからない。何らかの技芸を持ち、稙家が北条家へ「周旋」した人物とみられる[10]。

次に、史料二について述べてみる。草案であるためか文のつながりは良くないが、記されている内容は史料一の袖の部分とほぼ同様の事柄である。このことから、史料二は史料一の本文の草案として記されたものではなく、袖に記された文と関連を有するものである。記されている文言の変化に着目して、三つの文の作られた順を考えてみると、史料一の本文と袖では当然本文の方が先である。次に、史料一の袖と史料二の比較を文言の変化から行って見ると、史料一の袖においては、二行目の「宗門」と記した箇所を二本の線で消し、次行で「宗陳」と書き改めている。しかし、史料二にはいずれも「宗門」が用いられているところから、史料一の袖の文の方が後と考えられよう。つまり、史料一の本文、史料二、次に、史料一の袖の順で記されていったものと思われる。また、史料一の本文に記されている澄玄の名が史料二や史料一の袖の文に見られないのは、それらが書状全体の訂正を目的として記されたものではないからであろう。

むすび

「書状」という史料の性格上、断片的な記述でありその背景を十分に把握する事は困難であるが、北条氏が半井氏の招来を懇望している様子が感じられる。北条氏のもとには、半井以外にも京都や奈良から何人かの医師が訪れており、長期の滞在や定住した者もいる(11)。北条家の医師は中央から訪れた者がその役割を勤めていたことがうかがわれる。そして、これらの医師が相模に下る際、近衛家が関わっていたことがわかる。

後北条氏は、初代早雲が京都伊勢氏に連なる出自と、幕府への出仕や大徳寺などでの参禅を通して、京都の有力者とも関係を持っていたが、近衛氏との関係は、史料で確認出来るのは氏綱の代からである(12)。この頃、北条氏はすでに相模の支配を確実なものとし、武蔵へとその勢力を伸ばしていた。また、天文二年（一五三三）、同三年と二ヵ年にわたり伊豆国内の禁裏御料の貢租の上納を行うなど(13)、朝廷や公家に対する接近を行った。これらは叙位任官などにともなう朝廷・公家対策という面もあった。[14]それとともに、京都を中心とする様々な文化の導入の面でも一定の効果があったとみられる。天文元年からの鶴岡八幡宮の造営に際し、氏綱は京や奈良などから様々な分野の技能者の招来を行うが、[15]これらの事を直接東国から行うことは不可能であり、近衛家など京都や奈良の有力者に職能者の派遣についての依頼を行っていた。[16]このような文化面における、中央に対する依存の延長線上に半井を初めとする医師の招来もあったのである。また、これら近衛家を仲介として北条領国に下る医師たちには、註（3）で述べたような政治的な使者としての役割も担っていたのであろう。

従来、戦国大名は富国強兵のため、様々な政策を行うとともに、城下町を建設し、商人、職人、僧侶などを居住させ、地方文化を作りあげたという文脈で語られる事が多かった。しかし、実際には職能者については今日認識されている以上に、中央からの招来に頼る状況があったものと思われる。戦国大名として、政治的には独自の領国支配を行うごときに見える後北条氏であったが、文化面においては、依然として朝廷や公家などの伝統的社会に依拠せざるを得ない状況であった。

【追記】平成七年九月の陽明文庫における史料調査では小田原市史編さん室山口博氏の協力を得た。また、この調査費は平成七年度文部省科学研究費補助金一般研究（C）・課題番号07610361の一部によった。

註

（1）例えば『国史大辞典』第8巻「戦国時代」の項、吉川弘文館。

（2）『後法成寺関白記』の記事としては大永三年（一五二三）の九月十三日条には北条氏綱が尚通に「酒伝童子絵巻」の詞書執筆を謝し、銭千疋を贈った事を初めとして、享禄三年（一五三〇）二月十七日条、同四年三月二十八日条、七月五日条、天文元年（一五三二）四月二十六日条などにも北条氏と尚通の交流を示す記述がある（『後法成寺関白記』）財団法人陽明文庫編、思文閣出版、昭和六十年）。また、享禄四年条の料紙の紙背には、年未詳八月六日付の北条氏綱宛の近衛尚通の書状案がある。それによると、尚通は氏綱の願いにより一帖の執筆（写本の作成、または、絵巻などの詞書の執筆か）を行ったことがわかる。

また、『実隆公記』の享禄四年六月二十二日条に見える「北藤」という人物は、『為和集』の注記には氏綱に嫁している尚通の娘であるとする（『小田原市史』史料編、原始古代中世Ⅰ、四一七号文書、四二〇号文書、五三四号文書）。

（3）史料一、そして、史料二の作成年次の推定に関連する資料として『言継卿記』の天文二十一年八月四日条がある。これには「半井宮内大輔明英朝臣、自相州去月廿七日上洛云々」と記され、内容的には一致する。また、半井宮内大輔を半井明英（あきふさ）とするが、この天文二十一年を念頭において北条氏康と半井明英の官途を検討すると、氏康は天文二十年（一五五一）十二月十一日の梁田中務大輔に宛てた起請文では、新九郎氏康と記し左京大夫を称していないが、天文二十三年六月朔日の神主民部大輔に宛てた書状では左京大夫氏康と記している（『小田原市史』史料編、中世Ⅰ、二八二号文書、三二三号文書）。従って、史料一・二は天文二十一年以降、天文二十三年以前の史料と考えられる。次に、半井明英は『公卿補任』によると、天文二十一年八月二十六日に宮内大輔から修理大夫に任じられている。

この様に両者の官途を勘案すると天文二十一年の六月四日とすることができる。また、明英は小田原から帰洛約一ヶ月後の八月二十六日に修理大夫に任じられたが、『御湯殿上日記』の天文二十一年六月十四日条には「こんゐ殿御まいり（中略）しゆりの大夫を申て。御れいとして御たちきよみつ。御むまの代三百疋まいる」とあるが、近衛稙家が明英の官途推挙を行ったことを示すものであろう。明英の任官は、小田原への下向に対する勲功賞の如き印象があるが、事実であるならば、明英の派遣は朝廷内の政治に関わるものか、あるいは、近衛氏と北条氏との関係によるものかは分からないが、稙家にとって極めて政治的な意義を持つものであったと思われる。

（4）財団法人陽明文庫編『後法成寺関白記』の解説（増田宗著、思文閣出版、昭和六十年）によると、『後法成寺関白記』の料紙には尚通自身の書状や息子の稙家の書状なども用いられるが、その中には同じ文面の書状が複数存在することが確認される。同書の解説には天文五年記の料紙に使用したため四分割にされた大内義隆宛の稙家書状が図版として掲載されている。書状下書など反故紙の再利用はよく行われていた。

　また、本稿で紹介した二点の史料は中央で左右に折られた線が残り、左右の端には袋綴されていたことを示す二つの穴があることから、綴られ、再利用されていたことがわかる。そのため、寸法を整えるために裁断されたものと思われる。また、史料一と二の寸法が異なるのは、それぞれ別の冊に綴じられていたためであろう。

（5）近衛稙家書状案（史料一）の紙背を利用した時に記されたものと思われる。

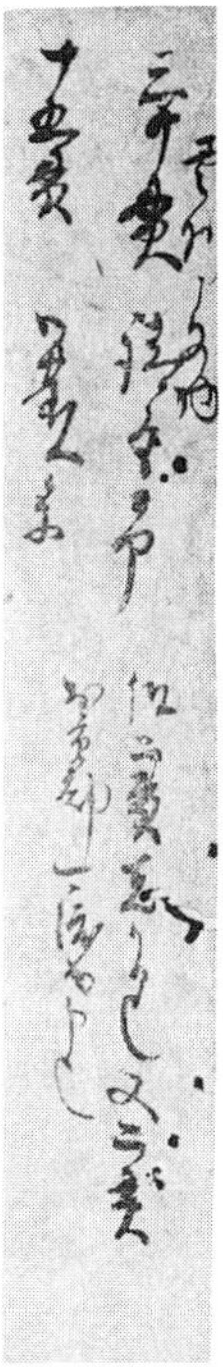

（6）前掲註（3）で、半井宮内大輔が半井明英であることは述べたが、『寛政重修諸家譜』巻第六百七十九によると、半井明英は後柏原天皇、後奈良天皇に仕えたとある。また、半井氏の本姓は和気氏で、烏丸の宅地に井戸があり、その水が清潔であるため半は禁裏の料とし、半は自家用としたため、父明親の代に後柏原院が半井と名付け、それを姓としたと記す。しかし、『御湯殿上日記』の文明九年閏正月三日条や『実隆公記』の文明十一年五月十八日条には、すでに「半井」姓で登場しているため、明親の代以前に半井と称したことがわかる。また、山口重正著の『典医の歴史』（思文閣出版、昭和五十五年）によると、「平安朝以来、和気・丹波の医家が、わが国の官医の宗家として重用され、典薬頭、施薬院使のごとき医官の極官に任ぜられた者は、すべて、両家出身の医師によって占められていた」「ことに室町期に和気分流で改姓した半井家がもっとも活躍し医家最高の名門として後世に名をとどろかせた」と半井氏について述べられる。

（7）前掲註（3）と同じ。

（8）史料一に記される澄玄とは半井明英の父明親のこと。剃髪後に澄玄と号した。天文十六年四月七日没（『寛政重修諸家譜』巻第六百七十九）。

（9）　稙家の父尚通も氏綱の依頼により、「酒伝童子絵巻」の詞書の執筆を行ったことや、内容は不明であるが「一帖」を記したことは、前掲註（2）で述べた。また、「貞敦親王御記」の天文十一年正月十日条には、貞敦親王より、氏康へ自筆の「紀貫之集」が下賜され、氏康は黄金十両を贈ったことが記されている（『小田原市史』史料編、原始古代中世Ⅰ、四一七号、四四三号文書）。また、『言継卿記』天文二十三年二月二十日条に北条氏が聖護院坊官森坊に「源氏物語」の書写を依頼していることが記される（同、四四五号文書）など、北条氏は積極的に文芸作品の収集をおこなっている。

（10）　史料二には、「宗陳」と同一人物と思われる「宗門」について「家来」と記すところから、宗陳は近衛家に従う立場の人物とみられるが、半井氏の一族には宗永、宗閑など「宗」の字を名前に冠する者が複数いることから近衛家の家臣ではなく、半井同様、近衛稙家が「斡旋」した半井流の医師で、初めに宗門と記したのは、「宗」の字の付く門流の意で用いたものであろうか。また、連歌師や絵師などにも「宗」字を冠する名の者がいるため、宗陳については具体的にはどの様な人物であるか不明であるが、何らかの技能を有する人物と思われる。

（11）　後北条氏のもとへ下向した医師としては、天文五年（一五三六）四月十三日付『後奈良天皇宸記』には前典薬盛直（錦小路盛直）が伊豆より上洛との記事がある（『小田原市史』史料編、原始古代中世Ⅰ、五四〇号文書）。盛直は『公卿補任』には、天文十二年（一五四三）、同十三年、同十六年に相模国に滞在し、同十七年正月には相模国で没したとある。また、宗長が記した連歌入門書『幼童抄』の紙背文書には、享禄二年（一五二九）から同四年頃に盛直が北条氏のもとで治療活動を行っていたことを示す内容のものがある（『小田原市史』史料編、原始古代中世Ⅰ、五二八号、五二九号、五三〇号文書）。錦小路家とは、和気氏と同じ平安以来の名門の医家である丹波氏の流れで、代々典薬頭を勤めた。

また、『言継卿記』の弘治二年（一五五六）九月二十五日条には元東大寺の僧である松井法眼が相模に在国していたことを記す。『小田原市史』史料編、原始古代中世Ⅰ、五六六号文書の頭註では、この記事について、『大乗院寺社雑事記』等にはやはり松井法眼と称する同姓で同僧位の医師が存在することから、『言継卿記』に見える松井法眼も医師であるかとする。これにつけ加えて、『大乗院寺社雑事記』の松井法眼に関する記述は文明十六年（一四八四）二月十四日条であり、『言継卿記』の弘治二年の記事とは七十年以上隔たることから、同一人物ではない。『言継卿記』永禄元年（一五五八）九月十二日条には「東大寺之内松井安芸法印」などの人名が登場し、また、『多聞院日記』にも松井安芸法印のほかにも数人の松井姓の医師が奈良に存在することが記される。従って、「所領役帳」に御家門方として記される松井法眼は奈良の医師であったが、小田原に下向し、北条氏に仕えた人物とすることが出来よう。

また、松井同様「所領役帳」の御家門方に記載のある安栖軒も、『寛政重修諸家譜』の巻第千百八十九の田村系図などによると、京都の千本に住み、千本典薬と称され、小田原に下り後北条氏に仕えたことがわかる。

(12)　前掲註（2）と同じ。

(13)　『御湯殿上日記』の天文二年（一五三三）六月五日条、十月二十九日条、天文三年四月二十八日条。

(14)　室町時代、守護大名らの官途推挙は幕府が行っていたが、戦国期になると大名が有力公家などを介して朝廷と交渉し官位を得る「直奏」が増加した。二代氏綱は北条への改姓の後、左京大夫に任じられたが、『後法成寺関白記』の記事などから近衛家が仲介したとみられる。

戦国大名の改姓や叙位任官について二木謙一氏は『中世武家儀礼の研究』において、永禄九年（一五六六）に松平家康が徳川と姓を改め、従五位下に叙され、三河守に任官したことについて、家康が近衛前久、吉田兼右らの公家高官に賄賂を贈り、朝廷へのとりなしを依頼して獲得したことが「近衛信尹宛　近衛前久消息」によりわかると述べられている。

(15)　『快元僧都記』の天文二年（一五三三）八月十六日条、十九日条などには奈良大工や京大工の相模下向を、天文四年（一五三五）三月十四日条には奈良塗師の下向が記されるが、その他にも多くの職人衆が招来されたことが記される。また、『後法成寺関白記』の天文元年（一五三二）十二月二十一日条にも奈良番匠や瓦師の下向の記事が見られる。

(16)　『後法成寺関白記』の天文元年（一五三二）十二月二十一日条には、氏綱が鶴岡八幡宮造営のため、近衛尚通に奈良番匠や瓦師の下向を要請し、尚通は弟の奈良興福寺一乗院の良尊にこれを依頼し、同日、奈良を出発したことが記される。また、同書の天文二年三月五日条には尚通の被官古川次郎左衛門の相模よりの上洛が記される。この古川に関して『小田原市史』史料編、原始古代中世Ⅰの五三二号文書の頭註では、鶴岡八幡宮の造営とこの古川の相模下向の関連を指摘している。

【付記】本書への再録にあたり、明らかな誤りについては修正を行い、文意が変わらない範囲で表現を変えた箇所がある。

V

「幼童抄」紙背文書について

黒田基樹
森　幸夫
山口　博

一

平成二年八月、私たちは、小田原市史編纂のための史料調査の一環として、熊本大学附属図書館に寄託されている永青文庫所蔵史料の調査を実施した。その目的の第一は、細川家に伝来した北条氏関係文書の調査であったが、もう一つのねらいは、室町後期屈指の連歌師柴屋軒宗長の著になる連歌入門書、「幼童抄」の紙背文書について確認することであった。

この「幼童抄」紙背文書の存在は、『北岡文庫蔵書解説目録─細川幽斎関係文学書』同書の項、および西日本国語国文学会による同書の翻刻本（西日本国語国文学会翻刻双書、第一期・第四冊ノ上）の「解説」において指摘されており、その内容についても「遠山藤九郎綱景」の宗長宛書状が見えること、「盛昌」・「盛正」の署判の書状が目立つこと、またこれらが文中に見える人名等から「宗長と同時代の書簡」と推定されることが報告されている。その後『府中市史』（上巻）において、ここに見える「遠山藤九郎綱景」書状が、初めて戦国大名北条氏の家臣で武蔵江戸城に在城した人物のものとして取り上げられ、北条氏家臣と宗長との交流の一端が明らかにされた。この考証は「幼童抄」紙背文書に、他にも北条氏関係文書が含まれることを予想させるに充分なものであったが、その全貌については、今日に至るまで詳しい紹介が行われていないのが現状であった。

現地熊本での調査は、それ自体貴重な文化財である本書の原形を損ねないことを原則としたため、袋綴の裏側に存在する文書の調査に難渋し、写真撮影も一部に止めざるをえなかったが、その後所蔵者永青文庫のご厚意により、幸いにも東京大学史料編纂所架蔵の影写本「細川文書」（昭和八年作成）に収録された写を利用することができ、現地では判読しえなかった文字の確認や、読み誤りの訂正等を行うことができた。

ここではこうした調査の結果を踏まえ、「幼童抄」紙背文書の全点について紹介することにしたい。

二

永青文庫所蔵（細川家伝来）の「幼童抄」は、同書の伝本としては今のところ唯一のものであるが、はじめにその現状、および成立の問題等について、若干述べておきたい。

本書の形態は縦二十三センチ、横十八・六センチの袋綴帳面である。表紙左上に「幼童抄」と記した題箋が貼付されている。内題はない。また裏表紙内側の上中央に、「連歌師宗長筆」と記した付箋が貼付されている。

料紙は全部で十四丁ある。第一丁は白紙。これに続く第二丁〜十二丁に本文、第十三丁に奥書があり、この合わせて十二丁分の料紙に文書の紙背が用いられている。現状では、袋綴の綴目を解かない限り、これらを詳しく調査することはできないが、第十三丁のみは折目が開いていて、紙背文書が露呈している。最後の第十四丁には、その裏右下に「玄旨（花押）」、即ち細川藤孝（幽斎）の署判のみがあるが、これによって本書が藤孝の収集にかかるものであることが分かる。

なお本書表紙に用いられている料紙は、同文庫所蔵の藤孝自筆の諸本と同質のものであるといい（翻刻本「解説」）、この署判と相俟って、現在の装丁が、藤孝による本書入手後に施されたことを示している。また表紙題箋の「幼童」の二文字は、奥書に見える同文字の筆跡に酷似しており、装丁が後世のものとすれば、この題箋はもとの表題を用いたものとも思われる。

内容については、ここで立ち入って紹介する余裕はないが、本文は春、夏、秋、冬、恋、雑の六つの部分から構成されている。奥書は別個の内容のものが二つあるが、述作の内的動機を記したものとも言える第一の奥書では、「此一冊ハ初心の連歌数奇侍るといふ幼童のために書あたふる物也」とあり、また「心を此一冊にうつして案せられ侍らは、何となく無下なる句は出侍らし」ともあって、本書が連歌の道に心を寄せる「幼童」のため、作句の方法を示したものであることが分かる。なお全文については、前述西日本国語国文学会の翻刻本を参照されたい。

作者は従来より宗長とされている。しかし、実際のところ、前述裏表紙内側の記載の他、彼の作とする明確な根拠は見当たらない。同じく永青文庫所蔵の『御歌書目録』（佐方宗佐が編纂した細川家所蔵の歌道関係書の目録で、百二十一書に解説を施し、うち四十書については、筆者を掲げている）では、本書を「そうぼくの筆」とし（はじめ「そうちやうの筆」と記し、「ちやう」を抹消して「ぼく」に改めている）、これを宗長の弟子宗牧の作と見ているようである。しかし、本書の筆跡（本文・奥書とも同筆）は、伊地知鉄男氏によって宗長のものと鑑定されており（翻刻本「解説」）、その紙背文書に宗長宛のものがある点から見ても、彼の作と考えてまず間違いないであろう。

次に本書の成立については、前述第一の奥書に続く第二の奥書が注目すべき事実を伝えている。第一の奥書が述作の内的動機を述べたものとすれば、この第二の奥書は、いわばその外的契機を述べたものであり、これによると「此一冊ハ石巻勘解由左衛門懇望候、湯治のひましるし侍る早案也」とあって、本書がもともと北条氏の重臣石巻勘解由左衛門尉（家貞）の「懇望」によって書かれたことが知られる。今川氏親の庇護を得て、永正五年以来、駿河宇津山に柴屋軒を結び、ここに移り住んだ宗長は、北条氏の祖伊勢宗瑞やその子氏綱・幻庵等の一族、またその家臣とも親しく交流していた。後述するように、本書の紙背文書は、遠山綱景書状を始め、北条氏家臣やその周辺の人物が宗長に宛てたものと見られ、これらもそうした交流の有り様を示すものと言える。

では実際に本書が書かれたのは何時であろうか。紙背文書の文面を見ると、当時発信者と宗長とは極めて身近にあったことが察せられ、また宗長の鎌倉滞在を窺わせる記載も散見される。『宗長日記』によると、彼は、享禄二年から四年にかけて三度にわたり、小田原や鎌倉を訪れたことが知られるので、これらの文書もこの宗長の相模滞在中のものである可能性が極めて高いであろう。とすれば、宗長の没年は天文元年であるから、その紙背に書かれた本書の成立にしても、やはりこれと同じ頃ということになろう。

しかし少なくとも永青文庫所蔵「幼童抄」の成立時期については、紙背文書によってこのように推定されるにしても、これを「幼童抄」自体の成立と同一視することは必ずしもできないようである。というのは、先の第二の奥書には、続けてもともと石巻の「懇望」によって書いた本書を、実は「湯治遥〻尋来」た懇意に「難謝餘」、同じく北条氏家臣であった鈴木善左衛門に与えたことが述べられているからである。石巻のために書き、鈴木に与えたというのでは、いささか筋が合わないであろう。あるいは「幼童抄」自体はこれ以前既に成立しており、石巻に与えられていたのではなかろうか。本書は異なる奥書を二つ有するという一風変わった体裁を採っているが、右の推測が正しいとすれば、これが石巻に与えられた当初には、第二の奥書を欠いていたはずである。その後宗長は、鈴木にもこれを与えるため、たまたま手元にあった書簡の裏を用いてもう一部を作成し、その際これに第二の奥書を書き加えたのではないだろうか。前述のように「幼童抄」の伝本としてはこの永青文庫本が唯一であり、以上のことは全く推測の域を出ないものであるが、少なくとも第二の奥書が、本書を石巻ではなく鈴木に与えた際のものであることは、その内容から見て確実である。

いずれにせよ、細部ではこうした不明瞭な点を残しつつも、「幼童抄」が、本質的に前述のような宗長と北条氏の一族・家臣等との一種の文化交流の中で生まれてきたことは動かしがたい事実であり、その意義は大きいであろう。ただ北条氏家臣の中でもトップクラスの重臣である石巻のために書いた本書を、第一の奥書において、作者自身「幼童」のために書いたのだとしている点は、両者の文化水準の格差を背景とした、一種の皮肉とも受け取られ、誠に興味深い。

ところで、右のような経緯からして、本書はもともと鈴木のもとに伝えられたものであることが明らかであるが、その後細川藤孝の手に伝えられ、現在は同家の家伝文書や書画骨董等とともに永青文庫の所蔵となっている。藤孝が本書を入手するに至った事情は定かではない。小田原合戦による北条氏の滅亡が、本書流出の契機となったことも十分考えられるが、確証は勿論ない。

三

では次に問題の紙背文書について概観してみよう。前述のように、本文と奥書合わせて十二丁分の料紙に文書の裏が用いられている。このうち第二丁から第十一丁までは、一枚の文書をそのまま裏返して用いているが、第十二丁と第十三丁は、各々三通、二通の文書の断簡を貼り合わせてある。その裏が「幼童抄」の料紙として用いられている関係上、いずれも程度の差はあれ、袖奥天地が切り落とされており、完全な形のものは一つもない。

さて、これらの文書は、日常的な書状が十四通、連歌会の際のものと見られる書立が一通の計十五通である。差出名が残されている書状は七通あり、遠山綱景（一通）の他、桑原盛正（一通）、大道寺盛昌（三通）といった北条氏家臣や、小田原に滞在していた公家錦小路（丹波）盛直（二通）の名が見える。また宛所の残されているものは右の内遠山綱景と錦小路（丹波）盛直の書状の三通のみで、いずれも「柴屋」つまり宗長である。書立一通を除き、その他の差出名、宛所を欠く書状にしても、これら北条氏家臣やその周辺の人物が宗長に宛てたものと見て誤りはないであろう。

なお、知り得る限りでこれらの書札礼を見ると、月日や月を欠くもの、また、文書を字面を外にして折り上げて、端に縦長の切込を入れて作った帯を本体に巻いて結び、上書を記すという一種の切封（奥封とも言われる）によって封じたものが目に付く。文中にしばしば見える「腰文」（いずれも宗長が発信者に宛てた書状を指すと考えられる）は、一般に切封によって封じた文書を言う（切封によって封じると、本体に巻きつけた帯が丁度本体の中央の腰の部分にくるので、この呼称がある）が、恐らくこれら紙背文書と同形式のものであったと思われる。こうした封じ方の書状は、今のところ北条氏関係文書ではあまり伝存例がない。あるいは日常的な書状においては、多くこうした形式をとったかも知れないが、今後の検討をまちたい。

それでは、以下これらの全点を翻刻して掲げるとともに、これを素材とし、主として北条氏の文芸活動、登場する北条氏一族とその家臣の動向に焦点を当てて、若干の分析を試みることにする。

（山口博）

四

本節では紙背文書を素材としつつ、北条氏の文芸活動や小田原に下向した公家錦小路（丹波）盛直について、若干述べてみたいと思う。

まず『宗長日記』によって、紙背文書の推定年代である享禄二～四年（一五二九～三一）頃の、柴屋軒宗長の小田原滞在の様子についてみてみよう。

宗長は駿河宇津山に柴屋軒という庵を結んでいたが、享禄二年春には熱海に湯治に出かけ、小田原にも立ち寄り、「小田原にても、さる人余り連歌につきて傍若無人の過言ありし」と記した。『実隆公記』によると、この年の八、九月頃、宗長は鎌倉の建長寺にも滞在していたことが知られる（享禄二年八月二十二日・十月七日条）。

享禄三年十一月には、「与風小田原罷下」り、「小田原湯治」をしている。この年、奥州の岩城由隆から宗長に贈られた馬二疋のうち一疋を、北条氏綱が所望したので与えたこともみえている。

翌年「長月中の十日比、小田原の館出張」と、享禄四年九月にも小田原に旅している。九月九日の重陽の節句（菊の節句）であったためであろう、「門ぢかなる旅宿の草庵、隣家あまた所より、菊の色〳〵こひもとめ、野菊をさへ掘うへて自愛し侍」ったとある。また、九月十三夜の名月も小田原でめでたらしく、知人の「範甫老人まめに徳裏をそへてもたせ送ら」れたことや、「小座頭」に「浄瑠璃をうたはせ、興じて一盃におよ」んだことが書かれている。

以上断片的ながらも、『宗長日記』から享禄二～四年の宗長の小田原滞在中の様子が窺えたが、連歌の入門書である「幼童抄」との関係からいえば、最も注意されるのは、享禄二年に「小田原にても、さる人余り連歌につきて傍若無人の過言ありし」との記述である。「幼童抄」奥書には「此一冊ハ石巻勘解由左衛門懇望候、湯治のひましるし侍る早案也」云々とあり、北条氏家臣の石巻家貞の懇望によって宗長が著述したことがわかる（もっとも、これに連続する奥書によると、本書は「湯治遥〻尋来」た「鈴木善左衛門」に与えられたらしい）。『宗長日記』における小田原での連歌の悪印象と北条氏家臣の望みによって「幼童抄」が書かれたこととは対照的だが、両者はともに、当時小田原で連歌が盛んであったことをよく示している。ただし、前述の如く、宗長は翌年と翌々年にも小田原に来ており、「幼童抄」の成立年代については決定できず、享禄二～四年の間とせざるをえない。

さて、紙背文書のなかで、北条氏の文芸活動を窺うに足るのは②文書である。

この書立には「柴屋」つまり柴屋軒宗長や、「屋形」「□《（新）》九郎殿」の北条氏綱・氏康父子ら十人の名が記されている。なかでも「心明院」と「竹庵」に注目したい。『異本小田原記』巻一「氏綱連歌の事」には、

斯る弓馬合戦の隙なきに、氏綱常に歌道に御心を寄す。駿河より宗長を節〻招き越し、連歌をぞなされける。（中略）其頃早河心明院にて、千句の連歌あり。又月次の会もあり。氏綱公も毎度御出なり。

とあり、これに続けて氏綱・松田長慶・宗長・公融・竹庵らの連歌を載せている（公融に飛鳥井二楽（雅康）と頭書しているのは、雅康の法名が宋世であり、しかも永正六年（一五〇九）に死去しているから、誤りであろう）。②にみえる「心明院」とは「早河心明院」（『新編相模国風土記稿』によれば、現在の早川久翁寺の前身）の住持と考えられ、実名は不明だが、「竹庵」は連歌を詠んでいる「竹庵」と同一人と思われる。つまり、『異本小田原記』の記事を踏まえて、②文書は小田原で行われた（早河心明院の可能性もあり）連歌会（もしくは和歌会）の出席者の名簿に他ならないと考えられるのである。

北条氏綱の文芸活動は『為和集』によっても知られるし、氏康にいたっては同集の他に、天文十四年（一五四五）の宗牧の『東国紀行』によっても、優れた歌人であったことが知られ、また氏康自身の詠歌もいくつか残されている。氏康が「和歌の道逍遥院（三条西実隆）殿御弟子にて。関東には其比無双」であったことも『北条記』巻四「氏康薨逝之事」にみえている。

②文書はこのような北条氏綱・氏康父子の文芸活動を知る好史料であり、人物の一致などから右の『異本小田原記』の記事の信憑性をも証するものといえよう。

なお、②の残る五名については、「鎌覚阿」とあるのは鎌倉の覚阿という時衆であろうし、「御坊」というのは、敬称よりして、あるいは箱根別当であった北条幻庵の可能性もあろう。「住心院」「青蓮□」「□観坊」らは何者か明らかにしえないが、小田原近辺に在った法体の者であろうと思われる。

ところで、『宗長日記』に、小田原での連歌の悪印象のことが書かれていたが、「傍若無人の過言ありし」「さる人」は、②文書のなかにいるのであろうか。多少気になるところである。

さて、『宗長日記』との関わりから、④文書にも注意しておきたい。それは宗長から「新九郎殿（北条氏康）へ菊の花被進」たらしいことで、日付・差出ともに欠くが、これは前述した重陽の節句の日のことであろうか。そうであるならば、本文書は享禄四年のものとなる。しかし、前に触れたごとく、宗長は享禄二年の同時期にも鎌倉建長寺に滞在していたことが明らかなので、この年に氏康に「菊の花被進」たとも考えられる。よって、④文書を『宗長日記』の記述に直接結びつけることは差し控えねばならないが、北条氏と年中行事について知る一史料とはなっている。

また、⑮文書にも注目しなくてはならない。「源氏御所望ニ候て、よひ〳〵ニ被遊」云々とあり、某が「源氏」つまり『源氏物語』を「御所望」したとある。「御所望」と敬語が使われていることからみて、その主体は氏綱か氏康であった可能性が高い。『実隆公記』には、「甲斐国某」が歌人玄清を通じて三条西実隆から『源氏物語』を購入したことや、実隆が同物語を能登守護畠山氏や肥後の鹿子木親員に売却したことがみえている（永正三年八月二十二日・同十七年三月七日・享禄二年八月二十四日条）。また氏康自身、伏見宮貞敦親王に『紀貫之集』を求めたことが、「貞敦親王日記」天文十一年正月十日条にみえているのである。宗長自身に対して『源氏物語』を所望したかどうかは別として、京都に多くの知己を持つ宗長を通じて、北条氏が『源氏物語』を入手しようとしたと考えてもよいのではないかと思う（補註）。

ところで、享禄二年八、九月頃、宗長が鎌倉建長寺に滞在したことについて、前に述べたが、この紙背文書には、その建長寺塔頭の「天源庵」が散見する（⑧・⑪・⑬・⑮文書）。宗長との深い関係が窺えるが、ここで宗長と天源庵について若干触れておきたい。

永正六年の宗長の『東路の津登』には、宗長が「大応国師（南浦紹明）遷化の旧跡」で、「いぬる五とせばかりのさきのとし回禄」し、「庵領なども久しく知行して、およそなきが如く」であった天源庵の復興に尽力し、十月に上杉朝良から「天源庵領二箇所かへしつけら」れたことや、十二月に「天源庵にたちよりて」「修理のこと申あはせなど」したことがみえている。永正元年に火災にあった天源庵の再興に、宗長が奔走している様子が窺える。これはかつて大徳寺の一休宗純に参禅した宗長が、同寺衆中から、開山宗峰妙超が師事した南浦紹明の塔所天源庵の再興を依頼されたことによる。ところが、紙背文書の⑬文書にも「天源庵修造」とみえていて、永正六年から二十年以上経た享禄年間にいたっても、その再興が成っていなかったことがわかる。

永正から享禄年間は、新興の北条氏が上杉氏を逐って、相模・武蔵に勢力を伸ばす時期であり、戦乱によって天源庵の復興も思うに任せなかったことは容易に想像できる。宗長は天源庵の再興への協力を新興の北条氏に求めたのであろう。「□《（天）》源庵の事、御懇ニおほせられ」（⑧文書）「御法加《（奉）》」（同）「奉加」（⑩文書）などとみえているのは、天源庵の再興に関わることであろう。⑭文書も玉縄城主北条氏時らの奉加を示すものとみることが可能であろう。

宗長は北条氏と文芸活動で交流しつつも、建長寺天源庵復興の協力を求めたのである。これより二十年ほど後の天文二十年、鎌倉を歴覧した東嶺智旺が、天源庵を宿坊としている（「明叔録」巻二）ことからすると、宗長の天源庵再興への尽力は実ったものとみてよいのではあるまいか。ただし、宗長は享禄五年（天文元）三月六日に没しており、彼の生存中に天源庵再興がなったかどうか定かではないが。

最後に小田原に下向した公家である錦小路盛直について述べる。

③文書には「咳気今日者大減ニ□《（候カ）》、可御意安之由被申候」とあり、宗長が「咳気」（風邪か）を患ったことがわかるが、続けて「将又典薬殿之御薬を御用」云々とあって、宗長や本文書の差出人（恐らく北条氏家臣）の身近に「典

薬殿」がいたこともわかる。北条氏家臣に典薬寮の官途を名乗る者が知られていないことや、実際に「御薬」を与えていることからして、この「典薬殿」は京都から下ってきた典薬寮の官人とみなければなるまい。では何者かといえば、次の『後奈良天皇日記』天文五年四月十三日条に注目しよう。

前典薬盛直自伊豆国上洛、為御礼白鳥一、鯛一折、昆布一折、三荷進上、秉燭時分盛直於儀定所対面、

伊豆国から「前典薬盛直」が上洛して、後奈良天皇に対面した記事である（『御湯殿上日記』にも記載がある。ただし、同書は「盛直」を「よりなお」と誤記している）。天文五年当時、伊豆は北条氏の領国であり、これ以前「前典薬盛直」が北条氏のもとに身を寄せていたことが推測される。

この「前典薬盛直」は錦小路家の人で、本姓丹波氏。丹波氏といえば平安時代以来の医家として著名である。盛直の官歴も、永正十八年四月三日施薬院使に、大永三年（一五二三）四月十二日典薬頭に任ぜられ、同年十二月二十七日には侍医となっていることが知られる（『公卿補任』天文十年丹波盛直尻付）。『後奈良天皇日記』には「前典薬盛直」とみえているので、天文五年の時点では典薬頭を辞していたことがわかるが、紙背文書の推定年代である享禄年間では現任であった可能性もある。しかし、現任、前任何れにしろ、東国在国中に「典薬殿」と呼ばれたことは『後奈良天皇日記』の記載よりしても間違いなかろう。このような官歴や北条氏との関係よりみて、③文書の「典薬殿」はこの錦小路盛直であると断じて誤りないと思われる。『公卿補任』によれば、天文十七年「正月日於相模国逝去」ともあり、その後再び北条氏を頼って下向し（同書によれば天文十二年以前）、そこで五十六歳で死去したという。このことからも北条氏との深い関係がわかるのである。

さて、このようにみてくると、⑥・⑦文書の差出人「盛直」も、錦小路盛直のことと考えられる。ともに前欠であ

り、その内容も私信であってよく理解できないが、宗長との交遊を物語るものとなっている。

ところで、錦小路盛直の関東下向の時期およびその契機については、現在のところ明らかにしえない。どちらかといえば下級公家であり、文化人としてもほとんど知られていないので、その下向の理由には北条氏との姻戚関係などがあったのかもしれない。ただし、盛直の父秀直と北条氏との関係は不明であるし、母親についても伝わっていない。またその子息についても明らかでない。この点、今後の検討を要しよう。ただ、これまで述べたように、享禄年間には北条氏のもとに身を寄せており、おそらく小田原にいたとみてよいと考える。小田原に住んでいたという、常光院流の歌人高井堯慶が、天文二年四月二十三日、盛直の一族である典薬頭錦小路頼直に伴われて三条西実隆に対面することができた（『実隆公記』）のも、堯慶が同じ小田原に住んでいた盛直を通じて、京都にいる頼直に働きかけたことによると推測される。また、盛直が上洛後間もなく、正四位下に叙され、刑部卿に任ぜられている（『後奈良天皇日記』天文五年四月二十四日・五月十四日条）ことも注意しなくてはならない。これは、関東に在りながらも、朝廷に対して何らかの功績があったためと思われる。あるいは、天文二年、勅使勧修寺尹豊が小田原に下向し、北条氏綱が朝廷に献金した（『御湯殿上日記』同年六月五日・十月二十九日・同三年四月二十八日条）際に、小田原にいた錦小路盛直が尹豊に協力するようなことがあったのではないか、と考えている。あくまでも憶測にすぎないが……。何れにしろ、小田原に滞在した公家には冷泉為和・三条西実澄（実枝）らがいたが、錦小路盛直がその最初の人であったと考えられる。この盛直の書状が紙背文書として残ったことは、まことに希有といわねばなるまい。

以上、紙背文書を素材としつつ、北条氏の文芸活動などについてみてきた。これらの文書は北条氏綱期の文化を物語る貴重な史料ということができよう。

なお、本節執筆に際しては、『神奈川県史』各論編３文化、第二編５「後北条氏の文化」（萩原龍夫氏執筆、一九八〇年）、井上宗雄氏『中世歌壇史の研究　室町後期』（改訂新版、一九八七年）、早雲寺史研究会『早雲寺』第Ⅶ章（岩崎宗純氏執筆、一九九〇年）などを参考としたことを付記しておく。

（補註）『実隆公記』享禄四年三月二十八日条には、宗長が北条氏家臣「外郎被官」を使者として、『源氏物語』第一帖桐壺巻の書写を三条西実隆に頼んだことがみえる。時期的にみて、これが⑮文書の「源氏御所望」云々と関連する可能性がある。

（森幸夫）

五

本節では、本文書群にみられる北条氏一族・家臣について簡単に述べることとする。

まず、本文書群において発給文書がみられる遠山綱景・桑原盛正・大道寺盛昌の三名についてみていきたい。

①の発給者遠山綱景は、江戸城代遠山直景の嫡男で、天文二年の直景の死去後に家督を継承し、同じく江戸城代を務めた重臣である。（大永七年）八月廿八日付北条氏綱書状（「東慶寺文書」『小田原市史　史料編中世Ⅱ』七五号。以下、小七五と略す）の文中に「とを山藤九郎」とみえるのが、史料上の初見であり、①はこれに続くものである。綱景の初見発給文書は、これまでは（天文四年）八月七日付順三宛法度（「延命寺文書」『戦国遺文　後北条氏編』一一八号。以下、戦一一八と略す）であったが、①はこれよりも四～六年早いものであり、同文書に代わりその初見発給文書とし

て位置付けられることとなる。①にみられるように、仮名は「藤九郎」を称した。同仮名は、天文四年八月まで所見され（前出「延命寺文書」）、その後は、同九年四月に官途名「隼人佐」（『快元僧都記』同年四月七日条・「清徳寺文書」〈1〉戦一七二）、同十年二月より同十九年閏五月まで受領名「甲斐守」（『快元僧都記』天文十年二月五日条・「集古十種鐘銘四」戦三七四）、弘治二年八月より受領名「丹波守」（「藤田文書」小三五七）として所見される。そして、永禄七年一月八日の第二次国府台合戦において戦死するに至る（『士林泝洄』巻三四所収「遠山系図」他）。

⑤の発給者桑原盛正については、これまでは発給文書は一点も確認されておらず、従って、⑤が現在知られる唯一の発給文書となる。これにより、桑原盛正の仮名が「弥九郎」であったことが確認される。「桑原弥九郎」としては、『快元僧都記』天文三年六月廿四日条と同史料所収の（天文六年）六月一日付快元書状写の宛名として所見される。年代的な近接性からみて、これらにおける「桑原弥九郎」は盛正と同一人物と捉えてよかろう。これより後、「桑原弥九郎」の名は所見されないが、代わってみられるのが「桑原九郎右衛門尉」という人物である。この人物は、（天文十二年）十一月六日付北条家朱印状写（「伊豆順行記」小一八九）・弘治二年五月十八日付北条綱成判物（「森文書」戦五二二）・（年未詳）三月廿二日付北条氏康書状写（「集古文書六十八」小一〇四九）の文中に所見される他、『高白斎記』天文十三年正月二日条・同二十二年五月二日条に所見される。すなわち天文十二年より弘治二年までの存在が確認される。盛正以前の桑原氏については、良質な史料には所見されないため、詳しいことは不明であるが、「桑原弥九郎」と「桑原九郎右衛門尉」は、年代的に近接して所見され、かつ「九郎」が共通していることから、両者は同一人物である可能性が高い。おそらく、弥九郎盛正は、天文六年から同十二年までの間に、官途名「九郎右衛門尉」を得たものと考えたい。盛正は、『快元僧都記』や『高白斎記』にみられる動向からみて、北条氏綱・氏康の側近家臣的

な存在であったことを窺うことができる。なお、盛正の史料上の終見は弘治二年五月（前出「森文書」）であり、永禄二年作成の『北条家所領役帳』には所見されないことから、その間に死去もしくは隠居したものと捉えられる。その子孫については明確ではないが、同史料に「御馬廻衆」としてみえ、桑原氏一族のなかで最も所領貫高の多い「桑原弥七郎」が、その家督継承者である可能性が高い。

大道寺盛昌の発給文書は、⑨・⑩・⑫の三点がみられ、この他、⑧・⑪・⑬・⑭・⑮の五点の断簡も、筆蹟・内容からみて盛昌の発給文書である可能性が高い。盛昌は鎌倉代官を務め、のちには河越城代をも兼務した重臣であり、史料上の初見は永正十七年二月廿七日付本覚寺宛制札（「本覚寺文書」戦四二）である。その後については、これまでは『快元僧都記』天文元年五月十八日条まで所見されなかったが、本文書群はその間の空白を幾分なりとも埋めるものであり、特に⑫は初見文書に続くものとなる。⑩にみられるように、盛昌は「蔵人佐」の官途を称した。同官途は天文九年十一月（『快元僧都記』同年十一月廿三日条）まで所見され、同十二年六月より受領名「駿河守」として所見される（「鶴岡御造営日記」小一九四）。盛昌の史料上の終見は、確実なところでは（天文十九年）閏五月廿一日付蔵雲庵宛判物写（「相州文書」戦三七六）であり、同二十一年からは嫡子周勝が大道寺氏の家督としてみえているので（「仏日庵文書」戦四二五）、盛昌はその間に死去もしくは隠居したものと捉えられる。

次に、文中にみられる人物についてみていきたい。北条氏一族では、氏綱・氏康・氏時の三人が、家臣では、石巻家貞・後藤繁能の二人が所見される。

北条氏綱は、当時の北条氏当主であり、従って、②・⑧・⑪・⑮にみえる「屋形」は、いずれも氏綱を指すと捉えられる。また、④には「新九郎殿」がみえる。②にみえる「□九郎殿」も、切断により上部一字が欠けているが、同じく「新九郎殿」と記されていたものとみられる。この「新九郎殿」は、氏綱の嫡子氏康を指すと捉えられる。氏康は、大永三年六月十二日付箱根権現宝殿建立棟札銘（箱根神社所蔵、小五一）に「伊豆千代丸」とみえているのが、その史料上における初見であり、その後では、『快元僧都記』天文四年十月廿一日条に「氏康」とみえるまで、所見がなかった。しかも、仮名「新九郎」については、これまでは『今川為和集』天文五年正月十四日条に「新九郎氏康」とあるのが史料上の初見であった。②・④は、その間の空白を埋めるものであるばかりでなく、氏康の仮名「新九郎」に関する初見史料、氏康の元服後における初見史料として位置付けられる。

⑭にみえる「左馬佐《助》殿」は、氏綱の弟で玉縄城主であった氏時を指すと捉えられる。氏時に関する史料としては、これまでは享禄弐年五月十二日付護摩堂宛判物（「小出文書」戦八八）・同年八月十九日付戒法山二伝寺宛判物写（「相州文書」戦八九）・同年十月吉日付毘沙門天立像銘（円光寺所蔵、戦九〇）の三点が存在するにすぎず、その意味でも⑭は貴重な一点といえる。氏時は、享禄二年十月の毘沙門天立像銘においては仮名「新六郎」でみえており、同四年八月十八日の死去と伝えられている（二伝寺位牌）。これらのことが正しいとすると、⑭はこの間におけるものとなり、⑭をはじめ本文書群の年代は、享禄三年の可能性が高くなろう。

⑦にみえる「石巻」は、奥書にみえる「石巻勘解由左衛門」と同一人物と捉えられ、従って、家貞に比定されよう。家貞に関する初見史料は、これまでは天文二年三月十八日付北条家朱印状写（「弘明寺文書」小八五）であったが、⑦・奥書は、これよりも二〜四年早く、従って、石巻家貞に関する初見史料として位置付けられる。家貞は、相模国西郡郡代・評定衆を務めた重臣である[2]。

⑨にみえる「後藤」と⑬にみえる「後藤善右衛門」は同一人物と捉えられ、従って、繁能に比定されよう。繁能は、

永正十五年十月廿八日付伊勢家奉行人連署手形（「西島栄子氏所蔵福本文書」小三二）において署判しているのを史料上の初見とし、同十七年五月廿三日付報国寺宛判物（「報国寺文書」戦四四）において仮名「孫次郎」として所見され、享禄四年六月一日付阿弥陀如来坐像胎内背面墨書（光明寺所蔵、『鎌倉市文化財総合目録　書跡・絵画・彫刻・工芸篇』）より天文十年一月（『快元僧都記』同年正月七日条）まで官途名「善右衛門尉」として所見される。(3)『快元僧都記』における同記事が、繁能に関する終見史料となるが、その後に受領名「若狭守」を称したことが知られる（「建長寺文書」『神奈川県史　資料編3　古代・中世（3下）』九三二八号）。繁能は、鎌倉代官大道寺盛昌の下にあって、鎌倉小代官を務めた人物である。(4)

最後に、奥書にみえる「鈴木善左衛門」について触れておきたい。この人物は、天文十二年九月十五日付長浜御代官・御百姓中宛北条家検地書出（「国立史料館所蔵大川文書」戦二三五）に署判者の一人としてみえる「清水代鈴木善右衛門尉」と同一人物であろう。これにより、伊豆奥郡代清水氏の家臣で、同氏の代官として検地奉行をも務める人物であったことが知られる。

註

（1）同書には翻刻されていないが、封紙ウハ書に「清徳寺遠山隼人佑」とある。

（2）石巻家貞のその後の簡単な履歴については、拙稿「北条氏家臣石巻氏系譜考」（『戦国遺文月報』1、一九八九年）において検討したので参照されたい。なお、同稿において家貞の受領名「下野守」の終見を永禄七年四月としたが、典拠とした四月朔日付書状写（「鏑矢記」戦八五一）は天文二十三・四年頃のものと考えられるため、永禄四年三月（「相州文書」小四六九）に訂正する。

（3）後藤善右衛門尉の実名を繁能と比定したのは、佐藤博信「『快元僧都記』の世界像―戦国期の都市鎌倉の理解のために―」（『日本歴史』五二三号。一九九一年）である。

（４）後藤繁能および鎌倉小代官後藤氏について論じたものとして、佐藤博信「後北条氏被官後藤氏について」（『茅ヶ崎市史研究』創刊号、一九七六年）・同前註論文がある。

（黒田基樹）

① 遠山綱景書状（第二丁）

「可申置候、同者此方へ御用にも、
何事候共可蒙仰候、巨細之段、
期来信候間、早〻申入候、恐〻
敬白、

十一月九日　遠山藤九郎綱景（花押）

柴屋（宗長）
参　御尊報

（切封ウワ書）
「（墨引）
柴屋（宗長）
参　御尊報　　遠山藤九郎綱景」

②　連歌会ヵ書立（第三丁）

屋形（北条氏綱）　住心院　御坊
柴屋（宗長）　心明院　青蓮□（主カ）
□観坊　鎌覚阿　竹庵
□（新）九郎殿（北条氏康）

③　某書状（第四丁）

腰文恐入候、
御札之旨披見申、則令
披露候、咳気今日者大減ニ□（候カ）、
可御意安之由被申候、将又
典薬殿（錦小路盛直）之御薬を御用□
仰候、尤候、かりそめ之様ニ候て□
煩候間、無御油断御養性□（簡カ）
用候由、能〻自我〻可申

④　某書状（第五丁）

こし文恐入被存候、
先刻者、預御貴札候、普
請場ニ候つる間、おそなハり
御報申候、御気もはれやかに
候へハ、一段御心安之由候、将又
新九郎（北条氏康）殿へ菊の花被進候、
色すくれて見事にて候、うれ
しさ難申尽候、心得候て□（可カ）
□□□□□□□□□」

⑤　桑原盛正書状（第六丁）

「之由、□□時分□□□所より
可申入候、恐〻謹言、
　廿三日　　盛正（花押）
（切封ウワ書）
「（墨引）　桑原弥九□（郎）」

⑥　錦小路盛直書状（第七丁）

「承候、御懇札誠□（ニカ）
難打置候、旁期
後音候、恐々謹言、
即刻　　盛直拝

（切封ウワ書）
「　　（墨引）
柴屋（宗長）回□　　　盛直」

⑦　錦小路盛直書状（第八丁）

「不罷出候、無念此事候、
今朝者、石巻（家貞）方へ御兼□（約カ）
法楽御出候由、風多□□
□（御カ）大儀推量申候、旁□（期カ）
拝面□（存カ）候、恐々謹言、
即刻　　盛直

「（切封ウワ書）　（墨引）

柴屋

貴報　　　盛□（直）

⑧　某書状（第九丁）

御文□□□入□□何も
心得申候、又御宿縁存候てやう〳〵に、
□（御カ）文拝見申候、仍自屋形御帰
□哉、□□□□迄ニ候、明日者
□出の時分参候て可承候、将又
□（天）源庵の事、御懇ニおほせられ
□（候カ）へハ、□無御面目候、さりなから
□（心カ）得も□□□□方少つつも
御法（奉）加ニまいられへく哉、兼又、僧
□両人かんにん分の事、心得申候、
□然者御逗留之内ニ、一筆を可申請□（候カ）

⑨　大道寺盛昌書状（第十丁）

□石ハいかかのよし心得申候、自
□□およそ申合候つる、又泰照
□鎌倉へいつ比御越候ハん哉、後藤（繁能）方□（へ）
□（一カ）筆を可進申候、あまりに聞□
□事、中〻心得申候、何時成□（共カ）
□（可カ）預御左右候、恐〻謹言、
則刻　　盛昌（花押）

（切封ウワ書）
（墨引）　大道寺

⑩　大道寺盛昌書状（第十一丁）

□不思議之御造栄（営）不及申、御□
□就火之様躰無申計候、拙者千万附□
□難成候、其故者一両年前判形を□
□奉加之儀寄附候へ共、無其儀罷過候□
□□（可）引取故如此一身之満足不過□

□雖少分候、はいたうの合力是又□□
□□之儀候間、彼門徒中も可為親□（者）□
□難申尽候、恐々謹言、
九月十九日　　　　盛昌（花押）
「（切封ウワ書）　（墨引）　大道寺蔵人佐」

⑪　某書状（第十二丁）

腰文恐入候、今朝五時屋形
被出候由承候、我等参度候へ共難去
□□（指）合候間、口惜存候、若□
□候ハヽ、必可参候、諸事□
□□（拝）之時候、
□一筆令申候、来十日比迄御逗留之由□□
□□於屋形承、近比我等迄祝着□
□□候間、昨日自天源庵両通御□（文）□
□□様躰、屋形へ物語仕候、其上御逗□（留）□

□□喜被申、冬中重而自鎌倉

⑫　大道寺盛昌書状（第十二丁）

八月廿九日　　盛昌（花押）

⑬　某書状（十二丁）

□以上申入候つる、就其廿八□□
□（後）藤善右衛門（繁能）罷帰候ハヽ、則可渡進□□
□様躰ハ可為厳密候間、可御心安□（候）□
□度天源庵修造御貴所□□□

⑭　某書状（第十三丁）

□□□故□算用之□（趣カ）承届候□□
□□貫計之首尾ニ候ハヽ、千疋余之御取□
□可申事候、如何様ニも走廻返進申度□□
□帳迄候、内ゝ自左馬佐殿（北条氏時）千疋与附□
□五百疋之不足、又蟠桃軒之方より□

〔　〕五百疋も可申取与存候哉、彼内算用〔　〕
〔　〕□い申候、何様懸御目、彼是可申承候〔　〕
〔　〕自鎌倉之御切紙共返進申、恐〻謹□（言）

⑮　某書状（第十三丁）

〔　〕へ御越候者、御宿を近所被寄、猶〔　〕
〔　〕源氏御所望ニ候て、よひ〳〵ニ被遊元〔　〕
〔　〕尾形（北条氏綱）へ物語申候へハ、於其儀ハ近頃可〔　〕
〔　〕□（祝カ）着候由かのね被申候つる、諸ハ御宿〔　〕
〔　〕進候間、冬過近所尤之由被申事候、是〔　〕
〔　〕来十日比ニハ鎌倉へ被帰庵、又冬之□〔　〕
〔　〕方へ御越候者被申事候、兼又天源□（庵）〔　〕

【付記】脱稿後、金子金治郎氏から同氏編『連歌貴重文献集成』第十集に「幼童抄」全文と⑮号文書の影印版が収録されていることをご教示いただいた。記して謝意を表したい。

Ⅵ　陳外郎宇野家と北条氏綱

中丸和伯

はじめに

日本の中世社会を理解するためには、商品流通の問題をおいて考えることはできない。このことは、日本中世史の研究者のあいだでは周知の事実である(1)。最近の商品流通の研究は、農業生産とのかかわりあいのうえでおこなわれている。そのさい、つねに問題となるのは、畿内の生産性の高さであり、畿内を中心にして日本列島の地域的分業が成立していたことである(2)。

ところが、地域的分業の成立は時代によって変化し、商品の種類による役割のちがうことが見すごされているようである。地方の生産性の向上が地域的分業とその範囲を変化させることは商品流通の帰結であるが、何ゆえ、畿内の手工芸品や特出する商品が地方を支配する条件になっていたかを追求した研究は、必ずしも多くはない(3)。生産用具の鉄製品から工芸品、薬種類の畿内からの地方への伝播は、地方の経済を変化させ、それらの技術が地方へ定着していくのが分国経済の成立の大きな要因となっている。

後北条氏の分国の成立も、そうした過程の例外ではなかった。とくに後北条氏のなかで、職人衆団とは別の役割をはたしたのが、薬種商の外郎家であった。そこで後北条氏の特権商人となった外郎家、改姓して宇野家と、京都にあった陳外郎の盛衰を通じて、当時の商品流通の経緯を具体化してみたい。それは、たんに後北条氏の領国経済の理解に役立つものばかりか、戦国時代の解明に一助となるものと考え、一稿を草したのである。

一、薬種商陳外郎家の出自

（一）陳外郎の伝承

足利義満が、応永八年（一四〇一）五月、「日本国准三后」と署名した表文を携えた肥富某と僧祖阿らを明に派遣して以来、日明貿易はさかんになっていった。それにつれて明人のなかにも、わが国に渡来して種々の業につき、商業をいとなむものもあった。日本中世商業史の研究者である豊田武氏は、こうした中国人のなかで、もっとも多かったのは医者であり、薬種商であったと指摘されている(4)。

そのことは『蔗軒日録』などにも、うかがうことができる。当時、明から渡来の品物は「唐物」といわれ、唐織物、唐絵、薬品、茶入、小壺、茶碗、硯などであった。とくに珍重したのは薬であった。日本人の舶載品へのあこがれは、古代から今日まで伝統的に存続しているが、中世では吉田兼好が、いみじくも「唐物は薬の外は、なくとも事欠くまじ(5)」と言いあてている。こうした状況のなかで、日本へ帰化した医者が陳外郎であった。陳外郎は、医者であるばかりか、薬種商としても著名となった人である。陳外郎が、はじめて日本の書のなかにみいだされるのは『吉田家日次記』である。応永九年（一四〇二）二月二十六日、

外郎入来、是唐人之子也、於日本雖誕生、取父名、号外郎（異朝之官也）医道抜群之由、人々示間、招引之、

この記載によると、外郎の父が日本に渡来したのは、外郎の誕生以前であったことが知られる。その祖先は、『雍州府志』(6)によると、陳宗敬であるという。陳宗敬は、中国の浙江省台州府の生まれで、元の末帝順宗につかえ、官は礼部員外郎であった。礼部員とは、六部の一であり、礼楽、祭礼、貢挙などの事をつかさどった所の次官であった。ところが、明の太祖が、元の順宗を北京から漠北へおった一三六八年（応安元年）、陳宗敬は、明国に留まることを快しとせず、応安年中（一三六八〜一三七四）に日本の筑前に渡来して、博多で医業をはじめたという。足利義満は、陳宗敬の「文材博達兼通二占相一、且、伝二霊方一、調二奇薬一」を聞き、京都への上京を望んだ。陳は、義満の願いを固辞して、姓名を問うものあれば旧官名の陳外郎と答えたという。日本における「外郎家」の由来は、こうした伝承から生まれたものと考えられる。

辻善之助氏は、陳外郎の出自を「文明の頃（一四六九〜一四八六）京都に陳祖田という者があって医を以て鳴っていた。その祖先は元人である。元の末に陳友諒が江州に拠り帝と称した。その子、陳理に至り、明の太祖に亡ぼされた。その一族陳順祖、元に仕えて大医院であったが、明に仕えることを欲せず、来って我が国に帰化し、九州に居って医を業とした(7)」としている。

陳友諒は、中国史においても著名であり、一三一六年（延祐三）から六三年（至正二十三年）まで、元末の群雄の一人、湖北省沔陽の人、漁夫の子の生まれ、はじめ小役人となったが、除寿輝が兵を起こすとその武将文傑の書記となり、次第に勢力を得たのち仔をたおして、その兵をあわせ更に徐をたおして帝と称し、国号を大漢、年号を大義と称した。しかし、明の太祖と鄱陽湖の付近で戦い敗死したといわれている。このことからすると、『雍州府志』にいう

外郎が、元朝の礼部員外郎であった点に疑問をいだかざるをえない。おそらく、日本にのがれた外郎家が、自己の権威を高め日本の社会に売りこむために、かつて元の官僚であったと称したのではなかろうか。順祖は『雍州府志』にあらわれないが、陳宗敬の子は、さきにあげた『吉田家日次記』の同月同日の条の「号外郎」の脇書に、「宗奇」と記した例がある。この脇注の真偽については、いまのところ不詳である。

(二) 陳祖田の京都定住

博多にあった外郎陳宗奇は、「医道抜群之由」によって京都に定着する機会を得たとみるのが、妥当なのかもしれない。さきの『吉田家日次記』からして、応永九年(一四〇二)二月以前から京都にあって、医師として公卿らに接していたことが知られる。応永七年(一四〇〇)には、将軍足利義満の使として明におもむき、帰国にあたって、のちの透頂香となる霊方丹を持参したという。外郎を「ウイラウ」と読んだというのは、応永十五年(一四〇八)十一月晦日に、教言が、「一夜前、予以外違例、中風歟、潤躰丹三粒、唐人ウイラウ云々、仍潤体丹事秘計者也、定秋ニ申也」と日記にかき、さらに翌十六年六月五日に「一宋人外郎《ウイラフ》也、外字ハ唐音歟」と記していることから知ることができる。

宗奇の子の名については、いまのところ不詳だが、『蔭凉軒日録』の延徳二年(一四九〇)閏八月十四日に、陳祖田が「晩来、陳外郎来、対面勧レ盃、件々、談二渡唐相違之事一、外郎話云、鹿苑相公御代、我祖父為二遣唐使一、合二霊方丹一、持以帰朝」とあることから、宗奇と祖田のあいだに父、または子があったことは疑いのない事実である。

祖田の初見は文明十三年(一四八一)六月十一日であり、この日、親元は「陳外郎祖田貴殿兵庫とのへ、薫衣香各三袋進之」と記している。その終末は、三条西実隆が、永正十七年（一五二〇）正月十三日に「御牧衆上洛、外郎来、珍珠散献之、則召留勧一盞」めたことである。この間、三九年であるが、『新編相模国風土記稿』によると、祖田の父は月海常祐であり、文安三年（一四四六）五月十一日に没したとあるが、祖田の没年の記載は、まったくない。

博多に渡来したのは台山宗敬、応永二年（一三九五）七月二日に没し、七十三歳。その子宗奇は「蕃国に使す、其賞として洛中に宅地を賜り、儒医を兼勤む、後漸く霊薬の名世に顕れ、人貴重して外郎の薬と呼ぶ、応永三十三年（一四二六）二月九日卒、其子月海常祐、筑前に生る、医業を勤む、晩年宅地中に禅室を構て蔵春と云、文安三年（一四四六）五月十一日卒、其子祖田洛陽に生る」とある。宗奇と常祐の死別の間に二〇年であるが、祖田が外郎家を継いだとすれば、永正十七年までは七四年間にわたる。この点で常祐と祖田が親子関係にあるとの記載は、祖田の明確な記事のない『新編相模国風土記稿』の史料的記述に疑いをもたざるをえない。だが、この不明が、逆に戦国時代における分国経済の確立と京都を中心とした全国的商品流通の崩壊を、決定的に物語っているのではなかろうか。『新編相模国風土記稿』の外郎家の記載は、元禄十一年（一六九八）の湯本早雲寺の沙門宗貞の「系統一軸」によるものだが、常祐については『松窓漫録』の「常祐カ子、未夕童形ノ時、将軍義政ノ命ニ応シテ、大和源氏宇野氏ノ継トス、後加賀守方治ト称ス、家伝ニ文亀元年（一五〇一）前加賀守源方治、及宇野修理進源興治カ書等蔵セシカ、災ニ罹ルト云云」とあるが、常祐その人についてはつまびらかでない。

（三）陳祖伝と京都

将軍家と外郎家との関係は、『長禄年中御対面記』には、一月七日の項に、

一、公家、大名、御供衆、申次　番頭、番方、少々節朔衆之事也
各出仕大名御供衆、御盃頂戴之、
一、御太刀金　三振　三職進上之、
一、御薬色々、外郎進上、外郎ニ御太刀申出遣之、申次之沙汰也、
一、田楽参、
一、外郎ハ外郎進上と申入て、御薬備上覧て後、外郎参也、公家之前也、田楽ハ公家之後、田楽と申入て於庭上
懸御目、観世同也、

とある。外郎が将軍家にとっていかに重要視されているかが知られる。それが、天文十三年（一五四四）の『年中恒例記』によると、一月七日には、

一、御対面並御盃等之儀、三ヶ日ニ同、
一、御薬外郎進上、
一、田楽祇候仕、
一、御対面次第は、外郎は公家の前也、進上之御薬申次備上覧て、外郎懸御目、田楽は公家之後に、田楽と申入
て、於庭上懸御目也、
一、吉書御内書細川殿へ被遣之、御使必伊勢守父子間也、依細川殿祗候被申て、御太刀持進上之、

とあって、将軍家における外郎家のあつかいが、従来とかわらないことがうかがわれる。

長禄年中の将軍は足利義政であり、天文十三年の将軍は足利義晴である。この間、八五年以上である。義政が将軍

職に就いたのは、享徳二年（一四五三）六月であり、『新編相模国風土記稿』の記載からすると、常祐、すでにこの世にない。したがって、義政に対面した外郎は祖田ということになる。ところが、その記載を正当だとすると、さきの『松窓漫録』の「常祐カ子、未夕童形ノ時、将軍義政ノ命ニ応シテ、大和源氏宇野氏ノ継トス」がややあやしくなる。

祖田の祖父宗奇が筑前の出生とあるのに、祖田は洛陽の人と『陳外郎家譜』にある。だが、常祐の存在は不明である。祖田が洛陽、すなわち京都にあったことは、桂庵玄樹などとの交渉から知りうる。そして薬種商であるばかりか医師であったことは、玄樹のつぎの詩からもうかがわれる。

古方霊薬荏家伝　赫々皇華碧海天
祇為上医元沽国　細論太守近安辺
九夷鬼界三千里　一夢竜山二十年
足是高僧吾故友　尸梁残月暁猶懸
洛陽使者到天涯　東算帰程路転賖
落葉千山五更羽　早梅十月一枝花
客中送客堪為客　家外尋家未到家
故旧周南若相問　衰残月首命如紗

桂庵玄樹が祖田にあったのは、将軍義尚の使で島津陸奥守武久に「御尋物注文在別紙事、不日被尋進之者、可為神妙、於巨細者、仰含陳外郎之由」によるのである。祖田が使者となったのは、桂庵玄樹にあったことからも知られるごとく、医者としてではなく、当時の京の文化人としてであろう。陳祖田は都にあって陳外郎杏林亭と称し、伊勢貞宗、細川家、亀泉集証、天隠、桃源、三条西実隆、中御門宣胤、後法成寺尚通などと交渉があった(8)。そのことは、かれらの日記などから知ることができるが、とくに亀泉集証とは親しいあいだがらにあった(9)。それというのも、おそらく陳外郎家が中国通であったことによろう。

二、陳外郎の被官宇野家

（一）亀泉集証と陳家

陳祖田と亀泉集証との交際は、医薬業を通じて中国のことを知ることからはじまった。集証は、文明十八年（一四八六）十二月二十八日、祖田に対して「渡唐記録、可在陳外郎方」と記している。翌十九年一月十八日には、集証は陳外郎（祖田）を招いたが、「就前代渡唐之事、持旧記来、愚対面沈酔之故、於座席睡著、外郎不弁事而帰」してしまった。そこで同月二十一日、さらに同年六月二十六日と、天竜寺船の旧記について陳祖田に尋ねている。それに祖田は「則等持院御代有渡唐船、其後四十余年無渡唐之儀、鹿苑院御代、両度有渡唐之儀、回礼之御船也、天竜寺船之事、更不存知」と答えている。このころ、足利義政は祖国寺の修理のため、遣明船を渡海させようとしていた。

亀泉集証は、『蔭凉軒目録』の八月二十五日の条に「自飯尾大和入道宅召僧、遣梅首座、和州云、遣唐船之事被仰出、正使幷居座可然仁躰択之、早々書立可有進上之由、被仰出也、一号船、二号船者、可為公方之御船、三号船者大内御免云々」、さらに同月二十六日には「遣梅首座於和州宅、昨日被仰出遣唐船正使居座、其仁躰難択之事由伝之、

愚問云、大唐進物自何方可弁之乎、和州答云、先々大内方江被仰出、雑掌之返答未有之」と記している。こうした亀泉集証の思惑に、幕府の財政を握っていた伊勢貞宗の傀儡とみられる戸島若狭守が遣明船の派遣を要求したので、事態は急変した。このことは、幕府内の大内氏をめぐっての利益配分の争奪戦をあらわにしたものだった[10]。この年の末、祖田は息子の友蘭美丈をともない、亀泉集証にあっている。その集証は、将軍義尚から長享二年（一四八八）一月十日に、「去年之嘉例也、蓋陳外郎所進之者也」の「薬五色同賜之」っている。

祖田は長享二年二月十一日、亀泉を尋ねて「渡唐之事委曲」をきいている。亀泉は「邇来三方争論之子細話」している。さらに祖田は二月十五日に亀泉を尋ね、同月十七日に「斎」をもよおしたが、亀泉は「雖可赴、外郎斎、補作俄来之由不赴」であったが、その出席者から宴の状況を詳しく聞いている。そこで何が語られたかは知るよしもないが、同月二十二日に陳外郎は亀泉を尋ねて「督勘合之事」していることから、おそらく対明貿易のことが話題になっていたのであろう。はたせるかな、同月二十三日には「渡唐船三艘役者正使居座」の「仁躰」の候補に祖田があげられた。そして将軍義尚の命により、亀泉は伊勢貞宗と談合して「渡唐船役者之事仲璋梵初、光松興文、陳外郎、尤可然」と決定された。

ところが、渡唐の役命を三月五日に伝えようとしたとき、外郎は「五日者西塞之故不可然」とことわり、その伝えの日を十日に変更させている。このことからも、陳祖田が対明貿易に大きな関心をはらっていたことが知られる。また、幕府の人たちも陳祖田に対しての期待をもっていたことがうかがわれる。いうなれば、陳祖田自身が対明貿易の受益者であったとも考えられる。

当時の対中国輸出品のうち、大きな比重を占めたのが硫磺であった。それは、陳祖田が亀泉にむかって「佗硫磺使節事」ということについて談合していることからうかがわれる。こうした事情は、すでにのべたとおり「霊方丹」を中国からもちかえった「遣唐使」[11]のときに得たのであろう。薬種商へのきざしも、このとき以来のことであったのではなかろうか。それも陳祖田への亀泉の問いへの解答であり、どこまでが真実かはわからない。だが、陳祖田のときには、薫衣香が姿をあらわし、芳薬、透頂香、長命丸、平胃散が製造されていた。五種薬または五色薬として透頂香、竜麝丹、木香梨片分散、玉屑丸、食薬があった。これらの薬は、分包して売り出された。透頂香は瘧病、いわばオコリ、定期的に発する熱病にきいたらしく、発売当時から粒状であった。

陳外郎家の薬が珍重視されたのは、将軍家の賜物に使われたことからも知られよう。こうした特種商品の製造によって全国的な販路をもつ商人として、京都の文化の一翼をになっていたにちがいない。さきにもしめしたとおり、桂庵玄樹が、陳祖田に漢詩を贈ったのも、そのあらわれである。また、亀泉から軸詩を借りて観賞している。

亀泉の興行した会に祖田は能舞の座に列している。妙蓮寺の斎にも舞の座敷の取持ちをおこなっている。安富宅では、みずからの舞を披露し、列座するものに歌をうたわせている。祖田も、みずから連歌会を興行したり、和歌の奥書までもしている。陳外郎家は、当時の富商の土倉、酒屋などの町衆の信仰した日蓮宗の信者でもあった。

（二）宇野藤五郎の下向

陳外郎家の商業活動は、京都に本拠をおき、地方人に「都」といった文化的高さのあこがれを利用、自分の被官を全国に派遣しておこなった。そのなごりが、十六世紀の関東における小田原城下の外郎宇野家や上州松井田宿の外郎家となるのであった。

外郎祖田は、将軍足利義政に薬を献上して、申次衆の沙汰によって大刀をもらった。このころ、雲泉大極は「近歳諸州路、国俗之強豪者、置関以征之、往来悉難焉」と日記にかき記している。それは京都、奈良が従前よりも商品流通の中心地になり、地方から特産物の農産加工品が流入、京都、奈良からは工芸品やぜいたく品が搬出された。

近江国では保内の商人が、近江を経由して京都に入る商品をおさえて諸国の商人と争いをおこした(12)。堅田の商人で一〇人から二〇人の被官をもつ「有得ノ人ハ、能登・越中・越後・信濃・出羽・奥州、ニシハ因幡・伯耆・出雲・岩（ママ）見・丹後・但馬・若狭へ越テ商ヲ」していた。応仁三年（一四六九）、美濃国武儀郡大矢田宝慈院では六斎市が開かれた。そこに美濃の商人の手によって紙が桑名の問屋から保内の商人によって京都へ運びこまれた。同じ年、山城の宇治には人別一〇文、立売人五文をとる関が設置された。こうした市や関が設置されることは、商品流通のはげしくなったことの証にほかならない。それは、畿内とくに京都と奈良といった中央都市と地方の対立による地域形成がおこなわれつつあることをあらわしている(13)。その発展が戦国大名の領国形成となるのである。

朝倉敏景は、文明三年（一四七一）に「朝倉孝景条々」を定めて越前一乗谷に家臣を集めた。朝倉敏景の支配した越前では、興福寺の大乗院の荘園の大半は倒壊していた。それでも、大乗院でのこった荘園は、興福寺の代官楠葉元次が、朝倉家の被官になることによって、大乗院に貢米を送付している(14)。だが、それも明応八年（一四九九）までであった。それは日に日に高まる一向一揆のためであった。こうした状況のなかで、日明貿易を中心とした京都、奈良、堺を本拠とした国内の遠隔地商人の流通網が成立した。

朝倉氏は領国を形成したうえで、幕府の要人との交渉をした。文亀二年（一五〇二）に若狭の商人と保内の商人が争うや、朝倉氏は若狭の商人を支持して、近江の六角氏の後援した保内の商人と対した。このことは、あらたに登場した戦国大名の領国形成には、遠隔地商人の役割があったことを物語っている[15]。さらに、戦国大名の許可によって商業活動があり、戦国大名と一体化した特権商人の存在があったことをしめしている。

陳祖田は、被官宇野藤五郎を永正十四年（一五一七）五月十八日に駿河に下向させている。このとき、中御門宣胤は、駿河国守護今川氏親に「八幡各号一幅、筆十管、息女ニ同十管、セン香、伊呂波一枚、上臈ニ薫衣香一袋、阿茶ニ帯一筋、越前薄様十帖遣之、又藤五郎ニ天神各号一幅、詩歌一枚、越前薄様十帖遣之、又前内府遣状」を依頼している。宇野藤五郎が中御門宣胤のところにあらわれたのは、永正十四年（一五一七）五月十二日であり、「薫衣香袋二、薬五種、蘇香丹二貝十二、潤体丹一貝一粒、牛黄丹一貝廿粒、珍珠散一裹、透頂香一裹百粒」を持参、対面して扇を贈られた。このころになると、陳祖田みずから公卿たちのあいだをまわっている。また、祖田の弟の活動もみられる[16]。それにもまして不思議なのは、外郎の実名を「亡却[17]」するほどとは何事であったろうか。外郎の陳祖田に面会することができなくなったということであろうか。

そこで気になるのは、祖田の弟とは何ものであったのであろうか、ということである。弟の名は宇野の姓をなのる藤五郎と同一人物であろうか。宇野氏について『松窓漫録』は「大和源氏宇野氏」の常祐の子、のちの方治が宇野氏を継いだとしている。これを信ずれば、方治と祖田は兄弟となり、後法成寺尚通のいう祖田の弟は、弟の宇野藤五郎ということになりはしないか。それは、常祐の子が祖田であるという『新編相模国風土記稿』の記載を正しいと認めることになる。それはともあれ、外郎家の誰かが駿河にしばしば下向したことは事実である。そして、薬種商外郎家をうけいれる領国体制が今川家にあったことがうかがわれる。駿府を中心とした今川領国が形成されていたことだが、宇野藤五郎が駿河に下向したころ、駿河府中は駿府と呼ばれ、城下町のもとに「国不入」や「守護不入[18]」の特権が廃止されたのである。

三、北条家と宇野家

（一）宇野藤右衛門定治

永正十七年（一五二〇）正月十三日の三条西邸に「外郎来、珍珠散献之、則召留勧一盞」めたのが主の実隆であった。この席には連歌師宗長のほか、吉田、神余小次郎、大隅などがあった。この年の三月十六日、前大納言飛鳥井雅俊が、大内氏の領国周防へ下向した。このことについて実隆は、日記に「無念也」[19]と誌し、京の没落をこの一語にあますことなく表現したのである。藤五郎の駿河下向以来、外郎家の存在をしめす史料は、京都においてぱったりと消えてしまう。また、駿河の今川家においても、何も外郎家のことはわからない。ところが、小田原城下の外郎藤右衛門家に身延山久遠寺の日伝のつぎの書状がつたえられた。

改年之吉兆重畳、尚以不可有窮期候、就而去年者寺院建立之由共聞候、祝着無極之間、寺号等令付与候処、為祝儀今度三宝院参詣、弥以目出度候、将又合薬如書中給候、毎度御懇之至、難申尽候、恐々謹言、

二月五日　　日　伝（花押）

宇野藤右衛門尉殿

この書状は、大永三年（一五二三）のものといわれている。[20]日伝が、「就而、去年者、寺院建立」ということから、この書状の年代の決定ができるのである。寺院とは、いま山角町にある玉伝寺のことである。この寺は法華宗で、身

延山久遠寺の末で光浄山三宝院といった。身延山十三世の日伝の起立で、開基は宇野藤右衛門定治である。寺伝によれば、大永二年（一五二二）の建立であり、もとは早川口にあった。この寺の建立のころは、かなりの財力があったとみられるが、法華宗を信仰することからして、京都の外郎家との関係をうかがうことができる。

そこで藤五郎が、駿河へ下向した翌年に小田原の玉伝寺が建てられたことから、すでに外郎家は、駿河ばかりでなく関東への活動もあったのではなかろうかと推測させるのに充分である。宇野藤右衛門定治が藤五郎か、それとも、その一族に定治があったのか、いまのところ不詳である。『陳外郎家譜』によると、「宇野藤右衛門尉定治者、祖田之子、洛陽之人也。為宇野氏之義子、改陳称宇野」とある。ところが、「祖田に子二人あり、兄は藤右衛門尉定治、弟は名闕、祖田の系統、此弟継で京師に住す」という記事もある。両者の共通するのは、定治が祖田の子であるということである。

宇野藤右衛門尉定治の没年は、弘治二年（一五五六）十一月二十四日である。玉伝寺の建立からして三十四年目にあたる。外郎家の弟の藤五郎の駿河下向からして三十五年となる。このことから、藤五郎が宇野藤右衛門尉定治である可能性がある。さきの「兄は藤右衛門尉定治」は、実は弟藤五郎ではないのか。家譜の作製にあたっては、祖は弟であっても兄とすることがよくある。『松窓漫録』では兄弟のことにはふれず、「永正の初、方治が孫藤右衛門定治、北条早雲に仕へ小田原城下に住す」とあって、宗瑞（早雲）の在世中に外郎家の何人かが、北条氏と接触のあったことをつたえている。『家譜』にいう「北条早雲公招定治於京師、而宅小田原、自是之後世住于小田原、人皆称小田原外郎」との異同はない。

また、『小田原記』に「京都より外郎と云町人来りて種々の薬を売る、中にも透頂香とて霊薬をうる、長生不死の薬とて、氏綱へも進上す、則町奉行小泉彼町人を同心に伴ひ登城す、彼薬の功能不勝計、第一は口中の臭気を除き、睡眠を去り命を延ると言上す、則小田原に可有由被仰付て、明神の前に町屋を被下、小田原に住ける外郎と云は是なり」とある。こうしたことから宗瑞の晩年、氏綱が家督を継いだころに、宇野藤右衛門が、北条家と関係をもったことは事実であったのではなかろうか。それが外郎の弟藤五郎であったかは知るよしもない。

宇野藤右衛門尉定治の玉伝寺を建立した大永二年（一五二二）北条氏綱は、小田原城三ノ丸西方の沼地に中島を築き、江ノ島から弁財天を勧請して城の鎮守とした。このことは、小田原城下大工町の蓮上院の旧記に「当時十三世法印亮海、弁才天本地垂跡の由来を氏綱に演説し、氏綱郭内に一島を築き弁天を勧請せし」とつたえている。そのきっかけは「大永二年九月の初、武蔵の浅草観音、弁才天堂の辺より、銭涌いづることあり、氏綱を初奉り諸人不思議と云処、蓮乗院法印語り申けるは、弁才天は観音御分身北条家の守護神、御紋は、これ弁天の鱗とかや、御当家には、殊更、御崇敬最也[21]」の亮海の弁によるという。こうした瑞祥をいうのは、おそらくこの年に、北条家における小田原城が総構の城として完成したことを物語ってはいないだろうか。

玉伝寺の位置が早川口にあったのは、城郭の縄張のうえで防衛上の意味をもっている。これに宇野藤右衛門尉定治が参加、城の出口に開基者として寺を設けたということである。宇野家は、北条家の動向に深いかかわりあいをもっていたとみられるからである。宇野藤五郎が駿河へ下向したとき、太守の今川氏親は、生涯の最大の被護者である早雲庵宗瑞を失ったとはいえ、早雲の姉の関係からも北条氏綱との仲は悪くはなっていなかった。それに永正十四年五月十八日の宇野藤五郎の駿河下向もあって、宇野藤五郎は宗瑞を知っていたであろう。宇野藤五郎は、宗瑞を足がかりとして、あらたな商圏開拓をしようとしたにちがいない。

（二）宇野家の小田原定住

永正元年（一五〇四）「北条早雲公招定治於京師、而宅小田原、自是之後世住于小田原、人皆称小田原外郎」と記す『陳外郎家譜』を史実として認められようか。当年、九月六日、宗瑞は相模国の江ノ島の弁財天に「当手軍勢甲乙人」の「乱妨狼藉」の禁制をだした[22]。そのきっかけは、江ノ島の地が、三浦半島の入口の鎌倉への戦略上の重要な場所であったからである。それに弁財天は、武運を守護する軍神でもあったからでもある。

当時、関東では、山内上杉顕定と扇谷上杉朝良の両者の死闘が展開されていた。宗瑞は、今川氏親の先鋒として扇谷朝良を援けるため、江ノ島をへて武州益形に陣をしいた。それは九月二十日のこと。これに対し山内顕定は、相州中郡の岡崎城にあった大森式部大輔顕隆に、武田信縄と連繋して出陣を要請したのが九月二十五日であった。この間、両軍いりみだれての合戦となり、多くの死者をだした。『妙法寺記』では、早雲方四万人、今川氏親の御用連歌師宗長によれば、「敵討負て本陣立川に退。其夜行方しらず、二千余討死討捨、生捕馬、物の具充満」であった。この戦いで宗瑞は、はじめて武蔵の奥まで進出し、鎌倉をみたのであろう。中央相模の帰路は岡崎城大森式部大輔顕隆の存在もあり、鎌倉から今川氏親に従って海岸ぞいに熱海から韮山へ帰ったことであろう。

そこで注目しなければならないのは、早雲の文書のうち「宗瑞」の署名のないのは江ノ島の禁制のみである。また、これ以前の八点は、すべて伊豆国に関連したものである。このことから宗瑞の相州小田原支配は、駿河国守としての今川氏親と関東管領職をうる扇谷家朝良あってのことであったのであろう。永正三年（一五〇六）八月の三河田原城主戸田憲光救援の出陣も、今川氏親の命によるものであり、同五年（一五〇八）十月の三河出陣も、氏親を「屋形様」と呼ぶ主従関係あってのことであった。こうした事情からして、さきの『陳外郎家譜』の永正元年の宇野家来住の記載に疑いの目をむけざるをえない。

宗瑞の武蔵への進出は、すくなくとも北条家、はたまた小田原の住民にとって大きな出来事であったにちがいない。それまでは伊豆国の経営に腐心していたからである。それが永正三年（一五〇六）一月十四日、伊豆国出身で、のちに江戸衆の筆頭遠山丹波守直景が、菩提寺である松田惣領の延命寺に「五貫三百文」の地を寄進した[23]。このときの田一反は永楽銭五〇〇文と査定されているが、その評価は北条家が没落するまでつづくのである。この史料は、北条家関係文書のなかで、はじめて田畑を貫高で評価したものである。この年、伊豆国南条に居住していた佐々木系の南条右京進、のちの小田原衆に組織されるものにあたえた相模国西郡宮地の検地がおこなわれた。宮地は「八十壱貫九百文」と査定、二八・四パーセント余の「廿三貫三百文」の検地打出しがあった[24]。

松田惣領や宮地は、伊豆・駿河から箱根山を越えた山麓にある中央相模への入口であり、重要な地であった。この地が宗瑞の重臣ともいうべき遠山や南条両家にあたえられたことは、宗瑞の相模国への積極的な進出への意欲がうかがわれる。それに永正三年（一五〇六）という年は、宗瑞の孫氏康の主張によれば、北条家が一向宗を領国内において停止した年である。それは、早雲が支配地を領国として認識して統一した国内法を施行する試みをした年、と評価してよいのではなかろうか。それから二年たった永正五年から、宗瑞の行動が、今川氏親と異なることからも、領国形成の可能性を考えることができよう。

永正六年（一五〇九）今川氏親は、京都から中御門大納言宣胤の娘を迎え、名実ともに京都公認の駿河の大守となった。そして翌七年六月、駿河国に三条西実隆の依頼品をもった陳外郎が、氏親のもとにあらわれるのである。これらのことから、北条家にとって、永正元年から六年までが、関東進出するか否かの去就を定める時期であり、その画期は永正三年のことであろう。なかでも、とくにメモリアルであったのは、永正元年九月の立川河原の合戦であり、それを『陳外郎家譜』は、「永正の初、方治が孫藤右衛門定治」が、小田原城下に定住したと北条家との関係の深さを強調したものと考えられる。この点で、外郎家の小田原定住の時期を永正元年とするのは早急な結論といわねばならないだろう。

四、北条家の家臣宇野

（一）北条氏綱と宇野家

山内顕定は、越後守護代長尾為景が、弟である守護上杉房能を殺し、越後一国を支配下におこうとする形勢をみて、永正六年（一五〇九）七月、上野・武蔵の兵を率いて越後に出陣した。越後国にあった顕定は、越後の戦いに足をとられ長期戦となるや、翌七年「伊勢新九郡入道出張必定」と気をもみ、六月十二日、「宗瑞出張の間、延引、その意をうべく候」[25]との書簡をおくった。ところが、その顕定は、同月二十日に敗死した。この報に接した宗瑞は、相州の武士とともに長尾為景や景春と連絡して、相模の高麗寺山へ進出した。そして扇谷朝良の家臣上田政盛に武蔵神奈川の権現山に反旗をひるがえさせた。これに対して、山内上杉と扇谷上杉は合同して権現山に攻めよせたので落城し、宗瑞は小田原に帰った。永正九年八月十三日、宗瑞はふたたび相模の中央の岡崎城に三浦義同を攻め、三浦の住吉城に走らせた。この年の十二月に宗瑞は、相模中郡三田郷と武蔵久良岐郡本牧四ヵ村に禁制と安堵状をだした。[26]これによって三浦氏を三浦半島に封じこめ、武蔵への進出の足がかりをつくった。

宗瑞は、あらたに支配下にはいった土地に対しては、まず「万雑公事」を免除した。永正八年（一五一一）八月四日に底倉村に対し「当底倉村万雑公事、永々指置了、地下人可令存知其旨者也、仍下知之状如件[27]」の判物をあたえた。そして同十年七月十七日に「於当村諸公事以下、末代共令免許候、仍如件」の判物をだした。これは、恣意的に時を定めないで賦課してきた税であった「万雑公事」を免除、つぎに定められた賦課税である「諸公事」を免除し、従来の政権よりも課税の軽減をはかるのであることをしめしたのである。このことは、宗瑞が相模国の住民に対しての基本政策をしめしたものであった。この年九月、江戸城にいた上杉朝興の部将太田資康が、三浦半島に封じこめられた三浦義同を援けようと来攻したが、宗瑞の兵のために敗死した。これによって宗瑞は、三浦半島の入口にあたる鎌倉を完全に手中におさめた。相模の名城である玉縄城も、この年に完成したといわれる[28]。

永正十二年（一五一五）二月十日、宗瑞袖判にて「鎌倉三ヶ寺行堂諸公事免了、若自今以後申懸者有之者記交名、可申上者也、仍如件[29]」の文面をもって、氏綱の日付下の署判による文書を円覚寺にだした。五月八日には、沼津妙海寺に対し、宗瑞は、諸公事・陣僧・飛脚を停止し、「若申族有之者、則可被注進者也[30]」との判物をだした。これによって宗瑞は、領国の範囲を定め、今川家から完全独立して、小田原城をその中心に定めようとしていたものと思われる。その手はじめが、翌十三年七月十三日の三浦義同を三浦の新井城に攻めほろぼすことであった。このことからして外郎家の小田原への来住は、永正十三年以後となり、『新編相模国風土記稿』の「北条氏綱の代、京都より当所に下向す、氏綱宅地を与へ、ここに住せしむとなり」の推論は、ほぼあやまりのないことになろう。さらに「定治、大永三年二月、右京亮に任ず」とあるのも、それは、身延山久遠寺日伝の定治あての書状がしたためられた月でもある。

それに「去年者寺院建立之由共聞候、祝着候」とあることから、大永二年には、宇野定治が小田原にあったことは事実である。

ところで、北条氏綱の代、京都より当所へ下向とあるが、氏綱の代のいつごろであろうか。氏綱は、天文十年（一五四一）七月に五十五歳で没している。このことから氏綱は、長享元年（一四八七）に生まれたことになる。また、元服、成人は、明応七年から文亀二年のあいだとなる。氏綱は、明応九年（一五〇〇）十二月六日、父宗瑞とともに連署した文書を武蔵久良岐郡本牧四ヵ村にだしている。氏綱の書き判のある最初の文書である。この年は、八月十三日、宗瑞が相模国守護三浦義同を中郡岡崎城から敗走させた画期的な年である。この戦いは、氏綱にとっては初陣であり、さきの宗瑞・氏綱並列の書き判からして、氏綱の元服は、明応九年十四歳の時だったかもしれない。こうした宗瑞といっしょの氏綱の書き判の文書は、永正十二年（一五一五）二月十日の鎌倉三ヵ寺行堂に対しての諸公事の免除のものと、三浦義同を相模国三浦の新井城に打ちほろぼした翌十四年（一五一七）九月一日の、伊豆の三島大社の大明神に奉納した御服十二重之注文にみられる。ただし、この文書は、案文で年号干支わり月日したに宗瑞御在判とあり、「右、十二重其外如此日記納署者也」、ついで行かえで「宗瑞御在判　平氏綱」[31]と並記している。これを機に宗瑞と氏綱並署の文書はみられない。宗瑞単独のものは、永正十六年（一五一九）四月二十八日の菊寿丸あてのもので終わりをつげている。

平氏綱御在判から氏綱が平姓を公称していたことが知られる。だが、平氏系の北条の姓をつかった初見史料といえば、大永二年（一五二二）九月の相模一宮寒川神社を再建したときの棟札の「相州大守北条新九郡平氏綱（花押）」である。[32]平姓といい、北条の姓にしろ、氏綱の大永二年以降の公称であり、永正十四年九月まで、それをさかのぼらせるのは、かの文書が案文であるところから無理があろう。

早雲庵宗瑞は、永正十六年（一五一九）八月に没した。当然、氏綱の時代となるが、氏綱が単独でだした最初の文書は、永正十七年二月二十五日の鎌倉の本覚寺に「陣僧・飛脚・諸公事」を停止したものである。同年五月六日には、豆州三島護摩堂に対して「横合之儀、不可申、幷飛脚之事令停止」した。この文書には「氏綱」とあり、そのしたに書き判がある。六月五日の伊豆の走湯山衆徒中に「相州中郡徳延郷」を神領として奉納した文書も同様である。氏綱が単独で文書の発給者となったのは、宗瑞の死後、永正十七年二月二十五日からであり、時に三十五歳であった。[33][34][35]

（二）馬廻衆宇野藤十郎

氏綱の北条家の家督相続の時期については諸説あるが、永正十五年（一五一八）二月八日から同年十一月八日以前とするのが有力である。[36]二月八日は、宗瑞の置文の認めた日であり、十一月八日は北条家当主の印、俗に虎印判状初見の日付である。ところが、宗瑞の菊寿丸への知行注文は、翌十六年四月二十八日であって、はたして宗瑞が実質的にさきの時期に家督を譲渡していたかは疑わしい。北条家における印判の使用は、さきの虎印であるが、宗瑞在世中に菊寿丸へ譲渡の知行注文の紙背の料紙のつなぎ目に「纓」の印がおしてあって、別の印判が知られる。[37]この印を宗瑞の固有の印とすれば、氏綱の子氏康が、隠居後の印文「武栄」の使用目的であり、知行注文に記載された土地は隠居領となる。

虎印判の使用のはじめは、木負百姓と代官山角・伊東にあてたもので、北条家の「御法」を伝えたのである。それにつぐ虎印判状は、大永二年（一五二二）壬午九月十一日の大井宮神主円泉法にあてた「定法度」である。[38]この間に宗瑞は没しているが、虎印判状は北条家が分国に対する行政法の伝達方法であった。だから「御法」から「定法度」をへて「国法」の表現をとるのである。その点で虎印判の初見は、家督相続というよりも、北条家の「国」の形成を重視すべきである。けだし国を支配するのは、北条家の当主となるが、永正十五年十一月八日の差出人は宗瑞か、氏綱かは、にわかに決めがたい。それにしても「仰出」さるの表現は、北条家の最高機関からのものであって、法の公布にあたっては重臣の合議がすみ、その結論を当主が承認したものだろう。それは北条の家中が、あらゆる支配階層の寄合い所帯であり、それが発展して評定衆の職を生んだのではなかったか。

初見の虎印判状を、氏綱が当主として公布したのだとすれば、菊寿丸の譲状の「おたハら、同宿のちしせん、同おの〳〵より出やしきせん(39)」の知行は、宗瑞隠居領であったことになる。当時、宗瑞の本居は韮山であり、小田原城に常住せず、小田原城は氏綱があずかっていたというのが定説化している。ところが『新編相模国風土記稿』は、宗瑞没後「其子左京大夫氏綱城主(40)」となるとあって、宗瑞は死の直前まで城主であり、小田原支配の実権をもっていたとみている。それは、小田原の地を宗瑞が菊寿丸に譲りえたこと自体が証明してはいないか。菊寿丸が剃髪して幻庵を称した時は、所領は減封されて相模国の東・中・西三郡と伊豆国となり、小田原の地を失っている。小田原は、当主に収公されたものとみられる。

北条家が小田原城を攻略してのち、あらたに町となった一つに山角町がある。この町名は、北条家の奉行山角が居を定めたからという。この町の鎮守は居神明神社であり、ここの神輿の巡行は、大永元年からはじまったとつたえる。神輿は、「山角、筋違二町より箱根口城内馬出門にて祈禱、大手に出、青物町・欄干橋町より安斉小路に入、浜下り祈禱、夫より板橋村地蔵前に至る(41)」が、その範囲が当時の城下町である。この巡行のはじまった翌年二月に、大井宮円泉坊への法度がだされたのだが、同年宇野藤右衛門は、山角町の玉伝寺の開基となった。

氏綱は、大永四年一月に江戸城、翌五年二月に岩槻城を手中におさめ、小田原城下の八反畑にあった大雲軒を谷津村へ移転させた(42)。ところが、大永六年十月、里見実堯は、三浦半島に上陸、鎌倉へ侵入して鶴岡八幡宮を炎上させた。

宇野家は、享禄三年（一五三〇）三月、「氏綱より諸役免除の判物を賜う」たというが、伝承のみである。それにしても、個人的な諸役免では、はやい方で、特記されるものである。天文元年（一五三二）十月、氏綱は鶴岡八幡宮の再建にとりかかるが、ここに動員された部将、職人は、小田原城を中心とした分国の主要な土地に住む人たちであった。それに公卿近衛尚通の働きも大きかった。氏綱と尚通の交渉は、享禄三年二月十七日からであり、尚通が氏綱に物を贈ったことにはじまる(43)。この年は、さきの宇野家への諸役免許と京紺屋の来住が確認される。「芹沢紺掻男(44)」といった紺屋職人を、京都から小田原に下向した津田家が棟梁として組織し、豆相の監瓶銭を徴収する権利をえた。

近衛尚通は、天文元年十二月、北条氏綱のもとめに応じて、奈良の番匠の小田原下向を許可している。それからというもの、鎌倉へは同二年五月に白壁師・土朱塗師、同三年一月に奈良大工、二月に奈良辺の大工・京大工、三月に小田原大窪・伊豆長谷の石工、四月に小田原の金銀物師、八月になると「奈良番匠之内二人、本国江帰、一人者於路次被討」たが、同八年一月に奈良檜皮師、八月に銀師が来た。

奈良大工与次郎は、天文四年三月十四日で三ヵ年鎌倉にあったが、「小田原ニ住居久而屋形恩顧事立年久」と、天文二年の下向を思わせるものがある。翌三年には、河内国丹南郡日置荘狭山から鍛冶山田治郎左衛門の先祖が小田原へ、天文九年六月二十六日には「絵書珠牧上倉、本生伊勢山田住人也、諸国廻令小田原参、以不計御縁内陣御障子等絵可被書之由下知云々」とあり、鶴岡八幡宮の再建が、小田原城下町の形成と分国経済の中心となるべく特異な職人

の集中を思わせるものがあった。この間、氏綱と宇野家との関係をはっきりしめす文書があり、(45)

河越三十三郷之内今成郷、為代官所預置候、百姓以下置付、下地等可申付者也、仍如件、

天文八己亥

二月三日　　　氏　綱（花押）

宇野藤右衛門尉殿

は、天文六年七月に河越城から上杉朝定を追い、翌七年七月の逆襲をしりぞけ、同年十月の国府台合戦に、里見義堯を破り安房に走らせてのちのことであった。

宇野家は、北条家と密着するというよりも、一体化して権力を構成したのである。さきに登場した職人たちも、生産と販売が分業化していないため、宇野家と同様な性格をもったのである。それは、永禄二年（一五五九）二月十二日に作成された『小田原衆所領役帳』によってしめされる。宇野家は、御馬廻衆として、

宇野源十郎

弐百貫四百六拾五文　河越　今成

此内九拾壱貫四百文　乙卯増、

と記載された。職人たちは「職人衆」として鍛冶・唐帋（経師）・番匠・大鋸・切革・青貝師・欛左右師（刀の柄師）・縫結（縫物師）・銀師・紙漉・結桶師・笠木師・経師とあり、鎌倉・玉縄・豆州奈古屋・多田・三島・浅草に給田され、給米をもらったと記帳された。

かかる事情から後北条氏の商品流通は、領国の確定と伸張によって分割、統合されたのである。北条氏の領国の確

立期は、北条氏綱の初期、大永年間であったとみられる。それは、特権商人の小田原への定着によって成立したのであり、それによって小田原が分国経済の中心となったのである。こうしたことを促進したのは、氏綱の鶴岡八幡宮の再建であった。当時の工業生産は、生産と販売が分業化されない段階にあり、畿内からの職人の到来は、分国内の職人よりもすぐれた技術によって、小田原の都市的技能を高めた。その典型に薬種商宇野家が位置づけられる。かれらは北条権力そのものであるが、それは北条家の家臣同様、所領を給与され知行役を負っていたことからも知られる。こうした職人集団に対して、分国の経済の中核を握る米穀商人の存在が推定されるが、分国の領国商人と分国外の遠隔商人が、いかにかかわっていたかを究明するのが今後の課題であろう。

註

(1) 豊田武『増訂中世日本商業史の研究』（岩波書店、一九五二年）。
(2) 脇田晴子「中世商業の展開」（『日本史研究』五九号、『日本中世商業発達史の研究』所収）。
(3) 佐々木銀弥「楽市楽座令と座の保障安堵」（『戦国期の権力と社会』東京大学出版会、一九七六年）一五九〜一六八頁。
(4) 豊田武『日本商人史』（東京堂、一九四九年）八九頁。
(5) 吉田兼好『徒然草』（日本古典文学大系39、岩波書店、一九五七年）。
(6) 『続々群書類従』八、地理部。
(7) 辻善之助『日本仏教史』中世之四（岩波書店、一九五〇年）。
(8) 『親元日記』文明十三年正月七日「陳外郎五種芳薬、貴殿并兵庫とのへ進之」とある。貴殿とは伊勢貞宗、兵庫とは細川である。
(9) 『蔭凉軒日録』文明十七年六月五日・同十八年十一月十六日・文明十九年一月十日・同年六月二十六日に陳外郎の記述あり。
(10) 田中健夫『中世海外交渉史の研究』（東京大学出版会、一九五九年）。

(11)『蔭凉軒日録』。
(12)脇田晴子「中世商業の展開」（前掲）。
(13)拙稿「寺内町の形成」（『日本歴史地理』所収、大明堂）。
(14)三浦圭一「室町期における特権商人の動向」（『中世社会の基本構造』所収）。
(15)佐々木銀弥「楽市楽座令と座の保障安堵」（前掲）一五七～一三〇頁。
(16)『後法成寺尚通公記』永正十六年一月七日に「陳外郎、弟薬三種進上之」とある。
(17)『宣胤卿記』永正十四年五月十二日・同十五日条。
(18)「今川仮名目録」（『中世政治社会思想上』岩波書店、一九七二年）一九三～二〇八頁。
(19)『実隆公記』三月十六日条。
(20)『改訂新編相州古文書』第一巻（角川書店、一九六五年）八七頁。
(21)『新編相模国風土記稿』第二巻（雄山閣、一九五八年）。
(22)『改訂新編相州古文書』第五巻（角川書店、一九七〇年）一一四頁。
(23)『改訂新編相州古文書』第一巻（前掲）五七頁。
(24)『小田原衆所領役帳』（近藤出版社、一九六九年）五頁。
(25)「歴代古案」三。
(26)『改訂新編相州古文書』第一巻（前掲）。
(27)同上。
(28)拙稿「後北条氏分国支配の地域的研究―相模国三浦半島を例として―」（『歴史評論』一〇〇号）。
(29)『改訂新編相州古文書』第三巻（角川書店、一九六七年）七二頁。
(30)『静岡県史料』第一輯（角川書店、一九六六年）七一七頁。
(31)同上、一二一四頁。

(32)『新編相模国風土記稿』第三巻（雄山閣、一九五八年）。
(33)『改訂新編相州古文書』第四巻（角川書店、一九六九年）一五四頁。
(34)『静岡県史料』第一輯（前掲）二五二頁。
(35)同上、四四二頁。
(36)佐脇栄智『後北条氏の基礎的研究』（吉川弘文館、一九七七年）。
(37)『改訂新編相州古文書』第一巻（前掲）一三二頁。
(38)同上、四三頁。
(39)註（37）に同じ。
(40)『新編相模国風土記稿』第一巻（一九六五年）三〇五頁。
(41)『新編相模国風土記稿』第二巻（一九六五年）一八頁。
(42)同上、三三頁。
(43)『後法成寺尚通公記』享禄三年二月十七日条。
(44)『快元僧都記』（群書類従、雑）。職人関係の鎌倉の記述は、同書によった。
(45)『改訂新編相州古文書』第一巻（前掲）八五頁。

Ⅶ 一通の早雲寺文書への疑問

佐脇栄智

神奈川県箱根町の湯本で、五〇〇年にわたって法灯を伝えている早雲寺は、ほぼ十六世紀中、関東に覇を唱えた戦国大名北条氏の菩提寺として知られている。その寺号は、始祖である伊勢新九郎（宗瑞）が生前に称した「早雲庵」という庵号、そして、彼に贈名された「早雲寺殿」に因んでいることは言うまでもないであろう。

この早雲寺には、現在、伊勢宗瑞書状四通（いずれも小笠原左衛門佐〈定基〉あて。近時、寺蔵となったもの）をはじめ、北条氏綱寺領寄進状など、いわゆる後北条氏関係文書二〇通ほどが所蔵されている。このうちの十数通を、去る昭和五十九年十一月四日（日曜）に、神奈川地域史研究会主催の見学会で拝見する機会を得た。そのとき、一通の文書から受けた印象を記してみたい。

その一通の文書とは、北条氏綱寄進状であるが、まず、掲げることにしよう。

湯本之事、御門前ニ候上、早雲寺へ寄進申候、巨細両人可申候、恐々敬白、

九月十三日　　左京大夫 氏綱（花押）

早雲寺衣鉢禅師

この寄進状は年次を記していないが、『神奈川県史』資料編では、大永元年（一五二一）に比定されている（古代・

中世（３下）、六五五八号文書）。また、『大日本史料』は、大永元年の是歳に「北条氏綱、父宗瑞ノ遺言ニ依リ、相模湯本ニ早雲寺ヲ創建ス」という一項目を設け、その参考の最末に、右の早雲寺文書を掲げているが、年次の比定は行っていない（第九編之十四、一四頁）。恐らく、『神奈川県史』における年次の比定は、この『大日本史料』の処置に影響されるところが大きかったものであろう。

この文書を、大永元年のものとすると、まず第一に、氏綱の花押型に問題がある。後北条氏五代にわたる花押の年代的変遷に関する研究としては、百瀬今朝雄・田辺久子両氏に「小田原北条氏花押考」と題する、すぐれた業績があるが（『神奈川県史研究』三四）、この研究に照らしてみると、前掲の早雲寺文書に据えられている氏綱の花押は、大永五年以降のものに属している。大永元年ごろの氏綱の花押型は、横長で、殊に右半分の矩形が著しく横に長い特徴をもっている、ことが指摘されている。

第二には、左京大夫と記していることが矛盾する、といえる。氏綱が叙爵して、従五位下・左京大夫になる時期は、天文二年（一五三三）三月十一日をそれほどさかのぼらないものとみられるから（『神奈川県史』通史編１、九九四頁）、左京大夫と記す氏綱文書を、大永元年に比定することは無理であろう。

なによりも、この氏綱文書は、その様式の点において特異であることを感じた。縦二九・四センチ、横四〇・三センチの料紙の右端四割ほどの紙幅に文言が記され、残りの六割ほどは空白となっているという体裁の寄進状である。さらに、その用語についても適切とはいえない部分がある点からも、検討を要する文書ということができよう。この寄進状に据えられた氏綱の花押について、子細に拝見したところでは、力強さがなく、弱々しい印象をうけた。

同寺には、氏綱の寺領寄進状がもう一通伝来している。日付は天文四乙未十一月十一日付で、こちらは書状形式ではなく、しかも体裁面からみても、また内容面からみても、疑うべき余地のない文書である。

以上述べてきたところから、九月十三日付の北条氏綱寄進状は、検討を要するであろう文書である、といってよい。しかしだからといって、早雲寺の創建年次やその歴史が左右されることにはならないであろう。最近の研究では、早雲寺は、早雲（伊勢宗瑞）の在世中に存在していたであろうことが指摘されている（岩崎宗純「後北条氏と宗教」戦国大名論集8『後北条氏の研究』）。その早雲は、永正十六年（一五一九）八月十五日に伊豆の韮山で八八歳の波瀾に富んだ大生涯を閉じている。

いままで、疑いもなく何となく看過されてきた文書の中にも、再検討を必要とするであろう文書に出会うことがある。この北条氏綱寄進状も、その一つである。

Ⅷ　戦国大名北条氏と本願寺
―「禁教」関係史料の再検討とその背景―

鳥居和郎

はじめに

後北条氏の宗教政策に関する論考で一向宗について述べたものは、例外なくといっていいほど「禁教」政策の実施についてふれている。これは永禄九年（一五六六）十月二日に善福寺に宛てた北条家掟書[1]などを根拠として、永正三年（一五〇六）より六十年に及ぶとされてきた。先頃、私は該当する期間において、北条氏領国内での継続的な一向宗の活動の史料を提示し、あわせて、これまで「禁教」の根本史料とも見なされてきた北条家掟書や北条為昌朱印状[2]の見なおしを行い、六十年にわたる禁教は存在しなかったとした[3]。

この時、紙数の都合もあり詳しく述べることができなかったが、北条氏による一向宗「禁教」の事例とも解釈されてきた、「弾圧」をうけ移転をおこなったとする数ヶ寺の一向宗寺院について、「禁教」政策によるものではなく、他の要因がひきおこしたものであろうとの指摘をおこなった。

また、これまで後北条氏研究において、史料の僅少さもあってか、領国内に展開する親鸞流念仏の諸門流を「一向宗」としてひとくくりにとらえてきたが、その展開や受容については差異があり、本来は個々に検討を加える必要があるものと思われる。本願寺の東国への教線展開と後北条氏の勢力の拡大が時期的に重なるということもあり、本願寺派関係史料を用いることにより、従来とは異なる後北条氏と一向宗の関係が見えてくるものと思われる。

一、一向宗「禁教」史料の再検討

初めに示すのは、これまで後北条氏の一向宗「禁教」を裏付ける代表的な史料として知られる北条家掟書である。

〈史料1〉北条家掟書（東京都港区善福寺所蔵）

掟

一去今両年一向宗對他宗、度ゝ宗師問
答出来、自今以後被停止了、既一向宗
被絶以来及六十年由候処、以古之筋目、
至于探題他宗者、公事不可有際限、造
意基也、一人成共就招入他宗者、可為罪
科事、
一庚申歳長尾景虎出張、依之大坂へ
度ゝ如頼入者、越国へ加賀衆就乱入者、
分国中一向宗改先規可建立旨申

届処、彼行一圓無之候、誠無曲次第候、雖
然中合上者、當国對一向宗不可有異儀事、
右、門徒中へ此趣為申聞、可被存其旨状如件、
永禄九年丙寅十月二日（「禄壽応穏」朱印）
阿佐布

この文書は、永禄九年（一五六六）に武蔵国の本願寺派の中心寺院のひとつ阿佐布の善福寺に宛てられたものである。文書の前半には一向宗と他宗との宗師問答や、他宗の者を一向宗に招き入れることの禁止、後半では北条領国内の一向宗政策を改めることを条件に、本願寺に対し越後へ加賀の門徒の乱入を依頼したが、不首尾に終わったことなどが記されている。前半部の「既一向宗被絶以来及六十年由候処」の表現から、六十年前の永正三年（一五〇六）から一向宗の禁止が行われたとされてきた。また、この史料に記される一向宗とは、本願寺派を指していることは言うまでもない。

北条氏が「禁教」を行った理由として、永正三年の加賀の一向宗門徒の越中への侵入以後、北陸各地で発生した一揆のためとされてきた。しかし、実際には「禁教」に該当する期間、北条氏の領国内では一向宗寺院や門徒の活動は勿論のこと[4]、門徒の家臣が存在するなど[5]、禁教が行われていたとは思えない状況であった[6]。

北陸地方に発生したいわゆる一向一揆には「宗教戦争」という側面よりは、むしろ、明応二年（一四九三）の政変により、細川政元から将軍の座を奪われた足利義材を中心とする畠山氏や朝倉氏などの反細川連合と、細川政元および相互扶助的関係にあった本願寺の抗争という面があった[6]。

近年、家永遵嗣氏は宗瑞の伊豆侵攻は明応の政変に呼応する形で行われたとされ、両者の政治的連係を指摘された[7]。また、同氏は文亀年間（一五〇一～一五〇四）頃より、細川京兆家の東国政策は、今川氏親・伊勢宗瑞と対立関係にあった斯波義寛・越後上杉房能・関東管領上杉顕定（房能の兄）との提携へ変更されたとし[8]、さらに秋本太二氏の文亀元年（一五〇一）ころ斯波氏は関東の山内上杉氏に呼びかけ、東西から宗瑞・氏親の挟撃計画が進行したとの論考をうけ[9]、この危機的状況に対応するため、宗瑞らは永正初年までに義澄・政元側から離反し、足利義材への接近に転じたと述べられた[10]。

この宗瑞・氏親の離反と関連してか、永正三年（一五〇六）七月、細川政元は突然出陣を計画した。『実隆公記』永正三年七月十五日条には「細川東国進発之由風聞、仍以御内書被留仰之、左金吾、三黄等御使向山科云々」と、政元の東国出陣の噂の広まりを記し、『宣胤卿記』の七月十六日条にも「細川右京大夫源政元朝臣行山科本願寺、自彼坊直可下北州云々、仍各馳向留之、大樹令渡給御留之間」と、政元の本願寺への入寺は「北州」へ下るためとし、慰留のため将軍が赴いた事も記されている。このように、政元は「東国進発」、または「下北州」のため本願寺に入ったのである[11]。

細川政元の本願寺入寺の意味するところは、その前年の永正二年十一月、政元は敵対する畠山義英の河内国誉田城攻撃の際、実如に要請し加賀門徒千人の参陣を得て以来、本願寺門徒はしばしば政元政権の軍事力の一翼を担うことになった。この例から勘案すると、政元は出陣を決意し本願寺の助力を得るため寺に入ったのであろう。政元の出陣は東国に向けての可能性を持つため、宗瑞は本願寺・同派寺院に対し、何らかの対応を行なったことは想像に難くなく、これが善福寺文書に記されている「先規」、つまり、のちに一向宗「禁教」標榜の根拠となる何らかの措置であったものと思われる(12)。

しかし、翌四年六月に細川政元が暗殺され、宗瑞にとって当面の危機が去ったため、この措置は次第に形骸化し、一向宗の活動も元に復したものと思われる。

それでは、永禄年間になり、北条氏はどのような理由により、六十年前からの「禁教」の存在を本願寺に標榜するに至ったのかといえば、永禄三年（一五六〇）以来、連年の越後長尾景虎（のち上杉政虎・輝虎、謙信）の関東侵攻に対し、北条氏は甲斐の武田信玄を介して、加賀・越中の一向衆徒を越後に侵入させ上杉氏の背後を衝くことを本願寺に依頼した。その際に、その見返りとして北条領国において一向宗「禁教」を解くとした。つまり、北条氏は本願寺との交渉を有利にするため六十年前よりの「禁教」の存在を主張したのであろう。

二、北条氏と一向宗

前章では、活動を行っていた寺院の存在などから六十年にわたる一向宗「禁教」は存在しなかったこと、また、どのような背景があって「禁教」の存在が喧伝されるに至ったのかについて述べてみた。本章では宗瑞と本願寺の少なからぬ関係を述べ、むしろ本願寺に対して受容的ともいえる立場にあった宗瑞の周辺と、氏綱の代における本願寺との関係の変化についてみていきたい。なお、それらに先立ち宗瑞の相模進出以前の一向宗の状況についても簡単に述べることとする。

（1）宗瑞進出以前の状況

建保二年（一二一四）以来、宗祖親鸞のおよそ二十年にわたる常陸滞在もあり、親鸞の七十四名の面授の門弟のうち五十余名が常陸、下野、下総、武蔵等の東国に在住するなど[13]、門弟の主流は東国にあった。そのため親鸞の帰洛後も親鸞流の念仏は衰えず、武蔵には荒木門徒（現埼玉県行田市）、阿佐布門徒（現東京都港区）、また、相模には甘縄門徒（現鎌倉市）や大庭門徒（現藤沢市）などの門徒集団が組織され、活発な宗教活動が行われていた。

後世、戦国大名北条氏の本拠地となる相模の状況を、『親鸞聖人門侶交名牒』[14]などを参考にして述べてみると、大庭門徒の中心をなした源誓は鎌倉時代末に甲斐に移転し、甲斐門徒を組織したものと思われる[15]。また、甘縄道場の誓海の門弟明光は、鎌倉弁ヶ谷の最宝寺（のち野比に移転）の開山となり、また、鎌倉末から南北朝期にかけて備後国に山南光照寺（現広島県沼隈町）などを開創し、その教えは安芸・備後地方に展開し、光照寺は『沼隈郡誌』によると三七一の末寺を擁していた。このような大寺院であった光照寺でも寛永八年（一六三一）に本願寺の直末となるまで最宝寺の支配下にあった。また、明光の弟子了源は京都に仏光寺を開き後の仏光寺派のもととなるなど、相模の門徒は広く他国にまでその教線を展開した。

このような状況を裏付けるように、現在でも神奈川県内の真宗寺院には、鎌倉時代から室町時代にかけて制作された仏像類が何体か伝来し、往時の活況をうかがわせる[16]。

（2）宗瑞と本願寺

明応四年（一四九五）宗瑞の相模進出の頃も、前節で述べたような状況もあり、一向宗の活動は活発であったもののと思われる。さらに、宗瑞の京都在住時代、また、伊豆・相模に活躍の場を移した後も、後述するように幕府周辺の人々を介して本願寺との関係を成立させたものと思われる。

一向宗の中で弱小教団であった本願寺を躍進させたのは同寺八世の蓮如であった。蓮如は教団の組織強化とともに、[17]積極的に幕府への接近をおこなうなどの政治的指向性を持つことにより教団を大きく発展させた。神田千里氏は蓮如と幕府を結ぶパイプとして、日野家、そして伊勢下総家を指摘されるが、[18]あと少し幅広く考えるならば伊勢本宗家、そして実如（本願寺九世）の代における細川政元なども同様の役割を果たした人物といえよう。このような本願寺の幕府中枢との接近は、必然的に宗瑞との結びつきを生みだすこととなった。

つぎに、宗瑞と本願寺をむすぶ何人かの関係について述べてみることとする。

【伊勢氏を介して】

別表で示すのは『群書類従』所載の伊勢系図をもとに作成した関係系図である。宗瑞（盛時）の父は伊勢氏の庶流伊勢備中守盛定、母は伊勢本宗家・幕府政所執事貞国の娘である。そして、蓮如が生涯有した五人の婦人の内、一人目と二人目の婦人は宗瑞同様伊勢氏の庶流である伊勢下総守貞房の娘であった。[19]このように宗瑞と蓮如室は同族の関係である。[20]

また、伊勢本宗家の政治的な動向も、宗瑞と本願寺を結びつけることとなったものと思われるが、この事については日野氏の項で併せて述べることとする。

【日野氏を介して】

将軍足利義政正室富子の実家日野家は本願寺へ帰依していたためか、本願寺の当主は覚如（三世）以来、日野家の猶子となることが多かった。[21] 蓮如の嫡子順如（伊勢貞房外孫）と応仁元年（一四六七）順如に替わって嫡子となった実如（九世、伊勢貞房外孫）は日野勝光（富子実兄）の猶子となるなど、両家は強い結びつきをもっていた。

また、伊勢貞親・貞宗父子は義尚の将軍後継に関し、終始、富子の意向に添うように行動することもあり、日野家は伊勢本宗家とも親密な関係を有していた。[22] 鳥居和之氏は、応仁・文明の乱後の幕政に富子と日野勝光の主導と伊勢貞宗の深い関与があったことを指摘され、[23] また、山田康弘氏は明応二年の政変は細川政元のほか、伊勢本宗家と富子も主体的立場で参画した事を指摘された。[24] このようにみると本願寺と密接な関係を有する日野家、そして富子は、伊勢本宗家・細川政元らと政治的利害を共有する関係にあった。明応の政変に呼応する形で宗瑞の伊豆進攻があったが、[25] 宗瑞にとってこの政変は、伊勢本宗家は勿論のこと、日野家・富子・細川政元との政治的結合を深化さることとなり、また、これらの人物を介して本願寺との結びつきを深めたものと思われる。

伊勢氏関係略系図

＊『群書類従』伊勢系図をもとに作成した。また盛経から盛定までの系譜は『蔭凉軒日録』等を参考に人名を補った。

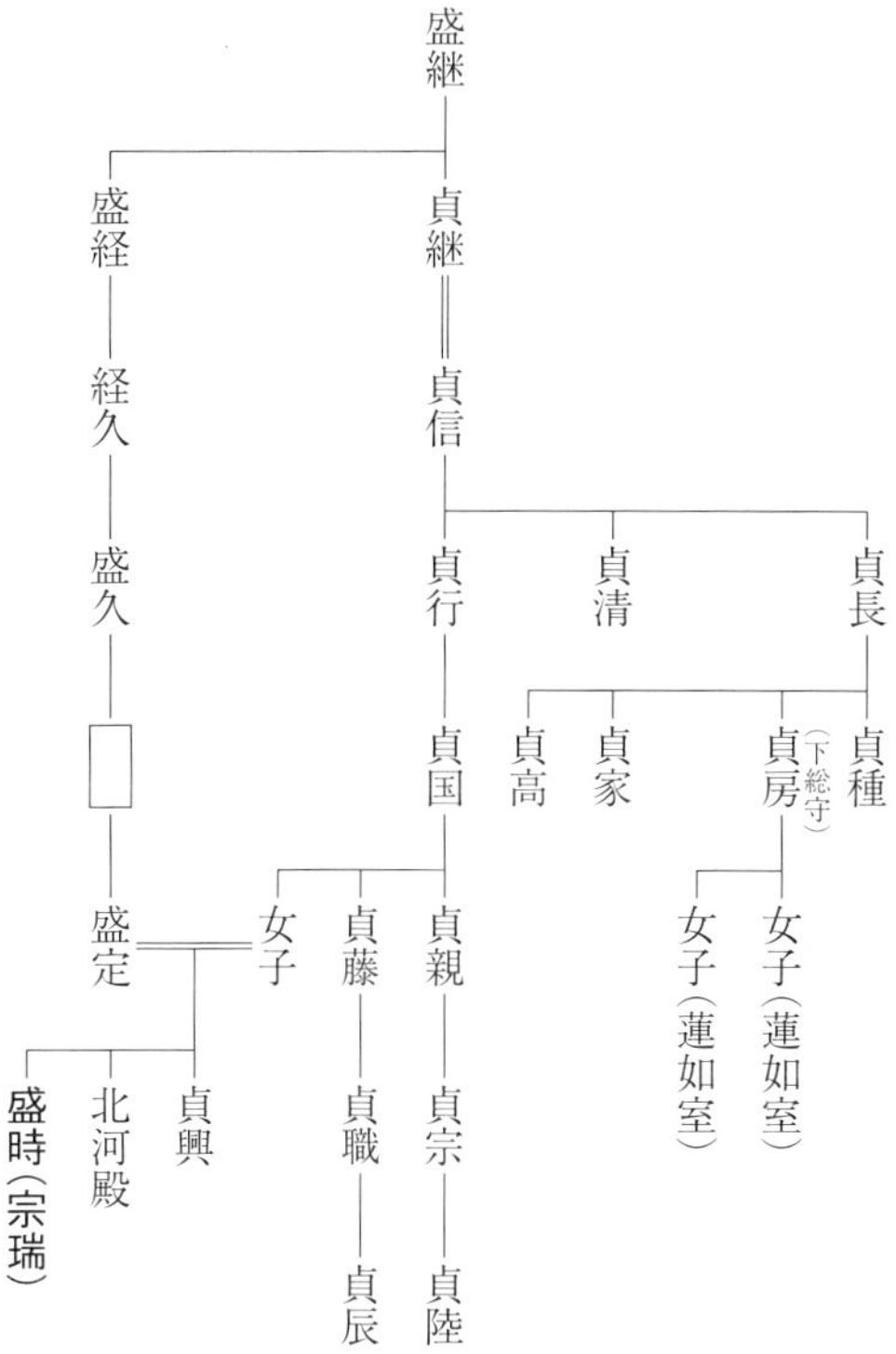

【細川京兆家を介して】

細川政元と本願寺の関係、そして、政元と宗瑞の関係については、すでに述べたのでここでは繰り返さないが、明応二年の政変前後の宗瑞と政元の関係は、本願寺と宗瑞の関係成立につながったものと思われる。

以上のように幕政に深く関与した人物は、いずれも本願寺との関係を有していた。これら人物の延長線上に宗瑞がいたため、本願寺にとって、相模への教線展開にこれらの人脈を利用することは必然ともいえることであった。この事を裏づけるように、『天文日記』の天文五年（一五三六）三月七日条には、加賀国熊坂にある幕府奉公衆千秋氏の所領を本願寺内衆の下間頼盛が横領したため、千秋瑞芳軒が訴えた事が記されている。瑞芳軒に関して「兄者伊豆のさううん（早雲）所へ被下候事候也」と、瑞芳軒兄の小田原下向を記している。[26]この時、すでに宗瑞没後十八年程経過しているが、本願寺（十世証如代）では依然として北条家の代名詞のごとく「早雲」の名が認識され続けており、生前の関係をうかがわせる。

また、北条氏は加賀・越中の一向衆を用いて越後上杉氏の牽制を企図した際、その交渉初期の段階で、宗瑞の末子である幻庵宗哲は本願寺（十一世顕如）に書状を差し向けた。[27]宗哲は大永元・二年（一五二一・二）より同四年頃まで近江三井寺上光院に止住していたため、[28]この時、本願寺との接点があったものであろうか。その頃、宗哲は元服前であり、[29]四十年程後となるこの書状の作成には、父宗瑞以来の本願寺との関係があってこそと思われる。

つぎに、宗瑞の時代における相模の本願寺派寺院にも目を向けてみると、『新編相模国風土記稿』（以下『新編相模』と略す）には、最宝寺（現横須賀市野比）に永正十七年（一五二〇）七月の年記銘と実如の裏書がある親鸞画像が所蔵されることを記し、同寺が宗瑞の時代に本願寺派に参入していた事がわかる。また、『天文日記』や『私心記』

からも、天文初年には本願寺に赴く相模の同派寺院を見出すことができるが[30]、これらの寺院の上洛の背後には、多数の寺院や道場の存在があったことはいうまでもなく[31]、これらの事を勘案すると、宗瑞の代にはある程度の本願寺派の展開がおこなわれたといえよう。

（3）氏綱代における関係の変化

直接、京都との人脈を有した父宗瑞と異なり、氏綱の代になると朝廷や幕府に対するパイプ役として、近衛家の存在が重要となった[32]。この人脈にも関連があるとみられるが、北条氏の本願寺への対応は徐々に変化が生じ、「抑圧」の存在を感じさせる史料が登場するに至った。

はじめに示すのは、玉縄城二代城主である北条為昌が相模国鎌倉の浄土宗光明寺に宛てた朱印状である[33]。

〈史料2〉北条為昌朱印状（神奈川県鎌倉市光明寺所蔵）

三浦郡南北一向衆之檀那、
悉鎌倉光明寺之可参檀那
者也、仍如件、
享禄五壬辰七月廿三日（「新」朱印）
光明寺

内容は、享禄五年（一五三二）、三浦郡の一向衆の檀那は光明寺の檀那となることを命じたものである。「三浦郡南北」と具体的に効力が及ぶ地域を記すとともに、本願寺派と限定は出来ないものの、あきらかに一向宗に対する抑圧と受け止めることができる。[34]

また、永禄十一年（一五六八）に蓮如の孫の顕誓が記した『反古裏書』[35]には、相模国真楽寺（現小田原市国府津）に関して「近比享禄ノ末ノ年、平ノ氏綱、御一流成敗ニツケテ、真乗他国ヘ忍ヒカクレ給フ、今左京大夫氏康一和ノ儀ト、ノヒ、永禄二年帰国アリ」と、享禄末年の氏綱による「成敗」を記している。[36]

これらは同時期ということもあり共通の背景が推定される。この頃、奈良周辺では「本願寺一揆」が発生し、南都の諸坊が放火や打壊しにあい、その被害の甚大さは人々を驚かせた。[37]これまで本願寺と協力関係にあった細川晴元は、本願寺の勢力拡大を懸念してか、法華宗と結び山科本願寺への焼討ちをおこなったが、この事はさらなる法華宗と本願寺の対立の激化をもたらすこととなった。

戦国期の関東の状況を記す『勝山記』[38]の享禄五年条には「此年、ムケカウ宗[39]ト云者天下ニハヒコリテ、諸宗ヲ責申候、殊更法花宗ヲ一向ニウシナウベキ談合ヲ被申候、サル間、ムケカウ宗ハ廿万、法花宗ハ五百ハカリ御座候、何レモ経文ニ身ヲマカセ候て、弓矢ヲ取被申候」と、各地で発生した法華宗と本願寺派の争乱を伝えている。[40]

享禄から天文初年にかけての氏綱と尚通の間で頻繁な書状の往復もあり、[41]これら京都周辺に発生した争乱の状況は氏綱へ伝達されたものと思われる。この頃、尚通は法華宗の有力な庇護者として知られ、本願寺に対して否定的であった。[42]また、近衛家と氏綱の連絡役をつとめた宇野藤右衛門も日蓮宗に帰依していたため、[43]氏綱へ伝達される情報は法華宗側の視点で語られたものであったことは想像に難くない。[44]

また、鎌倉は東国における法華宗の中心地であり、[45]初代宗瑞以来、北条氏は同宗寺院に対し保護を与えていた。[46]そのため、これら法華宗寺院は本願寺派への対策を北条氏に求めたとみられ、それが、玉縄領においては北条為昌朱印状の発給、本城下小田原においては宗祖親鸞滞在の由緒を持ち、相模西部では比較的早期に本願寺派に参入した真楽寺に対する「抑圧」となったのではなかろうか。(47)

しかし、すでに述べてきたように、相模国内においては依然として一向宗（本願寺派を含め）の活動が見られるところから、さほどの「抑圧」があったとは思えず、また、北条為昌朱印状には「三浦郡南北」の一向宗の檀那を対象としながらも、同郡所在の本願寺直末最宝寺などに対しては影響が及んだとは思えず(48)、この朱印状成立の背景には、他の要因も考える必要があろう。この事に関連すると思われるものに、玉縄領内鎌倉郡倉田より甲斐への移転をおこなった長延寺の存在があるが、この事については次章で述べることとする。

三、『新編相模』に見られる本願寺派寺院の「弾圧」

前章では一向宗に対する抑圧的な内容を伝える史料の背景には、本願寺派の飛躍的な拡大による他宗との確執が主要な原因かとした。また、『新編相模』には「弾圧」により移転を行ったとする四ヶ寺の記録がある。(49)従来、これらは北条氏による一向宗「禁教」を示すものと見なされてきた。しかし、子細に検討を加えると「禁教」政策に関連するものとは認められず、他の原因により発生した抑圧的な状況といえよう。以下、それらを（1）「弾圧」に関する記述、（2）移転の時期・原因についての二項に分け検討を加えたい。

（1）「弾圧」に関する記述

●成福寺（鎌倉郡小袋谷村）、「貞永元年創建す、（中略）九世宗全に至り、北条氏當宗追却の頃、豆州北条に退き一寺を建て、亦成福寺と号す、今猶彼地に現存す、十一世西休の時、慶長十七年旧地なるを以て此地に還住し、當寺を再建す」とある。

●光勝寺（鎌倉郡下倉田村）、「寺号初は長延寺と称す、後年武田信玄当寺の僧を屈請して甲陽に一宇を建、亦長延寺と唱え兼住せしむ（中略）一説に北条武田戦争の頃、當寺武田氏に所縁あるを以、北条の為に堂宇没却せられ、住僧堂甲府に走り、一寺を建、光沢寺と号す、其後旧地に帰り、當寺を再興の時、北条の聞こえを憚り永勝寺と改むと云へり」とある。

●光明寺（鎌倉郡上之村）、「小田原北条氏領国の頃、氏康領中當宗の寺院を追却せしかば、武田信玄、国府津真楽寺を押えて陣所とせしを、氏康敵に内応せしとて大いに怒り、領内當宗の寺院を廃す、仮に禅宗に改め、住侶は江戸赤坂に移り、當宗の一寺を建て寺号は旧号を唱へ仙福と号す、今江戸赤坂寺町仙福寺」とある。

●西来寺（三浦郡不入斗村）、「第六世頓乗に至り、北条氏の鼠遂に逢、本尊を岩窟に隠し、己、城州伏見に至り草堂を結て屏居す、（中略）此寺は浄土宗となり、鎌倉光明寺の末に隷し、瑞念と云う僧住す、天正十八年、御入国ありて、頓乗當寺に帰住し、旧宗に復すと云」との記述がある。

以上のように、それぞれ北条氏から「弾圧」をうけ移転したとする。移転の時期についての細かな検討は後におこなうこととして、ひとまず『新編相模』から推定した時期を別表に示す。

これら移転の時期をみると、永禄年間、及び天正十年代というように、前節までにのべた永正三年（一五〇六）と、享禄五・天文元年（一五三二）とは異なる時期に抑圧的状況が発生したことがわかる。また、地域的には鎌倉郡が三ヶ寺、三浦郡一ヶ寺と鎌倉周辺に多く発生している。現在でも移転先と伝えられる地に同名の寺院が実在する例もあることから、何らかの事態が発生したことは否定できないが、西来寺の山城伏見と永勝寺（長延寺）の甲斐甲府への移転はともかくとして成福寺は伊豆韮山、光明寺は江戸赤坂というように北条領国内への移転であるため、これらを一括りにして北条氏による宗教的な「弾圧」とみるわけにはいかず、他に移転の原因があるものと思われる。

（２）「弾圧」の時期・原因について

他の史料も含め移転の時期を検討すると、永勝寺（長延寺）の移転が他寺に先行するものと思われるため、同寺からおこなうこととする。

寺院（所在地）	移転先	移転の時期（推定を含む）	移転の原因と、移転時期の根拠・典拠
成福寺（鎌倉郡）	伊豆韮山	永禄三～同五年カ	八世住持の没年と関係文書
永勝寺（鎌倉郡）	甲斐甲府	永禄十一～元亀二年カ（『甲斐国志』は天文年中とする）	『新編相模』には北条と信玄の合戦のためとする
光明寺（鎌倉郡）	江戸赤坂	永禄十二年カ	『新編相模』には信玄の小田原攻めのためとする
西来寺（三浦郡）	山城伏見	天正十六年頃	「北条氏直の弾圧」との寺伝による

『新編相模国風土記稿』にみられる移転寺院、および移転時期

●永勝寺

永勝寺は、移転の原因を北条氏と武田信玄の合戦とし、また近隣の光明寺には、武田氏が国府津真楽寺を陣所としたため「弾圧」をうけたとの寺伝がある。これらを考え併せると永禄十一年（一五六八）十二月から元亀二年（一五七一）十月まで続いた相・甲間の争乱が考えられる(50)。この時、信玄は直接小田原城の攻撃をおこなったが、これは光明寺移転の理由と合致する

ため永勝寺・光明寺ともこの時期に移転があったように思われる。

しかし、『甲斐国志』には実了の甲斐移転の時期を天文の頃と記し、その理由を実了が上杉憲政の一族であるため氏康から逐われたとする。[51]実了の甲斐での活動を示す文書は、永禄四年（一五六一）のものが存在することから、[52]永禄十一年から元亀二年の移転を思わせる『新編相模』所載の説は採用できず、『甲斐国志』に記されるように天文年間には甲斐への移転があったものと思われる。また移転の理由である上杉憲政の一族のためとの記述に説得力を持たせるものは、武田信玄の側近として仕え、外交面での活躍、また、信玄の帰依をうけ甲州長延寺を起立し二千石の寺領が与えられたこと、さらには、信玄次男竜芳の息子が実了の養子となるなど、武田氏の実了に対する厚遇の数々である。[53]

それでは天文年間中における実了の相模退転につながる背景を考えてみると、つぎの二つの状況が考えられる。

【背景１】 天文十年（一五四一）十一月、山内上杉憲政・扇谷上杉朝定は、北条氏の相模から武蔵への勢力拡大により長らく守勢を強いられてきたが、北条氏綱の死去による氏康への家督交代の間隙をついて河越城（現埼玉県川越市）を攻撃したが、城は落ちず両上杉氏の勢力挽回はならなかった。すると、同十四年、憲政らは駿河今川義元・甲斐武田晴信（永禄二年以降信玄を称す、以下信玄に統一）と連携し、さらには氏康の女婿古河公方足利晴氏も加え、北条氏包囲網を形成した。このため氏康は容易ならざる危機に追い込まれ、天文六年以来領有してきた駿河国富士川以東の地を放棄することにより、今川・武田側と講和を結び、ようやく小休を得た。この間の情勢は、実了が憲政所縁の人物であるならば、相模からの退転を余儀なくされた可能性がある。

【背景２】 前述の時期とは順序が逆になるが、大永年間より天文初年にかけての政情も実了にとって甲斐への移転を行う可能性があった。大永三年（一五二三）頃、扇谷上杉朝興は対立関係にあった関東管領・山内上杉憲房（大永五年没、享禄四年憲政が管領職継承）に和睦締結を申入れ、共同して北条氏への対抗をはかった。また、朝興は対北条との共通点を有する甲斐武田信虎へも接近し、あわせて足利義明・真理谷武田氏・安房里見氏も加え、北条氏への包囲網を完成させた。北条氏は、大永六年十一月に玉縄城（現鎌倉市植木など）や鎌倉まで攻撃をうけ、さらに享禄四年（一五三一）には岩付城（現埼玉県岩槻市）を朝興に奪われるなど、守勢を強いられるが、この状況に小康がうまれるのは天文二年（一五三三）頃といえる。[54]

以上、天文年間における長延寺の移転の原因となりそうな二つの政治的状況を示した。『甲斐国志』の記述と人物関係が合致するのは前者といえるが、享禄五年（天文元年）の北条為昌朱印状（史料2）の存在を考えると、後者も軽視するわけにはいかない。[55]すでに述べたように、同史料の内容は「三浦郡南北」の一向宗の檀那に対するものである。長延寺と三浦郡の繋がりを示す史料として、江戸時代初期、東西の本願寺が全国の末寺に寺号、木仏、「御影」、寺格などを下付した記録として『申物帳』、『木仏之留』がある。[56]『申物帳』には、元和三年（一六一七）に倉田永勝寺に関する記事があるが、その寺名の前に「長延寺下」、そして、他の寺院には「甲州長延寺下」と記されたものもある。『木仏之留』の慶長十年（一六〇五）長浦村浄光寺などにも「長延寺下」と記される。これは、この時期長延寺が三浦郡内にある複数の寺院の支配をおこなっている事を示すもので、[57]この事から戦国期にも長延寺が同郡内に複数の末寺を有していたことがわかる。

長延寺の移転が享禄五年までにおこなわれたとするならば、「三浦郡南北」に対する北条為昌朱印状の成立には、法華宗との関係だけではなく、長延寺の存在も関連があるのかもしれない。

また、長延寺移転の時期に付随する問題として『天文日記』天文八年六月の長延寺の初見記事がある(58)。この時、長延寺が相模に存在したものか、あるいは甲斐であるかは、両国の本願寺派の展開を考える上で興味深いが、他に関連史料がなく現状では判定しがたい。

●成福寺

成福寺の移転は九世宗全の代とし、同寺八世の成全が永禄三年（一五六〇）十月十五日没と伝えられているため(59)、移転の時期はそれ以降となる。また、静岡県韮山の成福寺には阿佐布善福寺と成福寺に宛てた善福寺が上洛する際、路銀を武蔵・相模・伊豆の門徒衆より徴収する事を認めた永禄五年四月十九日付の北条家朱印状が伝わる(60)。これは成福寺の韮山移転後に発給されたものと考えられるため、移転を永禄三年十月から五年四月の間とする事ができよう。

また、この移転が寺伝にあるように北条氏の追却によるものでないことは、つぎの史料からうかがえる。

〈史料3〉北条家朱印状（静岡県戸田村　宝徳寺所蔵）

成福寺豆州追払候哉、従公儀被仰出御文言、奉行衆不
見届處曲事候、早々可帰寺旨、被仰出状如件、

永禄九年丙寅十月廿□（「禄壽応穏」朱印）　評定衆
飛驒守
成福寺　泰光（花押）

成福寺の伊豆への追払いは北条家の意向を奉行衆が誤り処置したためとし、速やかに帰寺するように伝えている。

すでに第一節で述べたように、北条氏が本願寺との交渉を有利に進めるため、六十年にわたる「禁教」を標榜したが、これを奉行衆や他宗の者が真意を解せず抑圧を加えたため、移転がおこなわれたものと考えられる(61)。

●光明寺

『新編相模』には、光明寺は武田信玄の小田原攻めに関連して移転したと記され、永勝寺に関する記述と類似する。しかし、すでに述べたように同寺の移転は天文年間におこなわれたものと考えられること。また、光明寺以外に信玄の小田原攻めを原因とする「弾圧」を伝える寺院が存在しないこと。さらに光明寺の移転先が北条氏領国内であることなども勘案すると、『新編相模』所載の説は採用できず、近隣の成福寺同様、北条氏が「禁教」の継続を装ったため発生した混乱などが原因ではなかろうか。

●西来寺

西来寺は、寺伝によると北条氏直より「弾圧」を受け、天正十六年（一五八八）に山城国伏見に移転したとする(62)。つぎの史料は移転の状況を伝えるものである。

〈史料4〉木下吉隆書状写（『相州古文書』第五巻所収西来寺文書）

態令啓候、仍西来寺事被召失、浄土衆瑞念と申人、被入替候由、承候、如何之儀候哉、氏直鉾楯之宿懐ニ付は、本願寺門徒族、悉被追出西来寺明申候由、大納言様へ可然様ニ御取成を以、如前ゝ、西来寺被返付候様ニ御馳走尤存候、惣様、本願寺門徒被召失ニ付而ハ、不及是非儀候、此一寺計、被追出候ハんハ、如何候、御馳走□（奉カ）頼候、恐ゝ謹言、

写　木下半四郎
吉隆

七月廿九日

長谷川七左衛門尉殿
御宿所

この書状は秀吉の右筆である木下吉隆が、天正十八年（一五九〇）の北条氏滅亡後、徳川家康の代官として三浦郡を支配した長谷川長綱に宛てたものである。内容としては北条氏直が合戦を企てたとき、本願寺の門徒が悉く追放され（実際は西来寺だけであろう）、その結果、西来寺が空寺となり、浄土衆の瑞念という僧が入ったため、家康を介して帰寺を願い出たことがわかる。文中からも西来寺のみが追出されたことがうかがえ、他の寺院には影響が及ばなかったようである。

また、移転の時期は、同一の住僧が移転と還住を行なっているところから、寺伝の天正十六年（一五八八）というのはほぼ妥当と思われる。この時期、豊臣秀吉の北条攻めの風聞が広がり緊張がたかまっていた。かつて渡辺世祐氏はこの文書に記される移転の背景として、本願寺と豊臣秀吉の関係を指摘されたが[63]、事実、天正十五年に秀吉が九州島津攻めをおこなった際にも本願寺の種々の協力が知られているため[64]、首肯すべき見解である。

それではなぜ西来寺のみが抑圧の対象となったのかといえば、西来寺は永禄年間には三浦郡内の本願寺派寺院にある程度の支配力を有した事が推測され[65]、「抑圧」を受けた際、山城国伏見に移転したところをみると、すでに西来寺は本願寺直末となっていたものと思われる。そのため番衆などのため本願寺のもとに上ることがあり、時期的にも北条氏の警戒を呼び、何らかの抑圧が及んだものと思われる[66]。

むすび

北条氏領国内での本願寺派の展開は、既存の東国門徒系の寺院・道場の獲得、あるいは、本願寺派寺院の新規造立などを通じておこなわれた。これらは北条氏の容認のもと進行したとみられるが、北条氏領国内の本願寺派寺院に関する史料類に「弾圧」の存在を感じさせるものがあるため、北条氏は六十年にわたる一向宗禁教をおこなったという「定説」が作りだされた。

本稿では年代順に「弾圧」関係史料の検討をおこなった。その背景は様々であるが、北条氏の寺院に対する個別的な「抑圧」は存在したとしても、本願寺派全体に対する禁教政策が実施された様子はなく、史料の上からは同派の継続した活動をうかがうことが出来るのである(67)。

また、「抑圧」的状況が発生した地域に注意してみると、圧倒的に鎌倉周辺が多いことがわかる。鎌倉は東国における法華宗の中心地であるが、一向宗にとっても重要な地であり、周辺には最宝寺、長延寺、成福寺など比較的早期に本願寺の末寺となった寺院が所在する。とりわけ長延寺を継承する永勝寺には、現在、神奈川県下の真宗寺院の中でも最古ともいえる鎌倉時代の聖徳太子像が伝来する。さらに『申物帳』、『木仏之留』などの記事も勘案すると、同寺がこの地域の中心的な寺院であったことは想像に難くない。天文年間よりこの地域に発生した「抑圧」の背景には、長延寺実了の存在が影響を及ぼした可能性があるのかも知れない。甲斐退転後の実了の役割なども勘案すると、北条氏領国内における本願寺派の展開を考える上で、実了の人物像の解明は今後の大きな課題になるものと思われる。

【追記】本稿の第一節ならびに第二節の（3）は、先に発表した拙稿「後北条氏領国下における一向宗の『禁教』について」（『戦国史研究』第三八号所収）と重複する部分もあるが、本稿の論旨を構成する上で不可欠であるため再録した。

註

（1）永禄九年六月二日付、北条家掟書（史料1）。
（2）享禄五年七月二三日付、北条為昌朱印状（史料2）。
（3）拙稿「後北条氏領国下における一向宗の『禁教』について」『戦国史研究』第三八号、一九九九年。
（4）『新編相模国風土記稿』から戦国時代に存在した一向宗寺院をある程度知ることができ、従来、禁教期間と思われていた十六世紀の前半に九ヶ寺におよぶ寺院の創建があった（拙稿「相模国内における真宗寺院の展開」『神奈川県立博物館研究報告（人文科学）』第一二号所収）。また、蓮如の第二十七子、順興寺実従の日記『私心記』、また、本願寺第十世証如の『天文日記』からも相模国内の一向宗寺院や僧侶の本願寺における動向がわかる。
●『私心記』にはつぎの記事が見られる。
①天文二年（一五三三）七月二十五日条「座敷ナキ間、阿佐布所に」、②同年九月二日条「松茸汁シテ富田等振舞、阿佐布ノ衆マデ」、③同年十月十七日条「興正寺道場ニテ楊弓射候、富・阿（阿佐布）・民等也」、④同年十一月十八日の脚注の所「今朝、阿佐布（善福寺慶兗）座敷ヲアケラレ候、上ニ大方殿御出候てご覧候道具給候」、⑤同年十一月二十一日条「朝飯、酒殿ニテ筑前被振舞候、富・大・阿（阿佐布）等也」、⑥同年十一月二十六日条「朝汁、阿佐（布脱ヵ）頭」、⑦天文三年正月朔日の脚注に「富田阿佐布等被来」、⑧同年三月二十八日条「夕・非時、阿佐布ニテ汁三・菜六、勤アリ、予調誡声」、⑨同年四月二十一日条「太夜七ツ時、夕飯、阿佐布相伴」。
●『天文日記』にはつぎの記事が見られる。

①天文六年（一五三七）一月二十三日条に「土呂以上野先日申下候、阿左布聖教どもあげられ候」、②天文六年七月一日条に「自坂東西宝寺上洛候」、③天文六年七月十五日条に「備後国光照寺先年四五年前阿佐布へ直ニ為此方付候由、筑前申付候、一向無知通、上野一筆照林城下ニ事付候、如先々西宝寺可為門下由申下させ候、此段西宝寺所望候条如此候也」、備後の光照寺は最宝寺下を離れ、本願寺の直参化を善福寺を通じ願い出たことがわかる。④天文十三年（一五四四）十一月二十八日条に「点心斎相伴衆、定衆十弐人西宝寺入之番衆先番当番十人、此外マスダ真宗寺（後略）」、⑤天文二十二年（一五五三）二月二日条に「斎、相伴者慈敬寺、顕証寺、光善寺、常楽寺、（中略）相州正念寺、明善、正念寺弟也、非坊主□也居ト云々、廿日番衆五人五番広瀬梅千世、鮎滝甚五郎、常住衆無之也、以上四十三人也」と、斎の相伴衆四十三人の中に相模国津久井の正念寺と弟明善の名がみられる。

(5)『新編相模国風土記稿』の三浦郡佐島村の項には、村内の一向宗観明寺（現廃寺）について「糟屋兵部少輔藤原清承開基す、清承は北条氏の家人なり、天文二十三年九月卒、釈影現大定と謚す、其子兵部少輔某、北条役帳に當所を領せし事見ゆ」と北条氏家臣が開基であるとする。佐脇栄智編『小田原衆所領役帳』には松山衆の中に糟屋兵部少輔が見られ、三浦郡の佐嶋（現横須賀市佐島）に三二貫七〇〇文と同郡菊名（現三浦市南下浦町菊名）に三一貫六一三文の所領が記されている。また、厚木市上落合にある長徳寺の本尊木造阿弥陀如来像の胎内墨書銘から天文四年（一五三五）の造立と、願主の系譜を推定することが出来る。この像の願主について『新編相模』は「北条氏の家人に藤田大蔵丞など云者あり、是等の氏族なるべし」と北条氏の家臣であるとする。『小田原衆所領役帳』には御馬廻衆の中に藤田大蔵丞の名が見られ、中郡石田（現伊勢原市石田など）に二五〇貫九〇〇文、西郡成田（現小田原市成田）に一二〇貫九八七文の所領を記すが、石田と長徳寺のある上落合は隣接しているところから、本像は北条氏家臣藤田氏により造立されたものと思われる。

(6)永正元年（一五〇四）九月、これまで政元側であった摂津守護代薬師寺元一は政元を廃し、養子の澄元をたてようと謀反をおこし、政元の内衆赤沢朝経もこれに与同した。また、十二月にはこれまで政元方の武将であった畠山義英は、政元の政敵畠山尚順と結び義材方となるなど、義材を中心とした反細川連合の勢力は増大し、政元の政権に翳りが見えはじめると、政元はその回復のため、永正二年の畠山義英の河内誉田城攻めに際し本願寺実如へ門徒の参陣を要請した。参陣した加賀の門徒衆はこれまでの政元との友好関係に加え、政元の政敵である畠山氏や朝倉氏などと能登・越中・越前において対立していたため、政元と本願寺は共通の敵を持つ関係にあった。
（7）家永遵嗣「北条早雲の小田原奪取の背景事情」『おだわら―歴史と文化―』九号、小田原市史編纂室、一九九六年。
（8）家永遵嗣「明応二年の政変と伊勢宗瑞（北条早雲）の人脈」『成城大学短期大学部紀要』第二七号、一九九六年。
（9）秋本太二「今川氏親の遠江計画」『信濃』二六―一、一九七四年、この中で、秋本氏は、文亀元年（一五〇一）ころ斯波氏が関東の山内上杉氏に呼びかけ、東西から今川氏親と伊勢宗瑞を挟撃する計画を進めていた事を指摘される。
（10）前掲註（8）と同じ。
（11）細川政元の「東国進発」について、これまでも様々な解釈が行われている。峰岸純夫氏は「大名領国と本願寺教団」（『本願寺・一向宗一揆の研究』所収、吉川弘文館、一九八四年）では、越前の戦線が急迫をとげていた段階であるため本願寺法主実如の要請による「政元の越前への出陣」と解釈される。また、森田恭二氏は『戦国期歴代細川氏の研究』（和泉書院、一九九四年）において「細川政元の政務放棄」の項で引用され、「遁世的行動のため関東に赴く」と解釈されている。「進発」を遁世的下向に用いるのは用語解釈上無理があろう。『日葡辞書』の「進発」の項には「大将とか総大将とかが敵を討ちに戦場へ出向くこと、または、戦争へ出発すること」とあり、軍事的な意味に用いることがふさわしい。また、峰岸氏は『宣胤卿記』の「北州」の文言より越前国と解釈されたものと思われる。しかし、『実隆公記』には東国とあり、どちらが正しいものか不明であるが、永正二年頃、氏親は中御門宣胤の娘との婚姻関係を結んだこともあり、いずれにしてもこれらの情報は宗瑞・氏親に伝達されたものと思われる。
（12）野比最宝寺は永正十七年（一五二〇）に本願寺より親鸞の画像の下付があったが、それ以外に註（4）・（5）で述べたような本願寺派寺院の動向をうかがう事が出来る。この事からも本願寺派に対する短期的な警戒はともかくとして、禁教は存在しなかったことがわかる。
（13）千葉乗隆『真宗教団の組織と制度』同朋舎出版、一九七八年。
（14）「親鸞聖人門侶交名牒」『真宗史料集成』第一巻、同朋舎出版、一九七四年。
（15）山梨県勝沼町慶専寺所蔵の『御伝抄』の奥書には元亨元年（一三二一）の年号と「相模大庭本郷薬師堂別当僧源誓」との銘文があり、鎌倉時代末には源誓が大庭にいたことがわかる。

(16) 東国門徒系の信仰を伝える諸像の中から代表的なものを以下示す。
①大磯町高麗、善福寺、木造僧形坐像（伝親鸞上人像）、鎌倉時代。
②横浜市戸塚区下倉田、永勝寺、木造聖徳太子立像、鎌倉末～南北朝。
③厚木市岡田、長徳寺、木造聖徳太子立像、南北朝時代。
④鎌倉市小袋谷、成福寺、木造聖徳太子立像、南北朝時代。
⑤茅ヶ崎市小和田、上正寺、木造聖徳太子立像、室町時代。
⑥現在岩手県石鳥谷町光林寺所蔵の木造聖徳太子立像（鎌倉末～南北朝）は、近代まで鎌倉郡上之村光明寺が所蔵していた（当館薄井和男氏によると、永勝寺像に比べると小型であるが、像様は近似しているとのことである）。
このように、他宗と比較しても中世前半の像の数は少なくない。

(17) 本願寺が有していた天台聖道門的傾向を排除し、親鸞の著作『正信偈』と『三帖和讃』をその中心にすえ、また、十字名号を礼拝の対象とするなど、親鸞の教えを尊重することにより教団の組織強化をおこなったとされる。

(18) 神田千里『一向一揆と真宗信仰』（吉川弘文館、一九九四年）一七七頁、「本願寺の社会的位置」の章に詳しい。

(19) 蓮如と伊勢貞房の娘蓮祐との間には本願寺九世実如が誕生したため、北条氏との関係はさらに継続した。

(20)『群書類従』伊勢系図には、盛時が貞房の弟貞高の養子となったとするが、これが事実であるならば宗瑞と貞房は関係上は甥と伯父、蓮如室とは「イトコ」の関係となる。

(21) 存覚（本願寺三世覚如長男）・善如（同寺四世）は日野俊光、綽如（同寺五世）は日野時光のそれぞれ猶子となった（「日野一流系図」『本願寺史料集成』第七巻所収）。

(22) 文正元年（一四六六）九月、伊勢貞親は足利義政弟の義視の存在が富子実子義尚の将軍後継の妨げとなると義視暗殺を企図した（文正の政変）。また、貞宗が義尚の養育役を務めるなど、一貫した義尚擁護の姿勢をもち、日野氏富子の信頼を得ていたものと思われる。

(23) 鳥居和之「応仁・文明の乱後の室町幕府」『史学雑誌』第九六編第二号、一九八七年。

(24) 山田康弘『戦国期室町幕府と将軍』、吉川弘文館、二〇〇〇年。
(25) 前掲註（8）と同じ。
(26)『快元僧都記』天文三年六月三日、五日条に「京奉公之人々」として千秋入道（高季）の名を見ることができ、『天文日記』の記事を裏付ける。
(27) 下間頼充書状写（『相州古文書』第一巻所収　箱根神社文書）

今度善福寺下着之儀、御祝着之旨、為　左京兆、貴札遂披露候処、門主被及返書候、越中辺事、先度阿佐布下向已後、尋被申付候、甲州之使者長延寺堅被申談、下国候条、定而急度可被遂其行候、弥此方義無疎意候、可御心易候、就中御分国此方門下事、如先規再興之儀、対善福寺被仰付候趣令披露候、尤以歓喜候、殊に成福寺別而御懇志之由、是以喜悦候、猶以御入魂候之様、能〻御取合肝要候、恐〻謹言、

七月五日　　頼充在判

幻庵貴報

〇封紙アリ、ウハ書ニ「謹上　幻庵貴報　下間上野法橋頼充」トアリ。

なお、この書状は年永禄五年と思われる（前掲註（3）参照）。
(28)『宗長手記』上、『小田原市史』史料編、原始古代中世Ⅰ、三五五号。
(29) 前掲註（27）に「箱根別当童形」と記されるところから元服前と考えられる。菊寿丸を称していた。
(30)『天文日記』の相模関係記事には本願寺直接の末寺が記されるのみで、それらが支配する寺や道場などの事はわからない。また『天文日記』に記される諸国の末寺を数値化された千葉乗隆氏の研究によると（『真宗教団の組織と制度』同朋舎出版、一九七八年）、天文年間の関東諸国の末寺数は相模2、武蔵1、安房0、上総0、下総4、常陸3、下野0、上野0である。また、近隣諸国では、伊勢6、尾張15、三河8、遠江0、駿河0、伊豆0、甲斐3である。このように天文年間の関東の本願寺の末寺は、親鸞面授の弟子による東国門徒系の一向宗が隆盛した国に多く見られる。本願寺は関東への展開をおこなうにあたり、これらの地を重要視したことがわかる。

(31) 本願寺へのぼる道中の費用もさることながら、諸国の末寺は本願寺の経済的基盤となる多額の懇志（上納金）を寺格に応じ納めることが義務付けられていた。

(32) 拙稿「後北条氏による医師の招来と近衛家について」『神奈川県立博物館研究報告（人文科学）』二二号所収、一九九六年。北条氏と近衛家の交流は、『酒伝童子絵巻』詞書執筆などの文芸的な面だけではなく、それ以外にも様々な職能者の斡旋にも及び、さらには氏綱の官途推挙や北条への改姓にも関係したとみられる。

(33) 佐脇栄智「後北条氏の一向宗禁止の一史料」『戦国史研究』第三号、一九八二年。のち、『後北条氏と領国経営』吉川弘文館、一九九七年に再掲載。佐脇氏は初代玉縄城主北条氏時の没年は享禄四年（二伝寺位牌銘）であるところから、享禄五年七月の段階で、三浦郡内にかかる内容の朱印状を発給できる立場の人物として二代目城主の為昌を比定された。

(34) 玉縄領或全体への一向宗抑圧であるならば、鎌倉郡、武蔵久良岐郡へも同様の文書が発給されるはずであるが、現状では確認出来ない。また文書の内容と宛先の整合性から考えれば、光明寺ではなく一向宗の檀那・寺院に宛てられるべきである。同じ内容の文書がそれらにも発給されていたものかわからないが、同時期の三浦郡内に本願寺直末（最宝寺）の所在や門徒の家臣もおり、この文書の効力は甚だ疑問である。あるいは、この文書の成立の背景には他の要因があったのかもしれない。

(35) 「反古裏書」『真宗史料集成』第二巻、同朋舎出版、一九七七年。

(36) 「反古裏書」には、享禄末年に真楽寺は他国に逃れ、永禄二年に帰国とあるが、北条氏康が本願寺と外交交渉を開始するきっかけとなった長尾景虎の越山は永禄三年九月であり、北条氏と本願寺の交渉はそれよりも後であるため、帰国の年は検討の必要がある。

(37) 財団法人陽明文庫編『後法成寺関白記』（思文閣出版、一九八五年）、享禄五年七月十七日条。

(38) 『妙法寺記』（富士吉田市史資料叢書10）所収「勝山記」、富士吉田市史編さん室編、一九九一年。

(39) ムケコウ宗とは「無碍光宗」、つまり本願寺門徒の本尊である十字名号「帰命尽十方無碍光如来」に由来し本願寺派の意。

(40) 『天文日記』の天文九年（一五四〇）五月十八日条に、常陸の佐竹領で日蓮衆の訴訟により一向宗の上宮寺が在所から追われた事が記されるが、このように緊張関係は広範、かつ長期にわたり継続していた。

（41）『小田原市史』史料編、原始古代中世Ⅰ、四一七号～四一九号文書など。

（42）前掲註（37）と同じ、『後法成寺関白記』の各所には尚通と法華宗の僧侶との交流が見られる。天文元年八月二十七日条には山科本願寺の焼討ちの後、法華宗本満寺は正行院を通じ尚通に本願寺退散の祝辞を伝えている。

（43）宇野氏は小田原に法華宗玉伝寺を建立した。

（44）天文年間、備前国の法華門徒の一行が鎌倉妙本寺、池上本門寺などへ参詣をおこなうが（『静岡県史』資料編中世3、二二六五号）、西国での本願寺一揆の様子は公家等を介するだけではなく、このような人々からも法華宗と一向宗の争乱の状況が伝達されたとみられる。

（45）日蓮は鎌倉を中心に布教を行ったが、有力な弟子の日昭や日朗なども鎌倉を重要視し、日朗は鎌倉比企谷の妙本寺を拠点として活動し、本土寺（現松戸市）、本門寺（現大田区）を建立し、比企谷門流（日朗門流）は中世東国法華教団の中心ともいえる存在となった。

（46）北条氏と鎌倉の日蓮宗寺院の関係を史料から見ると、妙本寺に対し北条家当主は書状や寺領の保護などを与えた。本覚寺には初代宗瑞以来、歴代の当主の制札、税の免除や寺領の寄進。大巧寺には寺領の安堵、諸税の免除などの保護を与えた。

（47）現在、真楽寺には本願寺より下付された三点の方便法身像が伝来する。一点は本願寺十一世顕如（天文二十三年父証如の死により家督継承、天正十五年家督委譲）の裏書がある。他の二点は裏書を欠くが十六世紀前期の作と推定される。このことから真楽寺の本願寺派参入が比較的早かったことがわかる。

（48）最宝寺は永正十七年以前に本願寺の末寺となり（『新編相模』）、天文六年、十三年、二十二年などに本願寺に赴くなど（『天文日記』）、継続した宗教活動をおこなっている。

（49）このほかにも、『新編相模』には鎌倉より移転をおこなった一向宗寺院を三ヶ寺記す。三浦郡野比（現横須賀市野比）の最光寺は松葉ヶ谷から、上宮田（現三浦市南下浦町）の来福寺は名越から、鎌倉郡中之村（現横浜市栄区）の長慶寺は玉縄からそれぞれ移転したと記すが、移転の時期、移転の理由、移転先などは記していないため本文中では検討を加えなかった。

（50）永禄十一年（一五六八）、武田信玄が駿河今川氏真を攻めると、北条氏は同盟にもとづき今川氏救援をおこない、また、信玄に対抗するため越後上杉氏と相越同盟締結にむけ交渉をおこなった。信玄はこれに対抗し小田原城を攻めるなど、両国の緊張関係が続いた。

(51)『甲斐国志』には次のように記される「天文年中ニ至リ実了ハ上杉憲政ノ一族威福他ニ異ナリシガ北条氏康ニ隙アリテ遂ニ本州ニ寄寓シ信玄ノ寵ヲ受ケ一寺ヲ創立シ岩崎村並信州犬飼ニ寺領ヲ賜フ」。

(52)前掲註(51)と同じ、満福寺の項に永禄四年七月二日、「満福寺・長延寺衆僧妻帯免許」についての文書が記される。

(53)前掲註(51)と同じ。また、慶応四年八月付光沢寺の「寺録明細牒」(『甲斐国社記・寺記』通巻第六十九巻)には竜芳の子が実了の養子となった事を記す。

(54)この間の状況は『小田原市史』通史編、原始古代中世に詳しい。朝興と憲房の和睦は史料から判断すると大永四年正月頃成立と考えられるため、小稿では交渉の開始をその前年とした。また『勝山記』の享禄三年条には武田信虎のもとに、河越城の朝興から関東管領上杉憲房の後室が側室として送られたこと、天文二年条には信虎が朝興の娘を晴信正室として迎えたことが記されるが、朝興の信虎への接近は天文年間まで継続しておこなわれていたことがわかる。

(55)背景2の期間に長延寺が退転をおこなったとするならば、『甲斐国志』の「北条氏康との関係悪化」の記述は、本来ならば当主である「氏綱」の名を記すべきであるが(天文元年の時点では、氏綱は四十六歳、氏康十八歳)、伝承成立の段階で人物名が転換する例は少なくない。

(56)東本願寺に関するものは「申物帳」と総称する。西本願寺派関係は「木仏之留」(『本願寺史料集成　木仏之留　御影様之留』同朋舎出版、一九八〇年)と称す。なお、「申物帳」の表題は時代によって異なり、『御影様木仏御免日記』(慶長二十年から元和三年)『御影様木仏出日記』(元和四年から元和九年)などである。拙稿「相模国における真宗寺院の展開―寺院の造立を視点として―」(『神奈川県立博物館研究報告(人文科学)』第十二号所収)の巻末に『申物帳』の相模関係の記事を採録した。

(57)「申物帳」には①元和三年(一六一七)「長延寺下相州小坂郡鎌倉山内庄倉田永勝寺」、②元和七年(一六二一)「長延寺下相州三浦郡長井郷長福寺」、③寛永十三年(一六三六)「甲州長延寺下相州三浦郡横須賀村長源寺」などが記される。また、「木仏之留」には①慶長十年(一六〇五)「長延寺下相州三浦郡長浦村浄光寺」、②同年「長延寺門徒□□□二町屋村真福寺」、③慶長十二年

「長延寺下相州三浦郡長井郷長福寺」などの記載がみられる。長福寺が両派の記録に登場するのは、西から東への転派をおこなったためである。なお、長延寺下とは、本願寺派に組み込まれながらも直接的に本願寺の末寺とならず、その間に長延寺など本願寺直末（上寺）を置くという中世的な上寺・下寺関係の名残を伝えるものである。本願寺の直末化は時代とともに進行するため、長延寺の下寺も次第に減少していったものと思われる。なお、慶長十八年（一六一三）に長延寺二世住持の顕了道快（信玄二男の子）は大久保長安事件に連座し、寺は本山の兼帯所となり、寺号は光沢寺に改められている。しかし、本願寺内部では旧名のまま戦国期の上寺・下寺の関係を伝えている。

(58)『天文日記』における長延寺の初見記事は天文八年六月三日、ついで同年八月二十日、十六年四月十八日などに見られる。初見記事には「長延寺子上洛候、（中略）親父者死去也」とあり、「長延寺子」が実了と思われる。「親父死去也」との表現から、すでに長延寺は本願寺の末寺であり、番衆などのための上洛を何度かおこなっているものと思われる。また天文日記の記述からは相模と甲斐のうちどちらからの上洛か判然としない。『私心記』も天文八年七月朔日の記事を初見とする。

(59)「成福寺過去帳」による。

(60)『小田原市史』史料編、中世Ⅱ、小田原北条Ⅰ、五二七号文書。

(61)永禄九年八月二十八日付の北条家裁許状写（『相州古文書』第五巻所収、三浦郡文書）は、宝立寺（現廃寺）の寺務職をめぐり光明寺と一向宗西来寺の間で相論があり、北条氏は西来寺に宝立寺の寺務職を任せた。時期的に、このことも同様の誤解による混乱が及んだ影響であろうか。

(62)西来寺には「弾圧の時、本尊を裏山に隠し、長浦の門徒の家（現在、長願寺と称す）に五年隠れ住み、天正十六年に伏見に移った」との寺伝がある。また、伏見には現在も同名の寺が存在し、山号も同じ大塚山である。

(63)渡辺世祐氏「後北条氏と一向宗」『史学雑誌』三六編三号、一九二五年。のち『国史論叢』（文雅堂、一九五六年）に再録。氏は「分国内の宗徒は上国と連絡するの嫌疑で追却せられたものも多くあったことと思われる」と述べられる。

(64)市村其三郎「薩藩と真宗との関係について」（『史学雑誌』四六編三号、一九三五年）に詳しい。また、『お湯殿の上日記』天正十五年三月一日条には、出陣する秀吉を本願寺門主が見送ったことが記される。

（65）前掲註（61）と同じ。
（66）長延寺の「抑圧」についても『甲斐国志』には実了が上杉氏所縁のためとするが、それに加えて、北条氏と武田氏や今川氏が政治的に緊迫している時期、長延寺が番衆などのため本願寺への往復をおこない、それが警戒され「抑圧」に結びついた可能性もあるかも知れない。
（67）元亀四年（一五七三）七月の長延寺実了宛の氏政書状（『小田原市史』史料編、中世Ⅲ、一一二九号文書）からは、北条氏と本願寺との友好的関係をうかがう事ができる。また、天正五年（一五七七）六月十三日、石山合戦中の顕如は、相模・武蔵の門徒に対して兵糧の斡旋の依頼をおこなうが（『相州古文書』大住郡長徳寺所蔵文書）、これらの史料からも北条氏の領国に本願寺派が展開している様子がうかがわれる。

【付記】本書への再録にあたり、明らかな誤りについては修正を行い、文意が変わらない範囲で表現を変えた箇所がある。

Ⅸ　大名領国制下における職人衆の存在型態
―後北条氏を中心に―

岩崎宗純

はじめに

後北条氏は、領国支配の一環として職人衆の掌握に力をそそいだ。領国内の職人衆の所在掌握、所領役帳にみられる職人衆の組織的掌握は、後北条氏の領国支配が進行する中で次第に強化されていった。それと同時にこのような後北条氏の権力支配に対する職人衆の抵抗は、侘言・退転などさまざまな形をとって行われ始めた。

筆者は、かつて小田原新宿の鋳物師山田二郎左衛門をとりあげ、後北条氏治下における職人衆の存在型態について若干検討したことがあるが、本稿においては、後北条氏治下のすべての職人衆を対象に検討し、後北条氏の職人支配とそれに対する職人衆の抵抗という視角から、大名領国制下における職人衆の存在型態について追及してみた。

一、後北条氏治下の職人たち

後北条氏治下の領国では、どのような職人衆が活躍していたのであろうか。今それを概観するために、天文二年

（一五三三）五月より天文九年（一五四〇）までの七年間にわたる鎌倉鶴岡八幡宮再造営工事に参加した職人衆、永禄二年（一五五九）に作成されたといわれる職人衆所領役帳および後北条氏の発給文書によりその存在が確認される職人衆を抜き出してみると、次表のようになる。(1)

これら職人衆を大別すると、後北条氏が関東に進出してくる以前からこの地で活躍していたいわば在地の職人衆と、後北条氏の領国支配が進展する過程において京都・奈良などから来往してきた外来の職人衆とに分けることができる。では、前者の在地職人には、どのような職人がおり、どのような条件の中で仕事をしていたのであろうか、その仕事ぶりが資料上確認できる若干の職人について触れてみよう。

（一）経師加納

経巻などの巻子本の作成にある経師加納については、鶴岡八幡宮再造営工事参加中病気になり、祈祷利益を受けた記事が見られる（快元僧都記・天文四年六月十二日条）。この加納は、後に後北条氏の職人衆の一人として登録された。役帳に「経師・鎌倉・弐貫文」とあるのは、恐らくこの加納をさすものと思われる。天正十六年（一五八八）加納は、鎌倉代官大道寺政繁よりつぎのような所領安堵を受けている。(2)

鶴岡八幡宮経師免弐貫文之所、宗真御指置之分、

永代不可有相違候、為後日証文仍如件、

天正十六戊子八月十日　　政繁（花押）

経師加納越後入道殿

後北条氏治下における職人衆

職業	鶴岡八幡宮再造営工事参加職人衆	所領役帳記載職人衆	後北条文書よりみた職人衆
番匠（大工）	奈良大工与次郎・大工新右ヱ門 京大工彦右ヱ門・同亦三郎 玉縄番匠・伊豆大工・鎌倉大工 大工次郎右ヱ門	番匠五郎三郎 大工三郎兵衛 河越番匠 江戸番匠	鎌倉番匠源左ヱ門・同源二三郎 田原番匠惣右ヱ門・大井番匠勘解由 大久野番匠落合四郎左ヱ門 修善寺番匠・国府津番匠太郎右ヱ門
鍛冶	当国所々鍛冶 鍛冶国安	江戸鍛冶 綱広鍛冶 鍛冶次郎左ヱ門	川越鍛冶・江間鍛冶八郎右ヱ門 金沢鍛冶縫殿助・柏原鍛冶新左ヱ門 神奈川鍛冶新四郎・鎌倉鍛冶
鋳物師			小田原新宿鋳物師山田二郎左ヱ門 上州鋳物師・天明鋳物師・千津島鋳物師 上総鋳物師・鉢形鋳物師
石切	小田原大窪石切 伊豆長谷石切	石切三人	石切善左ヱ門・同左衛門五郎 石切善七郎
塗師（白塗師）	奈良塗師七郎左ヱ門尉 白塗師弥六父子 白壁十郎左ヱ門 白塗師弥十郎		塗師喜助
大鋸引	大鋸引二手	藤沢大鋸引 奈古谷大鋸引	大鋸引森木工助
経師	経師加納	経師	経師鶴岡八幡宮加納越後入道
唐帋師	長谷川藤兵衛	唐帋藤兵衛	
絵師	殊牧・絵師森村		狩野玉楽

皮作（切革）	その他の職人
	遠州檜皮師 檜皮師三郎右ヱ門 瓦師
切革	結桶師・紙漉 組壚師・笠木師 銀師・縫詰神山 青貝師・欄左右師
長岡皮作九郎右ヱ門 豆州皮作触頭孫九郎 中郡皮作触頭彦右ヱ門 皮作七郎右ヱ門・同孫九郎	紺屋津田藤兵衛 畳刺仁左ヱ門 畑宿木地師・堀内轆轤師 鎌倉仏師

このような史料からみて経師加納は、古くから鶴岡八幡宮の被官職人であり、後北条氏の鎌倉進出後もその地位を保証されたものと思われる。

（二）国府津番匠八郎左衛門

後北条氏進出以前にも鎌倉をはじめ相模の古寺社には、被官大工がいた。後北条文書中にもこれら被官大工の存在を指摘することができる。修善寺番匠・大井寒川神社番匠勘解由・鎌倉東慶寺の被官大工源二三郎などである。番匠八郎左衛門もつぎの文書からみて国府津地青寺[3]（宝金剛寺）の被官大工であったと思われる。

　　於国府津番匠可召仕事

一、八幡宮、天神宮修造之時、倩次第
　　何成共可召仕之事

一、地青寺、蓮台寺建立之時も御番匠

之事、前々可為如御定事、
一、大工之事者八郎左衛門仁相定事
以上、
右相定上、兎角申番匠有之者、急度可被申上由、
被仰出状如件、
天文廿四年　虎印
五月廿八日　石巻奉之
地青寺

（宝金剛寺文書）

右文書によれば、後北条氏は、地青寺（宝金剛寺）の番匠を従来通り八郎左衛門が務めることを承認するとともに、八幡宮・天神宮など修造公用には必ず召仕えるべくことを命じている。このように後北条氏は、従来の在地関係を否定せず、その地位を保証するとともに、これら職人が公方御用に走廻ることを義務づけた。この国府津番匠八郎左衛門は、元亀元年卯月九日相模の番匠を集めて箱根湯本で行った御番細工にそれら番匠の一員として参加している（相州古文書）。

（三）紺屋津田藤兵衛

後北条氏治下の小田原で紺屋として活躍する津田家は、大森氏の家臣で、紺屋を始めたといわれている藤兵衛正朝

も大森氏の家臣であった。藤兵衛は、北条早雲が小田原に入ってからも――一説には、早雲に画才を認められて紺屋をはじめたという――許されて、大窪（板橋）に住み、紺屋の仕事を続けた。享禄三年北条氏綱は、次のように藤兵衛が豆州・相州の両所より藍瓶銭をとることを命じた。

豆州、相州狩野田方従両所、藍瓶銭之事、
壱間之内、年中四百文宛、被下置也、仍
如件、

虎印アリ

享祿三庚寅四月七日

津田藤兵衛

（新編相模国風土記稿）

以後この藍瓶銭徴収の権利は、藤兵衛に特権として保証され、藤兵衛は、後北条氏の紺屋として活躍する。

（四）　唐㠶藤兵衛

唐㠶藤兵衛の在所は不明であるが、藤兵衛も古くからの在地職人であったと思われる。藤兵衛は、長谷川藤兵衛尉といい、やはり八幡宮再造営工事に参加、御内陣御障子張りなどの仕事に従事している（快元僧都記・天文九年三月十九日条）。この藤兵衛は、後に所領役帳には、

唐㠶藤兵衛

三拾五貫文　　社領中府矢田給
此外五貫文知行活却之間被下

とあり、後北条氏より所領を与えられ、唐𠩄師の仕事を続けた。

（五）千津島鋳物師

後北条氏進出以前の相模では、鎌倉をはじめとする各地の古刹の梵鐘鋳造に活躍する相模鋳物師の活躍がある。飯山鋳物師・千津島鋳物師などである。飯山鋳物師については、すでに触れたこともあるので、ここでは、千津島鋳物師について若干触れてみたい。千津島鋳物師の仕事については、大津三井寺の「箱根山御在所銅香炉」に「文明六甲午九月廿三日、大工相州西郡先途島住彦三郎正吉」とある銘文(4)から文明年間には、すでにこの地で鋳物師が活躍していたことがわかり、更に後北条氏治下の天文六年には、鎌倉円覚寺の鰐口を千津島の鋳物師瀬戸永観、臼井弥六正吉が鋳っていること、また天正十七年十二月晦日の後北条氏の大筒注文状（山田文書）には、千津島鋳物師として石塚五郎右衛門・同主計・鵜塚の三名が指名されていることから、後北条氏相模進出以前の文明年中から後北条氏治下の天正時代においても鋳物師として活躍していたことがわかる。以上後北条氏が相模に進出してくる以前からこの地方で活躍していた職人衆について若干触れてみたが、すでに述べたようにこれら職人衆は、寺社の被官職人であったり、また大森氏などの家臣であったりするように旧在地勢力の影響下にその仕事を進めていた職人衆であった。

では、次に後北条氏の領国支配の進展の過程において来住してきた外来職人について触れてみよう。

（一）鋳物師山田二郎左衛門

山田二郎左衛門は、河内国丹南郡狭山郷を本貫とする鋳物師である。河内鋳物師の関東進出は、すでに鎌倉時代から行なわれ、飯山鋳物師などにその系譜を見出すが、彼らと同じ流れを汲む二郎左衛門が小田原新宿に来住してきたのは、天文三年（一五三四）鎌倉鶴岡八幡宮の再造営工事が始まったころである。[5]二郎左衛門は、後北条氏の注文に応じ、なべ・かまなどの日常用品を鋳造したり（山田文書）、領国内の鋳物師の棟梁として、後北条氏の大筒・中筒などの武器製造に指導的役割を果たした。

（二）絵師狩野玉楽

中央画家の小田原来住は、絵師殊牧が伊勢山田より来遊して鶴岡八幡宮の内陣の御障子に絵を書いたという記録があり（快元僧都記・天文九年六月廿四日条）、この頃から始まったものと思われるが、この殊牧の弟とも伝える狩野玉楽が小田原に来遊し氏政の絵師として活躍するのは、永禄年中のことと思われる。玉楽は、狩野元信の姪とも伝えるが（画工便覧）、その画跡については、近年、中村溪男氏の研究により次第に明らかにされてきた。その中でも特に注目されるのは、玉楽筆「布袋図」の署名に「相陽遊子・玉楽筆」とあることで、[6]これにより玉楽が後北条氏治下の小田原で絵画活動を行っていたことが実証された。この玉楽を中心とする絵師たちは、後に小田原狩野を形成し、盛んに絵画活動を行った形跡がある。

（三）奈良大工与次郎

八幡宮再造営工事には、奈良・京都などから秀れた職人たちが参加した。京大工亦三郎・奈良塗師七郎左衛門などである。奈良大工与次郎もその一人で、奈良四恩院の大工であった。与次郎は、造営工事中には、指導的役割を果たしたことは、工事の総奉行大導寺の巡見の際、その説明にあたっていることなどでもうかがわれる。このように奈良・京都から秀れた技術を持った職人たちが関東に来住してくるのは、従来彼らが被官していた中央の権門寺社の勢力が衰退し、仕事する場がなくなりつつあるという事情もあろう。彼らはより進んだ領国支配を行う後北条氏領国下に絶好の仕事場を見出し、座として移住してきたのである。このことは、後北条氏に限らず、西の大内氏へも京都・奈良から秀れた番匠が移住し、中央を凌駕する建築を行っていることでもわかる(7)。

（四）石屋善左衛門

後北条氏の石切棟梁として活躍する石屋善左衛門も外来職人の一人である。先祖の善左衛門は、甲州の浪人で駿州田中郷に住んでいたが、主として石切を業としていた。善左衛門は、早雲小田原入り以後は、小田原城下周辺の大窪（板橋）に来住、石切として仕事を始めた。善左衛門の仕事が確実な記録にでてくるのは、やはり八幡宮造営工事中のことで、伊豆長谷の石切十五人らとともに小田原大窪の石切が五名造営工事に参加している（快元僧都記・天文三年三月一日条）。

以上の外来職人たちは、秀れた職業技術を持ち、領国の軍事・文化の構築に指導的役割を果たすが、これら外来職人を含め、後北条氏がどのように職人衆を掌握し活用しようとしたかを次に検討してみよう。

註

（1）この表の作成にあたっては、快元僧都記（群書類従本）、杉山博校訂「小田原衆所領役帳」、相州古文書を始めとする古文書集を参照した。しかし、この表の作成目的が職人衆の一般的概観であるため、役帳記載の職人衆でその職業が不明なものは省略し、後北条文書においても、その宛所になっている職人衆をあげ、文書中からその所在が検出される職人衆は、特殊の場合を除いて省略した。

（2）牧野純一「後北条氏民政史論」二六〇頁、鶴岡八幡宮文書。

（3）地青寺が、いつ頃からなにゆえ寺号を宝金剛寺と改めたか明らかでない。しかし、天正時代にはすでに宝金剛寺と称している（宝金剛寺文書）。

（4）川勝政太郎「旧箱根山御在所銅香炉」『史跡と美術』一一九。

（5）山田二郎左衛門については、拙稿「山田次郎左衛門―その仕事と役割―」『小田原地方史研究』三号を参照されたい。

（6）中村溪男「狩野玉楽について」『ミュージアム』一〇一号。尚、中村氏は日本水墨美術大系「雪舟・雪村」において玉縄城主北条氏繁筆「鷹図」を紹介されるなど後北条領国の絵画活動が予想以上に豊富な側面を持っていること認識させられ、教えられることが多い。

（7）太田博太郎『日本建築史序説』中「地方建築界の興隆」を参照。

二、後北条氏の職人支配

後北条氏は、領国内に所在する職人衆をどのように掌握し、領国支配の一環として支配・保護を加えていったのであろうか。

始めに指摘しなければならないことは、領国内の職人の所在掌握を行い、それら職人衆を必要に応じていつでも動員できる体制を整えつつあったことである。天文二年（一五三三）鶴岡八幡宮の再造営工事が始まると、同年十月廿八日には、「鍛治当国所々被載番帳」（快元僧都記）とあるように領国内鍛治の所在調べが行なわれている。また、皮作の場合にも次の文書から所在確認が行われていることがわかる。

伊豆国中革作之事

三人　三島　　五人　長岡
一人　田中　　一人　多賀
一人　宇佐美　三人　伊東
一人　大見　　一人　船原
一人　川津　　一人　白田
一人　仁科　　二人　稲沢

以上

右、此かわた、上より出かわ無沙汰なく仕可上
此ほか御用之かわ之被仰付候ハバ、無沙汰なく
可尋出、或ハ人之被官になり、又は不入之在所
へ、越もの可成敗者也、仍如件、

天文七年　　虎印
三月九日

なか岡

かわた九郎えもん
（宮本文書）

右の文書は、後北条氏が伊豆の皮作の所在書きあげを行い、これら職人が人の被官になったり、不入地への欠落を禁じたものである。これらの史料によっても後北条氏が如何に領国内の職人衆の所在掌握につとめていたかが分かろう。

後北条氏は、このような形で領国内職人衆の所在を掌握すると同時に、これら職人衆に諸役免除・棟別銭免除・職業上の特権保証・扶持銭や給田を与えるなどの保護を加え、自己の支配体系下に組み入れようとした。

任先証文之□□棟別三間
有御赦免者也、仍如件、
永禄十二己巳
壬五月十四日　虎印　大草左近大夫奉
轆轤師カ
□□□与四郎どの
（山田文書）

これは、御殿場堀之内の木地師（轆轤師）に後北条氏があたえた棟別銭免除の印判状であるが、このように棟別銭を免除された職人衆は、管見の限り次の通りである。

柏原鍛冶・棟別銭拾弐間不入・永禄八年卯月廿八日　（新井文書）
鍛冶八郎右衛門・棟別居屋敷分免除・永禄十一年六月六日　（浜村文書）

船番匠弥五郎・棟別銭壱間赦免・弘治元年三月十三日　（松田文書）
番匠八郎右衛門・棟別銭赦免・天正二年十二月廿一日　（小田原編年録）
また職業上の特権については、鋳物師・木地師・皮作などの諸職人に与えられている。

鋳物師商売、御分国中無相違可致之、
若横合非分申懸者有之者、可申上者也、
　永禄十二己巳
　　七月廿日　　　奉之
　　　　　　　万阿ミ
　　新宿鋳物師
　　　二郎左衛門
（相州古文書）

右は、小田原新宿鋳物師山田二郎左衛門に与えられた鋳物師商売分国中自由の印判状であるが、この二郎左衛門は、後に後北条氏が秀吉との最後の決戦に備え、領国の軍事力強化をはかる際、中筒・大筒の製造に活躍することからみても、このような秀れた技術を持つ職人に商売上の特権を保証し、領国内に留ませることが、領国支配強化に如何に結びつくかを単的に物語っていよう。この二郎左衛門とは若干事情が違うが――これについては後述する――商売上の特権を与えられたものに畑宿の木地師がある。また、後北条氏は、西郡・中郡・東郡の皮作に対しても、永禄八年三月廿六日「皮はきにあらすして、はき取由申上候、法をそむく上、見あいに押て取るへし」（浦島文書）と商売上の特権を与えている。

更に後北条氏は、職人衆へ扶持銭・給田を与えるなどして彼らを掌握し、支配しようとした。

新石切之者書
一人　　孫三郎
一人　　又二郎
一人　　助左衛門
一人　　惣左衛門
一人　　甚五郎
　以上
右、公方御用御急之時者、彼者共罷出、無々沙汰可走廻候、然者、為扶持ニ壱貫弐百文宛合六貫文出置候、来暮ニ自西郷前可請取者也、仍如件、
　天文廿二年
　　癸丑
　　四月二日　　虎印
　　　　新石切
（青木文書）

この文書によると後北条氏は、新石切五人を登用し、扶持銭を各壱貫弐百文宛与えることにより「公方御用」を無沙汰なく走廻るように命じている。このように後北条氏より扶持銭を与えられているものとして、小田原畳刺弥左衛門がいる（相州古文書）。また、重要な職人衆には、所領を与え、領国支配の尖兵的役割を課した。元亀三年九月十四

日石切棟梁善左衛門・同善七郎に駿州喜瀬川東摂衆小路之内拾貫五百文を与えたり（青木文書）、北条氏照が永禄十二年十一月七日番匠落合四郎左衛門に大久野六貫文を「御恩給」として与えたりしていることが指摘できる。後北条氏から所領を与えられた職人衆は、大別すると本城主からのものと支城主からのものとになる。先の善左衛門・善四郎は前者であり、落合四郎左衛門は後者である。

本城主から所領を与えられた職人衆は、本城主直轄下に登禄編成された。小田原衆所領役帳中職人衆として記載されているのがそれである。役帳に登禄されている職人衆は二十八名（石切のみ三人）、役高七百八拾九貫弐百拾文であり、これら職人衆が領国を本城主の命令下公方御用に走廻ったのである。これら職人衆の性格については、すでに杉山博氏による重要な指摘がある。(1) 職人衆の一人藤沢大鋸引森文書には、次のような北条綱成判物がある。

此方就造作、大切引壱手、自明日以
自分を雇候、中二日可借候、小田原
へ雖可申上候、日数纔之儀候之間
以自分雇候、時分柄大儀之由、両日
可借候、為其証文、書付を以申付者
也、仍如件、

未

六月朔日　　　　左衛門大夫（北条綱成）（花押）

森木工助

この判物によると支城玉縄城主の北条綱成が本城主直轄下にある大鋸引を使役するときは、小田原（本城主）に申し入れ、本城主の了解を得なければならなかったのである。支城主は、たとえ公用であっても本城主から職人衆を借りるという形で職人衆を使うことしかできなかったのである。このように後北条氏が領国各地に散在する職人を職人衆として組織的に掌握し、近くの支城主でも本城主の了解なしにはそれら職人衆を動かすことができないようにしたことは、これら職人衆が持つ軍事的経済的職業技術を本城主下に統轄・集中させ、領国の支城主単位の分散的支配体系を本城主下に集中させようとしたものと思われる。

領国に散在する職人衆を掌握し、その支配を完徹させるためには、更にいくつかの施策がとられなければならなかった。その一つに各職人集団を統轄する棟梁・触頭を定めたことである。

鋳物師之棟梁被仰付候、御用等
弥無沙汰可走廻旨、被仰出者也、
仍如件、

天正十四丙戌　　　　虎印
七月廿日　　　　奉之
　　　　　　　　宗甫
小田原新宿
　　小田原新宿

山田二郎左衛門

（相州古文書）

後北条氏は二郎左衛門を棟梁に命ずることにより領国内に散在する鋳物師たちを掌握し、その統轄下に後北条氏の武器製造注文に応える体制をつくろうとした。また、皮作の場合にも先述のような所在掌握の上に立ち、領国を四つのブロックにわけ、それを統轄する触頭をおいた。

東郡皮作触頭　五郎右衛門
中郡　〃　彦右衛門
西郡　〃　三郎右衛門
豆州　〃　孫九郎

これら組織的な職人支配の頂点には、総職人頭とも呼ぶべき職制があったようである。所領役帳職人衆の部の初めに記載されている須藤惣左衛門がそれである。(2)

須藤惣左衛門
五拾貫文　豆州河原谷
百貫文　中郡万田
弐拾貫文　豆州多田之内田
拾貫文　中郡出縄之内
弐拾貫文　御蔵出此内六貫文引銭
以上　弐百貫文

此外六拾一貫三百五拾八文　出縄郷御細工公

用銭ニ御預ケ

此外卅貫文反銭之内　　同理

須藤の役高は、弐百貫文であり、職人衆中最高の役高である。これによっても須藤の職人衆中に占める役割の重さが推察されるが、更に注目すべきことは、須藤に預けられた九十一貫三百五拾八文の「御細工公用銭」である。これについて若干検討してみたい。永禄十一年六月十七日の鍛冶江間八郎右衛門宛の後北条印判状（江間文書）は、後北条氏が公用として必要な釘の製造を八郎右衛門に命じそのために必要な炭・鉄の見積り及び公用手当を書上げたものであるが、その文書中に「右積、於御城須藤積申候、不可相違候」とあり、このような公方御用の工事見積りは、須藤によって行われていたのではないかと推察する。また、天正十七年十二月晦日の山田二郎左衛門宛印判状（相州古文書）は、山田二郎左衛門が「指引」して領国の鋳物師たちが手際よく大筒を鋳造すべく命じたものであるが、この宛所をみると、

（天正十七年）

十二月晦日　　虎印

宗甫

須藤惣左衛門殿

次郎左衛門ではなく、須藤惣左衛門になっていることが注目される。鋳物師棟梁としての次郎左衛門への後北条氏奉行衆の命令が須藤を媒介として行なわれていることは、先の鍛治の場合と同様この大筒鋳造に須藤が関与している

ことを物語っていよう。このようにしてみると先の役帳中「御細工公銭ニ御預ケ」とあるのは、須藤が後北条氏の御番細工の見積り、その統轄の中心的存在としての地位にあり、御番細工の緊急出費は、須藤の判断で支払うことのできる予備金として御預けになったという可能性が強い。以上の点から後北条氏の御番細工の職人衆の動員体制は、

後北条氏（奉行衆）―総職人頭（須藤惣左衛門）―職人（棟梁・触頭）―一般職人（番子）

という体系になっていたものと思われる。

後北条氏の職人支配の中でもう一つ重要なものは、伝馬手形の活用である。この点に関しては、すでに藤木久志氏[3]らから適切な指摘があり、筆者も山田二郎左衛門を例に述べたことがあるので詳論は避けたいが、一・二に補足しておきたい。下山治久氏の後北条氏文書目録案により伝馬手形を調べてみるとそれら手形が職人衆に与えられている場合が目立つ。

常調印

伝馬参匹可出之、上州鋳物師ニ被下、可除一里一銭者也、

三月廿日　　垪和伯耆守

自小田原西上州迄

宿中

（諸州古文書）

このように後北条氏より伝馬手形を与えられ、領国中を走廻る職人衆は、石切左衛門五郎・鎌倉仏師・鉢形鋳物

師・町屋鍛冶・新宿鋳物師・上州鋳物師・鎌倉番匠・川越鍛冶などがある。今この伝馬手形から彼らが領国中のどこからどこへ走廻ったかをみてみよう。

石切左衛門五郎	（小田原―江戸）	辰九月五日	青木文書
〃	（小田原―江戸）	午卯月十日	〃
鉢形鋳物師	（小田原―鉢形）	卄八月六日	龍淵寺文書
鎌倉仏師	（あたみ―小田原）	丑二月十九日	相州古文書
町屋鍛冶	（金沢―浦賀）	卯七月十八日	武州文書
上州鋳物師	（小田原―西上州）	戊三月廿日	諸州古文書
鎌倉番匠	（鎌倉―小田原）	亥九月五日	相州古文書
川越鍛冶	（小田原―川越）	二月八日	武州文書

これら領国に散在する職人衆の伝馬手形をみるとその多くが本城下に集中している。これは、先に職人衆所領役帳の成立においても述べたことと関連し、本城主下に組織された職人衆が伝馬手形を与えられ、本城主が必要とあらば、いつでも動員できる体制が整いつつあることを示しているといえよう。以上のようなことから後北条氏の職人支配は、職人衆の分散性・在地性を奪いつつそれら職人衆の生産力を本城主下に集中し支配する方向へ、所謂近世的職人支配の前段階的な方向へ進んでいったものと考えたい。

このように後北条氏の職人支配が進展する中で職人衆は、どのような公方役を課せられたのであろうか。(4) 弘治元年（一五五五）三月十三日松崎船番匠弥五郎に与えた印判状には、つぎのような文面が見える。

船番匠可被召仕様躰

一、年卅日分者、御分国中諸番匠、並ニ以

公用計可被召仕、若此外至手被召仕者、

一日五十銭つつ作料を被下事、

—後略—

静岡県史料（一）

これによると後北条氏が諸番匠に定めた公用日数は、年卅日であり、それ以外の日数は、作料として五十銭が支払われたことがわかる。これは永禄十一年六月六日江間鍛治八郎右衛門に与えた印判状からも指摘できることである。この文書には、「改定番鍛治」として「一、一年卅日可被召仕候、御細工仰付時者、公用被下事」とあり、鍛治の場合も公用日数は、年卅日と定められていたのである。

更に先述の藤沢大鋸引森文書中の北条氏康印判状は、二手の大鋸引に「ならさわ」において板わりを命じたものであるが、一手の方は「五日は先日、小田原にて被召仕」とあり、小田原で公用をつとめたので、三十日の公用から五日ひかれ、二十五日の公用が命ぜられている。以上のことから推察し、後北条氏が職人衆に課した公用は、年三十日であったことが了承できよう。

公用の場合でも賃金は出された。しかし、普通職人衆の一日の賃金（作料）は、五十銭であったが、公用では一日十七銭であった（森文書）。

これら職人衆が公用に応ぜず、遅参した場合には、どのような処置がとられたのであろうか。鎌倉金子文書には、つぎのように記されている。

当年為御番細工、来廿八日小田原
へ集、幅板可致之、如先掟一日遅参
為過失五日可致被召仕者也、仍如件、

甲申九月廿四日（虎印）

鎌倉番匠

源二三郎

この「一日遅参為過失五日可被召仕者也」という掟は、天正七年五月廿四日の田原番匠惣右衛門宛印判状にも見出されるので、恐らく公用を命じられたすべての職人衆に課せられた罰則であろう。

後北条氏の課した公用は、定められた日数をそれぞれの職業技術をもって労役に従事することだけではなかった。職業や条件に応じては、現物を提供することも命じられた。永禄八年卯月廿八日柏原鍛冶新居新左衛門は、棟別銭拾弐間分免除の代わりに一年に鑓を廿丁打進じることを命令されていたし（新井文書）、天正七年六月六日にも新左衛門ら五名の鍛冶は、一年卅丁を打つことを命じられた。天正十五年以降小田原新宿鋳物師山田二郎左衛門に命じた中筒・大筒の注文にも、恐らく公用としての現物提供が含まれていたものと思われる。

註

（1）杉山博「藤沢の大鋸」『日本歴史』一九七〇年十一月号。
（2）この須藤惣左ヱ門については、中丸和伯は職人奉行としているが（後北条時代の町―相模の場合―）、地位としては奉行衆の下にあるので、あえてこのような職掌名をつけた。
（3）藤木久志「大名領国の経済構造」『日本経済史大系2中世』。
（4）職人衆の公用については、杉山博氏が『日本の歴史11　戦国大名』（中央公論新社）で検討されている。

三、後北条権力への職人衆の抵抗

前節でも述べた通り後北条氏は、領国支配の一環として職人衆の組織的掌握に力をそそいだが、このような後北条氏の権力支配に対する職人衆は、自己の生活を守るためさまざまな形で抵抗した。まずあげなければならないのは、「佗言」「目安を以って」という方法で行なわれた生活保証の斗いである。

屋敷之儀、御　言申上付而、夏秋
二百七十文永代被出置之間、公私
御用子無々沙汰可走廻者也、
未
十二月廿四日　真実印
朝比奈右衛門尉

神奈川鍛冶新四郎　（武州文書）

このように佗言により修善寺番匠は、公方役免除され（修善寺文書）、石切善左衛門・善七郎は、所領を与えられている（青木文書）。また、先にもあげた番匠八郎左衛門に対する棟別銭免除・年中納物免除も八郎左衛門が、「目安を以って」訴えた結果勝ちとったものである。このように職人衆が「佗言」「目安を以って」という訴えを通して獲得する生活保証の斗いは、個別・分散的なものであり、後北条権力を揺り動かすような鋭さは持ち得ないが、後に述べる退転などを含む職人衆の抵抗の出発点として評価されるべきであろう。

後北条氏の厳しい公方御用に対して職人衆は、公用未進などのサボタージュをもって抵抗した。

御書出

右、先年棟別依御用捨、一年鐺卅丁宛打而上
可申旨、以御印判被定置候処、九年未進候、
今般御改之上、雖可被逐御成敗、一廻御用捨、
然者、未進弐百七十丁之所半分御赦免、残者
百卅五丁、今来年ニ霜月十日を切而打立進納
可申、如毎年横江ニ可相渡、当役如此被仰付
上、別ニ国役之走廻有之間敷候、但大途惣国
並之御用歟、無所拠御用有之時者、供物を以
可被仰付、此上無沙汰者、可被逐御成敗旨、

被仰出者也、仍如件、

天正七年〔己卯〕六月六日　奉　由木左衛門尉

荒井新左衛門
同　半四郎
同　九郎左衛門
同　郷右衛門
岡五郎右衛門
豊田
入子　（新井文書）

右文書によれば、八王子城主北条氏照治下の武州入間の鍛冶荒井新左衛門らは、氏照より棟別銭御用捨を条件に、一年間卅丁の鑓を進上するように命ぜられたが、九年間も進上しなかったのである。このため氏照は、未進分二百七十丁のうち半分を赦免し残りを至急打立進納すべきことを命じている。鍛冶たちのこのような公用未進の行動をみると領国を貫徹しているようにみえる後北条氏の職人支配も末端の在地においては、必ずしも行きとどいているものではなかったことがうかがわれる。

後北条権力に対する職人衆の抵抗は、更に「退転」という鋭い方法をもって斗われる。

相州中郡皮作、既致退転間、平徳政被下候、

各早々立帰可申、然者、公方御用之時、皮、
調可申、様躰ハ、罷帰候上、可被仰出間、
来十五日以前、五郎衛門、三郎左衛門、退
転之者、悉召連、幸田所江罷越、披露可申
者也、仍状如件、

永禄五年
三月廿三日　虎印

中郡皮作触口
彦右衛門

（浦島文書）

この中郡皮作の退転の理由については、不明であり、その結果勝ちとられた平徳政なるものが、なんであるかはっきりしないが、「退転」した皮作に対する後北条氏側のある譲歩を示していることだけは確かであろう。退転という形で後北条権力に抵抗する職人衆の姿は、箱根畑宿の木地師たちにも見出すことができる。

畑宿之宿人、連々たいてんいたし候間、御尋之処、
早雲寺殿様、諸役御免御判形被下置候共、近年左
様之儀も不入候間、たいてんいたす由申ニ付而、

三ヶ条之御一ツ書、諸役御免許、こき御分国中何方も商売可仕候由、被仰出候、御判形・御印形社頭ニ可入置候、小家ニをき候事無用候、よこあい非分申懸ニ付者、交名を志るし、急度可申上者也、仍如件、

弘治二年丙辰三月十九日　　石巻（花押）

畑宿　源左衛門
九郎左衛門
孫右衛門

（相州古文書）

畑宿は、箱根山中にあり、恐らく中世、木地師村落として成立し、その後、後北条氏が伊豆と相模を結ぶ交通路として中世鎌倉道とは別の箱根道（現在の箱根旧東海道）の原型を開き、その宿場として発展したものと思われるが、この畑宿の人々が、「退転」という手段に訴えて獲得した諸役免除、「こき（合器）、御分国中於何方も商売可仕」という木地（挽物）商売自由の権利は、後北条氏の敗北後近世に至り、畑宿の人々がこの木地挽という伝統技術を生かし、箱根細工という木工芸生産を発展させる伝統的基盤をつくりだすために大きな力となったものと考える。中世箱

根地方の山中の村で行われていた木地生産が近世の箱根細工生産に引きつがれ発展していく過程において、このような木地師たちの斗いがあったことを見逃してはなるまい。

以上「佗言」「公用未進」「退転」というさまざまな形で斗かわれた後北条氏治下の職人衆の斗いは、それぞれが個別・分散的な形をとり、後北条氏権力を根本から動揺させるような力とはなりえなかったが、領国支配の尖兵的役割を課せられ、多くの特権を与えられていた職人衆も、それら特権が決して権力側から常に与えられたものではなく、職人衆のさまざまな斗いの中で獲得されていった部分のあることを確認しておきたいと思う。

このことは、後北条文化と呼ばれる領国制下の文化形成が、その担い手であった職人衆のさまざまな斗いの中から生み出されていったという重要な側面を我々に想起させる。中世地方文化は、権力者側から生み出されていった豪華・華麗な文化だけでなく、民衆の草深い土壌と権力との斗いの中でも創造されていったのである。

X　後北条文化論序説

岩崎宗純

はじめに

大永四年（一五二四）北条氏綱は、越後の長尾為景に「和尚之絵」を進上したが、為景は気に召さず返してきた。そこで氏綱は、相応の横絵を探して贈ることを約し、さしあたり密柑二籠を贈り敬意を表した(1)。為景との約束は翌年卯月に果たされたらしく、上杉文書には、つぎのような氏綱書状が残されている(2)。

追而令啓候、和尚之寒山二幅一対進之候、哀合御意候へかなと、
令存候、外題者能阿彌仕之候、恐々謹言、
　　　　　　　　　　　　北条
　　　　　　　　　　　　　氏綱（花押）
卯月廿日
長尾信濃守
　　参

氏綱が贈ったこの「和尚之寒山」絵とは、宋代の画僧牧溪法常の画いた寒山絵のことである。牧溪の絵は、写実と理想との画態が渾然と一態化した水墨画の極地を示すものとして評価が高く、鎌倉末頃よりわが国に請来し始めると、この画風への信奉者が次第に拡がっていき、室町に至ると牧溪風という絵画様式が中央画壇に定着してくるほどであった。

それ故美術品の収集を競う室町幕府の要人・地方の有力大名は、自己の収集品の中に、この「和尚絵」を収めることに意を注いだ。これら美術品の最大の収集者は、いうまでもなく室町幕府の六代将軍足利義政であった。義政は、美術に明るい能阿彌・相阿彌・芸阿彌などを同朋衆として側近におき、天下の名画・名器を集めて世に東山御物と呼ばれる美術コレクションを集成した。先の氏綱書状に信をおくとすれば、氏綱が贈った「和尚絵」は、能阿彌の外題のある旧東山御物であったらしい。とすれば、この頃にはすでに義政の東山御物は解体化し、その収集品は、地方の有力大名の手に移りつつあったということが指摘できよう。

後北条氏のもとには、このような牧溪作品のみならず、牧溪とならびに評価の高かった宋代の画家玉礀の「瀟湘八景図」が収集されていた。千利久の高弟で、天正後年後北条氏の領国下に来遊していた山上宗二が記した茶道の秘伝書「山上宗二記」によると、(3)

正礀八幅ノ絵

〇遠浦帰帆　　本連歌師宗長　北条殿

　　　　　　其次今川義元

とあり東山御物の白眉であった瀟湘八景図中「遠浦帰帆」図の一幅が、後北条氏の手元にあったことがわかる。山上宗二記によると、この絵は義政の東山御物から連歌師宗長の手に移り、更に駿河の今川義元の手をへて後北条氏のもとに収集されるようになったらしい。このように後北条氏領国下で東山御物級の名品に接し得るということは、なによりも後北条氏の実力が文化の領域にまで及んでいったことを象徴していよう。

東山御物の解体と地方への移動は、幕府権力の崩壊と地方有力大名の台頭を物語るとともに、この時代における文化の諸様相、中央文化の地方伝播と地方文化の形成を象徴している。事実、後北条氏に限らず、越前の朝倉氏、駿河の今川氏など地方有力大名の領国下では、衰退した幕府権力ではもはや維持し得ない中央の伝統文化を吸収し、新しい地方文化が形成されつつあった。

では、先の牧溪・玉礀絵入手にみられるような中央文化の受容が、後北条氏領国下の文化形成にどのような影響をもたらしたのであろうか。後北条氏領国下では、どのように領国文化が育っていったか。そして、その文化の特質とはどのようなものであったのか。という問題が次々と想起される。そこで本稿においては、近年絵画をはじめさまざまな分野で新しい進展を見せ始めている後北条文化研究の成果[4]を私なりに整理しつつ、このような戦国期に領国文化が成立する諸契機を探り、そこに生み出されていった文化の特質について検討してみたいと思う。ただ、ここで検討する後北条文化は、筆者が関心を持つ限られた分野のものであり、総合的な視野から後北条文化を論ずるに至っていないことを附言しておきたい[5]。

一、領国支配と文化形成の起点

その領国下における文化形成の質をその領国の支配者の文化的教養の高さ、文化に対する関心度に帰する論者が多い。このような視角から後北条文化を論ずる人々は、その文化形成の契機を後北条氏歴代支配者の文化的教養の高さに求め、文化形成の起点を歌道・学問の重要性を説いた早雲寺殿二十一ヶ条に見出す。確かにその領国下での文化形成は、その領国支配者の文化的教養がかなり投影されているとは思うが果たしてそれだけが領国文化形成の契機となり得るであろうか。領国下の文化形成は、その領国の政治・経済の進展に深く関わりがあり、むしろ、そこにこそより現実的な契機があったのではなかろうか、更にそれを具体的な視点で検討を加えようとするならば、領国下の文化形成の実質的な部門を担当していた職人衆の存在に触れなければならないであろう。領国文化形成の起点を論ずる場合、私たちは、その領国の支配者が、その領国下の職人衆をどのように掌握し、自己の文化的要求を満足させたかという視点からその文化形成の契機を探っていくことも必要であろう。となれば、後北条文化を論ずる本稿においては、その出発点として早雲の職人支配の検討から始めなければならない。

延徳三年（一四九一）伊豆の堀越公方足利茶々丸を襲い、戦国動乱の舞台に登場してきた伊勢新九郎長氏こと北条早雲は、その後も明応四年（一四九五）には、小田原の大森藤頼を討ち、伊豆から相模へと領国を拡大していった。ここで今、早雲の領国支配について論ずる余裕はあまりないが、早雲小田原進後の箱根山支配の状況をみると、永正八年（一五一一）八月箱根底倉村の百姓に対して、「万雑公事永々指置」の判物を与えたり(6)、同じく箱根畑宿の住民

表1　伊豆に所領地を持つ職人衆

人名	職名	所領地
須藤惣左衛門	職人頭	河原谷（三島）
唐紙藤兵衛	唐紙師	多田（韮山）
奈古谷大鋸引	大鋸引	中村矢田（三島）
切革	切革	奈古谷（韮山）
青貝師	青貝師	奈古谷（〃）
江間藤左衛門	鍛冶	奈古谷（〃）
欄左右師孫四郎	欄左右師	奈古谷（〃）多田（〃）
円教斎	不詳	中村（三島）
縫詰神山	縫詰	多田（韮山）
奈良彌七	不詳	多田（〃）
黒沼	〃	多田（〃）
石切三人	石切	奈古谷（〃）
組壚師	組壚師	多田（〃）
鍛冶次郎左衛門	鍛冶	奈古谷（〃）
銀師八木	銀師	三島
紙漉	紙漉	中村（三島）

に対して、「諸役免許」の判物を与えたりしているところからみても、領民の撫循と直接掌握に意を注いでいたことがうかがわれる。早雲は、百姓だけでなく領国支配の重要な核となる職人衆の掌握にも意を注いでいたようである。今それを永禄二年（一五五九）に作成された「小田原衆所領役帳」から推察してみよう。

表1は、役帳中に記載されている職人衆から伊豆に所領地を持つ職人のみを抜き出したものである。役帳には二十六名の職人衆が登録されているが、そのうち十六名とかなりの職人が伊豆に所領を持っている。しかも、その所領地が、早雲伊豆支配の要であった韮山周辺、三嶋大社の社領のあった中村などに集中している点が注目される。このことは早雲の職人支配の実態を物語っているのではなかろうか、即ち早雲は、三島大社の被官職人であったと思われる唐紙師藤兵衛や、銀師八木などの高度な伝統的な文化技術を持つ職人の所領を安堵することにより、それら職人衆を領国下の文化的諸作業に活用しようとしていたと思われる。また、伊豆地方の職人であったと思われる大鋸切・切革・鍛冶・石切などの所領が韮山周辺に集中しているのは、これらの職人衆を城下の周辺に集め、彼らの技術を領国支配のために活用しようとしたものと思われる。このような早雲の職人支配の意図は、なによりも彼らが、武器製造・築城・敵情視察などに秀れ、戦国大名にとって欠くことのできない職業技術の保持者であったことによろうが、反面これら職人衆は、寺社造営、日常調度品

の生産を行う点において、領国文化構築になくてはならぬ文化的技術の保持者でもあった。従って後者の面から早雲の職人支配を評価するならば、後北条文化は、このような早雲の職人支配を起点として成立していくということが言えるのではなかろうか。

早雲の職人支配を起点とする後北条氏領国下での文化的諸作業は、つぎの氏綱時代になり、具体化され始める。大永元年（一五二一）早雲菩提所箱根湯本早雲寺の建立、同三年（一五二三）箱根権現の再造営、更に天文二年（一五三三）より始まり、同九年（一五四〇）に完成する鎌倉鶴岡八幡宮の再造営など一連の寺社造営工事が、これら領国下の職人衆を動員して始められたからである。

早雲の菩提所早雲寺の建立については、すでに小論を私なりの見解でまとめたことがあるので[8]、詳論は避けるが、大永元年前後を中心として恐らく何ヶ年かの歳月を経て完成したと思われる早雲寺の建立が、「仏殿・法堂・山門・衆寮・食堂以下大徳寺を移し」（小田原記）た規模であったならば、この建築工事には、後の鶴岡八幡宮の造営工事にみられるように、領国下の職人衆が最大限に動員されたに違いないし、この頃から既に京都・奈良などの職人衆の参加もあったのではなかろうか。後にも触れるが、この早雲寺建立は、後北条文化形成に大きな影響を与えた。早雲寺は、早雲との法縁により開山に京都大徳寺の以天宗清を請しているが、これにより早雲寺と大徳寺が同じ教線上で結ばれ、大徳寺に結晶する中央文化を後北条氏領国下に受容する接点が生まれたことになり、以後この教線を通じてさまざまな中央文化が入ってくる。

箱根権現の再造営については、詳細な点はわからないが、再造営の由緒を記した棟札[9]によると、最明寺殿（北条時宗）再建以来、凡そ三百年、廃壊した権現を再建すべく欲していた早雲の遺志を継いで氏綱が新造したとの事であり、

表2　鶴岡八幡宮再造営工事参加職人

職　名	人　名
番匠（大工）	奈良大工与次郎・大工新右衛門・京大工彦左衛門・京大工亦三郎・玉縄番匠・伊豆大工・鎌倉大工・大工次郎左衛門
鍛冶	国安・当国所々鍛冶
石切	伊豆長谷石切・小田原大窪石切
塗師（白壁師）	奈良塗師七郎左衛門尉・白壁彌六父子・白塗師彌十郎・白塗師十郎左衛門
大鋸引	大鋸引
経師	経師加納
唐紙師	長谷川藤兵衛
畳指	小田原畳指
檜皮師	遠州檜皮師・三島檜皮師・檜皮師三郎右衛門
瓦師	瓦師
絵師	殊牧・森村

鎌倉北条氏の後を継いで関東の大守たらんとする後北条氏の意向が伺われる。

氏綱は、その後天文二年（一五三三）後北条氏の威信をかけた鎌倉鶴岡八幡宮の再造営に着手する。領国内外の職人衆が動員され、中央文化の受容と在地文化の新たな台頭が始まるのは、この工事を通してである。幸いにもこの造営工事については、その過程を記録した「快元僧都記」があり、工事の具体的な姿をうかがうことができる。まずこの工事に参加した各分野の職人衆を検出してみよう（表2）。

これらの職人衆は、およそ三つの違ったタイプにわけることができる。第一は、先に述べた早雲伊豆支配の時点で、掌握された職人衆であり、三嶋大社領に所領を持つ唐紙師長谷川藤兵衛、伊豆長谷の石切などがそれにあたる。第二には、後北条氏が相模進出する過程で所領安堵を受け、その支配下に掌握された職人衆で、小田原大窪の石切[10]、鎌倉・玉縄の番匠（大工）、鶴岡八幡宮の経師加納などである。第三には、奈良大工与次郎、京大工彦左衛門・同亦三郎、奈良塗師七郎左衛門尉・絵師殊牧など、京都・奈良などから来住してきた中央の職人衆である。これらの人々の中には、すでに来住も久しく氏綱の被官大工として活躍していた京大工彦左衛門のような職人もいたが、多くは、この造営工事に縁あって登用されたものである。

このように八幡宮造営工事は、領国内外の職人衆を動員して完成したものであるが、注目されるのは、中央の秀れた伝統技術を身につけた職人衆の活躍である。奈良四恩院の大工与次郎は、造営工事中指導的役割を果たすが、彼の作った鬼瓦は諸人を驚かし、「古之猿楽、日吉之鬼面」にも劣らなかったという（快元僧都記・天文三年四月二十日条、以下引用は年月日のみを記す）。また奈良大工が彫り、後に絵師殊牧や森村が彩色した階隠彫物（蓮・唐草）に、氏綱は満足したようである（天文三年九月十九〜二十六日）。ただ、このような中央の職人による秀れた技術は、在地の職人たちの伝統的技術や表現様式と相違があったようで、奈良大工と鎌倉大工の間に争いが起り、造営奉行や小別当の仲介でようやく鎮まるような事件も起った（天文三年二月十四日）。以上一連の寺社造営工事にもたらされた中央の文化・技術は、領国の伝統的文化・技術にさまざまな影響を与えていった。後北条文化は、このような中央文化と在地文化の接触と受容の中で確実に構築されていくのである。

二、中央文化の受容

一連の寺社造営工事を通じてもたらされた中央の文化・技術は、その後も後北条氏の領国下に定着し、所謂小田原物と呼ばれ、今日美術工芸史的評価の上からも注目されている各分野の製品が生み出されていった。小田原天命と呼ばれる茶湯釜、小田原彫と呼ばれる漆器、武具類にも、小田原相州と呼ばれる刀剣、小田原鍔、小田原兜がつくられていった。また後に小田原狩野と称せられた一群の絵師によって、新しい絵画活動も始まっていた。

しかし、今日これら小田原物と呼ばれる後北条文化の確実な遺品は、極めてわずかしか発見されていない。従って、各分野にわたる文化遺産を検討し、総合的な視野からこれに触れることは不可能である。それ故本稿においては、多少なりともその輪郭が見えだしてきた小田原天命、小田原狩野を対象し、それらが後北条氏領国下でどのようにして生み出されていったかを検討してみたい。

小田原天命の鋳造者であると思われる鋳物師山田二郎左衛門については、すでに若干私見を述べたことがあるので[11]、重複する部分もあると思われるが、簡単に述べておきたい。河内国日置庄狭山を本貫地とする二郎左衛門が、小田原新宿に来住し、仕事を始めるのは、天文三年（一五三四）の頃と思われる。二郎左衛門は以後新宿に定住し、鋳物師の仕事を続けるが、後には後北条氏の鋳物師棟梁として領国下の鋳物師を支配し、鉄砲鋳造などに従事する。二郎左衛門は、反面氏康などの注文に応じて鍋・釜・風炉などの日常生活用品を生産しているので、このような鋳物技術が後に「小田原天命」と呼ばれる茶湯釜を生み出していったものと思われる。

関東における茶湯釜鋳造の歴史は古く、その源流は、下野佐野の鋳物師によって鋳られた天命釜に求められている。西村道治の「釜師之由緒」によると、天猫（天命）は阪東治工の元祖であり、小田原天命は二代目より始まったという。これら天命釜は、茶道史の上からも評価が高く、東山時代から関東の良い釜は天命と評価されてきた（和漢三才図会）。そして小田原天命も、「古天命、小田原天命、佐野天命の外は下手也」（釜師之由緒）と、他の天命釜に並んで評価が高かった。

小田原でこのような茶湯釜が鋳造されるようになるには、この地で茶湯が流行したという背景があったからでもあろう。異本小田原記によると、天正後年宗二という茶湯者が小田原に下り、城下で茶湯が流行し、早川・荻窪・久野などに茶室が作られ、後北条氏一門、重臣の茶会が毎日のように開かれたという。事実千利休の高弟山上宗二が、天正後年小田原に来住していたことは、宗二が後北条氏の家臣板部岡江雪斎、皆川山城守に贈った茶道の秘伝書「山上宗二記」の奥書からも明らかである[12]。小田原天命の成立を、このような領国下における茶道の流行という事実からとらえることも必要であろう。

以上のような背景から生み出されていった「小田原天命」とは、果たしてどのような釜であったかをここで検討しなければならないが、それは後章に譲って、次に「小田原狩野」の成立について考察してみたい。

後北条氏領国下に、中央の絵師が来遊し始めるのは、やはり鶴岡八幡宮造営工事が始まる頃である。天文九年（一五四〇）殊牧という絵師が後北条氏に登用され、八幡宮内陣の障子絵を画くことになり、同年六月末日より九月一日まで、凡そ二ヶ月間この仕事に従事していることが、快元僧都記にみられる。この殊牧については、伊勢山田の生まれとのみ伝えられるだけで、詳しい画歴は不明であるが、最近「爪図」のような殊牧作品も発見されているので[13]、将来その画跡も次第に明らかになっていくものと思われる。このような殊牧の後北条氏領国下来遊は、後に小田原に来遊し、活発な絵画活動を始める狩野派絵師の先駆的な姿を示しているといえよう。

狩野玉楽という、恐らく小田原狩野の中心的存在として活躍したと思われる絵師が、小田原に来遊したのは永禄の頃だといわれている。この絵師の画跡については、最近中村溪男氏の研究により明らかになりつつある。同氏によると、玉楽は、前島宗祐という別名を持ち、狩野元信とはかなり近い関係にある、狩野派の重要な画家の一人であったらしい[14]。そして、この玉楽が、後北条氏の本城下小田原に来遊していたという確実な論拠も、玉楽筆「布袋図」中の落款に、「相陽遊子玉楽筆」[15]とある点から明確になってきた。玉楽が小田原に来遊するようになる契機については、必しも明らかではないが、次の点は留意してよかろう。

第一に、後北条氏領国下の伊豆は、狩野派の初代正信の本貫地であり、この伊豆狩野の流れをくむものが、後北条氏の家臣団にもおりそれとの縁で来遊する可能性があったこと、第二には、中央で活躍する狩野派と深いつながりを持つ京都大徳寺は、先にも述べたように、後北条氏歴代の菩提所早雲寺と深く結ばれており、この線からの来遊も考えられること、などである。

当時の小田原には、この玉楽を中心に何人かの狩野派絵師がいたことは、古画備考を始めとする多くの画史が伝えることである。金玉僊（宮南）・宗陳・北条幻庵に仕えたという御厨屋梅閑などである。これらの絵師は、扶桑名工画譜・画工便覧などによると、氏政に仕えた絵師であったという。また氏政自身も絵を善くしたともいう。となると、これらの絵師が活動を始めるのは、氏政治世下の永禄年中という可能性が強い。永禄十二年（一五六九）五月廿日、北条氏照が奥州の伊達輝宗に誼を通じ、越相の和を報じた書状にも、「扇子十本狩野筆進入」とあり[16]、小田原狩野の画いたと思われる扇子が輝宗に贈られている点からみても、小田原狩野の成立を永禄年代と推察するものである。

さて、これら狩野派絵師の画風がどのようなものであったかという点になると、発見されている作品は、玉楽・殊牧・金玉僊[17]など極くわずかで、その画風を検討するに至らないが、湯本早雲寺に蔵せられている小田原狩野派の手になると思われる[18]「機織図」「批把小禽図」「竜虎図」などを見ると、元信の画風を祖述する本格的画技の持ち主であったことが察せられる。

注目すべきことは、これら小田原狩野の影響下に、後北条氏一門の武将の中にも彩管を振るう人が出てきた点である。先にも述べた北条氏政、玉縄北条氏の北条氏繁などである[19]。また、興味深いのは、領国外の関東・東北の絵師にも玉楽に画風を学んだといわれる者が出てきたことである。奥州蘆名氏の絵師馬見谷宗二、同じく岩城堂陸の三休、野州宇都宮の都部羅氏などである。このように小田原狩野の後北条氏領国下における活動は予想以上に広く、それが領国文化形成に深い関わりを持っていたことが理解されよう。

三、中国文化の影響

後北条文化の諸潮流を探り出していくと、後北条氏領国下に何らかのルートを経て渡来された唐物（宋・明の絵画、工芸品）など中国文化の影響も見逃すことはできないであろう。

その一つの事例として、私たちは、湯本早雲寺に伝わる伝北条氏政使用の「織物張文台及び硯箱」をあげることができる。この作品は、内部の素地を三センチ四方の桐の板でつなぎあわせた、所謂寄木作りの構造を持ったもので、その上に装飾として「早雲寺銀襴」と呼ばれる銀襴地の布が張ってあるものである。

早雲寺銀襴は、銀襴地に、みどり・えび茶・うす紅の糸で「なでしこ」のような花と唐草が織りこんであるもので、この文様は、中央アジアの織物に類似しているが、実際には中国で織られたものといわれており、室町から戦国にかけての対明貿易によってもたらされた中国織物の一部ではないかといわれている[20]。

となると、後北条氏の領国下で、このような中国織物が入手できる可能性があったか、あったとすれば、どのようなルートかという点が問題になろう。

領国下での中国製品入手の可能性を探っていくと、永禄年代以降の後北条文書中の寺社への什物寄進状、他国の武

表3　後北条文書に見られる唐物

文書名	年月日	品目	出典
北条氏印判状	永禄八・五・一五	唐椀・鍮鉢盆	本光寺文書
北条氏康寄進状	〃一〇・一・晦	唐之鏧・唐茶壷 唐之鈴	香林寺文書
北条氏康書状	七・二一	唐紙	武州文書
北条氏照書状	九・二二	青磁皿	原文書
北条氏照書状	天正一七・七・二九	唐錦・南蛮笠	伊達文書

将への書状中にみられる贈答品に唐物が使われているが注目される。

本光寺への寄進註文

一唐椀　　　一流
一鍮鉢盆　　拾枚
一燭台　　　弐本
一樽　　　　二荷

以上四色

永禄八年五月十五日　虎印

右は、永禄八年（一五六五）五月十五日後北条氏が、本光寺（北条彦九郎為昌菩提所）へ宛てた什物寄進註文状案であるが[21]、この中には、中国製品と思われる唐椀・鍮鉢盆などが見出される。更に後北条文書中からこの種の唐物を探索すると、管見の限り表3の通りである。ここには北条氏照書状にみられるように贈答品に唐錦などの品目も見え、早雲寺銀襴がこの時代の渡来品である可能性を示唆している。

では、このような中国製品は、どのようなルートで後北条氏領国下にもたらされたものであろうか。それを推察する史料につぎのようなものがある[22]。

今度唐船御はつほ、従御座屋形天へ可有御寄進由、御意候
石巻承わり候へく候、早々御衆徒一人御越し候うて御地

頭御代り、御同心候うて、御請け取るへき由、申され候、
下野方より可被申候へ共、自我等より申し候、早々明日
の御越し、待ち入り候、恐惶謹言、

昨当斉
七月廿六日　　幸順
江嶋
衆徒中　参

この文書は、唐船によってもたらされた最初の品物を御屋形（後北条氏）が、江ノ島の弁才天に寄進するという内容のもので、後北条氏が唐船とのなんらかの取引によって中国製品を入手していたという事実が伺われる史料である。このような唐船との取引に関して、異本小田原記は、永禄九年（一五六六）の春、三浦三崎に唐人が着船し、錦繡・織物・種々の焼物・沈香・麝香・珊瑚・虎珀の玉などあらゆる品物を持って来たと伝えている。この史料は、後に書かれた記録という性格上全面的に信頼することは危険であろうが、先の文書と関連させ、後北条氏が唐船と直接取引を行なっていた可能性が推測させられる。

後北条氏領国下に中国製品がもたらされる第二のルートは、段木一行氏によって指摘されている間接的な取引である。段木氏によれば(23)、当時東アジア貿易の中心であった泉州堺と江戸湾（どこの港とか不明）との交易は文明年間からあったし、後北条氏も外洋廻船の保持を国人領主層に許し、畿内商業都市を指向する領国外商業活動を奨励していたという。となると後北条氏領国下にもたらされた中国製品は、このような間接ルートからの渡来も考えられるので

ある。以上早雲寺銀襴の入手経路を探っていくと、二つのルートが考えられ、中国製品はこのいずれかのルートを通じて渡来してきたものと思われる。

中国からの渡来品は、右のような品物のほかに当時珍重された宋・明代の中国絵画も含まれていたのではなかろうか。中村溪男氏によると、後に述べる画僧雪村周継が、奥州会津より小田原に来遊した目的のひとつは、後北条氏の収集絵画に接して、自己の画技を磨くことであったという。この後北条氏の収集絵画は、序論で述べた東山御物系のものもあったであろうが、新たに入手した渡来絵画もあったものと思われる。小田原でこれらの中国絵画に接した雪村の画風はより豊潤化されていったといわれているが(24)、となると、このような中国渡来品が在地文化に与えた影響を見逃すことができないであろう。

以上後北条氏の領国外商業活動の実態と、それが後北条文化形成に与えた若干の影響について考察してきたが、この時代になると、東国の大名領下においても東アジア貿易圏の一環としての商業活動が始まっており、その渡来品が領国下の文化形成に関わりを持ちつつあったことを確認しておきたい。

四、在地文化の台頭

今まで後北条文化形成の諸契機を探り出すべく、主として京都・奈良などの中央文化、中国など渡来文化が、如何にして後北条氏領国下にもたらされ、定着化していったかを考察してきた。しかし、後北条文化はこれら外来文化の影響によってのみ成立するものではない。東国とはいえ、後北条氏領国下の伊豆・相模は、鎌倉政権発祥の地であり、鎌倉以来の伝統的在地文化が息づいていた。従って後北条文化は、このような在地文化と外来文化の接触と昇華という視点からも考察しなければならない。

鎌倉文化の伝統は、鎌倉仏師・鎌倉水墨画系絵師の中に見出すことができるが、今それを鎌倉水墨画系絵師の画跡の中に見ることにしよう。鎌倉水墨画系絵師の源流を訪ねると、賢江祥啓・如水宗淵にたどりつく。祥啓は、鎌倉建長寺を中心として活躍した画僧で、書記という法階にあったため、啓書記と呼ばれていた。出生その他不明の点も多いが、後に上洛して芸阿彌のもとで画業を大成し、関東に阿彌派水墨画の画風を定着させた。後北条氏治下の鎌倉では、この祥啓の流れを汲む絵師啓孫・啓宗・啓拙斎・式部・興牧・興悦などが活動していたことが認められている。また、宗淵も円覚寺にあって活躍した画僧であるが、彼は雪舟に私叔し、雪舟の画風を関東にもたらした(25)。

このような関東水墨画系絵師の活躍の外側にいた、一人の巨大な絵師の存在にわれわれは注目しなければならない。奥州会津の絵師雪村周継である。雪村の画業については、近年中村溪男氏の一連の秀れた研究があり、またそれに関係する特別展なども開かれ、その画風にも接し得るようになったので、美術史的な評価はそれらを参照されたいが、ここでは、雪村が後北条氏と深い関係のあった絵師であったという関係から、雪村の後北条氏領国下での行動を追ってみよう。

雪村が小田原・箱根を訪れたのは、天文十九年（一五五〇）か、或いはその前年である。大徳寺芳春院蔵の「以天宗清画像」の著讃には、

　―前略―

右室中諸禅者　写予夢影需賛詞

不充峻拒　綴俚語贅其上云、

天文十九歳舎庚戌初夏日

前竜峯以天叟宗清　書于相陽金山橙雪斎下

とある[26]。この画像は、左下に「雪村」の落款、その上に「周継」の印が見出され間違いなく雪村の筆になるものである。画像の主人公は、早雲寺開山以天宗清で、早雲と大徳寺との結縁から招かれて早雲寺の開山となった禅僧である。以天は、早雲寺にあって竜宝禅の宗風を挙揚し、関東に大徳寺派教団が進出する基礎を固めた。以天は、古画備考が、「画を善し、餘閑に墨戯も作り、自賛も多し」と伝えるように、素人離れした画技の持ち主であり、また、大徳寺住持としても中央の文化人に接していたその文化的教養は、関東の禅林の中で抜き出たものであったと推察される。従って後北条氏領国下を訪れた画僧雪村にとって、逢わねばならぬ人物の一人がこの以天であったと思われる。雪村に接した以天やその弟子たちも雪村の力量を認めた。だからこそ早雲寺叢林にとって最も重要な画像の製作を雪村に依頼したのではなかろうか。そしてこの雪村と早雲寺の結縁は、二世大室宗碩の代まで続いていく[27]。雪村は、この相模来遊中に後北条氏収集絵画や、鎌倉五山に蔵せられていた古画に接する機会もあり、それが雪村の画風を進展させる契機ともなったと中村溪男氏は指摘されている。雪村は、その後永禄年中にも再度小田原に来遊し、氏政画師として滞在していた可能性がある。この時期は、すでに述べたように小田原狩野の活動も始まっており、小田原滞在中雪村と小田原狩野派絵師の交流を想定してよいと思われる。このように画僧雪村の画歴を追っていくと、在地文化と中央文化との接触が、新しい地方文化へと昇華していく姿を見出すことができる。

ただ、このような在地文化が中央文化に接触し、新たな方向へ進展していくためには、主体性を持った文化創造の芽が地方にあったかという点も問題になる。その点で注目されるのは、天文十一年（一五四二）雪村が弟子に与えた画論「説門弟資」である。雪村はその中で、「予は多年雪舟に学ぶべきといえども、画風の懸絶せるを見よ。如何に画の事は山水人物を生涯の骨目として修業すべき事也。」と述べているが、この言葉に、画僧雪村の厳しい自己確認と不敵な自負が読みとれる。このような自負は、かつて雪舟が、弟子宗淵に与えた「破墨山水図」の著讃で述べた画論にも通じる。「余曽って大宋国に入り、北大江を渉り、斉魯の効を経て洛に至り画師を求む。然りと雖ども揮染清抜の者稀なり。」雪舟も雪村もその生涯の絵画活動の場を地方においた。形骸化した室町アカデミー画壇の外側にこのような二人の大画家の画跡を見出すことはこの時代の絵画創造の主体がどこにあったかを物語っている。雪村が生涯の骨目として学ぼうとした山水人物とは、大胆な見方をすれば、彼の故郷会津の自然と人ではなかったろうか。雪村の画論に筆者は、土着性を持った骨太な一人の地方絵師の姿を想起する。

雪村の画業にみられる新しい地方文化の萌芽を、次に「小田原天命」と呼ばれる茶湯釜の特質の中からも探り出してみたい。

小田原天命釜の特徴については、まだ不明の点も多く、紀年銘を持った遺品にも接していないので、筆者の力量でこれ以上深入りすることは危険かも知れないが、長野垤志氏の一連の茶湯釜の研究に学び(28)、若干附言したい。記録の上で小田原天命と称せられる釜は、西村道治の「名物釜所持名」によるとつぎの通りである。

口厚手丸釜　　鐶付撮十王口　　田中良室

（鴻池道憶）

鞠　釜　　　同　鬼面　　　島地道信
　　　　　　　　　　　　　薩摩屋宗哉
　　　　　　　　　　　　　芝山殿
小鶴首釜　　地紋秋の野　　小西右碩
雁　釜　　　地紋いせき雁　枡屋道治

長野氏によると、関東釜と称せられる古釜の中には、佐野天命に比べて釜膚も異なり、貝の環付が胴体に食いこませてあるような一連の釜があり、これが小田原天命ではないかといわれている。この小田原天命について、更に注目すべきことは、右記の「名物釜所持名」にみられるように、小鶴首釜（地紋秋の野）、雁釜（地紋いせき雁）など地紋のある釜があることである。このような地紋は従来の天命釜にはないものである。長野氏は、形態の変化を特徴とする天命系の釜に、芦屋風の地紋を取り入れた釜が小田原で鋳られるようになったのではないかと指摘されているが、筆者もその可能性は充分あったと考えている。そして、このような釜が鋳られる背景に、前章で指摘した小田原での茶湯の流行を想起する。このように小田原天命釜の特質を考察すると、この釜は、天命という在地系の文化と河内（芦屋）系の外来文化の接触と競合の中で生み出されていった新しい茶湯釜であったということがいえるのではないかと考えられ、ここにも中央文化を受容しつつ、新しい地方文化の芽が後北条氏領国下で育ちつつあったことが指摘できるのである。

おわりに

以上、後北条文化形成の諸契機を探りつつ、そこに成立する文化の特質について若干私見を述べてきた。本稿で筆者が試みたかったことは、従来この時代の文化を一般的に中央文化の地方化としてとらえ、地方の戦国大名たちが如何にして、京洛文化の模倣に熱心であったかという視角からのみこれを論ずる地方文化論への反論である。すでに検討を加えてきたように、この時代の文化は、そのような公式論では把握することのできない独自の流れを示し始めていた。後北条氏領国下に於いても鎌倉以来つちかわれてきた伝統的在地文化の土壌の上に、新しい外来文化を導入し、それとの競合の中で独自の地方文化を芽えつつあった。

そこに創出されつつあった文化の特質とは、単なる中央文化の模倣であったとするには、あまりにも独自の輝きを持ったものであった。私たちは、それを雪村の画跡を追いながら検討したし、小田原天命の創出にみられる中央的なものと地方的なものの接触と昇華に見出した。私たちは今後もこのような地方文化の独自の流れを中央研究者の美術・文化史的評価や文化財に対する奇妙なランク付けから離れた眼で再評価しなおさなければならないと思う。

註

（1）　大日本古文書『上杉文書』三〇七号。

（2）　〃　三一一二号。

（3）山上宗二記は、『続群書類従』巻五六九にも収録されているが、ここでは、桑田忠親『山上宗二の研究』（一九六九年、河原書房）によった。
（4）後北条絵画については、本論でもしばしば援用させていただく中村溪男氏の雪村と関東水墨画についての一連の研究がある。また、従来概説的な範中を出なかった文学の分野でも、府川美和子「北条幻庵と後北条の文化」（『立教大学日本文学』三五号）、高野修「戦国武将と連歌―氏康と宗牧をめぐって―」（『三浦古文化』一九号）などが発表され、後北条氏領国下での和歌・連歌の動向が具体的に追及され始めている。
（5）本稿の序文は、かつて筆者が文学同人雑誌『風』二号に寄稿した小文「後北条氏と東山御物」に若干手を加えたものである。
（6）「相州古文書」第一巻一三八号（安藤家文書）。
（7）畑宿にこのような早雲判物が与えられていたというのは、推論の段階にすぎないが、弘治二年三月十九日石巻家貞証文（相州古文書）の文書内容と早雲の箱根山支配の実態からみて、畑宿にも判物が与えられていたと推察している。
（8）拙稿「後北条氏と宗教―大徳寺関東竜泉派の成立とその展開」（『小田原地方史研究』五号）、同「早雲寺創建前後」（『かながわ文化財』七二号）。
（9）箱根神社蔵・箱根三所権現造立棟札。この全文は、新編相模国風土記稿箱根神社の条参照。
（10）これら職人衆の存在型態については、拙稿「大名領国制下における職人衆の存在型態」（『小田原地方史研究』六号）で触れた。
（11）拙稿「鋳物師山田次郎左衛門―仕事とその役割―」（『小田原地方史研究』三号）。
（12）桑田忠親前掲書。
（13）中村溪男「武人画家とその作品」（『水墨美術大系』七巻）一九七四年、講談社。
（14）中村溪男「玉楽と宗祐―新出の立花図をめぐって」（『大和文華』四八号）。
（15）中村溪男「狩野玉楽について」（『ミュージアム』一〇五号）。
（16）『北条氏照文書集』四一号（伊達文書）。
（17）小田原狩野の作品については（中村溪男前掲書、同「雪村と関東水墨画」（『日本の美術』八号、一九七一年、至文堂）などに紹介されている。

(18) 早雲寺所蔵の後北条絵画については、竹内尚次「北条五代と早雲寺」(『箱根町誌』第二巻、一九七一年)、『箱根町の文化財』三号(早雲寺特集)などがあり、また図録として「早雲寺の遺宝」(『かながわ文化財』六九号)がある。

(19) 中村溪男氏は、氏繁の「鷹図」を紹介されている(前掲書『雪舟・雪村』)が、この絵について玉縄北条氏を研究されている佐藤博信氏は、花押からみて元亀三年～天正三・四年の作品と推定されている。

(20) 郷家忠臣「早雲寺蔵文台及び硯箱」(『箱根町誌』第二巻)尚、同氏は、この裂を明朝中期の作と推定されている。

(21) 早雲寺蔵「本光寺文書」。この文書案については、拙稿「後北条史料本光寺文書写本について」(『郷土研究』六号)で紹介した。

(22) 『藤沢市史』一巻―七五号(岩本坊文書)。

(23) 段木一行「戦国大名の伊豆諸島支配」(萩原龍夫還暦記念論文集)一九七五年、名著出版。

(24) 中村溪男前掲書。

(25) 鎌倉水墨画系絵画については、多くの論稿・図録があるが、ここでは、「鎌倉の水墨画」(『鎌倉国宝館図録』九、一九五二年)、「特別展・鎌倉の水墨画」(一九七二年、神奈川県立博物館)、中村溪男『祥啓』(東洋美術選書、一九七〇年、三彩社)などを参照した。尚、中村氏は、祥啓派の倫閑斎興悦の山水図(東京国立博物館)に、幻庵の著讃があり、同図がかなり狩野派的作風を示す点に注目され、祥啓派絵師と後北条氏の接触、更にそれを媒介としての小田原狩野派との交流を推測されている。氏の見解が正しければ、同図は、後北条氏領国下の絵画動向を示す重要な作例となる。だが、落款・筆法からみて同図の賛者を、ただちに北条幻庵と断定してよいか疑問を持つ。今暫らく幻庵文書を研究してから、氏の成果を援用したい。

(26) 田中一松「雪村自画自讃像の一考察」(『国華』八五九号)、後に『日本絵画史論集』(一九六六年、中央公論美術出版)に収録。

(27) 中村溪男「資料から見た雪村のおもかげ」(『ミュージアム』二八一号)、同『雪舟、雪村』(前掲)に、早雲寺二世大室宗碩著讃の「潑墨山水図」が紹介されており、雪村と大室の交流が明らかにされている。

(28) 長野珪志「天命　小田原」(『茶之湯釜全集』七、一九七三年、駸々堂出版)。尚、香取秀真氏もこの小田原天命については触れられている(『日本金工談叢』一九五八年、中央公論美術出版)。

【初出一覧】

総論

黒田基樹「北条氏綱論」（新稿）

第1部　北条氏綱の生涯

Ⅰ　佐脇栄智「北条早雲・氏綱の相武侵略」（『神奈川県史通史編1原始・古代・中世』第三編第四章第一節、神奈川県、一九八一年）
Ⅱ　下山治久「北条氏綱とその文書」（『三浦古文化』三六号、一九八四年）
Ⅲ　立木望隆「北条氏綱夫人養珠院と後室近衛殿について」（『神奈川県史研究』四五号、一九八一年）
Ⅳ　足立順司「氏綱の経筒」（『静岡県埋蔵文化財調査研究所研究紀要』五号、一九九七年）
Ⅴ　柴田真一「近衛尚通とその家族」（中世公家日記研究会編『戦国期公家社会の諸様相』和泉書院、一九九二年）
Ⅵ　佐脇栄智「近衛尚通と上杉朝興」（『戦国史研究』二〇号、一九九〇年）
Ⅶ　米原正義「室町幕臣の東下り」（米原正義先生古稀記念論文集刊行会編『戦国織豊期の政治と文化』続群書類従完成会、一九九三年）

第2部　北条氏綱と文化・宗教

Ⅰ　小和田哲男「飛鳥井雅綱と伊勢新九郎」（『戦国史研究』二〇号、一九九〇年）
Ⅱ　田島光男「小田原北條氏の蹴鞠に関する史料」（『郷土神奈川』三一号、一九九二年）
Ⅲ　真鍋淳哉「戦国大名と公家衆との交流―北条氏の文化活動を中心に―」（『史友』二八号、一九九六年）
Ⅳ　鳥居和郎「後北条氏による医師の招来と近衛家について―新出の北条氏康宛の近衛稙家書状から―」（『神奈川県立博物館研究報告（人文科学）』二二号、一九九六年）

Ⅴ　黒田基樹・森幸夫・山口博「『幼童抄』紙背文書について」（『おだわら―歴史と文化―』六号、一九九三年）
Ⅵ　中丸和伯「陳外郎宇野家と北条氏綱」（津田秀夫編『近世国家の成立過程』塙書房、一九八二年）
Ⅶ　佐脇栄智「一通の早雲寺文書への疑問」（『戦国史研究』一五号、一九八八年）
Ⅷ　鳥居和郎「戦国大名北条氏と本願寺―「禁教」関係史料の再検討とその背景―」（『神奈川県立博物館研究報告（人文科学）』二七号、二〇〇一年）
Ⅸ　岩崎宗純「大名領国制下における職人衆の存在型態―後北条氏を中心に―」（『小田原地方史研究』六号、一九七四年）
Ⅹ　岩崎宗純「後北条文化論序説」（『小田原地方史研究』八号、一九七六年）

【執筆者一覧】

総　論

黒田基樹　別掲

第1部

佐脇栄智　一九三〇年生。故人。
下山治久　一九四二年生。現在、津久井町史・中世部会部会長。
立木望隆　一九一三年生。故人。
足立順司　一九五一年生。元静岡県教育委員会指導主事。
柴田真一　一九五四年生。元関西大学・堺女子短期大学非常勤講師。
米原正義　一九二三年生。故人。國學院大學名誉教授。

第2部

小和田哲男　一九四四年生。現在、静岡大学名誉教授。
田島光男　一九四八年生。現在、国指定史跡平林城跡整備委員会委員。
真鍋淳哉　一九六九年生。現在、青山学院大学非常勤講師。
鳥居和郎　一九五二年生。現在、神奈川県立歴史博物館学芸員。
森　幸夫　一九六一年生。現在、國學院大學非常勤講師。

山口　博　一九五九年生。現在、小田原市文化部文化政策課歴史的建造物担当課長。
中丸和伯　一九三一年生。故人。元相模工業大学教授。
岩崎宗純　一九三三年生。故人。元箱根湯本正眼寺住職。

【編著者紹介】

黒田基樹（くろだ・もとき）

1965年生まれ。早稲田大学教育学部卒。
駒沢大学大学院博士後期課程満期退学。
博士（日本史学、駒沢大学）。
現在、駿河台大学教授。
著書に、『図説　太田道灌』（戎光祥出版）
『戦国大名北条氏の領国支配』（岩田書院）
『戦国大名と外様国衆』（文献出版）
『中近世移行期の大名権力と村落』（校倉書房）
『戦国北条氏五代』（戎光祥出版）
『小田原合戦と北条氏』（吉川弘文館）
『長尾景仲』（戎光祥出版）
『長尾景春』（編著、戎光祥出版）
『扇谷上杉氏』（編著、戎光祥出版）
『伊勢宗瑞』（編著、戎光祥出版）
『関東管領上杉氏』（編著、戎光祥出版）
『山内上杉氏』（編著、戎光祥出版）
『上野岩松氏』（編著、戎光祥出版）
ほか、多数。

シリーズ装丁：辻　聡

シリーズ・中世関東武士の研究　第二一巻

北条氏綱《ほうじょううじつな》

二〇一六年六月一〇日　初版初刷発行

編著者　黒田基樹

発行者　伊藤光祥

発行所　戎光祥出版株式会社

東京都千代田区麹町一―七
相互半蔵門ビル八階
電話　〇三―五二七五―三三六一(代)
FAX　〇三―五二七五―三三六五

制作　株式会社イズシエ・コーポレーション

印刷・製本　モリモト印刷株式会社

ISBN978-4-86403-200-1